심층마음의 연구

심층마음의 연구

자아와 세계의 근원으로서의 아뢰야식

한자경 지음

서광사

심층마음의 연구

자아와 세계의 근원으로서의 아뢰야식

한자경 지음

펴낸이 | 김신혁, 이숙
펴낸곳 | 도서출판 서광사
출판등록일 | 1977. 6. 30.
출판등록번호 | 제 406-2006-000010호

(10881) 경기도 파주시 회동길 77-12 (문발동)
대표전화 (031) 955-4331 팩시밀리 (031) 955-4336
E-mail : phil6161@chol.com
http://www.seokwangsa.co.kr | http://www.seokwangsa.kr

제1판 제1쇄 펴낸날 — 2016년 10월 30일
제1판 제3쇄 펴낸날 — 2018년 6월 10일

ISBN 978-89-306-2327-8   93110

왜 심층마음을 논하는가?

인간이 무엇인지, 내가 누구인지, 그것을 정확하게 아는 사람이 있을까? 존재의 의미가 무엇인지, 삶의 의미가 무엇인지, 무엇을 위해 사는 것인지, 그것을 분명하게 알고 사는 사람이 있을까? 버스가 어디로 가는지, 왜 그 버스를 탔는지도 모르는 채 버스에 앉아 있는 사람을 보면, 우리는 그 사람을 정신 나간 사람이라고 여길 것이다. 하루를 그러고 돌아다녀도 정신 나간 짓일 텐데, 평생을 그러고 산다면 어찌 제정신이라고 할 수 있을까?

나를 모르고 인생의 의미를 잘 모른다고 해도, 그래도 삶이 즐겁고 아름다울 뿐이라면, 즐김이 삶의 목표라고 생각할 수도 있을 것이다. 그러나 인생이 즐겁기만 한 사람이 있을까? 삶의 무게가 느껴지지 않는 사람이 있을까? 늙고 병듦의 신체적 고통, 만나고 헤어짐의 심리적 고통, 먹고살 길을 마련해야 하는 생존의 고통, 강자의 갑질을 견뎌내야 하는 사회적 고통 등등 삶은 온갖 고통과 비애로 물들어 있다. 그런데도 그 역경을 딛고 살아야 하는 이유는 무엇일까?

시선을 밖으로 향하면 회의는 더 커진다. 내가 얻는 즐거움은 누군가의 고통 위에서 얻어지는 것 같기 때문이다. 인간의 번영은 다른 생명체와 자연의 착취를 통해 성취된다. 한 국가의 번영은 타 국가의 빈곤화와 무관하지 않고, 대기업의 번영은 중소기업의 몰락과 연결되어 있다. 과거에 대지주가 소작농 위에 군림했듯, 현대에는 건물주가 세입자의 삶을 좌지우지한다. 옛날에는 혈통의 신분제였다면 지금은 자본의 신분제이다. 뭐가 다른 걸까? 하늘과 공기가 사유화될 수 없듯, 발 딛고 사는 대지 또한 그래야 하는 것 아닐까? 언젠가는 하늘도 사유화되고 돈 없는 많은 사람은 숨 쉴 자유조차 잃어버리게 될지 모른다.

그런데도 현대사회는 오늘날의 삶의 방식, 욕망의 무한 확장, 부의 쟁취를 위한 끝없는 경쟁과 투쟁, 경쟁에서 살아남기 위한 선택과 집중 전략, 이것만이 우리의 유일한 살길인 것처럼 말한다. 자연 자체를 적자생존의 싸움터로 보며 사회 또한 그럴 수밖에 없는 것처럼 설명한다. 물건을 사고파는 시장뿐 아니라 인간이 함께하는 직장, 인간을 교육하는 학교, 진리를 탐구하는 대학, 심지어 예술과 종교에 이르기까지 일체가 시장논리에 따라 움직인다. 어려서부터 우리가 배우는 것은 누군가를 딛고 일어서는 것, 경쟁에서 이기는 것이다. 최후의 승자는 막대한 돈과 비상한 머리로 최고의 살상무기를 만들고, 최고의 유전자 조작법을 개발하며, 최고의 신세계행 우주선을 발명한 신인간. 그래서 마지막 인간을 원숭이 보듯 내려다보며 지구를 떠날 준비를 하는 그런 신인간일지 모른다. 이 문명은 과연 어디를 향해 나아가고 있는 것일까?

우리를 태운 버스에는 가속장치만 있고 브레이크가 없다. 모두가 '자유'라는 이름에 현혹되어 하나의 이념, 신자유주의의 무한경쟁의 이념에 빠져 있다. 자유가 일체의 인간적 가치로부터의 자유여도 그게 진정 자유일까? 그렇게 자유로워진 영혼은 결국 누군가의 부를 위한 수단으로 활용될 뿐이다. 나무나 기름을 '천연자원'으로 부르듯, 누군가 우리를 '인적 자원'으로 부르면, 우리는 그것이 함축하는 인간관에 제동을 걸기보다는 자신을 남들보다 더 비싼 자원으로 만들어 경쟁에서 이겨 나갈 궁리만 한다. 그게 자유일까? 생명의 무한가치, 인간의 존엄성과 절대평등성, 대동(大同)의 이념, 현대사회 어디에서 이 이념이 실현되고 있는가?

문제는 인간의 자기이해이다. 우리는 일체 존재를 전체로부터 분리된 각각의 존재로 이해한다. 수면 위 각각의 섬이 서로 무관한 각각으로 존재하듯, 나무에 피어난 각각의 꽃송이가 서로 무관한 각자로 존재하듯, 인간을 지구 표면 위의 한 점, 바람 불면 흩날려 떨어질 각자로만 간주한다. 해수면 아래에서 섬이 하나로 연결되고, 지면 아래에서 꽃들이 하나의 뿌리로 이어진다는 것을 모른다. 표층에서는 개체가 각각 분리된 각자이지만, 심층에서는 개체가 곧 하나의 전체이다. 표층의 각각의 섬 안에 심층의 전체 땅이 포함되어 있고, 표층의 한 송이 꽃 안에 심층 뿌리의 생명이 담겨 있다. '일미진중함시방(一微塵中含十方)'이다. 개체는 표층에서 보면 전체의 일부분인 한 점에 불과하지만, 심층에서 보면 각 개별자 자체가 곧 전체이다. 심층에서는 모두가 그대로 전체이며, 따라서 모두가 하나이다. 심층에서는 '일즉다 다즉일(一卽多 多卽一)'의 진리가 성립하며, 모두가 절대평등이고, 모두가 하나로서 대동(大同)을 이룬다.

이 심층의 하나가 생명의 핵심이고 나의 본래면목이며, 이 대동의 하나를 깨닫고 그것을 실현하는 것이 우리의 삶의 의미가 아닐까? 이 심층의 하나를 불교는 불성(佛性), 진여(眞如), 일심(一心)이라고 하고, 유교는 천심(天心), 도심(道心), 성인(聖人)의 마음이라고 했다. 이 하

나를 깨닫고 실현함이 견성(見性)이고 성불(成佛)이며 성인이 되는 것
이고, 그렇게 일체를 나와 하나로 아는 마음이 곧 자비(慈悲)이고 인
(仁)이다. 이 심층의 하나를 잊고 자신을 표층의 한 점으로만 이해하
면, 나를 어찌 알고 남을 어찌 알며, 인간을 어찌 알고 자연을 어찌 알
겠는가? 인생의 의미와 지향점을 어찌 알겠는가? 나의 내적 근거와 뿌
리를 모르니 물 위를 떠다니는 꽃잎처럼 세상을 부유하면서 부딪치는
자들과 빈번이 비교하고 경쟁하며 승패를 겨룰 뿐이다. 어디에 평안이
있고 사랑이 있고 기쁨이 있겠는가?

최제우는 서양 정신에 의해 영향받는 현대사회의 가장 큰 문제점을
'각자위심(各自爲心)'이라고 진단했다. 일체 존재를 표층의 분리된 개
체로만 이해하는 개인주의가 그것이다. 그러나 개체 너머에서 모든 개
체를 하나로 통합하는 외적 가치, 이데아나 신(神)이나 천리(天理)는
답이 아니다. '개체 외적 초월'은 개체를 결국 각각으로 분리된 표층적
존재로만 남겨 놓기 때문이다. 절대의 가치가 개체의 심층으로 내면화
되어 '개체 내적 초월'임이 드러날 때 비로소 모든 개체가 일체의 이데
아나 신이나 천리보다 더 근원적 존재라는 것이 밝혀진다. 그래야 모든
개체가 심층에서 하나이며 그대로 전체라는 것이 드러난다. '인내천(人
乃天)'이어야 '사인여천(事人如天)'이 가능하고, 그래야 진정한 대동의
공동체가 가능해진다. 심층의 한마음은 대동의 초석이다.

나는 우리 모두에게는 표층의식보다 더 깊은 심층의 마음활동이 존
재한다는 것, 심층마음은 심리학자들이 논하듯 단지 무의식이나 잠재
의식으로만 존재하거나 인식론자들이 논하듯 단지 경험적 의식의 근거
나 능력으로서만 존재하는 것이 아니라 구체적인 현실적 마음으로 현
재적으로 작동하고 있다는 것을 밝히고 싶었다. 표층의식도 실은 심층
마음의 전개라는 것, 따라서 심층마음이 제대로 밝혀지지 않는 한, 누

구나 알고 있다고 생각하는 표층의식조차도 사실 제대로 이해된 것이 아니라는 것, 나를 알고 나의 의식을 이해하자면 내 안의 심층마음을 알아야 한다는 것을 밝히고 싶었다. 이 책은 이런 바람의 표현이다.

마음에 대한 관심은 처음 철학공부를 시작할 때부터 갖고 있었으며, 따라서 나의 글들은 늘 자아나 무아 또는 마음에 관한 글들이었다. 그러다가 어느 순간부터 마음에 관한 일체 논의를 모두 '표층의식'과 '심층마음'의 틀로 해명하게 된 것 같다. 그것이 동일 패턴의 반복임을 의식하면서 2015년 연구년을 맞아 나는 "심층마음의 연구"라는 책 제목을 떠올리게 되었다. 처음에는 생각을 최종적으로 정리해서 새로 써 내려가려 하였지만, 새로 떠올리는 생각들이 모두 기존의 글들에 담겨 있다는 것을 깨닫고 그냥 그간의 글들을 가져다 엮는 것이 더 낫겠다는 생각이 들었다. 총 5부 중 '제1부. 표층의식에서 심층마음으로'를 새로 쓰면서 전5식, 제6의식, 제7말나식, 제8아뢰야식을 설명하였고, 나머지 제2부에서 제5부까지는 2009년 이후 쓴 글 중에서 심층마음에 관한 불교 관련 글들을 모아서 책의 체제에 맞춰 수정해 가면서 정리하였다. 세부사항은 책 말미에 밝혀 둔다.

글을 쓸 때는 아주 중요한 문제에 대해 나름 의미 있는 통찰을 제시하고 있다고 생각하면서 열심히 쓰곤 한다. 그러나 완성된 글을 다시 읽어 보면 별것 아니라는 생각이 들어 멀리 치워 놓게 된다. 그렇게 치워 놓았던 글들을 다시 책으로 묶어 내려니 많이 쑥스럽다. 아직 세상을 향해 하고 싶은 말이 있는 것은 세상을 사랑하기 때문이리라. 이 책을 손에 들고 읽고 있는 그대에게 감사한다.

2016년 가을
한자경

심층마음은 무의식이 아니고
아뢰야식이다

심층마음은 표층의식과 대비해서 쓴 것이다. 표층의식은 오늘날 우리가 일상적으로 '나의 마음'이라고 생각하는 그 '의식(意識, consciousness)'이다. 그런데 이 '의식'이란 개념은 두 가지 서로 다른 의미로 사용된다. a. 의식은 한편으로는 마음의 '깨어 있음'을 뜻한다. 깨어 있는 자를 '의식이 있다'고 말하고, 깊이 잠들어 있거나 기절한 자를 '의식이 없다'고 말할 때의 '의식'이 그것이다. b. 의식은 또 다른 한편으로 '의식하는 자'와 '의식되는 것'의 구분 위에서 성립하는 '대상의식'을 뜻한다. '무엇을 의식하다'라고 말할 때의 의식은 그 무엇을 대상으로 지향하여 아는 '대상의식'을 뜻한다.

  a. '깨어 있음'으로서의 의식: '의식이 있다' 'have consciousness'
  b. '대상의식'으로서의 의식: '무엇을 의식하다' 'be conscious of x'

문제는 a. '깨어 있음'으로서의 의식과 b. '대상의식'으로서의 의식의 관계이다. 이 둘은 같은 외연을 가지는가? 즉 깨어 있는 의식은 모두 다 대상의식인가? 대상의식이 아닌 방식으로 깨어 있는 의식이 있는가? 그런데 a와 b가 동일하게 '의식'이라는 한 단어로 불리는 한, 우리는 쉽게 그 둘의 외연을 동일시하게 된다. 그 경우 위의 질문은 '의식은 모두 의식인가?', '의식 아닌 의식이 있는가?'의 물음처럼 의미없는 물음이 되며, 우리는 대상의식이 아닌 방식의 깨어 있음은 없다고 말하게 된다. 모든 의식(깨어 있음)을 의식대상을 가지는 의식(대상의식)으로 간주하게 되는 것이다.

물음을 좀 더 분명하게 제시하기 위해서는 마음에 관한 한 훨씬 더 세분화된 개념을 갖고 있는 불교의 개념이 더 유익하다. 불교는 a. '깨어 있음'은 그냥 '식(識)' 내지 '각(覺)'이라고 부르고, b. 아는 자(능연식)와 알려지는 것(소연경)이 주와 객, 능(能)과 소(所)로 구분되는 경우의 식인 '대상의식'을 '의식(意識)'이라고 부른다. 의식은 개별적 자아의 의(意, 의근)가 대상(6경)을 아는 식이다. 의식은 신체적 감각인 다섯 식 다음의 식이기에 '제6의식'이라고도 부른다.

a. '깨어 있음' = 식(識), 각(覺)
b. '대상의식' = 의식(意識)

식과 의식을 개념적으로 구분하면, 물음은 이렇게 바뀐다. 인간에게 식은 대상의식인 제6의식이 다인가? 제6의식 이외에 또 다른 식이 있는가? 다시 말해 대상의식이 아닌 방식으로 깨어 있는 식이 있는가? 불교는 '있다'고 말한다. 불교는 대상의식인 제6의식이 우리 마음활동의 전부가 아니라는 것을 알고, 제6의식 이외에 깨어 있는 식을 '제7말

나식' 그리고 '제8아뢰야식'이라고 부른다. 이 중 제7말나식은 대상의
식(제6의식)을 일으키는 개별적 자아의 의(意)가 자신을 비대상적 방
식으로 직접 아는 자아식이므로, 제6의식과 마찬가지로 표층식이다.
반면 제8아뢰야식은 대상의식이 아닌 방식으로 깨어 있는 식이면서 제
6의식이나 제7말나식보다 더 깊은 심층에서 깨어 있는 식이다. 대상의
식이 아닌 방식으로 깨어 있는 심층마음, 제8아뢰야식의 각성이 바로
중생의 본래적 깨어 있음, 본래적 각(覺), 본각(本覺) 내지 불성(佛性)
이다.

제6의식   = 의(意)의 대상의식 = 의식(意識) = 표층의식
제7말나식   = 의(意)의 자기식   = 자아식
제8아뢰야식 = 심(心)의 식   = 심식(心識) = 심층마음

현대의 의식론은 a. '깨어 있음으로서의 의식'과 b. '대상의식으로
서의 의식'을 구분해서 전자를 '현상적 의식', 후자를 '지향적 의식'이
라고 부른다. 하지만 현대의 의식론은 깨어 있음을 대상의식과 구분해
도 그것을 현상 차원의 깨어 있음으로 이해하지 현상보다 더 깊은 근원
에서의 깨어 있음으로 다루지 못한다. 표층의식이 아닌 심층에서의 마
음의 깨어 있음을 알지 못하기 때문이다. 현대의 의식론에 익숙한 현대
의 우리 또한 깨어 있음과 대상의식을 동일 차원의 것으로 이해하기에
심층마음의 깨어 있음을 알지 못한다. 대상의식이 아닌 방식으로 깨어
있는 심층마음이 밝혀지지 않는 한, 우리는 결국 심층마음을 깨어 있음
(의식)이 없는 마음, 의식이 없는 '무의식(無意識)'으로만 알게 된다.
이에 반해 불교는 심층마음을 대상의식이 아닌 방식으로 깨어 있는
식, 아뢰야식으로 논한다. 그리고 이 심층마음의 깨어 있음을 통해 우

리 의식의 깨어 있음의 현상을 그 근원에서부터 해명한다. 대상 없음이 '적적(寂寂)'이고 깨어 있음이 '성성(惺惺)'이므로, 근원적 깨어 있음의 심층마음은 바로 대상이 없이 고요하여도 잠들지 않고 성성하게 깨어 있는 마음, 적적성성(寂寂惺惺)의 마음이다. 이는 곧 보이는 것 없고 들리는 것 없는 공적(空寂)에서도 신령하게 깨어 아는 마음, 공적영지(空寂靈知)의 마음이다. 이러한 심층마음의 깨어 있음이 바로 본래적 깨어 있음, 본래적 각성인 '본각(本覺)'이다. 우리의 심층마음은 이렇게 심층에서 깨어 있는 마음인 아뢰야식이지, 깨어 있음(의식) 없이 잠들어 있는 마음인 무의식이 아니다. 그래서 '심층마음은 무의식이 아니라 아뢰야식이다'라고 말하였다. 불교가 강조하고 본서가 논하고자 하는 것이 바로 이 지점이다. 우리의 심층마음인 아뢰야식이 어떻게 깨어 활동하는지, 아뢰야식이 어떤 방식으로 자아와 세계의 근원이 되는지를 밝혀 보고자 한다.

심층마음인 아뢰야식이 우리에게 갖는 의미는 무엇인가? 의식이나 말나식은 둘 다 표층 개별자아(오온)의 의(意)에 기반을 둔 표층식이다. 우리는 일상적으로 오온(五蘊)을 나로 생각하고 아견(我見)과 아집(我執)을 갖고 살아가지만, 불교는 이러한 아견과 아집이 결국 허망한 망견(妄見)이고 망집(妄執)이라고 말한다. 오온은 무상(無常)하고 고(苦)이며 무아(無我)이고 공(空)이다. 그렇다고 불교가 단멸론(斷滅論)이나 악취공(惡取空)에 빠지지 않는 것은 불교가 제행무상(諸行無常)과 제법무아(諸法無我) 그리고 아공(我空)과 법공(法空)을 깨달아 아는 마음, 일체의 번뇌와 집착을 벗어 열반과 해탈에 이르는 마음을 인간의 본래면목인 자성청정심(自性淸淨心)으로 알고 있기 때문이다. 즉 불교는 인간의 마음이 개별적인 의(意)에 국한된다고 보지 않는다. 일체 중생 안에 개별자아의 의(意)보다 더 깊고 더 넓은 자타무분별의 마음, 상대적 자아의 한계를 벗어난 절대(絶對) 내지 무대(無對)의 마음, 주와 객, 나와 너, 나와 세계의 분별을 넘어선 무한(無限) 내지 무변(無邊)의 마음이 있기 때문이다. 이 무변의 마음의 절대의 시점으로부터 비로소 일체 현상제법이 모두 무상이고 무아라는 것, 아도 공이고 법도 공이라는 것을 깨달아 알 수 있는 것이다. 아공과 법공 속에 드러나는 절대평등의 진여(眞如)는 바로 아공과 법공을 깨닫는 절대의 마음이다.

이와 같이 일체 분별을 넘어선 절대평등의 진여를 발견할 수 있는 곳은 표층의 대상의식(제6의식)이나 자아식(제7말나식)이 아니라 바로 심층마음(제8아뢰야식)이다. 그래서 심층마음의 연구는 곧 아뢰야식의 연구가 된다. 아뢰야식은 무시이래 영겁의 세월에 걸친 윤회를 통해 무한한 종자(種子)가 훈습되어 함장된 종자식(種子識)이기에 우주정보의 총체이며, 그 종자 에너지로 개별자아(유근신)와 대상세계(기세간)를 형성하는 근본식(根本識)이기에 자아와 세계를 형성하는 근원이다. 각각의 생명체의 마음이되 그 안에서 모든 생명체가 하나로 소통하고 공명하는 무경계의 마음이므로, 모든 생명체에 갖추어진 하나의 마음, 무한한 절대의 마음, 한마음, 일심이다.

흔히 사람들은 아뢰야식을 현상세계에 매인 염오(染汚)의 망식(妄識), 번뇌망상(煩惱妄想)을 좇아 윤회하는 개별적 식심(識心)일 뿐이라고 여겨 아뢰야식을 벗어난 곳에서 진여 정식(淨識)를 구하지만, 불교가 추구하는 것은 진망화합(眞妄化合)이고 염정불이(染淨不二)이며 성상원융(性相圓融)이다. 아뢰야식은 상(相)을 일으키는 성(性)이고, 다(多)를 산출하는 일(一)이다. 번뇌망상의 현상세계를 만드는 아뢰야식 자체가 청정 진여이다. 그러므로 아뢰야식을 떠나 진여를 찾는다는 것은 불가능하다.

서양에서는 현대에 이르러 비로소 표층의식보다 더 깊은 마음에 대한 연구를 시작했다. 의식보다 더 깊은 마음에 대한 연구는 현재 심리학이나 정신의학에서 행해지며, 그것은 흔히 '잠재의식(Sub-consciousness)' 또는 '무의식(Un-consciousness)'이라고 불린다. 잠재의식은 현행의식의 반대로서 의식에 떠오르지 않지만 언젠가는 그 내용이 현행의식의 형태로 드러날 수 있기에 잠재의식이라고 불린다. 잠재의식에는 현재적 작용력을 발휘하지 않는다는 뜻이 담겨 있으며, 따라서 잠재의식으로 머물러 있는 한, 마음은 그것을 간파하지 못한다. 무의식이라는 이름에는 의식에 드러나지 않을 뿐 아니라, 의식경험의 산물로서 의식의 그림자라는 의미가 담겨 있다. 프로이트에 따르면, 개인이 경험한 것들 중 의식이 감당하기 어려워서 의식에 다시 떠오르지 않도록 억압되어 있는 것들이 무의식을 구성한다. 무의식은 개인적 의식경험의 침전물로 이해되며, 따라서 의식과 마찬가지로 개인적인 것으로 간주된다. 이런 의미에서 정신분석학에서의 무의식은 불교에서의 아견(유신견)의 제7말나식에 해당한다. 불교는 바로 이러한 아견의 말나식(자아식)을 실체적 자아(사유주체)로 집착하는 아집을 깨기 위해 무아(無我)와 공(空)을 논한다. 무아와 공의 깨달음으로 아견과 아집이 파하는 곳, 나와 세계를 가르는 일체 장벽이 가(假)로 밝혀지는 곳, 바로 그곳에 더 이상 세울 것도 파할 것도 없는 공의 마음이 드러난다. 공의 마음이 바로 전 우주를 포괄하는 가없는 마음, 무변의 심층마음이다. 여기서 심층은 표층을 배제하고 표층과 대비되는 심층이 아니라, 표층의 분별을 분별 이전의 명합(冥合)으로 싸안는 심층, 표층의 이원성을 불이(不二)로 포섭하는 심층이다.

본서는 대상의식과 다른 차원의 마음을 잠재의식이나 무의식이라고 부르지 않고 '표층의식(Surface-consciousness)' 너머의 '심층마음

(Deep-mind)'이라고 부른다. 이것은 우리의 심층마음이 현재적 작용력을 갖는 깨어 있는 식이라는 것을 강조할 뿐 아니라, 표층의 의식작용 또한 실은 그 심층마음의 작용력에 근거해서 비로소 가능한 마음활동이라는 것, 표층의식의 깨어 있음의 뿌리는 바로 그 심층마음의 깨어 있음이라는 것을 드러내기 위해서이다. 마음의 깨어 있음인 각성은 대상의식을 통해 설명될 수 없다. 나는 본서를 통해 우리의 마음활동은 우리가 우리 각자의 의식이라고 알아차리는 표층의식보다 훨씬 더 깊고 넓다는 것, 우리가 의식으로 알아차리지 못해도 우리의 심층마음은 나와 세계, 인간과 우주자연에 대해 훨씬 더 크고 훨씬 더 넓게 감지하고 공명하며 반응한다는 것을 밝히고자 하였다. 따라서 표층의식상으로는 우리가 모두 낱낱으로 분리된 개별자아이지만, 심층마음에서는 서로 연결되어 하나로 소통하는 불이(不二)의 존재라는 것을 논하고자 하였다.

인간은 현상적으로 보면 전체 세계의 일부분으로서 각각 서로 다른 위치를 점하고 서로 다른 지위를 갖는 서로 다른 별개의 존재이지만, 근본에 있어서는 일체의 현상적 차이를 넘어 서로 다르지 않은 '하나'의 존재, 대등한 존재이다. 개체가 서로 다른 각각이면서도 또 서로 다르지 않은 하나일 수 있는 것은 개체가 표층과 심층 두 층위의 존재이기 때문이다. 개체는 표층에서 전체의 일부분일 뿐이지만, 심층에서는 전체를 포함하고 있어 그 자체가 곧 전체가 된다. 그러므로 개체는 표층에서는 서로 다른 남이지만, 심층에서는 서로 다르지 않은 하나이다. 표층에서는 개체가 전체의 일부분일 뿐이지만, 심층에서는 개체가 그대로 전체이며, 따라서 전체는 개체마다에서 반복된다. 이와 같은 개체와 전체, 표층과 심층의 관계는 다음과 같이 도표화된다. 이 책 전체는 바로 이 도표의 해명이라고도 볼 수 있다.

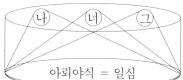

표층의식: 나   너   그   나 ≠ 너 ≠ 그

심층마음: 아뢰야식 = 일심   나 = 너 = 그

제1부

표층의식에서 심층마음으로

전5식:
감각과 감각세계

1. 전5식의 작용: 감각

방안에서 문득 눈을 들어 창밖을 바라보면 멀리 날아가는 새가 보이고 귀를 기울이면 새소리가 들린다. 이렇게 눈으로 모양을 보고 귀로 소리를 듣는 마음의 활동을 우리는 감각(感覺)이라고 부른다. 감각은 시각, 청각, 후각, 미각, 촉각의 5감이 있으며, 감각에 대해서는 감각활동을 일으키는 인식능력(기관)과 그 인식능력에 상응하는 대상으로 구분할 수 있다. 불교는 인식능력을 인식을 가능하게 하는 근거라는 의미에서 '근(根)'이라고 부르고, 인식대상을 근에 의거하여 드러나는 지평 내지 경계라는 의미에서 '경(境)'이라고 부른다. 예를 들어 눈이 색을 보면, 눈은 감각능력으로서의 '근'이고, 색은 감각대상으로서의 '경'이다.

$$근(根) \;\longrightarrow\; 경(境)$$
$$\underline{\qquad\qquad\qquad}$$
$$식(識)$$

우리에게는 눈(안근), 귀(이근), 코(비근), 혀(설근), 몸(신근)의 5근
이 있고, 그 각각의 근에 상응하는 색(색경), 소리(성경), 향기(향경),
맛(미경), 감촉(촉경)의 5경이 있다. 감각은 5근이 각각의 대상이 되는
5경을 접하여 일어나는 식(識)이다. 불교는 5식을 그것을 일으키는 근
의 이름을 따라 각각 안식, 이식, 비식, 설식, 신식이라고 부른다. 5식
은 그다음 식인 제6의식 이전의 식이란 의미에서 '전5식(前五識)'이라
고도 한다. 5근, 5경, 5식을 불교는 각각 다음과 같이 칭한다.

〈5근(根)〉	〈5경(境)〉	〈5식(識)〉
안근(眼根)	색경(色境)	안식(眼識)
이근(耳根)	성경(聲境)	이식(耳識)
비근(鼻根)	향경(響境)	비식(鼻識)
설근(舌根)	미경(味境)	설식(舌識)
신근(身根)	촉경(觸境)	신식(身識)

여기에서 근은 우리 눈에 보이는 눈이나 귀를 말하는 것이 아니라 눈
에 갖추어진 보는 능력, 귀에 갖추어진 듣는 능력을 말한다. 능력으로
서의 근은 그 자체 눈에 보이거나 귀에 들리는 감각대상이 아니다. 보
이지도 들리지도 않는 능력으로서의 근을 '수승한 의미의 근'이란 뜻
에서 '승의근(勝義根)'이라고 한다. 그리고 승의근이 능력을 발휘하기
위해 구체적 몸에 형태화되어 나타나 보이거나 만져지는 물리적 기관
으로서의 근을 '돕는 먼지의 근'이라는 의미에서 '부진근(扶塵根)'이라

고 한다. 예를 들어 장님은 부진근으로서의 눈은 있지만 승의근으로서
의 안근이 없기에 보지 못한다. 5근은 감각대상으로서의 물리적 기관
인 부진근이 아니라 감각능력으로서의 승의근을 의미한다. 승의근은
부진근으로서의 눈이나 귀 안에 갖추어진 살아 있는 감각신경세포의
감각능력을 뜻한다고 볼 수 있다.

2. 감각세계: 자상(自相)의 세계(기세간)

1) 주객분별 이전의 감각세계

눈앞에 새 한 마리가 지저귀면서 날아가면, 안근이 색경을 접하여 안
식이 일어나고, 이근이 성경을 접하여 이식이 일어난다. 이러한 전5식
이 곧 감각이다. 감각과 지각을 인식론적으로 구분할 경우 우리는 흔히
감각을 외부로부터의 자극이 나의 눈이나 귀에 감각자료로 주어져 머
릿속 표상이 만들어지는 내적인 '주관적 의식상태'로 간주하고, 지각
을 그 머릿속 표상을 나 밖의 객관세계에 속하는 것으로 인지하여 객관
적 인식이 완성되는 '객관적 의식상태'로 간주한다. 한마디로 감각은
주관적 의식, 지각은 객관적 인식이라고 여긴다. 그러나 실제로 감각은
단지 주관의 내면에 머물러 있는 상태가 아니다. 감각에서 우리는 이미
색을 내 눈이나 뇌 속이 아니라 새가 있는 그곳의 색으로 보고, 소리를
내 귀나 뇌 속이 아니라 새가 있는 그곳의 소리로 듣기 때문이다. 이는
곧 감각의 순간 마음이 이미 나의 몸 바깥에 나아가 있다는 것을 말해
준다. 그곳으로 나아가 있되 그곳을 내 안도 아니고 내 밖도 아닌 것으
로 안다. 즉 감각에서는 안팎의 구분이 아직 일어나지 않는다. 지각의
분별이 일어나기 전 감각에서는 눈과 색, 귀와 소리가 서로 분리되지
않은 채 한자리에 있다고 할 수 있다. 이런 의미에서 불교는 전5식에서

는 아직 주와 객, 안과 밖의 분별이 일어나지 않는다고 말한다.

> 현량[전5식]으로 증득할 때는 외적인 것이라고 집착하지 않는다. 이후의
> 의(意)가 분별하여 망령되게 외적인 것이라는 생각을 일으킨다.[1]

의(意)의 분별이 일어나는 지각에서는 모든 것이 주와 객, 안과 밖으로 분리되지만, 의가 작동하기 전 감각에서는 일체가 아직 분리되지 않은 하나로 존재한다. 우리는 본래 분리되어 있던 주관과 객관, 나와 세계를 지각을 통해 하나로 연결시키는 것이 아니라, 본래 주객미분으로 한자리에 있는 것을 지각을 통해 주와 객, 안과 밖으로 분리한다. 주와 객, 안과 밖의 분별은 의식의 객관화를 따라 비로소 행해지는 것이다. 내가 보는 파랑색이 나의 파랑색이 아니고 나 아닌 저 밖의 새의 파랑색이고, 내가 듣는 소리가 나의 소리가 아니고 나 아닌 저 밖의 새의 소리라는 안팎의 분별, 자타의 분별은 감각이 아니라 지각에서 비로소 일어난다. 의식의 분별을 따라 새를 보는 눈과 보여진 새, 새소리를 듣는 귀와 들려진 새소리가 주객으로 분리되고 안팎으로 나뉘는 것이다. 그렇게 해서 보고 듣는 나는 여기에 있고, 보이고 들리는 새는 저밖에 있다고 판단된다.

감각세계는 감각자료가 아직 주객으로 분화되기 이전의 세계, 주객분별 내지 자타분별 이전의 세계이다. 주객분별 이전 주객미분으로 주어지는 감각자료를 불교에서는 '자체의 모습'이란 의미에서 '자상(自相)'이라고 한다. 이는 일반적 공통적 개념에 해당하는 '공상(共相)'과

---

1 호법 등 저, 현장 역, 『성유식론』 7권(『대정장』 31권, 39중), "現量證時不執爲外, 後意分別妄生外想." 『성유식론』은 세친이 지은 『유식30송』에 대한 주석서이다. 호법(530-561) 등의 저술이며, 현장(602?-664)이 번역하였다.

구분된다. 감각세계는 있는 그대로의 자상의 세계이다. 감각세계는 일체 중생이 그 안에서 함께 숨 쉬며 살아가는 공통의 터전이 된다. 이러한 감각세계를 우리가 그 안에 담겨 있는 그릇과 같다는 의미에서 '기세간(器世間)'이라고 부른다. 감각세계는 우리가 거기 의거하여 숨 쉬며 사는 환경으로서의 기세간이다.

2) 우주 전체와의 공명(共鳴)

지각이 의식의 개념적 사유에 따라 일체를 객관화하여 주객으로 분별하고 안팎으로 나누는 것이라면, 감각은 일체가 아직 주객으로 분리되고 분별되지 않은 채 하나로 공명하고 있는 마음상태다. 안과 밖, 주와 객의 분별이 행해지기 이전 감각은 저쪽 파장이 이쪽으로 오고 이쪽 파장이 저쪽으로 나아가 그렇게 주와 객, 근과 경, 나와 세계가 하나로 공명하며 하나로 소통하고 있는 마음상태다. 그러므로 보고 듣는 순간에는 보는 마음과 보여지는 색깔, 듣는 마음과 들려지는 소리가 둘로 분리되지 않는다. 기쁨을 느끼는 나와 내게 느껴지는 기쁨이 분리되지 않듯이, 고통을 느끼는 나와 내게 느껴지는 고통이 둘이 아니듯이, 일체는 분별에 앞서 공명의 방식으로 내게 알려진다. 우리의 마음은 보이는 색과 들리는 소리의 파장을 따라, 느껴지는 기쁨과 느껴지는 고통을 따라 하나로 공명한다. 지각의 분별이 일어나기 전 감각세계는 일체가 파동으로 움직이면서 하나로 공명하는 세계이다. 우주만물이 특정한 한 지점의 존재로 입자화되고 고정화되기 이전 에너지 파동으로 전체가 함께 출렁이는 세계라고 할 수 있다.

그렇다면 지각 이전 나의 마음은 어디까지 나아가 공명하는 것일까? 새가 계속 지저귀고 있어도 내가 문득 다른 생각에 몰두하면 새소리는 의식되지 않을 것이다. 그러나 그때에도 나는 새소리를 듣고 있다. 계

속 소음이 있는 방에 있다가 소음이 끝나는 순간 소음이 그쳤음을 알아
차린다는 것은 그 전에도 계속 소음을 듣고 있었다는 것을 말해 준다.
이처럼 감각에서의 마음의 공명은 지각의 의식보다 멀리 간다. 나는 의
식하지 못해도 수천 수만 미터 밖 파도소리와 바람소리까지도 듣고 있
고, 지구 전체 나아가 달과 별을 포함한 우주 전체의 파장과도 공명하
고 있을 것이다. 내가 의식으로 분별하여 지각하기 이전 나의 마음은
우주 전체 파동과 하나로 공명하고 있다. 그렇게 감각차원에서 나는 전
체 우주와 하나로 공명한다.

　감각의 세계는 자연의 세계이다. 우리의 의식에 의해 분별되고 개념
적으로 해석되기 이전, 있는 그대로의 세계이다. 의식에 의해 객관화되
며 인과(因果)의 세계로 해석되기 이전, 시공간적 질서로 규정되기 이
전, 있는 그대로의 세계이다. 각각의 입자적 개체로 고정되기 이전, 전
체가 하나로 연결되어 있는 파동의 세계라고 할 수 있다.

3. 감각의 실상

1) 일상의 감각 : 의식에 의한 제한

　우리가 감각으로 전 우주와 공명하고 있다면, 우리는 왜 그것을 알지
못하는가? 우리가 감각의 공명을 느끼지 못하는 이유는 무엇일까? 우
리가 감각으로 전 우주와 공명하고 있어도 그것을 알아차리지 못하는
것은 감각의 알아차림이 분별적 의식에 의해 제한받기 때문이다. 일상
적 감각의 알아차림은 의식에 의해 제한된다. 감각된 것이 무엇인지를
알아차리기 위해서는 의식의 알아차림이 함께해야 하는데, 우리의 의
식이 분별적 방식으로만 작동하기에 감각도 의식의 분별을 따라 제한
적으로 알려지는 것이다. 다시 말해 의식의 주의집중 내지 의도의 의

(意)가 눈으로 가야 안식을 알아차릴 수 있고, 의가 귀로 가야 이식을 알아차릴 수 있다. 이처럼 의가 일으키는 분별적 의식이 함께해야 우리는 감각을 알아차린다. 결국 전5식의 알아차림이 제6의식에 의해 제한되는 것이다. 분별적 의식이 수반되지 않은 감각을 우리는 알아차리지 못한다.

이러한 현상은 우리의 신경구조에서도 확인된다. 우리는 감각신경으로부터 받아들이는 정보를 즉각 알아차리거나 즉각 반응하지 못하고, 대부분의 감각정보가 중앙정보센터에 해당하는 중추신경인 척수와 뇌로 보내지고 거기서 통합적으로 처리된 후 그 결과물을 하달받을 뿐이다. 감각신경 및 운동신경이 두뇌신경망으로 총집결된다는 것, 손이나 발 등의 전체 몸이 두뇌의 지배를 받는다는 것은 곧 우리의 전5식이 분별적 제6의식의 지배와 통제를 받는다는 것을 의미한다. 눈과 귀가 열려 있으면 감각이 일어나지만 감각은 아직 지각이 아니며, 지각이 일어나기 위해서는 감각을 알아차려야 하는데 이 알아차림은 눈이나 귀에서가 아니라 두뇌에서 비로소 일어나는 것이다.

이처럼 감각의 전5식은 나와 너, 나와 세계가 하나의 기(氣)로 서로 소통하면서 하나로 공명하는 상태이다. 이는 감각신경세포의 활성화로 나타난다. 그런데 이러한 감각의 공명 결과를 알아차리는 방식이 바로 두뇌에서 새롭게 조직되는 두뇌신경망, 소위 대뇌피질의 신경망에 의해 결정되는 것이다. 이처럼 외부세계와의 관계가 직접적 자극-반응 형태로 일어나지 않고, 감각 및 운동신경이 두뇌신경망에 연결되어 두뇌신경망의 중앙정보처리센터의 지시를 따라 일어난다는 것, 감각신경이 두뇌신경망과 연결되어 있다는 것은 곧 우리의 감각이 분별적 의식에 의해 규제되고 있음을 뜻한다. 따라서 우주 전체와의 공명인 전5식의 알아차림이 제6의식에 의해 제한받게 되는 것이다.

2) 의식의 한계 너머의 감각

감각이 분별적 의식에 의해 제한되기 때문에 우리는 순수한 현재, 사물의 자상을 그 자체로 알아차리지 못한다. 전5식의 공명은 찰나적으로 작용할 뿐 시간의 흐름을 따라 개념적으로 분별되는 지각세계 안에서는 감지되지 않는다. 오히려 대상화하는 순간 찰나적 공명은 이미 사라지고 없고, 일체는 우리 자신의 개념틀에 따라 분별된 가상세계로 바뀐다. 분별적 의식에 의해 붙잡힌 감각은 이미 개념화된 감각이다. 일상적 의미의 감각은 의식에 따라 분별된 감각, 지각화된 감각이다. 반면 개념적 동일성 너머에서 의식화되지 않는 감각, 찰나적으로 생멸하기에 우리가 그 존재를 대상화해서 붙잡지 못하는 감각은 우리의 일상적인 분별적 의식 아래 감추어져 있을 뿐이다. 이처럼 의식으로 건져 올리는 것은 자상의 세계 중의 일부에 지나지 않는다. 그리고 그 좁은 영역에 대해서조차도 분별적 의식은 전5식과 같은 주객미분의 공명 상태에 머무르지 않는다. 이미 감각내용을 객관화하고 대상화함으로써 공명을 벗어나기 때문이다. 의식은 감각으로 얻은 의식내용 전체를 자신이 아닌 것으로, 의식이 아닌 의식의 대상으로 객관화한다. 그렇게 대상화하여 형성되는 객관세계는 더 이상 자상의 세계가 아닌 공상의 세계이다. 우리의 의식에는 의식 아닌 것으로 대상화된 세계만이 등장한다. 그것은 순간이 아닌 시간의 흐름에 따라 구성된 세계, 시간과 공간으로 질서 지어진 세계이다.

감각하는 마음이 세계로 나아가 있어도 분별적 의식은 그것을 알지 못한다. 분별적 의식이 주객분별의 틀에 따라 세계를 의식 바깥의 세계로 알면서 감각을 분별적 의식 안의 감각으로 제한하여 알기 때문이다. 그러나 그러한 제한성은 감각의 한계가 아니라 의식의 한계이다. 의식이 일체를 대상화하는 분별의식으로 작동하면서 세계를 자상 아닌 개념적으로 대상화된 공상으로만 알게 하기 때문이다.

진정한 의미의 전5식, 분별적 의식 너머의 전5식은 그것을 가로막는
의식의 한계가 극복될 때 비로소 드러난다. 우리 마음이 의식의 개념틀
의 한계를 벗어나 그로부터 자유로워질 때, 시간의 흐름을 벗어나 순간
을 감지할 수 있을 때, 그 분별적 의식에 의해 가려져 있던 전5식의 실
상이 제대로 드러난다. 감각을 주객분별의 틀로 객관화하는 의식은 과
연 어떤 식인가?

제6의식(意識):
의식과 사유세계

1. 의식의 작용: 지각과 사유(판단)

우리 마음의 활동 중에는 주어진 자료를 받아들이는 감각활동만 있는 것이 아니라 주어진 감각자료에 대해 알아차리고 생각하고 판단하는 활동도 있다. 감각을 넘어서는 이러한 인식능력을 우리는 '사유능력'이라고 부른다. 사유는 생각으로 헤아려 분별하는 사량분별(思量分別)이며, 이런 인식활동은 안이비설신 5근으로부터 일어나는 것이 아니라, 그것들과는 구분되는 또 다른 근, 여섯 번째 근에 의거하여 일어난다.

생각을 일으키는 여섯 번째 근은 무엇인가? 감각과 달리 생각은 기본적으로 뜻, 의도 내지 의지를 따라 일어난다. 내가 의도적으로 무엇에 주목하고 무엇을 관심대상으로 삼는가에 따라 눈에 보이는 것이나 귀에 들리는 것을 비로소 이런저런 것으로 알아차리게 되고, 또 그것에 대해 이런저런 생각을 하게 된다. 이렇게 지각이나 사유를 불러일으키는 근을 불교에서는 의(意)라고 부른다. 의는 안·이·비·설·신 5근 다음의 근인 제6근으로 지각, 사유, 판단 등의 인식작용을 일으키는 근이다. 이 의근에 의거해서 일어나는 식을 근의 이름을 따라 '의식(意識)'이라고 부른다. '의식'은 바로 제6근인 의근에 의거하여 일어나는 식인 제6의식이다.

　제6의식은 사유하는 분별적 의식이다. 우리의 세계 인식은 감각인 5식만으로 완성되지 않는다. 5근은 5경 중 각각의 경과 관계하지만, 우리는 세계를 다섯 영역으로 따로 아는 것이 아니라 하나의 세계로 종합하고 통합하여 안다. 우리는 눈으로 색을 보고 귀로 소리를 듣지만, 그 각각의 근을 통해 들어온 감각자료들을 각각 서로 무관한 별개의 것으로 보거나 듣는 데 그치지 않고, 그것들을 서로 연결시키면서 종합적으로 인식한다. 제6의식은 다양한 방식으로 주어지는 여러 감각자료를 하나의 대상에 속하는 내용으로 정리하여 인식하는 식이다. 감각자료로서 주어지는 색(F1)이나 소리(F2), 예를 들어 파란색이나 맑은 소리를 내 눈앞의 한 마리 새(x)에 속하는 파란색이나 맑은 소리로 인지하는 것이다. 감각된 파란색을 새의 색으로 인지하는 활동은 곧 '저 새는 파란색이다(x는 F이다)'라는 사유 내지 판단의 활동이다. 따라서 제6의식의 지각은 감각 너머의 활동으로 사유 내지 판단에 속하는 인지과정이다.

　색이나 소리는 감각으로 알게 되는 감각대상(5경)이지만, 그것들이 속한다고 여겨지는 사물x는 감각에 주어지는 것이 아니다. 그것은 5근에 상응하는 5경이 아니라, 제6의식의 대상으로서 의근에 상응하는 여섯 번째 경이다. 5식을 통해 우리가 갖는 무수한 감각자료가 제6의식의 사유를 따라 제6경의 틀로 정리된다. 이러한 사유대상으로서의 제6경을 '법경(法境)'이라고 부른다. 제6의식은 전5식에 감각자료로 주어진 색(F1)이나 소리(F2) 등을 의식대상인 사물(x)에 속하는 성질(속성)로 인지하는 식이며, 여기서 사물x가 바로 의식대상 내지 사유대상으로서의 법경이다. 의식은 의근에 의거해서 일어나며, 5경(F)과 법경(x)을 더한 6경을 인식하는 식이다. 6식의 근과 경은 다음과 같이 정리된다.

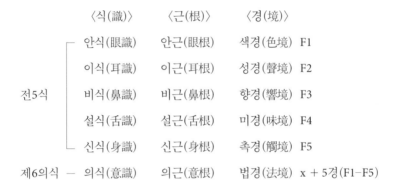

〈식(識)〉　〈근(根)〉　〈경(境)〉

전5식
- 안식(眼識)　안근(眼根)　색경(色境) F1
- 이식(耳識)　이근(耳根)　성경(聲境) F2
- 비식(鼻識)　비근(鼻根)　향경(響境) F3
- 설식(舌識)　설근(舌根)　미경(味境) F4
- 신식(身識)　신근(身根)　촉경(觸境) F5

제6의식 ― 의식(意識)　의근(意根)　법경(法境) x + 5경(F1-F5)

　의식은 전5식의 감각을 종합하고 정리하여 지각하고 판단하는 식이다. 이렇게 보면 사유능력으로서의 의근은 곧 감각능력으로서의 신경세포들이 서로 연결되어 하나의 연결망을 이루는 대뇌피질의 두뇌신경망으로 볼 수 있다.

감각능력 ――――――→ 감각대상
(5근)　　감각(전5식)　　(5경)

사유능력 ――――――→ 사유대상
(제6의근)　사유(제6의식)　(법경+5경)

2. 의식세계: 공상(共相)의 개념체계

1) 외화된 객관세계

색이나 소리가 자극으로 주어져 거기 공명하는 것이 전5식인 '감각'
이고, 그렇게 주어진 감각을 알아차려 그것을 어떤 것x에 속하는 색이
나 소리로 인지하는 것은 제6의식인 '지각'이다. 감각에 주어지는 것
은 개별적이고 구체적인 색이나 소리이며, 이런 개별적인 자체의 상을
'자상(自相)'이라고 한다. 반면 감각에 주어지는 자상들이 서로 비교되
고 대비되고 분류되면서, 일정 부류의 자상의 공통적 모습으로 추출된
것을 '공상(共相)'이라고 한다. 자상이 개별적이고 구체적인 표상인 데
반해, 공상은 일반적이고 추상적인 표상으로 '개념'에 해당한다. 자상
은 사물의 있는 그대로의 모습을 말하고, 공상은 여러 사물의 공통점을
통해 얻어 낸 일반적 모습을 말한다. 제6의식이 포착하는 것은 일반적
이고 추상적인 개념으로서의 공상이다. 전5식의 감각은 자상으로서의
사물에 접하지만, 제6의식의 지각 내지 판단은 그것을 공상으로 바꾸
어 인지한다.

제6의식은 기본적으로 '의식하는 자'(주관)와 '의식되는 것'(객관)
의 분별 위에서 행해진다. 의식은 의식된 것을 나 아닌 객관대상으로
의식하며, 따라서 의식은 곧 대상의식이다. 제6의식은 감각이나 사유
를 통해 주어지는 일체의 의식내용을 자신이 아닌 객관세계에 속하는
것으로 대상화해서 인지한다. 전5식의 단계에서는 주어진 감각자료에
대해 주와 객, 자와 타 또는 내와 외의 분별이 아직 행해지지 않는 데
반해, 제6의식은 모든 감각내용과 사유내용을 '의식하는 자'와 구분되
는 '의식되는 것'으로 분별하여 객관화한다. 그래서 "의(意)가 분별하
여 망령되게 외적인 것이라는 생각을 일으킨다"고 말한 것이다. 의식

이 의식에 주어지는 것들을 자기 아닌 의식대상으로 객관화하여 인지함으로써 의식의 대상세계가 형성된다. 그렇게 의식은 세계를 의식 바깥의 객관세계로 의식한다.

2) 일반적 개념세계

의식이 인지하는 공상은 있는 그대로의 자상이 아니라 여러 사물의 경험을 토대로 얻어 낸, 공통적 특징의 공상이다. 공상이 바로 우리가 사물의 인지에 사용하는 개념이다. 제6의식의 지각은 이러한 공상의 개념체계를 따라 일어난다. 즉 지각에서 감각자료를 정리하고 배열하여 지각세계를 형성하는 기본틀이 바로 우리 자신의 개념틀인 것이다. 물론 개념틀 자체도 개인적 내지 종적인 무수한 과거 경험의 축적으로 형성되지만, 일단 확립된 개념틀은 그 후의 경험을 규정하는 인식틀로 작용한다. 예를 들어 눈앞을 스치고 지나간 것을 '짙은 파란색'으로 알아보고, 귀를 스치고 지나간 것을 '맑은 소리'로 지각하는 것은 그냥 저절로 일어날 수 있는 일이 아니다. 그와 유사한 무수한 감각경험이 일어나고, 그 감각경험이 기억되고 축적되어야 하며, 그렇게 축적된 감각자료들이 서로 비교되고 분류되고 추상화되어 개념으로 추출되어서 일정한 상징적 기호체계로서의 언어적 개념틀이 갖추어져야지만, 그 틀에 따라 대상을 이런저런 것으로 분별해 내는 지각이 비로소 가능해지는 것이다. 우리는 언어적 개념틀을 따름으로써만 내가 보는 것이 '빨간색' 아닌 '파란색', '옅은 색' 아닌 '짙은 색'이라는 것을 알아보고, 내가 듣는 것이 '말소리' 아닌 '새소리', '탁한 소리' 아닌 '맑은 소리'라는 것을 분별해 낸다. 개념적으로 규정되지 않으면, 의식은 분별해 내지 못한다. 의식의 사려분별작용은 언어적 개념틀에 따라 진행되는 것이다. 색에 대해 풍부한 단어를 가진 자라야 색감이 풍부하고,

음에 대해 상세한 단어를 가진 자라야 음감이 상세하다. 스쳐 지나가는 것들을 구분해서 경계 짓고 규정해 줄 단어나 개념이 없으면, 그것을 그것으로 분별하여 의식으로 알아차릴 수가 없다. 지각은 분별적 인지이며, 결국 언어를 따라 행해진다.

개념으로 갖추어지는 사유틀은 우리가 세계를 지각하는 방식을 규정한다. 두뇌신경망의 시냅스 연결이 일정한 방식으로 계속 반복되다 보면, 그 연결이 고정되어 결국 일정한 회로가 형성되고, 그 회로를 따라 자동적으로 작동하는 신경망체계가 구축될 것이다. 그러면 우리는 결국 그러한 자신의 신경망체계에 따라 세계를 보고 지각하며 그 틀에 따라 사유하고 판단하게 된다. 두뇌신경망체계가 우리의 개념틀, 사유의 틀로서 작동하며, 그것이 우리의 지각방식을 규정하는 것이다.

3. 의식의 실상

1) 개념적 가상세계의 건립

감각과 지각, 전5식과 제6의식은 동시에 일어나는 것이 아니다. 감각자료가 주어지는 순간과 그 자료를 무엇으로서 알아보는 순간은 동시가 아니라 한 찰나 뒤이다. 이처럼 감각에서 지각으로 넘어가는 시간 경과는 비록 한 찰나이지만, 그 한 찰나 사이에 엄청난 일이 벌어진다. 무슨 일이 일어나는가?

지각이 감각과 동시가 아니라 한 찰나 뒤에 일어난다는 것은 대상을 알아보는 지각의 순간, 앞서 자극을 준 감각대상은 이미 사라지고 없다는 것을 말한다. 지각은 곧 기억이며, 지각세계는 엄밀히 말해 '있는 세계'가 아니라 '없는 세계'이다. 그럼에도 우리가 있는 그대로의 세계를 지각한다고 느끼는 것은 한 찰나의 감각대상과 그다음 찰나의 지각대상이 서로 다른 것인데도, 우리는 그것을 자기동일적 대상, 상속하는 하나의 대상이라고 여기기 때문이다. 그러나 엄밀히 말해 그 동일성은 근거가 없다. 일억 광년 거리의 별을 내가 지금 지각하고 있다면, 그렇게 지각된 별은 현재의 별이 아니고 일억 광년 전의 별일 뿐이다. 그렇듯 대상화된 모든 거리 속에는 시간이 들어가 있으며, 따라서 공간적으로 거리가 있는 것으로 지각된 세계는 결국 과거의 세계, 기억된 세계, 현재 없지만 있는 것처럼 여겨지는 '가상의 세계'이다. 감각에서 지각으로 넘어가는 그 한 찰나에 우리는 가상세계로 이동해 간다. 자상의 세계에서 공상의 세계로, 감각세계에서 사유세계로 이동해 가는 것이다. 지각의 세계는 우리의 분별적 개념틀 내지 사유틀에 따라 형성되는 사유세계, 추상적 개념세계, 우리 자신이 만든 가상세계이다. 지각의 세계가 우리의 개념체계인 언어틀에 따라 형성되는 가상의 세계라고 말하는 것은 x를 기술하고 규정하고 서술하는 F1, F2, F3 등의 술어체계가 우리 자신의 분류체계라는 것을 뜻한다. 재스트로 효과가 말해 주듯 주어진 x를 토끼로 지각하는가, 오리로 지각하는가는 우리가 어떤 인식체계, 어떤 언어틀을 가지고 어떤 술어로써 x를 규정하는가에 따라 달라지는 것이다.

　감각에서 지각으로 넘어가는 그 한 찰나에 우리는 우리 자신의 추상적 개념틀에 따라 우리의 언어가 만드는 가상의 사유세계 속으로 끌려들어간다. 우리가 지각하는 현상세계는 그 자체로 있는 세계가 아니라 우리 자신의 언어적 개념틀에 따라 분별되고 정리된 세계, 우리의 사유틀을 따라 객관화된 세계이다. 우리가 객관적 세계라고 인식하는 것은 결국 세계 자체나 존재 자체가 아니라 우리의 인식체계에 의해 가미되고 변형된 산물인 것이다.

2) 허망분별성

제6의식은 전5식의 감각을 모두 알아차리는 식이 아니라, 주의집중을 통해 선별적으로 인지해 내는 식이다. 이때 의식의 주의집중은 기본적으로 차이와 대비를 통해 일어난다. 즉 의식은 a를 -a와의 대비를 통해 비로소 a로 인지하는 식이다. 다시 말해 a를 a가 아닌 것(-a)이 아닌 것으로 아는 식이다. 의식은 밝음을 의식하기 위해 밝음 아닌 어둠을 필요로 하며, 그래야 밝음을 어둠이 아닌 것으로 의식할 수 있다. 만일 밝음이 있는데 그 밝음에 대비되는 어둠이 없다면, 그래서 밝음에 끝이 없고 전체가 오직 밝음뿐이라면, 의식은 그 밝음을 의식하지 못한다. 불행을 경험한 자는 행복을 의식하지만, 언제나 행복한 자는 그 행복을 의식하지 못한다. 이처럼 의식은 a를 의식하기 위해 그것의 부정인 -a를 필요로 하는 식, a와 -a의 분별 위에서만 성립하는 분별식, 이원성의 식이다.

제6의식이 차이를 통해 성립하는 분별식이라는 것은 a와 b를 대면한 의식이 기본적으로 그 둘의 공통점은 배제하고 그 둘의 차이만을 의식한다는 것을 뜻한다. a와 b만 있다면, 의식은 a를 b 아닌 것으로 의식하고 b를 a 아닌 것으로 의식할 수 있지만, a와 b를 포괄하는 둘의 공통점을 의식할 수는 없다. 그럴 수 있기 위해서는 a+b가 아닌 것인 c가 필요하며, 그래야 a+b를 c 아닌 것으로 의식할 수 있기 때문이다. 이처럼 의식은 분별의 기반이 되는 같음은 배제하고 차이만을 분별해 내는 식이다.

이러한 의식의 분별 중 가장 근본적 분별은 '의식하는 자'(주)와 '의식되는 것'(객)의 분별, 주객의 분별, 능소(能所)의 분별이다. 의식은 의식된 것을 나 아닌 객관 대상으로 의식하며, 따라서 의식은 기본적으로 대상의식이다. 의식은 나와 세계, 근과 경, 명과 색, 심과 신, 정신과 물질을 서로 다른 대립으로 분별할 뿐이다. 의식이 그렇게 분별되는 둘의 공통점, 다름을 넘어선 같음을 의식하지 못하는 것은 의식에게 자신의 분별의 근거가 가려져 있기 때문이다. 분별을 성립시키는 공통의 기반, 서로 다른 것을 포괄하는 전체가 가려져 있기 때문이며, 이것은 결국 의식(주)과 의식대상(객)을 포괄하는 전체가 의식에게 가려져 있기 때문이다. 의식은 의식대상만 의식할 뿐 의식하는 자 스스로를 의식하지 못한다. 의식 차원에서는 의식되는 것이 끝까지 의식하는 자와 분리되는 이원화 속에 등장하기 때문이다. 의식하는 자는 아무리 스스로를 의식하려고 해도 그 의식의 순간 의식된 것 뒤로 물러나므로 의식에 잡히지 않는다. 그렇게 의식은 의식 스스로를 의식할 수가 없다. 의식이 의식된 것만 알고 의식 자체를 알지 못하는 것, 이것이 의식의 근본한계이다. 의식은 결국 자기 활동의 근거를 모르는 허망분별식이다.

의식에게 가려져 있는 의식의 근거는 무엇인가? 의식을 일으키는 자, 의식으로 하여금 분별을 일으키게 하는 것은 무엇일까? 그것은 곧 의식을 일으키는 의식의 근, 의근(意根)이 무엇인가를 묻는 물음이다.

제7말나식(末那識):
자아식(自我識)

1. 말나식의 작용: 자아의 설정

제6의식은 의근에 의거해서 일체 6경(5경과 법경)을 객관대상으로 아는 대상의식이다. 예를 들어 눈에 보이는 파란색을 나의 색이 아닌 새의 색으로, 귀에 들리는 소리를 나의 소리가 아닌 새의 소리로 대상화해서 아는 식이다. 그런데 제6의식이 의식에 주어지는 일체 내용을 의식 자체가 아니라 의식대상에 속하는 것으로 객관화할 수 있는 것은 의식을 일으키는 의근이 이미 자기 자신을 의식에 주어지는 의식내용과 구분되는 것으로 알고 있기 때문에 가능하다. 즉 의근이 이미 '나'를 특정한 어떤 것으로 알고 있기에 의식내용을 그 나가 아닌 것으로 간주할 수 있는 것이다. 이렇게 의근은 의식에 앞서 '나는 나다'의 자아식을 갖고 있다. 의근은 제6의식이 의거하는 인식능력으로서의 근(根)에 그치는 것이 아니라 그 자체 의식과 구분되는 별도의 식(識)인 것이다.

이와 같이 의근이 일으킨 자아식을 불교는 의(意)의 산스크리트어 마나스(manas)를 그대로 음역하여 '말나식(末那識)'이라고 부른다. 의가 일으킨 자아식, '나는 나다'의 자아식이 곧 제6의식 다음의 제7말나식이다. 제7말나식은 대상의식인 제6의식의 근저에서 작동하는 '나는 나다'의 자아식이다.

의근 ―――――――→ 법경+5경
‖   제6의식(대상의식)
제7말나식(자아식)

제6의식의 주객분별은 제7말나식의 자아식에 근거해서 일어난다. 말나식이 자아로 여기는 부분이 있기에 그 나머지 부분이 나 아닌 타자로, 주관 아닌 객관으로 나타나는 것이다. 나의 영역이 확보되어야지 그 나머지 부분이 나 아닌 객관의 영역으로 성립한다. 말나식은 의식대상이 성립할 수 있게끔 나의 영역을 설정하는 식이다. 말나식에 의해 아(我)의 영역이 확보되면, 나머지 부분이 아가 아닌 비아(非我) 내지 아와 관계되는 아소(我所)로 규정된다. 일체 존재가 아와 비아, 아와 아소로 분별되게끔 먼저 아를 세우는 식이 말나식이다. 말나식에 의해 세워진 나는 이 세계 속에서 나 아닌 것들과 부딪히며, 그때 말나식은 그 부딪침 속에서 내가 나를 잃어버리지 않고 나를 유지하며 나로 살아갈 수 있게끔 하는 생존본능의 식이다. 이 말나식은 제6의식의 사려분별보다 더 깊은 곳에서 작동하는 식이기에 '의지(意志)'라고도 불리고, 무의식적 '본능(本能)'이라고도 불린다.

2. 말나식이 나로 아는 나

1) 개별적 몸: 유근신(有根身)

말나식은 의근이 일으킨 '나는 나다'의 자아식이다. 그렇다면 말나식은 무엇을 나로 여기는가? 말나식의 의(意)는 안·이·비·설·신·의 6근 중 마지막 제6근인 의근(意根)이다. 의근은 안·이·비·설·신 5근을 제어하는 제6근으로서 근을 가진 몸 안에서 활동하므로, 말나식은 스스로를 근을 가진 몸인 유근신(有根身)으로 여긴다. 말나식이 자신을 유근신으로 여기는 것을 '몸이 있다는 견해'라는 의미에서 '유신견(有身見)'이라고 한다. 말나식의 '나는 나다'의 자아식이 곧 나를 몸으로 간주하는 유신견을 이룬다.

우리가 일상적으로 자기 자신을 각자의 몸과 동일시하여 몸을 나라고 생각하는 것은 말나식의 유신견을 따른 것이다. 우리는 흔히 자신을 오온의 몸과 동일시하거나 또는 몸 중에서도 두뇌와 동일시한다. 그렇게 '나는 나다'라고 여기는 말나식의 나는 곧 나의 오온으로서의 개별적 몸 또는 나의 두뇌신경망이다. 이와 같이 말나식이 나라고 생각하고 나라고 집착하는 그 나는 인식능력으로서의 근을 갖춘 몸, 개별적 신체인 유근신이다. 그렇게 말나식은 자신을 육단심(肉團心)으로 여기며, 이것이 바로 각자의 몸과 결부된 본능적 자아식이라고 할 수 있다.

2) 개별적 의식주체

말나식은 한편으로는 자신을 유근신으로 여기지만, 또 다른 한편으로는 자신을 의식주체로 여긴다. 의근이 근을 가진 몸인 유근신으로 존재하면서 동시에 제6의식이 의거하는 소의근(所依根)으로 작용하기 때문이다. 의식의 소의근으로서의 의근은 자신을 '의식을 일으키는 나',

즉 여러 의식 활동에서 '의식하는 자'인 의식주체 내지 사유주체라고 여긴다. 말나식이 자신을 의식주체 내지 사유주체로서의 자아로 설정하므로, 우리는 본능적으로 개별적 사유주체로서 '생각하는 나'가 바로 나라는 아견(我見)을 가지게 된다.

따라서 우리는 일상적으로 나 자신을 개별적 사유주체라고 여긴다. 생각이 있으면 생각하는 나가 있고, 느낌이 있으면 느끼는 나가 있다고 여긴다. 말나식의 아견에 따라 의식의 분별구조가 '실체-속성'의 구조를 띠게 된다. 그리고 이러한 의식의 분별구조는 의식이 세계를 지각하는 개념구조 내지 언어구조 속에 그대로 반영된다. 언어의 '주어-술어'의 구조가 그것이다. 우리는 '나는 느낀다', '나는 생각한다', '사과는 빨갛다', '책상은 딱딱하다' 등의 방식으로 사유하며, 이것은 곧 'x는 y이다'의 '주어-술어' 구조와 상응한다. 빨간색에 대해 그 색이 속하는 사과가 존재하고, 딱딱함에 대해 그 촉감이 속하는 책상이 존재하듯이, 느낌이나 사유에 대해서도 그런 감정이나 생각이 속하는 '느끼는 나', '생각하는 나'가 존재한다고 여기는 것이다. 우리가 일상적으로 나라고 여기는 의식주체 내지 사유주체로서의 나는 바로 말나식이 나라고 여기는 아견의 나이다. 말나식은 의식하는 나, 생각하는 나가 개별적 사유주체로 존재한다고 여기며, 그 나에 집착한다.

3. 말나식의 실상

1) 무아(無我)를 모르는 아견(我見)

말나식은 의식주체를 자아로 간주하여 '나는 나다'의 자아식을 갖지만, 불교에서는 업을 짓는 작자로서의 단독적 개별 행위자를 부정한다. 일상의 논리에 따라 의식주체를 설정하고 "누가 느끼는 것입니까?"라

고 묻는 제자에게 석가는 "나는 느끼는 자가 있다고 말하지 않는다"라
고 답한다.[1] 현재의 느낌이나 생각에 대해 느낌의 주체나 생각의 주체
등 행위주체가 따로 있어서 그 나가 일으킨 느낌이나 생각으로 간주하
지 않는 것이다. 의식주체를 설정하는 것은 우리의 사유구조와 언어구
조에 따른 개념적 설정이지, 실제로 그 개념에 상응하는 자아는 있지
않다는 것이다. 불교에서는 행위는 있지만 그런 행위를 하는 주체는 있
지 않다고 말한다.

업과 보는 있지만 업을 짓는 작자는 없다.[2]

느낌이나 생각은 개별적 의식주체로서의 내가 존재해서 그때그때마
다 그 내가 느낌을 일으키거나 생각을 일으키는 것이 아니다. 느낌은
다른 느낌을 따라 일어나기도 하고, 지금 생각은 아까 들은 말로 인해
일어나기도 한다. 그렇게 느낌이나 생각은 이런저런 조건들의 인연에
따라 일어나는 것이지, 느끼는 나 또는 생각하는 나가 의식주체로서 따
로 존재해서 발생하는 것이 아니다. 불교는 이렇게 개별적 사유주체로
서의 '자아'를 부정한다. 불교가 무아(無我) 내지 아공(我空)으로써 부
정하는 자아는 바로 이 말나식의 아견의 자아다. 의식활동에 대해 그
활동주체로서 설정된 개별적 나는 존재하지 않는다. 의식을 일으키는
의근의 자아식, '나는 나다'의 제7말나식의 아견은 무아를 모르고 아
를 세운 망견이다.

말나식이 자신을 유근신, 즉 개별적인 물리적 신체로 여기면, 물리

1 『잡아함경』 15권, 372, 「파구나경」(『대정장』 2권, 102상중), "復問爲誰受. 佛告頗
求那, 我不說有受者."
2 『잡아함경』 13권, 335, 「제일의공경」(『대정장』 2권, 92하), "有業報而無作者."

세계 내에서 그 일부분인 나의 몸을 경계로 나와 세계가 이원화된다. 말나식이 스스로를 사유주체, 즉 개별적인 심리적 자아로 여기면, 내 몸을 포함한 물리적 세계 전체가 나 아닌 의식대상으로 간주되면서 물리-심리 이원론, 색-심 이원론, 색-명 이원론이 성립한다. 어느 경우이든 세계는 말나식이 집착하는 나의 경계를 중심으로 아와 비아, 아와 아소로 이원화된다.

2) 근본번뇌의 말나식

말나식의 자기인식은 참된 인식인 량(量)이 아니고 거짓된 인식인 비량(非量)이다. 의식주체라고 할 만한 자아가 없는데, 그 무아의 이치를 알지 못하고 스스로를 자아로 여기며 '나는 나다'라는 상(相)을 내기 때문이다. 그래서 말나식은 아치·아견·아만·아애의 근본번뇌를 동반하는 망식(妄識)이다.

> 이 의[말나식]는 … 네 가지 근본번뇌와 상응한다. 그 네 가지는 무엇인가? 아치·아견과 아만·아애가 그 네 가지이다. 아치는 무명이다. 아상에 어리석어서 무아의 이치에 미혹하므로 아치라고 이름한다. 아견은 아집이다. 자아가 아닌 법을 허망하게 계탁하여 자아로 삼으므로 아견이라고 이름한다.[3]

말나식의 한계는 나라고 집착할 만한 개별적 인식주체인 자아가 없다는 '무아'를 알지 못하는 것이다. 무아를 모르고 자아가 있다고 생각

---

3   『성유식론』 4권(『대정장』 31권, 22상중), "此意 … 與四根本煩惱相應. 其四者何. 謂我癡我見幷我慢我愛. 是名四種. 我癡者謂無明. 愚於我相迷無我理, 故名我癡. 我見者謂我執. 於非我法妄計爲我, 故名我見."

하는 어리석음을 '아치(我癡)'라고 한다. 아치로 인해 '나는 나다'라는 '아견(我見)'이 일어나는데, 이 아견이 곧 나에 집착하는 '아집(我執)'이다. 말나식은 무명과 아집의 식이다. 제7말나식이 의식과 구분되는 별도의 식이라는 것은 우리가 의식주체로 존재한다는 것을 말해 주는 것이 아니라, 우리가 무명으로 인해 무아를 깨닫지 못할 경우 자신을 의식주체로 착각한다는 것을 말해 주는 것이다. 그런 착각을 일으켜 스스로 자아라고 집착하는 식이 바로 제7말나식이다. 실제로는 존재하지 않지만, 자신이 존재하지 않는다는 사실을 모르는 한 존재하는 식, 거짓된 망상의 식이다.

　이 점에서 말나식은 꿈속에서 그것이 꿈인 줄을 모르고 꿈속 나를 나로 집착하는 꿈속의 자아식과 비교될 수 있다. 꿈속에서 나는 꿈속 내가 나인 줄 알고 분주히 뛰어다니며 꿈속 세계가 나와 무관한 내 마음 바깥의 세계로 생각한다. 그래서 자타분별, 주개분별로 꿈을 이어가지만, 꿈에서 깨고 보면 비로소 꿈속 나는 내가 아니었음을, 그리고 꿈속 세계 전체가 내 마음 바깥의 세계가 아니었음을 알게 된다. 그때 비로소 꿈속 나와 꿈속 세계가 모두 본래 공이라는 것, 아공과 법공을 알게 된다. 처음부터 나는 허공 속에 세계를 만들고 그 세계를 지켜보는 마음이었던 것이다. 그러나 이 모든 것을 나는 꿈꾸고 있는 동안은 알지 못하고, 꿈에서 깨어남으로써 비로소 알게 된다.

　꿈꾸면서 꿈속 나를 나로 생각하는 것이 허망한 망견이듯이, 일상에서 세계 속 유근신 내지 의식주체를 나로 생각하는 말나식의 아견 또한 허망한 망견에 지나지 않는다. 말나식이 아를 세우므로 그 아를 중심으로 세계가 아와 비아, 아와 아소로 이원화되며, 그 이원성 위에서 제6의식의 허망분별이 유지된다. 말나식의 아견이 망견이라는 것은 곧 그 아견에 따른 주와 객, 자와 타, 아와 법의 분별이 근거가 없다는 것을 말해 준다. 꿈에서 망견이 지속되는 것은 허공 속에 꿈의 세계 전체를 만들고 그 세계를 지켜보는 마음을 꿈속 의식이 알아채지 못하기 때문이다. 그렇듯 일상에서 말나식의 망견과 의식의 망분별이 유지되는 것은 그보다 더 심층에서 세계 전체를 허공 속에 만들어 내는 마음, 그 심층마음의 활동을 우리가 알아채지 못하기 때문이다. 의식이나 말나식보다 더 심층에서 활동하는 마음은 어떤 마음인가?

제8아뢰야식(阿賴耶識):
심식(心識)

1. 아뢰야식의 작용: 세계의 형성

1) 종자(種子)의 훈습(熏習)과 현행(現行)

말나식이 그보다 더 심층에서 활동하는 식을 모르는 무명(無明)으로 인해 세계 속에 아(我)를 세우고 그에 따라 아와 비아, 아와 아소, 주와 객, 나와 세계를 대립으로 설정하는 분별의식을 일으킨다는 점에서 우리의 일상의식은 꿈속 의식과 다르지 않다. 그 무명의 꿈에서 깨어나는 길은 의식과 말나식보다 더 심층에서 활동하는 마음, 즉 허공 속에 세계를 만들고 그 세계를 지켜보는 마음을 나의 마음으로 알아차리는 것이다. 그런데 꿈속에서 나는 왜 나를 꿈속의 나로만 생각하고 꿈을 꾸는 나, 허공 속에 세계를 만들고 그 세계를 지켜보는 마음을 나로 알아채지 못하는 것일까? 꿈에서 그 마음이 마음으로 작동하지 않기 때문이 아니다. 왜냐하면 그 마음이 작동해야 꿈의 세계가 나타나기 때문이

다. 그 마음은 꿈속에서도 이미 마음으로 작동한다. 그렇듯 우리의 일
상의식에서도 의식과 말나식보다 더 심층의 마음은 이미 마음으로 작
동하고 있다. 그 마음활동의 기반 위에서 비로소 말나식의 자아설정과
의식의 허망분별이 가능하기 때문이다. 일상에서 이미 작동하고 있는
이 심층마음은 과연 어떤 마음인가?

　심층마음은 허공 속에 세계를 만들고 그 세계를 지켜보는 마음이다.
마음이 무슨 힘으로 허공 속에다 세계를 만드는가? 불교는 우리가 경험
하는 현상세계 전체는 업력(業力)에 의해 만들어진다고 논한다. 제7말
나식의 아견과 아집에 근거한 행위를 불교는 업(業)이라고 부른다. 유
정이 짓는 업은 그 행위로서 끝이 아니라, 그 업에서 비롯되는 기운, 에
너지를 남긴다. 연못에 던져진 돌멩이가 수면에 끝없는 파장을 만들 듯
허공중에 발생한 업은 그 행위의 여력으로서, 눈에 보이지 않는 흔적인
에너지 내지 정보를 남긴다. 업이 남긴 에너지를 '업력(業力)'이라고
하며, 유식은 이것을 '종자(種子)'라고 부른다. 행위가 종자를 남기는
것을 '훈습(熏習)'이라고 한다. 발생한 업의 에너지는 그 보(報)를 낳
기까지 사라지지 않고 종자로서 어딘가에 훈습되어 보존된다.

　오온(五蘊)이 짓는 일체의 업이 남긴 여력, 업 에너지, 종자는 표층
제6의식이나 말나식보다 더 깊은 심층마음 안에 모두 간직된다. 이 심
층마음을 일체 종자를 함장하는 식이라는 의미에서 '장식(藏識)'이라
고 부른다. 이것이 바로 제7말나식보다 더 깊은 심층마음인 제8아뢰야
식(阿賴耶識)이다. 아뢰야는 '함장하다'는 장(藏)의 범어 '알라야
(ālaya)'의 음역이다. 업을 짓던 개체의 오온이 흩어져 사라져도 그 업
이 남긴 에너지인 업력 내지 종자는 사라지지 않고 남겨진다. 그렇게
남겨진 에너지의 총체를 간직하고 있는 식이 바로 아뢰야식이다. 아뢰
야식은 표층의식이나 개체적 자아식인 말나식처럼 개체의 한 생명 기

간에 국한된 마음이 아니다. 각 중생의 아뢰야식에는 무한한 전생의 업이 남긴 종자가 함장되어 있다. 한마디로 전 우주의 역사가 각각의 아뢰야식 안에 정보 에너지로 내재해 있는 것이다.

　종자가 아뢰야식에 훈습되어 함장되어 있는 것은 그냥 그 안에 머물러 있기 위해서가 아니라, 그 종자로부터 다시 새로운 싹을 틔워 내기 위해서이다. 쌓여 있는 에너지는 다시 구체화되고 현실화된다. 아뢰야식 안에 함장되어 있는 무한한 종자 에너지는 인연에 따라 구체화된다. 이것을 '현행(現行)'이라고 한다. 표층의 의식과 말나식의 업에 의해 심층 아뢰야식에 심어진 종자는 심층마음인 아뢰야식에 보존되어 있다가 인연이 갖추어지면 다시 표층으로 구체화되고 현재화된다. 표층의 의식과 말나식의 업이 심층 아뢰야식에 종자를 남기는 것은 '현행훈종자(現行熏種子)'이고, 심층마음에서 종자가 생멸을 거듭하며 성장하는 것은 '종자생종자(種子生種子)'이며, 그 종자들이 인연을 따라 다시 표층 현상으로 드러나는 것은 '종자생현행(種子生現行)'이다. 우리가 표층에서 경험하는 현상세계의 만물은 모두 심층 아뢰야식의 종자가 현행화한 결과물이다. 표층 현상세계의 모든 것은 심층 에너지의 표현이다. 전체 우주의 정보가 종자로서 아뢰야식에 남겨지고, 그 종자의 에너지와 정보를 따라 다시 우주 전체가 만들어진다. 심층 아뢰야식은 그렇게 허공 속에 현상세계를 만들어 내는 마음이다.

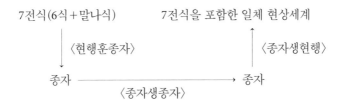

2) 아뢰야식의 상분(相分)과 견분(見分)

아뢰야식이 허공 속에 현상세계를 만드는 과정을 유식은 아뢰야식 자체의 견·상 이원화로 설명한다. 우주의 정보를 담은 종자들이 아뢰야식 안에 에너지로 함장되어 있다가 인연이 갖추어지면 구체적 모습으로 현상화하는데, 이러한 종자의 현행화는 곧 아뢰야식의 자체분이 견분(見分)과 상분(相分)으로 이원화되는 과정이다. 견분은 보는 식이고, 상분은 견분에 의해 보여지는 대상이다.

아뢰야식의 상분은 아뢰야식 내 종자 에너지에 의해 형성되는 현상세계 전체를 말한다. 유식은 상분을 크게 두 가지로 분류한다. 일체 중생이 의거해서 사는 장소인 처(處)와 일체 중생에 의해 집착적으로 수용되는 집수(執受)가 그것이다. 처는 중생이 사는 세계인데, 중생이 그 안에 사는 그릇과도 같다는 의미에서 '기세간(器世間)'이라고 부른다. 중생이 집착하는 집수는 중생이 자신의 몸으로 집착하는 것과 자신의 생각으로 집착하는 것으로 구분되는데, 전자는 중생의 몸으로서 '근을 가진 몸'인 '유근신(有根身)'이고, 후자는 중생의 의식적 사려분별의 대상이 되는 개념 내지 관념(법경)으로서의 '종자(種子)'이다. 아뢰야식의 견분은 아뢰야식의 상분을 보는 활동이며, 이것을 '료(了)'라고 한다. 료는 아뢰야식에 의해 만들어진 현상세계 전체를 바라보는 심층마음의 활동이다. 말나식과 의식의 보는 작용은 아뢰야식의 보는 작용으로부터 온다. 꿈속 의식이 꿈꾸는 마음활동으로부터 오는 것과 같다. 그런데도 현상세계 전체를 보는 눈을 그 눈에 의해 보여진 현상세계 속 유근신의 눈으로 착각하여 아견을 일으키면서 전체를 보는 눈, 세계를 지켜보는 심층마음을 망각하니, 이것이 꿈의 전도(轉倒)이고 일상의 전도이다.

상분: 처(기세간) + 집수(종자 + 유근신)

견분: 료

자체분

 아뢰야식은 허공중에 세계를 만들고 그 세계를 지켜보는 마음이다. 아뢰야식의 상분인 유근신과 기세간은 그렇게 허공중에 만들어진 세계이며, 아뢰야식의 견분은 그렇게 만들어진 세계를 바라보는 마음활동이다. 말나식과 의식에 의해 아와 아소, 주와 객으로 이원화되기 이전의 세계 전체를 보는 마음활동을 의식과 구분해서 '심식(心識)'이라고 할 수 있다. 꿈속 의식과 자아식이 감지하지 못해도 꿈의 세계를 만들고 바라보는 심층마음의 작용이 있듯이, 일상의 표층의식과 말나식이 감지하지 못해도 이미 작동하고 있는 식이 바로 아뢰야식의 심식이다. 표층의식과 말나식은 이 아뢰야식의 활동을 의식하지 못하므로 유근신을 자아로 간주하고, 기세간을 나와 무관한 객관세계 자체라고 여긴다. 심층마음을 모르는 무명으로 인해 아공과 법공을 알지 못하고 아집과 법집에 빠지는 것이다.

2. 아뢰야식의 실상

1) 일체유심조(一切唯心造)의 마음: 한마음

 각 중생의 심층마음인 아뢰야식은 허공 속에 세계를 만들고 그 세계를 지켜본다. 그렇게 각 중생의 마음은 그대로 하나의 세계이다. 각각의 중생이 각각 하나의 우주인 것이다. 그런데 각 중생이 만든 허공 속 세계가 그 중생들이 함께 그 안에 살아가는 하나의 공통 세계라는 것은 곧 중생의 심층마음이 결국 하나의 마음이라는 것을 말해 준다.

각 중생의 아뢰야식 안에 무한한 전생으로부터의 종자가 함장되어 있으니, 각 아뢰야식 내 종자가 결국은 서로 다르지 않은 공통의 종자, 하나로 소통하고 하나로 공명하는 파동 에너지가 되는 것이다. 그렇게 각각의 중생은 표층에서는 서로 다르지만 심층에서는 한마음이다. 각각의 마음이면서도 하나의 마음이기에 '일즉다 다즉일(一卽多 多卽一)'이 성립한다. 유식은 공통의 기세간을 만드는 종자를 그 기세간 내 중생 모두가 갖는 공통의 종자라는 의미에서 '공종자(共種子)'라고 부른다. 그런데 그 각각의 중생이 허공 속에 하나의 세계를 만들어 놓고 그 세계 속에 다시 각각의 자기를 만들어 넣는다. 그것이 표층에서 서로 다르게 나타나는 각각의 유근신이다. 이 개별적 유근신을 만드는 종자를 공통적이지 않다는 의미에서 '불공종자(不共種子)'라고 한다.

〈아뢰야식 내 종자〉　　〈아뢰야식의 식소변〉

공종자　　→　　공통적 기세간

불공종자　　→　　개별적 유근신

심층마음이 공종자로써 공통의 기세간을 만들고 그 안에 다시 불공종자로써 각각의 유근신을 만들면, 그렇게 만들어진 유근신의 의(意)가 스스로를 아로 여기면서 나머지를 마음 바깥의 객관세계로 여긴다. 유식은 이 법집을 깨기 위해 '유식무경(唯識無境)'을 말하고, '일체유심조(一切唯心造)'를 논한다. 기세간이 심층 아뢰야식이 만든 식소변이라는 것을 강조하는 것이다.

기세간은 아뢰야식 내 종자의 현행화 결과인 6경으로서, 유근신의 6근을 떠나 따로 있는 것이 아니다. 경(境)이 근(根)을 떠나 있지 않다는 점에서 기세간의 공성(空性)이 성립한다. 안근을 가진 존재에게만 색깔의 세계인 색경이 있고, 이근을 가진 존재에게만 소리의 세계인 성경이 있다. 우리 인간같이 의근이 있는 존재에게만 사려분별의 세계인 법경이 있다. 우리가 보고 생각하는 세계는 우리의 5근과 의근에 의해 그렇게 보이고 들리는 세계이지, 시력이 없는 박쥐의 세계는 인간의 세계와 완전히 다를 것이며, 눈도 귀도 없고 촉각만 있는 지렁이의 세계는 또 완전히 다를 것이다. 이런 상황을 유식은 '일수사견(一水四見)'으로 논한다. 인간에게 물은 그 안에서 살 수는 없고 단지 마시고 만질 수 있는 액체이지만, 물고기에게 물은 마치 우리의 공기와 같을 것이며, 아귀에게 물은 피고름 같고, 천상존재에게 물은 보석처럼 빛날 것이다. 이처럼 각자가 사는 세계는 각자의 근에 상응하는 경의 세계, 각자의 아뢰야식이 만든 세계인 것이다.

기세간이 인간 모두에게 공통적인 하나의 세계라고 해서, 그것이 인간의 근을 떠나 그 자체로 실재하는 것은 아니다. 지옥이나 천당은 지옥중생이나 천당중생의 마음이 만든 것이고 그 마음에 대해서만 존재하는 것처럼, 인간이 그 안에 사는 이 기세간도 인간중생의 마음을 떠나 따로 있는 것이 아니다. 세계가 그것을 인식하는 마음을 떠나 따로 존재하지 않는다고 하는 것은 우리가 경험하는 세계는 우리 마음 안에 그려진 홀로그램 우주나 꿈의 세계와 같다는 말이다. 그래서 유식은 일체가 식임을 강조하며, 이 점에서 일체가 꿈과 같다고 논한다.

일체 식[6근·6경·6식]이 모두 오직 식일 뿐이며 [식 바깥에] 대상이 따로 없다. 그럼 무엇처럼 현시(顯示)하는 것인가? 꿈 등과 같이 현시한다는 것을 마땅히 알아야 한다. 꿈 중에는 실재하는 대상이 없고 오직 식만 있을 뿐인 것과 같다. 비록 각종 색성향미촉과 집과 숲, 땅과 산이 대상처럼

영상으로 나타나지만, 그중 어디에도 실재하는 대상은 없다.[1]

심층마음인 아뢰야식이 형성한 세계에 살면서 그러한 일체유심조의 사실을 모르고 의식의 분별에 따라 객관적 실유로 간주하는 것을 꿈에 비유한 것이다. 나를 주관적인 사유적 실체로, 세계를 객관적인 연장적 실체로 여기는 것은 망분별이고 망집착이다.

2) 아뢰야식과 진여(眞如)

우리는 꿈을 꾸듯 기세간을 형성하지만, 이때의 꿈은 각각 서로 다른 표층의 제6의식이 임의로 꾸는 각자의 꿈이 아니라 심층 제8아뢰야식이 함께 꾸는 꿈이다. 꿈꾸는 마음 너머 꿈의 세계가 따로 없듯이, 기세간을 형성하는 심층 아뢰야식 너머 기세간 자체가 따로 있지 않다. 마치 꿈에서 꿈꾸는 마음이 꿈의 세계를 그려 내는데도 꿈속 의식은 그것이 꿈인 줄 모르고 꿈속 나를 나로 알고 꿈의 세계를 객관세계로 여기듯이, 일상에서 우리의 심층마음인 아뢰야식이 기세간을 만드는데도 우리의 표층의식은 그것을 모르고 기세간 속 유근신을 나로 알고(아집) 기세간을 마음 밖의 객관세계로 여긴다(법집). 꿈이 꿈인 줄을 모르는 한에서만 꿈이 계속되듯이, 심층마음의 활동을 알아차리지 못하는 무명(無明)이 지속되는 한에서만 기세간을 헤매는 육도윤회(六道輪廻)가 계속된다.

꿈이 꿈인 줄 알면 우리는 꿈에서 깨어나게 된다. 일상의 꿈, 아뢰야식의 꿈에서 깨어난다는 것은 곧 꿈속 내가 내가 아니라는 것, 꿈속에

---

1   무착 저, 현장 역, 『섭대승론』 권중(『대정장』 31권, 138상), "此諸識皆唯有識都無義故. 此中以何爲喩顯示. 應知夢等爲喩顯示. 謂如夢中都無其義獨唯有識. 雖種種色聲香味觸舍林地山似義影現, 而於此中都無有義."

서 내가 나라고 여겼던 그 나는 없다는 것, 그리고 꿈의 세계가 내 마음이 만든 세계라는 것을 깨닫는 것이다. 무아, 아공과 법공을 깨닫는 것이다. 일상의 꿈에서 깨어나 아공과 법공을 아는 마음, 2공으로 드러난 마음을 '진여(眞如)'라고 한다. 진여는 '이공소현진여(二空所顯眞如)'이다.

아뢰야식과 진여는 어떤 관계에 있는가? 아뢰야식은 꿈꾸는 마음이고, 진여는 꿈에서 깨어나는 마음이다. 꿈꾸는 마음은 꿈의 세계를 만들어 내면서 스스로 그 사실을 알지 못하는 마음이고, 꿈 깨는 마음은 스스로 그 사실을 아는 마음이다. 둘은 스스로를 자각하지 못하는 불각(不覺)과 스스로를 자각하는 본각(本覺)의 관계이다. 꿈꾸는 아뢰야식은 생멸하는 세계를 만들어 내는 생멸하는 마음(중생심)이고, 꿈 깨는 진여는 꿈을 벗어난 불생불멸의 마음(진여심)이다. 둘은 생멸과 불생불멸, 중생심과 진여심의 관계이다. 그러나 꿈꾸는 마음과 꿈 깨는 마음은 두 마음이 아니다. 불각은 본각을 전제하고, 무명은 명을 전제하며, 중생심은 곧 진여심이다. 일체가 변한다는 것을 알아차리기 위해서는 변하지 않는 한 지점이 있어야 하고, 일체가 상대적이라는 것을 말하기 위해서는 상대적이지 않은 절대의 한 지점이 있어야 한다. 불변의 지점은 변화 속에 있고, 절대의 기준은 상대 속에 있다. 불생불멸의 진여심은 생멸하는 중생심 자체인 것이다. 그래서 "불생불멸과 생멸이 화합하여 하나도 아니고 다르지도 않으니, 이를 아뢰야식이라고 이름한다"[2]고 말한다.

아뢰야식 자체가 불생불멸의 진여이기에 생멸의 세계를 형성할 수 있고, 아뢰야식 자체가 무루(無漏)이기에 그 안에 유루종자가 훈습·현

---

2 『대승기신론』, "不生不滅與生滅和合, 非一非異, 名爲阿梨耶識." 졸저, 『대승기신론 강해』(불광출판사, 2013), 108쪽.

행할 수 있다. 허공이 비어 있기에 그 안에 우주만물이 등장할 수 있듯이, 아뢰야식 자체가 빈 마음이기에 그 안에 세계가 그려질 수 있는 것이다. 그러므로 의식이나 말나식보다 더 깊이에서 활동하는 심층 아뢰야식을 자각한다는 것은 곧 자신의 심층마음을 일체 상(相)으로 채워지지 않은 빈 마음으로 자각한다는 것, 아집과 법집을 벗고 아공과 법공을 깨닫는다는 것, 중생심 안의 진여를 증득한다는 것을 의미한다. 공의 깨달음, 진여의 증득, 심층 빈 마음의 자각은 어떻게 일어나는 것일까?

3. 심층마음 자각의 길

1) 분별 이전의 전체: 허공

진여로 밝혀진 아뢰야식은 생멸하는 세계를 만들어 내되 그 자체는 만들어진 세계 속 존재가 아니다. 허공이 비어 있어서 우주만물이 그 안에 담길 수 있듯이, 우리의 심층 아뢰야식은 그 자체 빈 마음이기에 일체 현상세계를 그려 내고 담아낼 수 있다. 그렇게 우리의 심층마음은 허공 속에 세계를 만들고 그 세계를 지켜보는 마음이다. 세계는 그 심층마음의 에너지를 따라 허공 속에 만들어진 세계이다. 이 점에서 세계는 홀로그램 우주이다. 아공과 법공을 깨닫는 것은 홀로그램 속 내가 공이고 우주만물이 공이라는 것을 아는 것이다. 홀로그램 속의 나를 보되 그 상(相)에 머무르지 않고 그 상을 일으키는 성(性)이 비어 있다는 것, 공(空)이라는 것을 보는 것이고, 홀로그램 속의 나 아닌 사물을 보되 사물 또한 그 상을 일으키는 성이 비어 있다는 것, 공이라는 것을 보는 것이다. 그렇게 우주 전체가 허공 속에 그려진 허상임을 보는 것이다. 마치 종이 위 그림을 보되 그림의 상에 매이지 않고 그림의 빈 바탕을 보듯, 그렇게 우주만물을 보되 그 각각의 상에 머무르지 않고 일체의 상을 여읜 빈 공간, 일체의 공성을 보는 것이다.

나를 포함한 우주 전체가 홀로그램 우주라는 것을 알게 되는 것은 마음이 홀로그램 우주 안에 갇혀 있지 않고 홀로그램 우주 바깥, 즉 홀로그램 우주가 그 안에 나타나는 허공이어야 비로소 가능하다. 홀로그램 우주에 갇혀 있지 않다는 것은 그 홀로그램 우주를 만드는 만물의 차별상에 묶여 있지 않는다는 말이다. 나와 너, 이것과 저것을 구분 짓는 상에 매이지 않고, 상 너머의 공성, 우주 전체를 담은 허공의 마음이 되어야 비로소 일체가 마음 안에 그려진 홀로그램 우주라는 것, 아도 공이고 법도 공이라는 것을 알게 된다. 그때 비로소 홀로그램 바깥에서 홀로그램 전체를 보는 자신의 눈을 자각하게 된다. 그러나 깨닫고 보면 마음은 본래 처음부터 끝까지 홀로그램 바깥에서 홀로그램 전체를 바라보는 마음이었음을 알게 된다. 마음은 무변의 공을 떠나 본 적이 없다. 이 무변의 마음, 공의 마음이 바로 허공 안에 세계를 만드는 심층 아뢰야식이다.

아뢰야식은 허공 속에 세계를 만들고 그 허공으로부터 세계 전체를 바라보는 눈인 데 반해, 의식과 말나식은 그렇게 만들어진 세계의 차별상에 사로잡힌 눈이다. 말나식이 세계 안에 아(我)를 세움으로 인해 전체 세계는 아와 비아로, a와 −a(b)로 분열된다. 말나식이 나로 여기는 a가 아상(我相)이면 b는 나를 제외한 모든 존재가 되고, a가 인상(人相)이면 b는 인간 이외의 존재가 된다. a가 중생상(衆生相)이면 b는 정(情)이 없는 모든 무생물이 되고, a가 수자상(壽者相)이면 b는 수명이 없는 일체 존재가 된다. 말나식이 그어 놓은 경계선을 따라 의식은 주객분별, 자타분별을 일으키며 끝없는 망분별을 쌓아 간다. 제6의식은 분별의식이다. 의식은 분별되지 않은 것, 대대를 갖지 않은 것을 알아차리지 못한다. 의식은 분별하기 위해 차별상에 주목하고 차별상에 머무르며, 따라서 모든 상을 여읜 허공, 홀로그램 우주가 그 안에 떠 있는 허공에 이르지 못한다. 결국 의식과 말나식으로는 a와 b를 포괄하는 전체A, 공통의 빈 바탕A, 빈 마음에 이르지 못한다.

2) 심층마음의 자각 : 공적영지(空寂靈知)

일체 우주만물을 모두 포괄하는 전체A인 허공은 단지 추상적 빈 공간 내지 추상적 개념에 불과한 것이 아니다. 우리가 결코 자각할 수 없는 무(無)에 그치는 것이 아니다. 전체A는 분별적 제6의식이 의식하지 못해도 심층마음이 이미 자각하고 있기에 그 바탕 위에서 비로소 말나식과 의식의 분별이 일어날 수 있는 것이다. 제6의식이 a와 b의 차이와 다름만을 알아보는 식, 분별적 이원성의 식인 데 반해, 심층마음은 그러한 이원성을 넘어선 마음, 대대의 다름만을 분별하지 않고 그 다름의 기반인 같음을 알아차리는 마음, 상으로 나뉜 a와 −a(b)의 공통의 바탕, 분별되지 않는 전체A를 알아차리는 마음이다. 의식의 허망분별을 넘어선 불이(不二)의 마음이다. 이 마음을 어떻게 나의 마음으로 확인할 수 있을까?

빛이 새어 들어오지 않는 깜깜한 방에서 문득 눈을 떴다고 해 보자. 전체가 암흑이니 눈을 떠도 보이는 것은 없다. 눈을 뜬 것과 감은 것이 차이가 없으므로, 우리는 아무것도 보고 있지 않다고 생각할 것이다. 우리는 보여지는 대상이 있어야 비로소 보는 활동이 있고, 대상이 없으면 보는 마음활동도 없다고 생각한다. 그렇게 대상을 반연하는 대상의 식 이외의 마음활동은 없다고 여긴다. 그러나 보여지는 대상이 없는 깜깜한 암실이라고 해서 우리가 아무것도 보지 않는 것은 아니다. 보이는 대상이 없어도 우리는 본다. 빛이 없는 암실에서도 우리는 본다. 무엇을 보는가? 비어 있음을 본다. 비어 있음을 보기에, 그 안에 보여지는 대상이 없다는 것을 아는 것이다. 소리 없는 적막을 듣기에, 그 안에 들리는 소리가 없다는 것을 아는 것이다. 이처럼 우리는 비어 있음(공)과 적막(적)을 보고 듣는다. 공적을 아는 마음활동이 있는 것이다.

공적을 아는 마음은 어떤 마음인가? 마음이 공적에 들어서서 공적을 깨닫게 되면 그 순간 그 마음에는 더 이상 주객분별이 일어나지 않는다. 공적을 보고 듣는 마음 자체가 그대로 공적이며, 따라서 아는 마음(주)과 알려지는 공적(객)이 둘이 아니기 때문이다. 그렇게 공적을 아는 마음은 스스로 공적이 된 마음이며, 주객분별을 넘어선 마음, 대대 없이 전체를 아는 마음, 불이(不二)의 마음이다. 공적은 세계가 그 안에 만들어지는 존재의 바탕이며, 마음이 그 세계를 바라보는 인식의 바탕이다. 주와 객, 심과 색, 인식과 존재, 마음과 세계의 이원성이 사라지는 지점이다. 아뢰야식이 허공 속에 세계를 만들고 그 세계를 지켜보는데, 그 공적이 바로 마음이고, 그 마음이 바로 공적인 것이다. 공적의 마음이 스스로를 아는 것을 '비어 고요한 마음의 신령한 앎'이란 의미에서 '공적영지(空寂靈知)'라고 한다. 이 공적영지를 일체의 상(相)을 여읜 '성(性)이 스스로를 신령하게 아는 앎'이란 의미에서 '성자신해(性自神解)'라고 한다. 공적영지의 마음은 의식의 주객분별과 자타분별을 넘어선 불이(不二)의 마음이다. 공적영지가 바로 심층마음의 본래적 깨어 있음, 본래적 각성, 본래적 자각을 뜻하는 '본각(本覺)'이다. 우리의 표층 제6의식과 말나식의 활동도 모두 이 심층마음의 각성인 본각으로부터 일어나는 마음활동이다. 궁극의 심층마음은 현상적인 일체 차별상 너머 세계 전체를 심층 한마음의 표현으로 알고, 따라서 일체 중생을 나 아닌 것이 없는 존재로 아는 자비와 인(仁)의 마음이다.

제2부

심층마음의 해명: 동서철학의 비교

현대는 대상을 표상의 방식으로 떠올리는 의식을 인간의 마음활동의 전부라고 여기며, 그러한 의식을 고도로 조직된 물질인 대뇌피질의 산물로 간주한다. 따라서 '마음은 물질세계의 반영이며 진화의 산물'이라는 주장이 진리로 채택되어 학교에서 교육되며, 그렇게 세뇌된 우리는 그 주장을 아무 의심 없이 받아들여 그것이 상식이 되어 버렸다. 그러나 우리의 마음이 정말로 대상에 의거해서 일어나고 대상이 사라지면 함께 멸하는 반연심(攀緣心), 대상을 보고 듣고 아는 견문각지심(見聞覺知心)에 불과한 것일까?

여기서는 대상을 반연하여 보고 듣고 아는 견문각지심인 제6의식은 우리 마음의 표층적 활동인 '표층의식'에 불과하며 그러한 표층의식보다 더 깊은 심층에 대상의 유무와 상관없이 항상 밝게 깨어 있는 본각(本覺) 내지 영지(靈知)의 마음활동이 존재한다는 것을 밝히고자 한다. 표층의식보다 더 깊은 심층에서 활동하는 마음을 '심층마음'이라고 부른다. 심층마음은 표층에서 분별되는 주와 객, 자와 타의 상대성을 넘어선 마음이기에 '절대의 마음'이며, 그렇게 나와 세계, 근과 경을 모두 포괄하는 마음이기에 '무한의 마음', '무외(無外)의 마음'이다.

동양은 항상 이 절대의 심층마음을 인간의 본심으로 논해 온 데 반해, 서양은 인간을 표층의 경험적 자아로 간주하여서 인간의 마음을 표층의식 중심으로 고찰해 왔다. 서양철학에서 인간의 심층에 주목하고 그 안에서 경험초월적 요소를 체계적으로 밝힌 철학자는 칸트이다. 따라서 심층의 절대마음을 중심으로 동서사유를 비교하면서는 동양의 유식, 여래장사상과 서양의 칸트, 독일 관념론 등을 비교대상으로 삼았다. 비교를 통해 심층마음의 경험 초월성이나 자각성에 대해 동양과 서양이 어떻게 서로 다른 사유를 전개해 왔는지를 밝혀 보고자 한다. 한국은 처음부터 이 심층마음에 입각하여 인간의 내적 초월성과 절대적 평등성을 생각해 왔다는 것을 단군신화에 담긴 〈웅녀신화〉의 정신으로 밝혀 본다.

I

심층마음의 발견:
여래장사상과 독일관념론 비교

1. 심층 '절대의 마음'에 대한 물음

우리가 일상적으로 '마음'이라고 여기는 것은 대상을 보고 듣고 아는 견문각지심(見聞覺知心)이다. 보고 듣고 알기 위해서는 일단 보이거나 들리거나 알려질 대상이 있어야 하며, 마음이 그 대상을 향해 나아가 그 대상을 붙잡아야 한다. 이렇게 대상을 붙잡는 마음을 '반연심(攀緣心)'이라고 한다. 반연심은 대상을 상대로 하여 성립하는 상대적 마음이다. 일상적으로 우리는 이 마음을 우리 각자의 마음이라고 생각하며 살아가고, 심리학이나 의학에서 마음을 연구할 때도 바로 이 마음을 연구한다. 대상으로부터의 자극이 어떤 생리적 기제를 거쳐 마음내용으로 떠오르게 되는지, 그리고 뇌신경조직의 어떤 부위가 어떤 마음상태와 연결되는지 등의 연구가 밝히고자 하는 마음은 바로 대상 및 신체조건에 의해 규정되는 상대적 마음이다.

반면 불교가 수행을 통해 얻고자 하는 마음은 자신의 대(對)가 있는 상대적 마음, 대를 대면한 '대대(對待)의 마음'이 아니라, 자신의 대가 없는 무대(無對)의 마음, 대를 끊는 '절대(絶對)의 마음'이다.

갑: 조사심은 허공 밖으로 나간다.

을: (그 마음은) 한계가 있는가, 없는가?

갑: 한계가 있는 것과 없는 것 모두 양을 헤아리는 대대(對待)의 법이다. (조사심은) 유한한 양도 아니고 무한한 양도 아니고 유한무한이 아닌 양도 아니니, 절대(絶待)이기 때문이다.[1]

이처럼 주와 객, 자와 타의 상대성을 넘어선 절대의 마음을 여래장사상에서는 여래장, 진여, 법신, 일심, 자성청정심, 본원청정심, 원묘명심(圓妙明心) 등으로 부른다. 본래적 마음(본심) 내지 진정한 마음(진심)은 대대의 마음(B)이 아닌 절대의 마음(A)이다.

(상대적 마음＝견문각지심)

반연심(주)(B) ─ 반연 대상(객)(C)

본심, 진심(A)

(절대적 마음＝본원청정심)

---

1 『천성광등록(天聖廣燈錄)』 8권(『만속경(卍續經)』 68권, 455중), "祖師心出虛空外. 有限劑否? 有無限劑, 此皆數量對待之法. 且非有限量 非無限量, 非非有限量, 以絶待故." 무한 내지 절대를 단순하게 '무한'이라고 규정하지 않고, '유한, 무한, (유한무한), 비유한비무한도 아닌 것'이라고 말하는 것은 무한을 단순히 유한의 부정으로서의 무한으로 놓으면, 유한의 대대로서의 무한(악무한)이 되어 진정한 절대의 무한(진무한)이 아니게 되기 때문이다. 즉 여기서 추구되는 무한 내지 절대는 유한의 상대가 아니라, 유무의 대비를 넘어선 절대의 무한이다. 그러므로 이 절대의 마음(A)은 대대의 마음인 견문각지심(B)의 바깥에 있어 그것의 대가 되는 마음이 아니라, 견문각지심을 포괄하는 마음이다.

서양철학에서도 칸트가 시공간적 현상세계 속의 경험적 자아(B)와 현상세계를 구성하는 초월적 자아(A)를 구분한 데 이어, 독일관념론자 피히테는 상대적 자아(B)와 상대적 비아(세계)(C)를 절대적 자아(A)의 자기정립과 반정립 위에서 전개되는 현상으로 설명한다.

(상대적 마음＝경험적 자기의식)
　　가분적 자아(주)(B)　　─　　가분적 비아(객)(C)
　　　　　　　└──────────────┘
　　　　　　　　　절대적 자아(A)
　　　　　　　(절대적 마음＝초월적 자기의식)

이처럼 동양의 여래장사상이나 서양의 독일관념론은 일상적이고 경험적인 상대적 마음(B) 너머 절대의 마음(A)을 우리 내면의 진여심 내지 절대정신으로 논한다. 상대적 마음을 넘어서는 이 절대의 마음을 우리는 과연 어떤 마음으로 이해해야 하는가? 이 절대의 마음은 구체적이고 개인적인 내 인격 안에서 어떻게 작용하고 있는가? 나아가 절대의 마음은 우리 일상의 상대적 마음과 어떤 관계에 있는가? 여기에서는 여래장사상과 칸트 및 독일관념론사상이 이 문제에 대해 각각 어떻게 대답하는가를 살펴보기로 한다. 그 과정에서 절대의 마음에 대한 동서사유의 차이를 생각해 볼 것이다.[2]

2　불교를 서양철학과 비교하는 연구는 16세기 서구의 스리랑카 점령이나 17세기 중국 선교 이후 마테오 리치나 라이프니츠, 칸트나 헤겔, 쇼펜하우어나 니체 등 서양인에 의해 행해지기도 하고, 20세기 초부터 양계초 등 중국인에 의해 또는 니시다나 니시타니 등 교토학파의 일본인에 의해 행해지기도 했다. 한국에서도 불교와 서양철학을 비교하는 글이 꾸준히 나오고 있다. 그중 불교를 칸트와 비교한 것으로는 김종욱의 『용수와 칸트』(운주사, 2002), 김진의 『칸트와 불교』(철학과현실사, 2004), 최인숙의 「칸트와 불교의 실천철학」(『칸트연구』 제15집, 2005) 등이 있고, 불교를 헤겔과 비교한 것으로는 허정수의 「반야사상에 대한 헤겔철학적 접근: 공과 시원을 중심으로」

2. 동양에서 심층마음의 발견과 해명

1) 견문각지심(見聞覺知心) 너머 절대의 마음

『수능엄경』에서 여래(갑)는 아난(을)에게 자신의 빛나는 주먹을 보이면서 묻는다.

갑: 무엇을 보는가?

을: 당신이 팔을 들어 만든 주먹이 나의 마음과 눈에 빛난다는 것을 본다.

갑: 눈은 (내가) 볼 수 있다만, 마음은 무엇을 마음으로 여기는 것인가?

을: 내가 마음으로 헤아려 생각하므로, 이 헤아리는 것(能推者)을 마음으로 여긴다.

갑: 아니다! 그것은 너의 마음이 아니다!

을: 이게 나의 마음이 아니면 그럼 무엇이란 말인가?

갑: 그것은 앞의 경계의 허망상의 생각으로 너의 진성을 미혹시키는 것이

(『한국불교학』 제56호, 2010) 등이 있는데, 이들 비교를 위해 불교에서 취해지는 것은 대개 연기 내지 공(空) 사상이다. 최근 서양 포스트모더니즘의 물결을 타고 불교가 니체나 하이데거, 들뢰즈 등과 비교되면서 주로 연기와 공이 논의의 초점에 놓이는 것과 맥락을 같이한다고 본다. 이 글이 선행연구와 구분되는 점은 여기서 지향하는 것은 그들 철학체계에 관한 문헌학적 비교가 아니라, 그들 철학체계가 지시하는 마음 자체의 해명이라는 것이다. 즉 이 글은 우리의 마음작용에 대상지향적인 상대적 의식작용 너머 비지향적인 절대적 활동성과 그 자각이 실제로 존재한다는 것, 그 점에서 우리의 마음은 '절대의 마음'이라는 것을 증명하려는 의도로 쓰였다. 『수능엄경』이 여러 가지 비유를 통해 이를 상당히 설득력 있게 제시하고 있으므로 그 비유들을 인용하였으며, 그처럼 불교가 '절대의 마음'을 이해하는 방식이 서양철학자 칸트나 헤겔이 초월자아나 절대정신을 이해하는 방식과는 구분된다는 것을 더불어 밝힌다. 여기에서 칸트와 헤겔을 논하되 구체적으로 인용하지 않은 것은 졸고 「마음의 본성과 견성의 문제: 불교의 공적영지와 견성, 불교관념론의 사행과 지적 직관의 비교」(『불교학연구』 제5호, 2002)와 졸저 『칸트철학에의 초대』(서광사, 2006), 『헤겔 정신현상학의 이해』(서광사, 2009)에서 상세히 논하였기 때문이다.

다. 네가 무시이래로 금생에 이르기까지 도적을 자식으로 오인하여 너의 원래의 항상된 것을 잃어버렸기에, 너는 윤회하고 있다.[3]

능추자=전진허망상상(B) ― 반연 대상(객)(C)

진성, 항상, 마음 자체(A)

보고 헤아려 아는 견문각지의 마음(B)은 눈앞 경계(전진)의 허망상(C)이 일으킨 생각이지, 그것이 나의 진짜 본성, 나의 본래마음(A)은 아니라는 것이다. 그런데도 그 허망상의 생각을 나의 마음으로 여기는 것은 거짓을 진짜로, 도적을 자식으로 여기는 것과 같아, 나로 하여금 계속 허망상에 이끌려 윤회하게 한다. 마치 바닥에 발을 딛지 않고 물 위에 떠있으면 물살을 따라 끝없이 부유하게 되듯, 나의 본바탕, 본심, 진성을 깨닫지 못하고 허망상에 끌려다니면 결국 업력을 따라 끝없이 윤회하게 된다. 그러므로 인생의 부유를 멈추고 윤회를 벗어나고자 하면 필히 허망상의 생각인 견문각지심(B)이 나의 본래마음이 아님을 깨닫고 그것에 이끌려 다니지 말아야 한다. 그렇다면 본심(A)은 어떤 마음인가?

네가 만약 분별각관(分別覺觀)으로 아는 성품을 필히 마음이라고 고집한다면, 그 마음은 마땅히 일체 색향미촉의 진(塵, 대상)으로 인한 사업(事業)을 떠나서도 따로 온전한 성품을 가져야 할 것이다. 네가 지금 나의 법

---

3 반라밀제 역, 『수능엄경』1권(『대정장』19권, 108하), 『수능엄경』은 인도 승 반라밀제에 의해 705년 무렵 한역된 경이다. 여래장사상에 속하지만 선종에서도 중시되었으며, 심이나 견에 대한 잘못된 견해를 바로잡음으로써 인간의 마음을 절대적 일심인 묘명진심(妙明眞心)으로 밝히는 경이다.

을 듣는 것도 소리로 인하여 분별이 있는 것이며, 일체의 견문각지를 멸해
안으로 고요함을 지녀도 그것 또한 법진의 분별영사(分別影事)일 뿐이다.
만약 앞의 대상을 떠나서도 분별성이 남는다면 진짜 너의 심이겠지만, 만
약 분별성이 대상을 떠나 체가 없다면 그 분별성은 전진의 분별영사일 뿐
이다. 대상이 상주하지 않아 변하고 멸할 때 심(心)도 거북털이나 토끼뿔
과 같아진다면, 너의 법신(法身)이 단멸하는 것이 되니, 누가 무생법인(無
生法忍)을 닦아 증득하겠는가?[4]

분별하고 사유하는 마음인 분별각관심은 색성향미촉 5경(5진)으로 인
해 일어나는 전5식과 제6경인 법진으로 인해 일어나는 제6의식을 총
칭하는 것으로, 앞서 말한 견문각지심(B)에 해당한다. 이 분별각관심
은 눈앞의 경계인 6진으로부터 생겨나고 또 그 경계가 멸하면 함께 사
라지는 것으로서, 경계가 만든 그림자(분별영사)에 불과하기에 본심일
수 없다는 것이다. 한마디로 본심(A)은 경계(C)와 경계로 인한 그림자
(B)가 다 사라져도 없어지지 않고 남아 있는 마음이다.
　이런 본심이 왜 있다고 생각하는 것일까? 만약 경계의 소멸 이후에
도 지속되는 마음이 있지 않다면, 윤회하는 생멸과정 너머 상주하는 법
신(法身)을 논할 수 없고 또 불생불멸의 불성을 자각하는 무생법인(無
生法忍)의 증득도 불가능하기 때문이다. 분별영사의 마음(B)이 사라져
도 남아 있을 본심(A)이 따로 있지 않다면, 윤회를 벗어나 해탈한다
한들 그 해탈의 경지를 누릴 마음이 없게 되므로 해탈도 무의미해질
것이다.

4　『수능엄경』 1권(『대정장』 19권, 109상).

2) 심층마음의 존재증명 : 본각묘명(本覺妙明)의 활동

그렇지만 그런 본심이 실제로 존재한다는 것을 우리가 어떻게 알 수 있는가?『수능엄경』에서는 본심이 있다는 것을 다음과 같이 논한다.

갑: 손이 없으면 주먹이 이루어지지 않듯이, 눈[眼]이 없으면 봄[見]도 이루어지지 않는다는 식으로 눈을 주먹에 비교해도 되겠는가?

을: 눈이 없으면 볼 수 없으니, 주먹에 비교해도 될 것 같다.

갑: 그렇지 않다. 손이 없으면 주먹은 만들어지지 않지만, 눈이 없다고 보지 못하는 것은 아니다. 왜인가? 맹인에게 무엇을 보냐고 물으면, 모두 눈앞의 어둠만 볼 뿐 다른 아무것도 보지 못한다고 대답한다. 그러니 앞의 대상이 그 자체 어두울 뿐 봄에 무슨 손상이 있겠는가?

을: 맹인이 어둠만 보는 것을 어떻게 본다고 할 수 있는가?

갑: 맹인이 눈이 멀어 보는 어둠과 눈 밝은 사람이 암실에서 보는 어둠, 그 두 어둠에 차이가 있는가, 없는가?

을: 없다.

갑: 맹인[無眼人]이 앞의 어둠만 보다가 홀연히 안광을 얻어 앞의 대상에서 각종 색을 보는 것을 '눈이 본다[眼見]'고 한다면, 암실의 사람(暗中人)이 앞의 어둠만 보다가 홀연히 등광(燈光)을 얻어 앞의 대상에서 각종 색을 보는 것도 '등이 본다[燈見]'고 해야 할 것이다. 그러나 만약 등이 본다면, 등이 능히 견(見)을 가지니 등이라고 할 수 없으며, 또 등이 보는데 그게 너와 무슨 상관이 있겠는가? 그러므로 등은 색을 드러낼 뿐이며 보는 자는 눈이고 등이 아니듯이, 눈은 색을 드러낼 뿐이며 보는 성품은 심이지 눈이 아님을 알아야 한다.[5]

---

5 『수능엄경』1권(『대정장』19권, 109중).

눈이 본다고 말할 수 없는 것은 맹인의 경우 눈(보는 능력으로서의 안근)이 없어도 보기 때문이다. 그러나 맹인이 무엇을 본단 말인가? 맹인은 어둠밖에 못 보지 않는가? 그렇다. 바로 어둠을 본다. 이에 대해 을이 반박한다. 맹인이 어둠을 보는 것을 본다고 할 수 있는가? 눈이 있어 세계를 봐야 보는 것 아닌가? 그러자 갑은 등불의 비유를 든다. 암실에서 등이 없어 어둠만 보다가 등광을 얻으면 밝게 보게 된다고 해서 '등이 본다'고 말하지 않듯이, 맹인이 눈이 없어 어둠만 보다가 안광을 얻어 세계를 보게 된다고 해서 '눈이 본다'고 말할 수는 없다는 것이다. 암실에서 보는 자는 사람이지 등이 아니고 등은 단지 색을 드러나게 할 뿐이듯이, 일상에서도 보는 자는 마음이지 눈이 아니고 눈은 단지 색을 드러나게 할 뿐이라는 것이다.

이 비유가 말하고자 하는 것은 정확히 무엇인가? 맹인이 어둠만을 보듯 암실에서도 우리는 어둠만을 본다. 왜인가? 암실에는 등이 없기에, 즉 빛이 없기에 색이 없다. 색이 있는데 못 보는 것이 아니라, 보기는 보는데 색이 없으므로 색이 없는 어둠을 보는 것이다. 만약 그 어둠 안에 등이 밝혀져 색이 드러나면 그땐 어둠 대신 색을 보게 된다. 그러니까 등이 있든 없든, 따라서 색이 있든 없든 우리는 계속 보고 있는 것이다. 이제 암실을 극장으로 바꿔 보자. 극장에서 영화를 기다리며 스크린을 보고 있어도, 스크린이 아직 어둠에 싸여 있거나 혹은 영사기 빛을 받아 환하게 빛나도 아직 필름이 돌아가기 전이면, 즉 영화가 시작되기 전이면, 우리는 그 자리에서 아무것도 보지 않는다고 말한다. 영사기 필름이 돌아가고 스크린 위에 채색된 세계가 전개되어야 비로소 뭔가를 보기 시작한다고 말한다. 그러나 사실은 필름이 돌아가기 전부터, 영화가 시작되기 전부터 우리는 이미 보고 있다. 어둠을 보고 빈 스크린을 보고 있기에 내가 아무것도 보고 있지 않다는 것, 영화가 아직 시작되지 않았다는 것을 아는 것이다. 그렇게 우리는 채색된 세계가 눈앞에 있든 없든 이미 보고 있으며, 그렇게 지속되는 우리의 봄, 견(見)에는 변화가 없다. 어둠에 싸인 빈 스크린을 보다가 그 위에서 채색된 세계를 본다고 해서 견이 늘어나는 것도 줄어드는 것도 아니고, 다른 견으로 바뀌는 것도 아니며, 없던 견이 새로 생겨나는 것도 아니다. 스크린 위에 전개되는 세계, 견의 대상은 바뀌지만, 어둠을 보든 빛을 보든 색을 보든, 견은 항상 동일한 견으로 남는다. 이것이 바로 경계 너머에서 경계를 보는 본심(A)이다.

그런데 '눈이 색을 드러낸다'는 것은 눈이 단지 색을 보는 것이 아니라 색을 형성한다는 뜻이다. 안과 색이 6근과 6경을 대표한다고 보면, 이는 곧 6경은 6근에 상응해서 형성된다는 말이다. 그러므로 우리는 극장에서 단지 화면을 보는 관람객인 것이 아니라 화면을 만들어 내는 자, 즉 광원과 필름을 갖춘 영사기에 해당한다. 영사기가 빛을 발해 스크린 위에 영상세계를 그리듯, 우리의 본심(A)은 본래의 밝음인 본각묘명(本覺妙明)으로서 빛을 발해 허공 속에 현상세계(C)를 그려 낸다. 우리가 몸담고 사는 이 현실세계는, 영사기 빛을 통해 스크린 위에 그려진 영상세계처럼, 그렇게 우리 본심의 원명(元明)을 통해 허공중에 그려진 가상세계, 홀로그램 우주이다. 우리 각각의 본심은 본각묘명으로서 허공중에 세계(경계상)를 만들고, 그렇게 만들어진 세계 안에 자신을 그려 넣는다. 어떤 세계를 그리고 어떤 나를 그려 넣는가?

스크린 위 영상세계가 영사기 속 필름의 투영이듯이, 각자의 마음이 그려 내는 세계(경계상)는 각자의 마음 안에 담긴 종자(잠재 에너지)의 현행화(구체화)이다. 나무가 종자를 남기고 그 종자가 다시 나무로 자라듯, 이전 세계 속 삶(업)이 남긴 흔적(업력)이 종자로 머물다가 그

다음 세계를 그려 내는 것이다. 우리 각각이 허공중에 그려 놓은 세계가 우리가 공유하는 공동의 세계가 될 수 있는 것은 각자 안의 종자가 공업(共業)으로 인한 공종자이기 때문이다. 각각의 등불의 빛이 모여서 하나의 빛을 이루듯, 각각의 마음이 그린 세계가 하나의 기세간을 이루는 것이다.[6] 그리고 그 공동의 기세간 안에 각자의 불공종자로 인해 각자의 몸, 안이비설신의 6근을 가진 유근신(有根身=五蘊)이 그려 넣어진다.

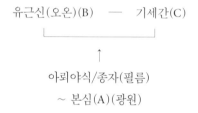

본래의 마음(A)이 그렇게 허공중에 세계(C)를 그려 내고 그 안에 자신을 유근신(B)으로 그려 넣고 나면, 그 마음은 그려진 세계에 몰입하여 자신을 그려진 세계 속의 유근신으로만 여기게 된다. 마치 우리가 극장에서 영화에 몰두하게 되면 영화가 끝날 때까지 자신을 영화 속 주인공과 동일시하면서 계속 그 영화세계 속에 살게 되듯이, 또는 꿈을 꾸는 동안 자신을 꿈속의 자신으로만 알고 꿈의 세계 속에 살게 되듯이, 본심이 그려 놓은 세계가 펼쳐지면 그 세계에 파묻혀 자신을 그 세계 속 유근신으로만 여기게 된다. 그리하여 결국 본심(A)을 잃어버리

---

6   각각의 아뢰야식이 세계를 만들되 그 세계가 하나라는 것은 결국 아뢰야식이 같은 하나의 아뢰야식이라는 것을 말해 준다. 아뢰야식의 활동을 등불 빛에 비유하는 것은 『성유식론』에 나온다. "비록 모든 유정에 의해 전변된 것은 각각 다 다르지만 그 모습이 서로 유사하므로 처소에 차이가 없다. 이는 마치 많은 등불의 빛이 각각 퍼져 나가되 하나의 빛이 되는 것과 같다." 『성유식론』 2권(『대정장』 31권, 10하).

게 된다. 그래서 자신(B)과 세계(C)를 전부라고 생각하며 거기 매여 살면서 그 집착으로 인해 업을 짓고 종자를 남기며, 그렇게 다음 생, 다음 꿈, 다음 영화를 준비하는 것이다.

이 본원청정심은 항상 스스로 널리 밝고 두루 비추는데, 세상 사람들이 깨닫지 못하고 그저 견문각지를 마음으로 여겨 견문각지에 의해 가려져서 결국 정명한 본체를 보지 못한다.[7]

식정원명(識精元明)이 모든 연을 생하는데, 그 연으로 인해 (원명을) 잃어버리고 만다. 모든 중생이 이 본명을 잃어버리기에 종일 행하면서도 스스로 깨닫지 못해 헛되이 윤회로 빠져든다.[8]

본심의 원명(A)이 현상세계(연)(C1)를 만들어 그 세계 안에 내(B1)가 살면서 업을 지어 종자(업력)를 남기고, 그 종자가 다시 그다음의 현상세계(C2)를 만들어 그 세계 안에 다시 또 내(B2)가 살면서 업을 지어 또 그다음 종자를 남기고, 그러면 그 종자가 다시 또 그다음의 현상세계(C3)를 만들어 ⋯ 이것이 윤회의 삶이다. 나의 본래마음은 현상세계(C)에 의해 규정되는 견문각지심(B)이 아니라는 것, 나의 본심의 원명(A)은 생멸하는 현상세계 너머에서 발하는 불생불멸의 빛이라는 것, 이런 자신의 본심, 자성, 원명에 대한 자각이 있지 않는 한, 윤회는 끝없이 이어진다.

---

7 황벽 희운, 『전심법요』(『대정장』 48권, 380중), "此本元淸淨心, 常自圓明徧照, 世人不悟, 祇認見聞覺知爲心, 爲見聞覺知所覆, 所以不覩精明本體."
8 『수능엄경』 1권(『대정장』 19권, 108하), "識精元明, 能生諸緣, 緣所遺者, 由諸衆生, 遺此本明, 雖終日行, 而不自覺, 枉入諸趣."

3) 심층마음의 망각과 근(根)·진(塵)의 생성

그런데 심층마음인 본심의 원명이 세계를 그려 내는데, 어떻게 그 본심의 원명을 놓칠 수 있단 말인가? 내게 본심이 있다면, 내가 왜 그것을 모르는가? 그런데도 우리는 모른다. 아난이 '맹인은 아무것도 보지 않는다'고 말할 때, 또는 우리가 '극장에서 어둠뿐인 또는 빛뿐인 빈 스크린을 대면하면서 아무것도 보지 않는다'고 말할 때, 우리는 그렇게 우리가 모르고 있다는 것을 보여 준다. 왜 보지 않는다고 생각하는가? 그 순간에는 보이는 것이 전체이고 하나여서 구분되는 것이 없기 때문이다. 어떤 것이 한계가 없는 무한이고 상대가 없는 절대이면, 우리는 그것이 없지 않고 있다는 것을 분별하여 알 수가 없다. 그래서 우리는 모른다고 생각하고 없다고 생각한다. 일체가 어둠이어서 그 안에서 보는 자와 보이는 것이 구분되지 않으면 우리는 보이는 것이 없고, 따라서 봄도 없다고 생각한다. 전체가 보고 있는 마음의 빛이어도 그 빛이 무한이고 절대이면, 우리는 보고 있지 않다고 생각한다. 그렇지만 사실은 스크린 위에 채색된 세계가 펼쳐지기 이전부터, 허공중에 홀로 그림 우주가 그려지기 이전부터 우리는 이미 보고 있는 것이다.

> 어둠에 싸인 빈 스크린을 보다가 그 위에서 채색된 세계를 본다고 해서 견이 늘어나는 것도 줄어드는 것도 아니고, 다른 견으로 바뀌는 것도 아니며, 없던 견이 새로 생겨나는 것도 아니다.[9]

이처럼 우리 마음은 이미 깨어서 보고 있다. 깨어 있는 전체로서의 마음인 본심은 자기 스스로 신령하게 아는 성자신해(性自神解), 보이거

---

9   앞의 83쪽에서 견이 불생불멸 부증불감이라는 것을 논한 구절이다.

나 들리는 것 없는 곳에서도 신령하게 깨어 있는 공적영지(空寂靈知),
한마디로 본각(本覺)의 마음이다. 단지 그 본각의 밝음이 대대가 아닌
절대이기에, 우리의 의식은 그것의 있음을 알아보지 못하고 다시 분별
하여 밝히려 한다.

> 성의 각(覺)은 반드시 명(明)인데, 허망하게 각을 밝히려고 한다. 각은 밝
> 혀져야 할 것이 아닌데, 밝힘으로 인해 소(所)가 세워진다. 소가 이미 허
> 망하게 세워지면, 너의 허망한 능(能)이 생긴다.[10]

성각이 명이라는 것은 우리의 본성은 이미 마음으로 깨어 있어 밝다
는 것이다. 이것이 6진경계에 앞서 이미 활동하고 있는 본래의 마음
(A)이다. 본심은 그 자체 각(覺)이고 견(見)이며 명(明)이다. 마음의 본
각은 이미 밝기 때문에 다시 밝혀질 필요가 없는데, 그 마음 안에 이 각
을 밝히려는 마음이 일어난다. 이미 밝은데, 다시 밝히려고 하니 허망
한 것이다. 명을 모르는 무명(無明)으로 인해 밝히려 하므로(무명업
상), 각이 밝혀져야 할 대상인 소(所)로 세워지면서 그것을 바라보는
마음이 능(能)이 된다(능견상). 이렇게 전체의 마음이 능소로 이원화되
면서 소는 능의 마음과 구분되는 경계로 등장하게 된다(경계상). 이렇
게 해서 마음으로부터 마음 아닌 세계, 가상세계, 환법이 그려지게 된
다. "자심에서 자심을 취하면, 환 아닌 것이 환법이 된다."[11] 본심은 환
이 아닌데, 그 본심을 모르는 무명으로 인해 환이 시작되는 것이다. 이
환법의 세계 안에서 피로가 생기고, 이 피로가 쌓이면 대상인 진(塵)이

---

10   『수능엄경』 4권(『대정장』 19권, 120상), "性覺必明, 妄爲明覺. 覺非所明, 因明立
所. 所旣妄立, 生汝妄能.

11   『수능엄경』 5권(『대정장』 19권, 124하), "自心取自心, 非幻成幻法."

발생한다.

> 네가 무시이래로 심성이 광란하고 지견이 허망하게 일어나서 망(妄)을 일
> 으킴이 그치지 않아 견(見)을 피로하게 하여 진(塵)을 일으킨다. 마치 눈
> 동자가 피로해지면 광화가 담정명한 곳에 까닭 없이 어지럽게 일어나는
> 것처럼, 일체 세간과 산하대지와 생사열반이 모두 광란과 피로로 전도된
> 환화의 모습이다.[12]

무시이래로 쌓아 온 분별의 습관, 밝혀 보고자 함이 곧 견(見)에 쌓
이는 피로이다. 이 피로로 인해 보는 능력인 근(根)이 형성되고 그 근
에 상응해서 대상세계인 진(塵)이 형성된다. 즉 중생의 근은 그의 전생
의 습기(업종자), 전생에 그가 영위한 삶의 번뇌로 인해 축적된 피로의
결과물이다. 기세간 먼지 속에서 일어나는 피로와 번뇌가 그의 근을 형
성하고, 그 근에 상응해서 다시 그가 살아갈 기세간이 결정되니, 근과
진은 결국 서로 인이 되고 과가 되며, 그 어느 것도 실재가 아닌 가상이
고 환인 것이다. 이 환을 일으키는 것이 무명의 마음인데, 마음이 마음
자체를 알지 못하기에 환이 환을 불러일으켜 윤회가 끝없이 이어진다.
　근(유근신=B)과 진(기세간=C)이 객관적 실재가 아니고 환이라는
것, 무명으로 인한 피로와 먼지에 지나지 않는다는 것, 즉 근은 먼지를
보려고 하여 생긴 피로의 축적물이고, 진은 그 피로로 인해 보여지는
먼지라는 것, 그렇게 둘이 서로를 낳는 환이라는 것을 아는 것이 바로
근과 진 너머의 본심(A)을 자각하는 길이 된다.

12　『수능엄경』 5권(『대정장』 19권, 125중), "由汝無始心性狂亂, 知見妄發, 發妄不
息, 勞見發塵. 如勞目睛, 則有狂花, 於湛精明, 無因亂起, 一切世間, 山河大地, 生死
涅槃, 皆卽狂勞顚倒華相."

근과 진이 이미 사라지면, 각명이 어찌 원묘를 이루지 않겠는가?[13]

근과 진을 멸해 원명을 찾는다는 것은 곧 근과 진이 환이라는 것, 피로와 먼지라는 것을 아는 것이다. 근과 진이 사라진 경지에서 드러나는 각명이 곧 법신의 자체지광명(自體智光明)이다. 자신의 마음이 단지 6진에 의해 규정되는 견문각지심이 아니라는 것을 깨닫는 것, 자신 안의 법신의 자체지광명, 원명을 깨닫는 것이 윤회를 벗고 해탈하는 길이다. 이는 자신의 본바탕, 본심을 깨달아 더 이상 무명과 업에 따라 부유하지 않게 되는 것이다. 이처럼 근과 진, 피로와 먼지를 벗고 본심의 원명을 회복하는 것, 불구부정 부증불감 불생불멸의 진여심을 증득하는 것이 불교수행의 목적이다.

3. 서양에서 심층마음의 발견과 왜곡

1) 데카르트: 절대자아의 발견과 왜곡

서양에서 견문각지의 마음을 넘어선 절대의 심층마음을 자신의 마음으로 처음 예감한 사람은 데카르트(R. Descartes, 1596-1690)이다. '신의 피조물'이라는 중세적 관념에서 벗어나 인간을 그 자체로 이해해 보고자 한 그는 '의심의 방법'을 통해 견문각지의 마음으로부터 절대의 마음으로 나아간다. 의심의 방법은 절대적으로 확실한 것을 발견하기 위해 그가 생각해 낸 방법이다. 그는 현재 자신이 알고 있는 것 중에서 거짓일 수 있는 가능성이 조금이라도 있으면 다 확실하지 않은 것으로 치워 놓는다. 감각경험을 통해 인식한 것들은 그것이 감각적 착각

---

13   『수능엄경』 4권(『대정장』 19권, 123하), "根塵旣銷, 云何覺明, 不成圓妙?"

일 수도 있기에 거짓가능성을 가진 것이며, 따라서 절대적으로 확실한 것이 아니다. 그러나 바로 눈앞에 주어지는 것을 착각이라고 하긴 힘들지 않은가? 그렇지만 그런 것들은 다시 꿈일 수도 있기에, 따라서 절대적으로 확실한 것이 아니다. 실제로 누워 있으면서도 꿈에서 서서 돌아다닌다고 감각하듯이, 현재의 나의 감각도 꿈속의 일로서 참이 아닐 수도 있기 때문이다. 그렇다면 감각경험 말고 이성적 판단을 통해 아는 이성적 진리는 절대적으로 확실한가? 그것 또한 나의 이성 또는 인간 전체의 이성이 잘못 판단하는 것이거나 또는 악령이 속이는 것일 수도 있기에, 따라서 절대적으로 확실한 것이 아니다. 이처럼 감각경험을 통해서든 이성적 사유를 통해서든 우리가 아는 것은 모두 거짓가능성, 부정가능성을 배제하지 않으며, 따라서 의심가능하고 결국 확실하지 않은 것이다.

그러다가 그는 발견한다. 이 모든 것을 의심하고 있는 그 마음의 활동 하나만은 절대 의심할 수 없다는 것을! 의심을 포함한 마음활동 자체는 그 거짓가능성 또는 부정가능성을 상상할 수가 없다. 부정가능성을 상상하는 것 자체가 이미 마음활동이기에, 마음활동으로써 마음활동을 부정하는 것은 자기모순이기 때문이다. 그만큼 마음은 절대적으로 확실하다. 절대적으로 확실한 마음이란, 곧 그 부정을 생각할 수 없는 마음, 그 상대(相對)가 존재하지 않는 마음, 절대(絶對)의 마음이다. 이와 같이 의심의 방법을 통해 데카르트는 그 부정을 상상조차 할 수 없는 절대의 마음을 발견한다. 이 발견을 그는 "나는 생각한다. 그러므로 나는 존재한다" 또는 "나는 사유하는 한, 존재한다"라고 표현한다.[14]

---

14   이상 방법론적 의심의 과정은 데카르트의 『성찰』 제1권과 제2권에 찾아볼 수 있으며, 졸저 『자아의 연구: 서양 근현대 철학자들의 자아관 연구』(서광사, 1997)에서 논하였으므로 여기에서 상세한 논의나 인용은 생략한다.

그는 자신이 절대의 마음을 추론한 것이 아니라 직관한 것임을 강조한다.

앞 절에서 논한 바에 따르면, 데카르트가 발견한 마음은 견문각지심을 넘어선 본심이다. 견문각지심에 해당하는 전5식과 제6의식(B) 및 그 대상이 되는 기세간(C)을 환상 내지 꿈으로 생각해 보는 것은 근과 진을 넘어선 본심(A)의 관점에서만 가능하기 때문이다. 본심의 본각이 있기에 가능한 통찰이다. 그러나 범부는 그렇게 본심을 쓰고 살면서도 본심을 그런 것으로서 알아보지 못한다. 자신의 본심의 빛으로 기세간을 그려 놓고는 자기 자신을 그렇게 그려진 기세간 속에서 찾는 것이다. 처음에 아난이 자기 마음을 '헤아려 생각하는 마음'(B)으로 여긴 것처럼, 데카르트는 절대자아를 직감하고도 자기 마음을 세계(C) 속 일부분인 상대적 마음(B)으로만 여긴다. 즉 그는 자신이 발견한 자아에 대해 '생각하는 한 존재하는 그 나는 과연 무엇인가?'라고 묻고 그 답을 찾는 과정에서, 그것을 그것 바깥의 '연장적 사물'과 대대가 되는 '사유하는 자아'라고 답한다. 절대의 마음(A)을 연장적 사물과 대대가 되는 상대적 마음(B)으로 오인한 것이다. 그려진 것과 그리는 자를 혼동하며, 도적을 자식으로 간주한 것이다. 그렇게 오인함으로써 그는 전체로서의 마음(A)을 그 마음 안에 주어지는 내용을 따라 대상화하고 상대화하여 상대적 마음(B)으로 좁혀서 해석하였다.

$$\underset{\text{절대의 마음(A)}}{\underline{\text{사유하는 자아(B)} \quad - \quad \text{연장적 사물(C)}}}$$

2) 칸트: 절대자아의 인식불가능성

칸트(I. Kant, 1724-1804)는 이런 식의 자아이해가 오인이라는 것을

깨닫고, 이를 '자아에 대한 오류추리'라고 비판한다.[15] 무제약적 전체
로서의 자아는 견문각지의 내용으로 규정하여 알 수 있는 것이 아니다.
절대자아는 일체 의식활동의 궁극 주체이기에 객관화하고 상대화하여
인식할 수 있는 것이 아닌데, 그 절대자아를 대상적으로 규정한 것은
인식범주를 잘못 적용한 오류추리라는 것이다.[16] 이처럼 오류추리가 발
생하는 것은 자아의 두 차원을 혼동하기 때문이다. 시공의 형식으로 현
상을 구성하는 자아(A)와 그렇게 구성된 현상세계의 일부분으로 등장
하는 시공간적 자아(B)는 구분되어야 한다. 전자는 스스로 시공간화하
는 '초월적 자아'이고, 후자는 시공간 속에 주어지는 '경험적 자아'이
다. 전자의 초월적 자아는 '나는 나다'라는 초월적 자의식 속에 직감될
뿐이고, 후자의 경험적 자아만이 구체적 내용으로 인식될 수 있다. 그
래서 칸트는 초월적 자아는 의식되긴 하지만, 인식되지는 않는다고 논
한다. 인간에게는 경험적 현상 너머의 것을 인식할 수 있는 지적 직관
이 없다고 보기 때문이다.[17]

경험적 자아(B) ― 경험적 대상세계(C)

초월적 자아(A)

  그러나 우리에게 우리 자신에 대한 앎, 즉 현상을 구성하는 초월적

---

15   칸트의『순수이성비판』변증론 중 오류추리론(Paralogimus) 참조.
16   칸트의『순수이성비판』은 바로 이 점을 논증하기 위한 준비 작업이라고도 볼 수
있다. 사고형식(범주)과 직관형식(시간)이 결합된 '초월적 도식' 내지 '선험적 종합
판단'은 시공간적 사물들(제약된 현상)에만 적용되어야지 그런 형식들의 근거인 초월
적 자아(무제약자)에 적용될 수 있는 것이 아니라는 것을 논함으로써 인간 인식의 한
계를 밝힌 것이 칸트 초월철학의 성과이기 때문이다.
17   칸트의 초월적 자아에 대해서는 졸저,『칸트 철학에의 초대』(서광사, 2006), 100
쪽 이하 참조.

자아에 대한 직관이 없다고 말하는 것은 우리의 심층마음의 자기자각성인 본각, 성자신해나 공적영지를 부정하는 것이 된다. 그만큼 칸트는 우리의 본심을 본심 자체로서 알아보지 못한 것이다. 영화가 시작되기 전, 현상세계가 전개되기 전에도 우리가 이미 보고 있다는 것, 공적을 바라볼 때나 그 허공 속 세계를 바라볼 때나 그 견(見)에는 변함이 없다는 것을 간과한 것이다.

3) 독일관념론 : 절대에 나아가는 방식

서양철학에서 본심의 존재론적 위상을 제대로 파악한 사람은 피히테 (J. G. Fichte, 1762-1814)이다. 피히테는 우리가 존재를 인식할 수 있는 것은 우리에게 인식과 존재, 주관과 객관, 행위와 사실이 분화되지 않고 일치하는 지점이 있기 때문이며, 그것이 바로 자아가 자기 자신의 존재를 정립하는 '절대자아의 자기정립'이라고 설명한다. 이 자아의 자기정립 안에는 우리가 표상하고 의식할 수 있는 일체가 모두 포함된다. 그것은 우리가 그 밖으로 나갈 수 없는 전체이며, 따라서 있음과 없음, 긍정과 부정의 분별을 넘어선 것이다. 그래서 피히테는 이 자아를 자신의 바깥, 자신의 상대가 있지 않은 '절대자아'라고 부른다. 절대자아의 활동성은 곧 절대자아의 자기정립이다.[18]

그런데 절대자아는 절대무한으로서 자신을 정립하지만, 바로 그렇기 때문에 절대자아는 자기 자신을 확인할 수가 없다. 결국 절대자아는 자기 자신을 확인하기 위해, 자신의 부정인 비아(非我)를 반정립하는데, 이미 자아가 전체이며 그 바깥이 따로 없기에 비아의 반정립은 처음의

---

18   피히테의 절대자아의 자기정립 및 이하에서 논할 반정립과 종합은 그의 변증법을 성립시키는 세 가지 기본원칙이다. 이에 대해서는 피히테, 『전체 지식론의 기초』 (한자경 역, 서광사, 1996) 참조.

자기정립 안에서 행해지는 반정립이다. 즉 절대자아는 자신 안에 자신의 부분으로서 비아를 반정립한다. 이렇게 비아가 반정립되면 결국 절대자아는 가분적 자아와 가분적 비아로 이분된다. 절대자아는 그 가분적 자아를 자신으로 인식하고, 그에 대립되는 가분적 비아를 자신 아닌 대상세계로 인식한다. 이렇게 해서 자아와 비아, 나와 세계, 정신과 물질의 이분법이 성립하게 된다.

가분적 자아(나)(B) ㅡ 가분적 비아(세계)(C)

절대자아(A)

이러한 자아와 비아의 이분법에 따라 인류역사는 결국 자아와 비아, 정신과 물질, 자유와 자연의 투쟁과정인 변증법의 역사가 된다. 자아가 비아에 의해 규정되는 것이 인식이라면, 자아가 비아를 규정하는 것은 실천이다. 가분적 자아가 가분적 비아를 규정하는 실천활동을 통해 결국 가분적 자아가 가분적 비아를 모두 정신화하여 절대자아에 이르면 그것이 역사의 끝이 된다. 이와 같이 피히테는 절대자아의 자기정립으로서 절대자아에 대한 지적 직관을 주장하면서, 또 다른 한편 그러한 지적 직관의 자기동일성의 의식은 아직 성취된 것이 아니고 역사가 끝나는 순간 성취될 미래의 이념일 뿐이라고 주장한다. 절대자아의 자기정립은 절대적 자기동일성의 의식으로서 누구나 갖고는 있지만, 바로 그런 것으로서 확인하는 것은 역사의 끝에서나 가능한 일이라고 보는 것이다.

피히테의 변증법 이후 서양철학사는 결국 절대적 자아(A)의 관점을 배제한 채 현상적 자아(B)와 현상적 비아(C) 간의 상대적 투쟁관계, 정신과 물질의 길항관계에 주목한 정신사라고 볼 수 있다. 실제로 세상에서 벌어지는 일들은 인식이든 실천이든 모두 현상 차원에서 일어나는 일들이기 때문이다. 헤겔(G. W. F. Hegel, 1770-1831)이 가분적 자아인 정신의 관점에서 가분적 비아인 물질 내지 자연을 규정하려 하였다면, 마르크스(K. Marx, 1818-1883)는 그 관계를 전도시켜 물질 내지 자연의 관점에서 정신을 규정하려고 하였다. 그렇게 해서 현재 서양에서 논의되는 관념론 대 실재론은 결국 자아(가분적 자아)로서 비아를 규정하는가, 아니면 비아로서 자아(가분적 자아)를 규정하는가의 문제가 될 뿐이다. 가분적 자아와 가분적 비아가 대립하는 상대적 차원을 넘어서서 단적으로 절대자아에 이르려는 노력 내지 수행은 서양철학 내에서는 찾아보기 힘들다.

부분적 자아(정신) ↔ 부분적 비아(물질)

관념론 ↔ 유물론

4. 절대의 마음에 대한 동서사유의 차이

절대는 자신의 대가 없기에 우리는 그것이 없지 않고 있다는 것을 알아보기 힘들다. 일상적으로 우리가 인식하는 것은 모두 그 대를 통해서 그것의 존재 및 특성이 드러나기 때문이다. 락(樂)의 의미는 고(苦)를 통해 알려지고, 낮의 의미는 밤을 통해 알려진다. x의 의미는 -x를 통해 확보되고, 'x는 y이다'의 의미는 그것의 반증가능성, 즉 거짓가능성을 통해 확인된다. 그래서 우리는 한계가 보이지 않는 무한, 대가 없는 절대를 우리 스스로 감지하지 못한다고 생각한다. 우리는 한 번도 물 밖으로 나가 본 적이 없는 물고기는 물을 알지 못할 거라고 생각하며, 마찬가지로 우리에게 절대인 것, 우리가 그것으로부터 우리 자신을 추상할 수 없는 것, 그런 절대를 우리가 알지 못한다고 생각한다. 상대적 차이가 드러나지 않고 따라서 차이를 통한 분별이 행해지지 않으면 우리는 우리 마음이 거기 없다고 생각한다. 그래서 암실에서 우리가 아무 것도 보지 않는다고 생각하고, 스크린 위에 영화가 시작되기 이전, 허공중에 기세간이 그려지기 이전, 나의 현재 삶이 전개되기 이전, 부모가 나를 낳기 이전, 나의 마음은 어디에도 없다고 생각한다. 나에게 공적을 보고 듣는 마음, 빈 스크린을 바라보는 마음, 허공중에 기세간을 그리면서 그 안에 나를 그려 넣는 마음, 그렇게 삶 밖에서부터 생멸의 삶을 바라보는 불생불멸의 마음이 있다는 것을 알지 못한다. 그렇게 우리는 우리의 심층의 본심을 잃어버리고 사는 것이다. 본심(本心), 원상(元常), 본명(本明)을 잃어버렸기에 윤회를 벗어나지 못한다.

불교는 우리가 알고자 하는 절대는 바로 우리 자신의 마음이며, 따라서 우리는 이미 성자신해의 본각을 가지고 있다는 것을 강조한다. 문제는 그렇게 항상 갖추어져 있는 본각 내지 본심을 마치 우리가 갖고 있지 않은 것처럼 착각하는 것이다. 자신에게 있는데도 있는 줄 모르고, 있어야 할 것이 없음에 미쳐 날뛰며, 그것을 찾아 밖으로 헤매고 돌아다님을 애석해한다.

갑: 실라벌성의 연야달다가 홀연 새벽에 거울로 얼굴을 비추다가, 거울 속 머리에 눈썹과 눈을 볼 수 있음은 좋아하되 자기 머리에서 얼굴과 눈을 보지 못함에 화를 내며 이를 도깨비로 여겨 미쳐 달아나는 것을 어떻게 생각하는가? 이 사람이 무슨 이유로 미쳐 달아났겠는가?

을: 그는 마음이 미쳤을 뿐 다른 이유가 없다.

갑: (그렇다.) 묘각(妙覺)이 명원(明圓)하고 본래 원명묘인데, 망이 됨에 무슨 이유가 있겠는가? 만약 원인이 있다면 그것이 왜 망이겠는가?

망상이 스스로 전전하여 서로 인이 되고 미혹에다 미혹을 쌓아 진겁을 경과하니, 여래가 밝힌다 해도 돌이키지 못할 것이다. 이처럼 미혹은 미혹으로 인해 스스로 있는 것이지 원인이 따로 없다는 것을 알면, 망이 의거한 바가 없게 된다 … 저 실라벌성의 연야달다가 어찌 원인이 있어 머리를 무서워하며 달아났겠는가? 홀연히 광기가 없어진다고 해서 머리를 밖으로부터 얻은 것이 아니며, 비록 광기가 없어지지 않는다 해도 어찌 잃어버린 것이 있겠는가?[19]

본심과 본각은 이미 누구나 갖고 있다. 누구나 절대의 마음으로 무한의 관점에서 세계를 보고 있다. 누구나 이미 부처인 것이다. 그런데 자신에게 본심이 없다고 생각하고, 자신이 부처가 아니라고 생각하여 바깥에서 마음을 구하고 부처를 구하는 것이 문제인 것이다.

이 신령한 깨달음의 성품은 무시이래로 허공과 수명이 같아 일찍이 생한 적도 없고 일찍이 멸한 적도 없으며, 일찍이 있었던 적도 없고 일찍이 없었던 적도 없다 … 이 성품이 곧 마음이요, 마음이 곧 부처이고, 부처가 곧 법이니, 일념이라도 참을 여의면 모두 망상이 된다. 마음으로써 다시 마음을 구할 수 없고, 부처로써 다시 부처를 구할 수 없으며, 법으로써 다시 법을 구할 수 없다. 그러므로 도를 공부하는 사람은 당장 무심하여 묵연히 계합할 뿐, 마음을 헤아리면 곧 어긋난다.[20]

---

19 『수능엄경』4권(『대정장』19권, 121중).
20 『전심법요』(『대정장』48권, 381상중), "此靈覺性, 無始以來, 如虛空同壽, 未曾生, 未曾滅, 未曾有, 未曾無 … 性卽是心, 心卽是佛, 佛卽是法, 一念離眞, 皆爲妄想. 不可以心, 更求於心, 不可以佛, 更求於佛, 不可以法, 更求於法. 故學道人, 直下無心, 默契而已, 擬心卽差."

불교는 단적으로 본심을 깨닫고 그 본심과 계합(契合)하여 살아갈 것을 강조한다. 본각이 이미 명이므로(각명) 그 명의 자리에 서야 할 뿐, 각을 다시 대상화하여 밝히는 명각(明覺)은 환이라고 보는 것이다. 본심 내지 절대자아의 단적인 자기정립 이외에 반정립과 종합은 미혹에 미혹을 쌓고 환에 환을 더하는 일, 몽중의 일로 간주된다. 반면 서양철학은 정립에서 반정립으로 그리고 종합으로 나아가는 것을 환으로 여기지 않고 완성이라고 여긴다. 반정립을 통해 형성된 가분적 자아(B)와 가분적 비아(C) 간의 갈등과 투쟁, 인식과 실천에 의한 변증법적 역사의 전개가 인류를 번영과 행복으로 이끄는 유토피아의 성취과정이며, 바로 그 성취의 끝에서 절대자아의 자기동일성에 이를 수 있을 것이라고 여긴다. 불교는 아뢰야식의 이원화를 통해 형성되는 근과 진은 망상 속에 쌓여 가는 피로와 먼지일 뿐이라고 보는 데 반해, 서양철학은 그것을 인류의 진화이고 역사의 발전이며 인간성의 성취이고 문명의 완성이라고 보는 것이다.

이러한 동서사유의 차이는 근본적으로 절대를 각각 중생의 내면의 빛으로 보는가 아닌가의 차이에서 비롯된다고 본다. 불교는 우리의 마음을 절대의 본심이고 본각이라고 여기므로, 단적으로 그 절대의 경지로 나아가는 수행을 강조한다. 반면 서양철학에서는 절대자아를 논해도 그 절대자아의 자기인식은 결국 현상세계 안에서의 인식과 실천을 통해, 비아의 극복을 통해, 한마디로 경험자아의 무한한 자기확장을 통해서만 얻어질 수 있다고 여긴다. 절대의 본심과 본각을 그 자체로 깨달을 수 있다고 보지 않는 것이다. 이는 결국 유한한 중생이 아닌 무한한 신(神)만을 절대의 존재로 간주하며, 유한과 무한, 상대와 절대를 분리해서 생각하기 때문일 것이다. 이러한 동서사유의 차이가 결국은 우리의 마음을 궁극적으로 절대의 본심(A)으로 향하게 하는가 아니면

상대적인 견문각지심(B)으로 향하게 하는가의 문화의 차이를 낳는다
고 본다.

5. 절대를 잊고 사는 현대인

불교는 우리의 마음을 절대의 마음(A)으로 여기고 상대적 현상세계를
환이라고 여기므로, 그 절대의 진여심을 증득하여 윤회를 벗고 해탈하
고자 수행을 강조한다. 반면 서양철학은 절대를 도달하기 힘든 이상으
로 간주한 채 우리 마음의 활동을 비아에 의해 규정되거나 비아를 규정
하는 상대적인 것으로 여기므로, 결국 절대는 우리가 알 수 없는 것, 말
할 수 없는 것, 따라서 침묵해야 할 것으로 간주된다. 그렇게 절대는 침
묵 속에서 잊혀지고 잃어버려지고 결국 부정된다.

   이러한 서양철학의 정신과 그 정신에 기반을 둔 과학이 온 세계로 퍼
져나가 오늘날 우리의 상식이 되고 나니, 우리는 이제 더 이상 우리 자
신의 마음을 현상을 넘어서는 절대의 마음(A)으로 알지 못하고, 그저
현상 사물에 의해 규정되는 상대적인 견문각지심(B)일 뿐이라고 여기
고 만다. 그래서 우리의 모든 마음작용을 현상적인 것들, 몸이나 두뇌
나 신경세포나 유전자로 환원하여 설명하려 하며, 그런 과학적 설명만
이 진리를 드러낸다고 여긴다. 그러한 현상적 물질로 환원되지 않는
것, 물질을 통해 설명되지 않는 것들은 모두 환상이고 착각이라고 간주
하게 된다. 이 관점에 따르면 우리가 지금까지 논의해 온 절대의 마음
(A), 허공중에 현상세계를 그려 내는 절대의 마음이 오히려 환이고 착
각이다. 불교에 따르면 우리의 마음은 절대의 일심(A)이고 상대적 견
문각지심(B)이 이차적 산물인 데 반해, 서양철학 및 과학의 정신에 따
르면 우리의 마음은 기본적으로 견문각지심이며 그 너머의 절대적 일

심을 논하는 것이 오히려 환상이 된다. 거짓이 참이 되고, 참이 거짓이 되는 현실, 이것이 바로 전도몽상이 아닐까?

이 현상을 보면 연야달다가 떠오른다. 이미 있는 본심을 마치 우리가 갖고 있지 않는 것처럼 착각한 자, 자신에게 있는데도 있는 줄 모르고, 있어야 할 것이 없음에 미쳐 날뛰며, 그것을 찾아 밖으로 헤매고 돌아다니는 자, 피로를 첩첩이 쌓아 가며 먼지로 천년왕국의 건설을 꿈꾸는 자, 바로 우리 현대인의 모습이 아닐까? 그렇게 미혹에 미혹을 쌓고, 환에 환을 더해 우리는 어디로 나아가는 중인가?

그러나 그것이 파국이라 한들, 결국 깨어나고 나면 우리는 다시 그 자리에 있을 것이다. 미혹과 환, 무명과 업이 모두 몽중의 일이어서, 먼지가 걷히고 피로가 가라앉으면, 바로 그 자리 허공에서 우리는 다시 우리의 본심을 보게 될 것이다.

> 이 성품은 네가 미혹하다고 잃어버린다거나 깨달았다고 얻는 것도 아니니, 타고난 참된 자성은 본래 미혹도 깨달음도 없다. 온 시방의 허공계가 원래 나의 일심의 체이니, 네가 아무리 움직여 작용하며 조작한다 한들 어찌 허공을 벗어날 수 있겠는가?[21]

우리의 본심인 절대의 마음을 통해서만 우리는 인간 및 모든 생명체가 현상적 규정성과 제한성을 넘어선 자유의 존재라는 것, 그리고 그 점에서 누구나 평등하다는 것을 깨닫게 된다. 삶의 피로와 고통을 넘어설 수 있는 힘, 지혜와 자비의 힘, 영성의 힘은 바로 이 절대의 마음에서 비롯된다고 본다.

---

21 『완릉록』(『대정장』 48권, 387상), "此性縱汝迷時亦不失, 悟時亦不得, 天眞自性, 本無迷悟. 盡十方虛空界, 元來是我一心體, 縱汝動用造作, 豈離虛空?"

II

심층마음에 대한 사유:
동서 사유방식의 차이

1. 절대의 하나에 대한 물음

일과 다, 같음과 다름, 동일성과 차이, 전체와 개체, 이들은 형이상학의
주요 개념이다. 동서고금을 막론하고 형이상학은 언제나 이들이 서로
어떤 관계에 있는지, 이들과 연관해서 인간은 어떤 존재인지를 문제삼
아 왔다. 그런데 오늘날은 이들 중 전자인 하나와 같음과 전체를 지향
하는 사고는 왠지 모든 악의 근원인 것처럼 간주되는 경향이 있다. 전
체를 논하는 것은 위험한 전체주의적 발상이고, 하나를 논하는 것은 변
화의 현실을 간과한 채 고정불변의 자기동일적 실체를 상정하는 실체
형이상학의 잔재이며, 같음을 논하는 것은 차이와 다름을 부정하는 제
국주의적 사고의 반영이라고 여기는 것이다. 그것들은 이성중심주의,
로고스중심주의, 남근중심주의의 가부장적 사고와 상통하며, 이는 결
국 자기동일적 하나에 해당하는 중심, 이성, 남성, 인간을 중시하고, 그

중심을 벗어난 주변적인 것, 감성, 여성, 자연을 억압하는 서양의 이분법적 논리, 배제와 폭력의 논리라고 보는 것이다.

이렇게 서양의 이성중심주의, 인간중심주의를 비판하면서 철학자들은 동양철학에 주목한다. 동양철학은 변화와 차이를 긍정하며 인간을 자연의 일부로 간주하여, 지배와 억압보다는 다양한 것들의 조화와 공존을 더 중시한다고 보는 것이다. 불교의 연기론도 다양한 개체들 간의 상호의존성과 조화를 강조하는 사상이고, 유교의 음양론도 음양의 상호내함성에 따라 차이와 변화를 존중하는 사고라는 것이다. 이렇게 해서 오늘날 동양철학은 서양 탈현대의 논리에 따라 인간 개체를 전체 자연의 일부로 보면서 하나와 전체보다는 다양과 차이를 강조하고 조화와 화합을 지향하는 자연주의철학으로 해석되고 있다.

그러나 나는 이런 독법은 동양철학의 핵심을 간과한 것이라고 본다. 동양철학이 조화와 화합을 주장한다고 해도 그것은 차이와 다양에 의거해서가 아니라 하나와 같음에 근거해서이다. 천지만물이 모두 한마음의 발현이라는 유심론(唯心論), 천지만물이 모두 나와 다를 바 없다는 천인합일(天人合一) 또는 만물일체(萬物一體)사상이 동양사상의 핵심이다. 현상적 차이의 근저에 놓인 심층의 하나를 발견하고 그것을 드러내는 것, 인간성 안의 신성(神性)을 깨닫고 그것을 실현하는 것, 그것이 동양철학의 궁극지향점이라고 본다. 여기에서는 차이와 다양에만 주목하여 상대에 머무르는 현대의 표층적 사유는 하나와 같음에 주목하여 절대에 이르는 동양철학의 심층적 사유에 미치지 못한다는 것을 논해 보고자 한다.

2. 〈웅녀신화〉에 담긴 뜻

1) 단군신화와 웅녀신화

현상세계에는 무수한 개체가 존재한다. 그들은 하나의 세계 안에서 자기 생을 유지하기 위해 서로 대립하고 투쟁하기도 하지만, 상호의존적 관계 안에서 서로 화합하고 조화를 이루기도 한다. 화합과 조화를 강조하는 동양철학적 개념은 천지인 일체, 즉 천지인이 하나라는 것이다. 인간은 천과 지의 화합 결과이며, 따라서 인간 안에서 천지인 일체의 이념이 실현되고 있다고 본다. 그런데 천지인 일체는 두 가지 방식으로 이해가 가능하다. 이 두 가지 유형이 단군신화에서는 각각 단군 탄생과 웅녀 탄생으로 표출된다.

단군은 천신인 환웅과 곰이었던 웅녀 사이에서 태어난 인간이다. 따라서 인간 단군 안에는 천과 지, 신적인 것과 동물적인 것이 함께하고 있으며, 결국 인간 안에서 천지인 삼재는 서로 별개의 것으로 분리되어 있지 않고 하나로 융합되어 있다. 이것이 천지인 일체의 첫 번째 유형이다.

지(웅녀) ──────→ 인(단군)
          ↑
       천(환웅)

〈천지인 일체 유형1〉

그런데 단군신화에서 단군의 탄생보다 더 큰 비중으로 다뤄지는 것은 바로 웅녀의 탄생이다. 웅녀를 중심으로 읽어 낸 단군신화가 바로 〈웅녀신화〉이다. 단군은 웅녀와 환웅의 결합으로 피동적으로 만들어진 존재이지만, 웅녀는 스스로 수행을 통해 자신을 인간으로 만드는 능동

적 주체로 묘사된다. 인간을 만드는 존재가 신(神)이라면, 웅녀신화에
서 곰을 인간으로 만드는 존재는 웅녀 자신이기에, 웅녀는 인간이면서
곧 신이다. 웅녀는 곰에서 인간으로 되었기에 동물이면서 곧 인간이고,
스스로를 인간으로 만들기에 인간이면서 곧 신이다. 이와 같이 웅녀에
게서 이미 천지인 일체가 실현되고 있는데, 이것이 천지인 일체의 두
번째 유형이다.

지(곰) ⟶ 인(웅녀)

천(웅녀 안의 신성)

〈천지인 일체 유형2〉

이상과 같이 단군신화에 나타난 단군의 탄생과 웅녀의 탄생 둘 다에
서 천지인 일체사상을 찾아볼 수 있다. 그러나 이 둘에서 주장되는 천
지인 일체는 그 성격이 다르다. 유형1에서는 천지인 일체가 서로 다른
세 개체 간에 성립하는 것인 데 반해, 유형2에서는 천지인 일체가 각
개체 안에서 성립한다.

유형1에서의 천지인 일체는 마치 소금물 안에 물과 소금이 함께하듯
이, 단군인 인(人) 안에 환웅인 천(天)과 웅녀인 지(地)가 함께한다는
것이지, 천이 곧 지이고 지가 곧 인이라는 말은 아니다. 단군은 웅녀가
아니고 웅녀는 환웅이 아니다. 각각의 개체는 일체를 이루는 전체의 한
부분으로서 존재하며, 셋이 화합하여 조화를 이루는 것이다.

반면 유형2에서 천지인 일체는 각각의 개체 안에서 이미 실현되고
있다. 마치 우유가 변하여 요구르트가 되듯, 지(地)인 곰이 곧 웅녀인
인(人)이며, 웅녀인 인이 곧 웅녀 안의 신성인 천(天)이다. 웅녀 안에서
천이 곧 지이고 지가 곧 인이다. 그처럼 각 존재는 개체이면서 동시에

하나의 전체이며, 각각의 개체 안에서 전체가 실현되고 있다. 그렇다면 이러한 두 유형의 차이가 뜻하는 바는 무엇인가?

2) 표층의 계층논리와 심층의 평등논리

유형1에서는 천지인 일체의 조화가 실현되는 곳이 개체가 아닌 전체이고 개체는 단지 전체의 일부분일 뿐이다. 따라서 유형1에서는 개체가 전체의 질서에 따라 자기 위치를 부여받는 계층논리가 성립한다. 즉 천은 환웅으로 부(父)에 해당하고, 지는 웅녀로서 모(母)에 해당하며, 그 둘의 화합으로서의 인은 단군으로 자(子)에 해당한다. 결국 조화로운 전체의 이념하에 남과 여, 부와 자의 관계가 주와 종의 관계로 규정되며, 그러한 계층질서에 따라 가정과 사회가 통제되는 가부장제가 확립된다.

반면 유형2에서는 각각의 개체가 이미 자체 안에 천지인 일체를 포함하고 있는 전체로 여겨진다. 따라서 유형2에서는 각각의 개체가 비록 현상적으로는 서로 다르다고 할지라도 본질적으로는 누구나 전체로서 동일하다는 평등의 논리가 전개된다.

지(모) ⟶ 인(자)   지(동물성) ⟶ 인(인간성)
↑   ↑
천(부)   천(인간 안의 신성)
가부장적 질서의 계층논리   개체즉전체의 평등논리
〈천지인 일체 유형1〉   〈천지인 일체 유형2〉

우리가 흔히 단군신화를 천지인 일체 유형1에 따라서만 읽고, 따라서 그로부터 가부장적 질서의 계층논리로 빠져들고 마는 것, 그렇게 우리의 시조를 단군으로만 여기고 그런 단군을 낳은 인간 웅녀로 생각하

지 않는 것은 왜일까? 그것은 우리의 사유가 가시적으로 드러난 현상에만 고착된 표층적 사유이기 때문이다. 개체가 곧 전체인 심층을 보지 못하기 때문이다. 웅녀에게서 실현된 천지인 일체를 발견하기 위해서는 단군신화를 새롭게 읽는 눈, 그 안에서 〈웅녀신화〉를 읽어 내는 눈이 필요하다. 창세신화는 인간 또는 인간세상이 어떻게 해서 존재하게 되었는가를 말해 주는 이야기인데, 전 세계 대부분의 신화는 전능한 신이 마술처럼 인간과 인간세상을 만들어 내는 것으로 서술된다. 인간은 신에 의해 만들어진 수동적 존재로 묘사되는 것이다. 반면 현대과학은 인간을 수억 년에 걸쳐 자연질서를 따라 진화한 존재로 여기지만, 그럼에도 인간을 피동적 존재로 간주한다는 점에서는 신화와 다르지 않다.

이에 반해 웅녀신화는 인간존재에 대해 완전히 혁명적인 관점을 제시한다. 인간은 신이든 자연이든 그 무엇에 의해 만들어진 피동적 존재가 아니라는 것이다. 곰이 인간이 되고 싶어 할 때, 환웅은 그를 인간으로 만들어 주는 기적을 행하지 않는다. 인간은 신에 의해 만들어진 것도 아니고, 그렇다고 자연의 시간 경과 속에서 저절로 만들어진 것도 아니다. 창조론도 아니고 진화론도 아니다. 웅녀는 스스로 자신을 인간으로 만든 것이다. 환웅으로부터 들은 방법을 몸소 실천함으로써 웅녀자신이 자기를 인간으로 만든 것이다. 유한한 인간을 만들어 내는 자를 무한한 신이라고 한다면, 곰을 인간으로 만든 자가 웅녀 자신이라는 것은 곧 인간에게 무한한 신적 능력이 내재해 있다는 것을 의미한다. 나아가 그 능력은 단지 잠재력으로만 존재하는 것이 아니라, 인간이 되는 순간 바로 그 내면의 신적 능력이 발휘된 것이다. 유한한 인간, 유한한 개체는 모두 무한한 신적 능력의 발현이다. 다시 말해 인간은 표면적으로는 유한하고 제한된 개별적 존재이지만, 그 심층에서는 인간 자신을 인간으로 형성해 내는 신적 힘을 지닌 존재, 무한한 신적 존재라는 말이다. 인간은 본래 신이다. 인간이 부처가 될 수 있고, 성인(聖人)이 될 수 있는 것은 인간이 본래 부처이고 본래 성인이기 때문이다.

이렇게 해서 우리는 인간 내지 일체 존재에서 표층의 유한성 너머 심층의 무한성을 바라보게 된다. 천지인 일체가 실현되는 무한성은 유한한 개체의 심층이다. 개체는 표층에서는 각각의 한계로 인해 서로 다른 유한한 존재이지만, 심층에서는 각각의 내면의 무한성으로 인해 모두가 동일한 하나이다. 결국 차이와 같음, 개체와 전체, 다와 일은 표층과 심층의 관계가 된다. 각각의 존재는 표층에서는 다이지만 심층에서는 일이다. 심층은 하나의 전체, 일(一)과 대(大)의 천(天), 즉 신(神)이다.

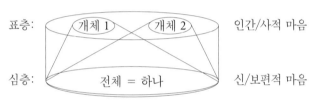

〈심층적 인간이해에서 개체와 전체의 관계〉

인간 심층의 신을 발견하고 그것을 체화하려는 노력이 형이상학이다. 불교든 유교든 서양철학이든 진지한 형이상학은 언제나 표층현상의 차이를 넘어 심층에 내재된 만유의 본질적 하나를 논해 왔다.

3. 심층의 해명

1) 동양철학: 일심(一心)과 심위태극(心爲太極)

불교의 핵심교리 중의 하나는 연기설이다. 연기는 '연(緣)하여 기(起)한다'는 것으로 어떤 것도 그 자체만으로 존재하지 않고 다른 것에 의존하여 존재한다는 의존성을 의미한다. 그런데 a는 b를 연하여 있고, b는 c를, c는 d를, d는 e를 연하여 있으며, 다시 e는 a를 연하여 있으므로, 결국 만물이 서로를 연하여 있는 상호의존성이 성립한다. 색(몸)·수(느낌)·상(지각)·행(의지)·식(인식)의 오온화합물로서의 인간 또한 연기법에 따라 생겨나서 자신의 유한한 삶을 영위해 나가는 상호의존성의 존재이다.

상호의존성으로서의 연기는 생태학적 위기가 심각한 오늘날, 인간 중심주의를 비판하면서 인간의 자연의존성 및 만물의 조화를 숙고하게 만드는 중요한 개념으로 평가받고 있다. 그러나 연기를 만물의 상호의존성만으로 읽는 것은 불교를 표층논리로만 이해한 것이라고 본다. 만물은 상호의존성의 연기에 따라 윤회하지만, 연기설의 궁극 목적은 윤회를 벗어나는 해탈이기 때문이다. 연기의 유전문이 아닌 환멸문에 이르기 위해서는 만물을 상호의존의 표층에서가 아니라 심층에서 이해해야 한다. 불교는 어떻게 심층에 이르며, 그 심층에서 무엇을 보는가?

불교에 따르면 우리가 일상적으로 나라고 여기는 것은 개별자의 경계 내로 국한된 색수상행식의 오온화합물이다. 그런데 개체를 형성하는 경계선은 내외를 분리하고 차단하는 밀폐의 막이 아니라, 오히려 끊임없이 안과 밖의 것을 교체하고 유통시키는 소통의 막이다.[1] 내 몸의 경계막을 따라가 보면 내 밖의 빵은 내가 아니지만, 내가 그것을 먹으면 그것은 내 몸의 피와 살이 된다. 빵이 내가 되듯, 그렇게 밀이 심겼던 들판의 흙과 태양열과 달빛과 빗물 그 모든 것이 내 몸이 된다. 현재 내 생각의 범위 안에서만 보면 내가 알지 못하는 저 책 속의 생각은 나와 거리가 있지만, 내가 그것을 읽고 이해해서 내 생각이 되면 결국 그

---

1   이처럼 확고하게 경계 지어진 자기동일성의 자아가 없다는 의미에서 '무아(無我)'가 성립한다.

생각은 나를 움직이는 주체인 내가 된다. 나는 그런 식으로 이미 수없
는 빵을 먹었고 수없는 책을 읽었다. 그렇게 해서 내 안에는 수만 년 인
류역사와 수억 년 자연역사가 함께하고 있다. 색수상행식의 오온 안에
는 무시이래의 자연과 인류 역사가 통째로 담겨 있다.

이와 같이 각각의 존재는 표면적으로는 유한하고 서로 대가 되는 상
대적인 개체로 드러나지만, 심층에서는 그 각각이 일체 만물을 포괄하
는 전체이며, 전체로서 무한이고 절대이다. 개체는 표층에서는 경계선
에 따라 구분되는 다(多)이며 전체의 일부분일 뿐이지만, 심층에서는
경계선이 사라진 무경계의 전체이며 전체로서 일(一)이다. 이처럼 심
층의 하나는 표층에서의 일체 경계선이 사라지면서 드러나는 무경계
의 하나, 전체로서의 하나이다. 그것은 더 이상 그것을 그것 아닌 것과
구분 짓는 경계선, 그것이 없지 않고 있다고 할 한계를 갖지 않으므로,
그 자체 유(有)·무(無)의 분별을 넘어선 것, 즉 공(空)이다. 이 심층의
절대무한을 불교는 외적 신(神)이나 물질로 대상화하거나 실체화하지
않고, 자기자각성을 가진 마음으로, 유정(有情)의 일심(一心)으로 이해
한다.

> 모든 법이 다 공한 곳에 신령한 앎이 어둡지 않아(영지불매), 무정과는 달
> 리 성이 스스로를 신령하게 안다(성자신해). 이것이 바로 그대의 비고 고
> 요하며 신령하게 아는(공적영지) 청정한 마음의 본체이다.[2]

인간은 표층에서는 서로 다른 사적 개체로서 서로 다른 사적 마음을
갖고 살지만, 심층에서는 자신을 전체로, 공으로 아는 신령한 마음, 공

---

2   지눌, 『목우자수심결』(『한국불교전서』 4권, 710하), "諸法皆空之處, 靈知不昧, 不
同無情, 性自神解. 此是汝空寂靈知, 淸淨心體."

적영지(空寂靈知)의 마음으로 살아간다. 이 공적영지의 마음이 곧 절대 무한의 심층마음인 일심이다.

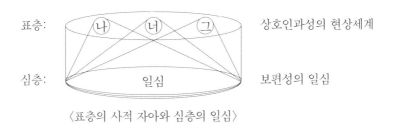

〈표층의 사적 자아와 심층의 일심〉

불교수행의 목표는 표층적인 사적 욕망에 이끌리는 개체적 오온이 무상이고 무아라는 것을 깨달아 탐진치(貪瞋癡)에 물든 사적 마음을 버리는 것이다. 그리하여 심층에서 만물과 하나 되는 무한의 마음인 일심이 되는 것이다. 수행을 통해 일심을 깨달은 각자(覺者)의 경지에서 보면 표층의 현상세계는 다시 해석된다. 심층을 간과하고 표층세계만을 보면 표층의 현상세계는 그 자체로 존재하는 세계이다. 그러나 심층과 연관해서 표층을 보면 표층의 현상세계는 심층마음의 발현이고 표현이다. 심층의 무한의 관점에서 보면 경계의 이동을 따라 일어나는 표층에서의 일체 변화는 심층마음이 그려 낸 가상이고 환상일 뿐이다. 자체 내에서 보면 일체가 존재하지만 그 바깥에서 보면 거기 아무것도 없는 홀로그램처럼, 우리가 그 안에 사는 현상세계는 표층에서 보면 그 자체로 존재하는 실재 같지만 심층에서 보면 일체는 무한의 심층식이 그려 낸 가상세계인 것이다. 그래서 불교는 '일체유심조(一切唯心造)'를 말하고 '유식무경(唯識無境)'을 논한다. 개체를 형성하는 표층의 경계는 부서지기 위해 일어나는 파도처럼 스쳐 가는 바람이고, 그 경계를 따라 형성되는 색수상행식의 오온은 심층마음이 그려 낸 환화(幻華)이다.

색은 물방울 같고, 수는 물거품 같으며, 상은 봄 아지랑이 같고, 모든 행은
파초나무 같으며, 모든 식은 꼭두각시 같음을 관하라.[3]

이처럼 표층의 일체가 유한하고 상대적이라는 것, 무아라는 것을 아
는 마음이 심층의 무한의 마음이다. 우리가 우리 자신을 무아와 공으로
알 때, 일체를 상대적인 유한한 것으로 인식할 때, 그 인식의 시점은 더
이상 표층에 머무르는 유한과 상대의 시점이 아니라 심층을 자각한 절
대의 시점이다. 이 절대의 마음을 자각함으로써 개체는 더 이상 표층질
서에 이끌려 윤회하지 않고 표층적 업의 굴레를 벗어나 해탈에 이르는
것이다.[4]

심층을 강조하는 것은 불교뿐 아니라 유교도 마찬가지이다. 유교적
세계관의 중요한 한 축을 이루는 것은 음양설이다. 음양설은 존재를 형
성하는 힘을 양과 음, 적극적 힘과 소극적 힘, 확산의 힘과 수축의 힘
둘로 대별한 후, 그 길항작용에 따라 일체 현상세계의 발생과 변화를
설명하는 이론이다. 양과 음이 건과 곤, 천과 지, 존과 비, 남과 여로 연
결되면, 그것이 곧 남존여비의 가부장제를 뒷받침하는 이론으로 활용될
수 있기에 비판을 받아 온 것도 사실이다. 그러나 오늘날 음양설은 좀
더 새롭게 긍정적으로 해석되고 있다. 음양설의 핵심을 음양의 이원화
와 대립이 아니라, 음양의 상대성 및 상호내함성으로 읽는 것이다. 즉
음과 양은 서로 대대의 관계로서 상호의존적이며, 서로 상대의 뿌리를

---

3   『잡아함경』 10권, 265, 「포말경」(『대정장』 2권, 60상), "觀色如聚洙, 受如水上泡,
想如春時焰, 諸行如芭蕉, 諸識法如幻."
4   그래서 지눌은 공적영지를 설명한 앞의 문장에 이어 다음과 같이 말한다. "이 청
정한 공적의 마음은 삼세의 모든 부처의 깨끗하고 맑은 마음이며, 중생의 본원의 깨닫
는 성이다. 이것을 깨달아 지키는 이는 앉아 움직이지 않고 해탈할 것이며, 이것을 모
르고 등지는 이는 육도로 나아가 오래도록 윤회할 것이다."

자신 안에 갖고 있다. 태극도가 보여 주듯 음 안에는 양이, 양 안에는 음이 포함되어 있다. 음양은 절대적 개념이 아니므로, 어느 것이든지 상황에 따라 음일 수도 있고 양일 수도 있다. 여는 남 앞에서는 음이지만, 자식 앞에서는 양이다. 이처럼 상대성과 상호내함성을 따라 음과 양은 상호배제와 대립의 원리가 아니라 상호배려와 조화의 원리로 해석된다.

그러나 음양의 상호내함성이 서로 대대적인 상대적 차원의 표층논리에 머물러 있는 한, 유교의 진정한 핵심에는 이르지 못한다고 본다. 유교에서 천지지심의 인(仁)을 체인한 성인(聖人)의 경지는 상대성을 넘어선 절대의 경지이기 때문이다. 그렇다면 유교는 어떤 방식으로 상대 너머 절대에로 나아가는가?

역(易)에 태극이 있다. 태극이 양의를 생한다.[5]

유학은 변화하는 우주의 근원적 일자를 태극이라고 부르며, 태극인 리(理)로부터 기(氣)가 비롯된다고 본다. 리와 더불어 존재하는 최초의 기는 일기(一氣)이지만, 기는 그 자체의 유동성으로 인해 스스로 차이를 생성한다. 음양의 분화가 반복됨에 따라 결국 기는 전체적으로 정과 편, 통과 색, 청과 탁의 차이를 보이며 불균등하게 분포된다. 그렇게 상이한 기 중 일부가 취합해서 각각의 개체가 형성되므로, 각 종의 차이 또는 인간 종 내에서의 현(賢)과 우(愚)의 차이는 기의 차이에서 비롯

---

5 『주역』「계사전 상」 11장, "易有太極, 是生兩儀." 여기서 '역(易)'을 기의 운동을 따라 생겨나는 변화로 해석하면, '역유태극'은 변화와 함께 태극이 있다는 것, 따라서 태극(리)과 양의(기) 간에 시간적 선후나 공간적 분리가 있지 않다는 것을 말해 준다. 그러나 그다음 '태극생양의'는 태극과 양의 간에 존재론상 또는 인과상으로 본과 말, 근원과 결과의 관계가 있음을 말해 준다. 본과 말, 근원과 결과의 관계는 곧 심층과 표층의 관계가 된다.

되는 것이다. 그렇지만 유학은 개체를 서로 다른 기의 존재만으로 간주
하지 않는다.

천이 음양과 오행으로 만물을 생성함에 기로써 형을 이룬다. 그리고 거기
에 리(理) 또한 부여하니 [천의] 명령과도 같다.[6]

기의 차이에 따라 서로 다른 각각의 개체의 형(形)이 이루어지지만,
각각의 만물이 그럼에도 서로 동일한 하나의 존재가 되는 것은 바로 각
개체 안에 부여되는 하나의 리, 하나의 태극 때문이다. 차별적 기는 개
체의 기질지성을 이루고, 보편적 리는 개체의 본연지성이 된다.[7] 기에
서 비롯되는 기질지성이 각 개체의 표층적 차이를 형성하고, 내재된 태
극의 본연지성이 개체의 심층적 하나를 이루는 것이다. 이렇게 해서 유
학에서 기와 리, 기질지성과 본연지성, 형이하와 형이상의 관계는 곧
존재의 표층과 심층의 관계가 된다.[8] 인간은 맑은 기로 인해 심 안에 부
여된 하나의 리, 하나의 태극을 그 자체로 자각할 수 있기에, 그 마음이

6   주희, 『中庸章句集注』, "天以陰陽五行, 化生萬物, 氣以成形. 而理亦賦焉, 猶命令
也."
7   본연지성이 만물의 하나됨을 이루고 기질지성이 만물의 차이를 만든다는 것을 주
희는 장재의 『정몽(正蒙)』 주에서 다음과 같이 말한다. "천지지성은 태극 본연의 묘로
서 상이한 만물의 하나의 근본이다. 기질지성은 이기가 교운하여 생한 것으로서 근본
이 하나이나 만물의 상이성을 이룬다[天地之性則太極本然之妙, 萬殊之一本也. 氣質之
性則二氣交運而生, 一本而萬殊也]."
8   퇴계가 본연지성과 기질지성을 서로 다른 성으로 보고, 리지발의 사단(四端)과 기
지발의 칠정(七情)을 서로 다른 정으로 보는 것은 표층논리와 심층논리가 서로 다른
차원의 것임을 강조하기 위함이라고 본다. 반면 율곡은 리기지묘(理氣之妙)의 관점에
서 기질지성 중 미발의 선을 본연지성으로 보고, 칠정 중 의리를 향한 정을 사단으로
간주함으로써, 성이나 정을 두 차원으로 구분하는 것을 비판한다. 퇴계는 표층과 구분
되는 심층논리에 주목하고자 한 형이상학자라면, 율곡은 현상적인 표층논리에 충실하
고자 한 현실주의적 경험주의자라고 할 수 있다.

곧 천지지심과 다를 바 없으며, 이 점에서 마음이 곧 존재의 근원인 태극과 다를 바 없다. 이에 심층의 진리는 '마음이 곧 태극'이라는 '심위태극(心爲太極)'으로 표현된다.

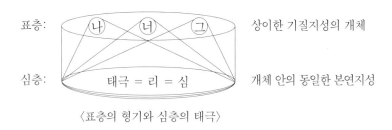

표층: (나) (너) (그)   상이한 기질지성의 개체

심층: 태극 = 리 = 심   개체 안의 동일한 본연지성

〈표층의 형기와 심층의 태극〉

유학이 지향하는 것은 표층의 기질에 의해 규정되는 개인적인 사적 이기심과 욕망을 극복하고 자신을 보편적인 심, 공심(公心)으로 자각하여 만물을 나와 하나로 느끼는 인(仁)을 실현하는 것이다. 수행을 거쳐 도달한 심층의 공심의 관점에서 보면 현상세계 만물은 모두 동일한 본성의 표현이다. 모두가 하나의 천지지심, 보편적 생명의 발현인 것이다. 현상세계는 더 이상 인간의 심과 무관한 객관화된 죽은 물질의 세계가 아니라, 살아 있는 생명의 분출이고 표출이다. 천지지심의 관점에서 바라본 표층 현상세계는 활발발한 생명의 세계이다.

솔개는 하늘로 날아오르고 물고기는 연못에서 뛴다.[9]

현상세계는 하나의 심층마음이 구체화된 세계이다. 생명이 모두 하나라는 것, 그래서 이 천지자연에 나 아닌 것이 없다는 인(仁)을 체득하고 그 인을 실현하여 천지만물의 화육을 돕는 자가 바로 성인이다.

9 『서경』, "鳶飛戾天, 魚躍于淵."

유교가 지향하는 경지는 바로 만물일체를 실현하는 성인의 경지, 심층의 경지이다.

2) 서양철학 : '나는 생각한다'의 초월적 자아

절대무한의 존재가 실은 절대무한을 추구하는 마음 자체일 수밖에 없음을 서양철학에서 처음으로 간파한 철학자는 데카르트이다. 그는 결코 의심할 수 없는 확실한 앎을 추구하였는데, 확실한 앎이란 의심가능성이나 반박가능성이 완전히 배제된 앎, 거짓가능성을 생각할 수 없는 그런 앎이다. 그런데 상대적인 것, 유한한 것, 경계 지어진 것에 대한 앎은 그 대가 되는 것, 자기 경계 밖의 것을 통해 그것의 부정을 상상할 수 있기에 그런 확실한 앎이 될 수 없다. 결국 데카르트가 추구한 확실한 앎은 경계가 없는 무한한 것, 상대가 없는 절대적인 것에 대한 앎, 그래서 그 부정을 생각할 수 없는 그런 앎이다.

그런데 현상세계이든 이성적 진리이든 신이든 일체의 의식내용은 그것이 우리에게 의식의 대상으로 주어진 것인 한, 그것에 대해서는 우리가 잘못 아는 것이 아닌가라는 의심이 가능하다. 그것은 우리 의식의 착각일 수도 있고 꿈일 수도 있으며 기만일 수도 있기에, 절대적으로 확실한 것은 아닌 것이다. 우리에게 절대적으로 확실한 것, 결코 의심할 수 없고 그 부정을 도저히 생각할 수 없는 것은 우리에게 의식대상으로 주어지는 것이 아니라 오히려 그렇게 의심하고 있는 의식활동 자체일 뿐이다. 이렇게 해서 드디어 의심할 수 없는 확실한 것이 발견된다.

나는 생각한다. 그러므로 나는 존재한다.[10]

---

10 데카르트, 『성찰』 2권.

생각하는 의식활동성으로서의 나의 존재는 그 부정이 불가능하다. 부정하는 사고 또한 의식활동이기에, 의식으로 의식을 부정하는 것은 자기모순이기 때문이다. 결국 나에게 무경계이며 절대무한인 것, 내가 나 자신으로부터 결코 사상할 수 없는 것, 그것은 바로 나 자신의 자기의식, 나의 마음이다. 나의 마음이 확실한 것은 내가 나 자신의 마음을 부정할 수 없기 때문이다. 나는 나의 마음의 경계 밖으로 나아갈 수가 없다. 내가 생각하고 의식하는 모든 것은 바로 나의 마음 안에 주어지는 것이다. 나에게 마음은 무경계의 절대무한이며, 따라서 의심할 수 없이 확실한 것이다. 이렇게 데카르트는 의심의 방법을 통해서 더 이상 의심할 수 없는 확실한 것으로서 절대의 마음을 발견하였다.

그러나 데카르트는 자신이 발견한 마음의 활동성을 표층의 유한한 자기의식의 활동으로 오해함으로써 심층차원으로 나아가지 못하였다. 데카르트는 중세 스콜라철학의 존재론, 즉 신만이 무한한 실체이고, 그 이외의 모든 개별자는 유한한 실체로서 영혼 또는 물체 둘 중 하나라는 사유틀을 벗어나지 못했기 때문이다. 그래서 의심불가능한 심층의 마음활동을 오히려 표층의 개별적 영혼의 의식활동으로 잘못 해석하고 만 것이다.

인간 안에 표층의 경험적 의식 너머 심층의 마음활동이 있다는 것을 체계적으로 밝힌 사람은 칸트이다. 그는 마음활동의 심층과 표층을 구분하고, 심층의 관점에서 표층의식과 그 대상세계는 심층자아가 구성한 현상에 불과하다는 것을 밝혔다. 칸트에 따르면 우리가 경험하는 이 세계는 심층의 보편적 의식일반이 그 보편적 형식인 시공간과 범주에 따라 구성한 현상이다. 인간은 표층적으로는 각각의 신체를 갖고 각각의 심리상태를 겪는 서로 다른 개체이지만, 심층에서는 동일한 방식으로 세계를 인식하고 의지하며 느끼는 하나의 보편적 마음으로 존재한다. 이러한 보편의식을 칸트는 표층의 현상적인 '경험적 자아'와 구분해서 '초월적 자아'라고 부른다.

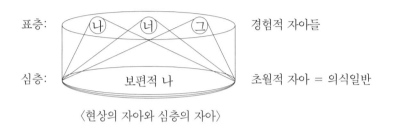

〈현상의 자아와 심층의 자아〉

그러나 칸트는 초월적 자아는 자신을 대상화하여 직관할 수 없기에 스스로를 인식할 수 없다고 설명한다. 따라서 칸트 이후 현대철학은 칸트의 초월적 자아를 흔히 추상적인 의식일반, 형식적 주어, 논리적 주어로 간주해 버리고 만다.[11]

칸트와 마찬가지로 비트겐슈타인(L. Wittgenstein, 1889–1951)도 세계를 보는 나는 보여진 세계 속의 일원이 아니라는 것을 강조하면서, 그처럼 세계를 보는 눈으로서의 자아를 '형이상학적 자아'라고 부른다. 그렇지만 세계를 보는 눈은 눈 자신을 볼 수 없기에, 우리는 이 형이상학적 자아에 대해 알 수 있는 것이 없다고 주장한다. 알 수 없기에 말할 수 없고, 말할 수 없는 것에 대해서는 침묵해야 한다는 것이 그의

---

11 칸트는 우리에게 초월자아에 대한 직관이 없기에 초월자아를 인식할 수는 없지만, 그래도 그것이 바로 우리 자신의 자아이기에 그에 대한 의식은 있다고 말한다. 칸트 이후 독일관념론자들은 우리에게 감각적 직관 이외에 지적 직관이 있음을 주장하며, 초월적 자아를 절대자아(피히테)나 절대주체(쉘링) 또는 절대정신(헤겔)으로 논하면서 그에 근거하여 관념론체계를 완성해 간다. 여기서 현대철학이 칸트의 초월자아를 단지 형식적 주어 또는 논리적 상정에 불과한 것으로 읽는다고 말한 것은 칸트 이후의 서양 형이상학자들이 아니라, 그와 반대로 칸트를 철저하게 경험주의적 실재론적 관점에서 인식론적으로만 해석하려 하는 반형이상학자들을 염두에 두고 한 말이다.

결론이다. 이와 같이 서양철학은 표층에 주목하는 객관주의, 경험주의, 과학주의로 나아간다.

4. 표층논리와 심층논리: 서양식 사고와 동양식 사고

1) 상대적 앎과 절대적 앎

동양은 전체로서의 마음을 그 자체로 알 수 있다고 생각하는 데 반해, 서양은 마음을 그 자체로 알 수 없다고 생각하는 이유는 무엇일까? 심층의 절대적 하나, 무경계의 전체를 우리는 과연 알 수 있는가, 알 수 없는가?

우리가 일상적으로 어떤 것 x를 안다는 것은 x를 −x가 아닌 x로 아는 것이며, 따라서 −x에 대한 앎을 포함한다. 예를 들어 고(苦)를 아는 것은 곧 락(樂)을 아는 것이며, 사과를 아는 것은 곧 사과 아닌 것이 무엇인지를 아는 것이다. 우리가 'x는 F이다'를 아는 것은 그것이 거짓이 아니라 참이라는 것을 아는 것이며, 따라서 'x는 F이다'가 거짓일 경우에 대한 앎을 포함한다. 예를 들어 '그는 착하다'는 판단은 그가 착하지 않다고 판단할 수 있는 경우를 상상할 수 있을 때만 유의미한 판단이 된다. 이처럼 우리가 어떤 것(x 또는 명제)을 안다는 것은 그것과 그것 아닌 것을 구분 짓는 경계선을 따라 그것을 그것 아닌 것이 아닌 것으로 아는 것이다. 결국 우리의 앎은 경계 지어진 것, 유한한 것, 상대적인 것에 대해 아는 '상대적 앎', '대대지지(對待之知)'이다. 상대적 앎은 언제나 그 부정을 상상해 볼 수 있는 앎이다. 그것의 부정을 생각할 수 있는 것, 따라서 거짓가능하고 반박가능한 앎만이 유의미한 앎이 된다.

이러한 앎의 기준에서 보면 우리가 얻을 수 있는 것은 오직 그 부정을 생각할 수 있는 상대적 앎일 뿐이며, 따라서 경계가 없는 무경계의 절대와 무한에 대한 앎은 얻을 수 없다. 그런 앎은 그 거짓가능성이나 반박가능성을 상상할 수 없기에 앎으로 성립하지 않기 때문이다. 이 점에서 데카르트가 구한 절대적으로 확실한 앎이란 불가능한 앎이다. 무경계의 전체이기에 그 경계 바깥으로 나가 볼 수 없는 것에 대해 우리는 알지 못한다. 이 기준에 따르면 언제나 물속에 살며 물 바깥으로 나가 본 적이 없는 물고기는 물을 알지 못하며, 오히려 가끔 물을 마시러 물가로 날아오는 산새는 물을 안다. 물고기가 전체로서의 물을 알기 위해서는 물 밖에 던져져야 한다. 물의 경계 밖에 던져짐으로써만 물 아닌 것을 통해 물을 알게 된다. 이처럼 상대적 앎의 관점에서 보면 우리는 전체 안에서 경계 지어진 상대적인 것들만을 알 수 있을 뿐이며, 무경계의 전체를 알자면 다시 그 전체의 경계 밖으로 나가야 한다. 이는 곧 무경계가 다시 경계 지어진 상대적인 것이 됨으로써만 그것에 대한 앎이 가능하다는 말이다. 결국 무경계의 전체를 그 자체로는 알 수 없다는 말이 된다.

 그러나 우리에게 가능한 앎이 정말 상대적 앎일 뿐일까? 우리가 정말 무경계의 전체를 알지 못하는가? 언제나 물 안에 살며 그 삶을 물로부터 분리할 수 없는 물고기가 물 안에서는 물을 알지 못하고 물 밖에 나와서야 물을 안다는 것이 말이 되는가? 정말 물 안에서는 물을 모르다가, 물의 경계 밖으로 나가서야 비로소 물을 알게 되는 것일까? 상대적 앎의 기준에 따르면 그렇다. 물을 알기 위해서는 물의 경계선을 알아야 하고, 그러기 위해서는 물 밖의 물 아닌 것을 함께 알아야 하기 때문이다. 언제나 물 안에 있어 물을 떠나 본 적이 없다면 물 아닌 것을 모르기에 물도 모르는 것이 된다. 부모가 돌아가셔야 부모의 사랑을 알게 되듯, 물고기는 물 밖에 나가야 물을 안다는 말이 된다. 그러나 물고기가 물 안에서 정말 물을 몰랐다면, 물 안에서도 모르던 물을 물 밖에

나간다 한들 어떻게 알 수 있겠는가? 물을 이미 알고 있어야 물 밖에
나갔을 때 그 물이 없음을 알아챌 수 있는 것이다. 계속되는 시끄러운
소리를 의식하지 못해도 그 소리가 끊어지는 순간 그것을 알아챌 수 있
기 위해서는 그 소리를 이미 듣고 있어야 하는 것처럼, 그렇게 심층의
미세지각이 있어야 하는 것처럼, 물고기는 물 안에 있을 때 이미 물을
알아야만, 물이 없는 상황에서 물이 있지 않고 없다는 것을 알아챌 수
가 있다.[12] 결국 물고기는 물속에서 이미 전체로서의 물을 알고 있어야
하는 것이다.

　이렇게 보면 물고기는 한 번도 물을 떠나 본 적이 없는데도, 따라서
물의 상대가 있지 않음에도 물을 안다. 이처럼 전체로서의 물을 아는
것은 대대를 통한 상대적 앎이 아니라, 무경계의 전체를 아는 '절대적
앎', '절대지(絕對知)'이다. 이 앎은 대상을 표층의식의 분별에 따라 상
대적으로 아는 것이 아니라, 그런 상대적 분별이 일어날 수 있는 배경
내지 바탕으로서의 전체를 무분별적으로 전체적으로 아는 앎이다.

　물 밖에 살면서 가끔 물을 마시러 물가로 오는 산새가 물에 대해 아
는 앎은 물의 부정을 통해 물과 물 아닌 것을 분별하여 아는 분별적 앎,
상대적 앎이다. 물 밖에 던져진 물고기가 물에 대해 새롭게 안 것이 있
다면, 그것 또한 대대를 통해 물을 분별하여 아는 상대적 앎일 뿐이다.
그러나 물고기가 물속에서 물을 아는 것은 그 경계 바깥이 없는 무경계

12　서양철학자 중에서 영혼의 활동이 표층적인 의식활동에 그치는 것이 아니라, 그
보다 더 심층에 표층의식과 달리 아직 의식되지 않은 미세활동이 있다는 것을 주장한
자가 바로 라이프니츠이다. 그는 그러한 심층의 영혼활동을 '미세지각'이라고 불렀
다. 라이프니츠가 중국에 건너온 서양선교사들을 통해 중국 고대의 유학경전 및 송대
성리학의 내용을 익히 알고 있었다는 것은 이미 잘 알려진 사실이다. 라이프니츠의 철
학사상 형성과정에 동양철학이 어느 정도의 영향을 끼쳤는가에 대해서는 학자들마다
의견이 분분하다.

의 전체에 대한 앎, 따라서 그 부정을 생각할 수 없는 절대적 앎, 무분
별적 앎이다. 상대적 앎은 개별자들의 경계선이 유동하는 표층에서 성
립하는 앎인 데 반해, 절대적 앎은 일체의 경계선이 사라지고 무경계의
하나만이 존재하는 심층에서 그 무경계의 전체를 아는 앎이다.

표층논리: 상대적 앎   ↔   심층논리: 절대적 앎
물고기는 물 안에서 물을 모른다.   물고기는 물 안에서 이미 물을 안다.

　물고기가 전체로서의 물을 알듯이 우리 인간 또한 전체를 안다. 우리
가 아는 전체란 우리가 그 밖으로 나가 볼 수 없고 우리가 우리 자신으
로부터 분리할 수 없는 것, 바로 우리 자신의 마음이다. 분리된 각각의
표층의식 너머 심층에 존재하는 전체로서의 하나의 마음, 일체의 사려
분별과 애착을 넘어선 공평무사의 보편마음, 이것을 불교는 '일심'이
라고 하고, 유교는 '천지지심(天地之心)'이라고 한다. 인간은 누구나
그러한 심층의 보편마음을 갖고 있으며, 그것을 표층에서 상대적인 방
식으로 아는 것이 아니라 심층에서 절대적 방식으로 아는 것이다.
　마음은 물질과 달리 지(知) 내지 각(覺)의 특징을 갖는다. 인간 심층
의 보편마음 내지 일심의 각성을 '본각(本覺)'이라고 한다. 심층마음이
있기에 인간은 누구나 본각을 갖고 있다. 그런데도 무명의 연(緣)을 따
라 망념이 일어나 자신에게 본각이 있음을 알지 못하는 것이 '불각(不
覺)'이고, 그렇지만 본각의 힘에 의해 다시 각이 일어나 결국 본각을
회복하는 것이 '시각(始覺)'이다.[13] 누구나 본각을 갖고 있다는 것은 곧

13　원효, 『대승기신론소별기』 2권, "본각이란 심성이 불각상을 여읜 것을 말하니, 각
　조의 성질을 본각이라고 하는 것이다 … 시각이란 심체가 무명의 연을 따라 움직여 망
　념을 일으키지만, 본각의 훈습의 힘에 의해 차츰 각의 작용이 있어 구경에는 다시 본

중생 누구나 불성을 갖고 있다는 것, 중생이 이미 부처라는 것을 의미한다. 부처는 자신이 부처라는 것을 아는데, 중생은 자신이 부처라는 것을 모를 뿐이다. 본각은 있으나, 그 사실을 아는 시각이 없을 뿐이다.[14]

표층: 분별적 상대적 앎

심층: 전체로서의 마음   무분별적 절대적 앎 = 본각

〈표층의 상대적 앎과 심층의 절대적 앎〉

대가 없는 전체는 알 수 없다고 여기는 표층논리에 따르면 전체로서의 마음은 알 수 없는 것인 데 반해, 전체를 그 자체로 안다고 여기는 심층논리에 따르면 우리는 이미 전체로서의 마음을 알고 있으며 단지 그 안다는 사실을 모르는 것일 뿐이다. 따라서 표층논리에서 문제는 '어떻게 해야 우리가 전체로서의 마음을 알 수 있게 되는가?' 이고, 심층논리에서 문제는 '어떻게 해야 우리가 전체로서의 마음을 이미 알고 있음을 알 수 있게 되는가?' 이다.

2) 유한한 마음과 무한한 마음: 외적 초월주의와 내적 초월주의

표층논리에 따르면 물고기는 물을 알기 위해 물 밖에 던져져야 하

각과 같아지는 것이니, 이를 시각이라고 말하는 것이다[言本覺者, 謂此心性, 離不覺相, 是覺照性, 名爲本覺 … 言始覺者, 卽此心體, 隨無明緣, 動作妄念. 而以本覺熏習力故, 稍有覺用, 乃至究竟, 還同本覺, 是名始覺]."

14   원효, 『대승기신론소별기』 2권, "본각이 있기에 본래 범부가 없다고 말하지만, 시각이 아직 있지 않기 때문에 본래 범부가 있는 것이다[有本覺故, 本來無凡. 而未有始覺, 故本來有凡]."

며, 우리는 전체로서의 마음을 알기 위해 그 마음 바깥으로 나가야 한
다. 이것은 전체로서의 물은 물 밖의 존재만이 알고, 전체로서의 마음
은 그 마음 바깥의 존재만이 알 수 있다는 말이다. 이는 결국 절대의
전체까지도 상대화하여 대대의 방식으로 알려고 하는 자기모순적 사
고이다.

심층논리에서는 전체로서의 마음을 알기 위해 그 마음 바깥으로 나
가야 하는 것이 아니다. 인간은 누구나 이미 전체로서의 자기 마음을
알고 있다. 즉 본각을 갖고 있다. 다만 본각이 있다는 사실을 모를 뿐이
기에, 문제는 어떻게 본각을 확인하는 시각(始覺)이 가능한가 하는 것
이다. 심층논리에 따르면 본각을 본각으로 자각하지 못하는 것은 전체
로서의 심층마음이 표층의식에 가려져 있기 때문이다. 그러므로 본각
을 본각으로 확인하기 위해 필요한 것은 표층의식의 분별과 경계를 덜
어 내어 심층의 빈 마음, 일체 상을 여읜 마음바탕에 이르는 것이다. 바
탕에 이르기 위해서는 그 바탕 위에 그려진 것들을 지워 보아야 한다.
무경계의 전체 속에 있는 경계 지어진 것들, 전체 속의 부분들, 바탕 위
의 사물들을 떠나 보아야 하는 것이다. 표층의 경계 지어진 것들에 매
이지 않고 표층을 넘어 심층으로 향해야 한다.

이것이 바로 마음의 내용을 비워 마음 자체에 직면하는 동양적 수행
방법이다. 불교는 이를 무심법(無心法)이라고 하고, 유교는 이를 미발
공부(未發工夫)라고 한다.[15] 마음의 대상인 마음내용을 없애고 텅 빈 마

---

[15] 인간이 그 바깥으로 나갈 수 없는 전체란 유교에서는 '도(道)'에 해당한다. "도는
잠시도 떠날 수가 없다. 떠날 수 있다면 도가 아니다[道也者, 不可須臾離也. 可離, 非
道也]."(『중용』 1장) 인간이 본각을 가졌다는 것은 유교에 따르면, 인간은 이미 도를
안다는 말이다. 그것이 바로 인간 안의 천지지심인 '도심(道心)'이다. 인간이 도를 이
미 아는 본각을 가졌으면서도 시각이 없다는 말은 유교에 따르면, "군자의 도는 널리
펴져 있으면서도 감추어져 있다[君子之道, 費而隱]"(『중용』 12장)가 된다. 이 은폐된

음바탕, 마음의 공적만을 남기어 적적(寂寂)을 회복하면서 그럼에도 잠들지 않고 성성(惺惺)히 깨어 있는 것이다. 마음의 산란을 없애되 혼침에 빠지지 않는 것이다. 마음내용을 없애므로 무심 내지 공적(空寂)이라고 하고, 사물과 접하거나 사려분별을 일으키지 않기에 사물미지(事物未至), 사려미맹(思慮未萌)의 미발(未發)이라고 한다. 그러면서도 성성히 깨어 있어 불매이고 영지이며 지각이다. 그래서 이를 허령불매(虛靈不昧), 공적영지(空寂靈知), 미발지각(未發知覺)이라고 한다. 수행을 통해 허령불매의 공적영지 내지 미발지각을 내적으로 체인하게 되면, 그것이 처음부터 본래 그 자리에 있었던 것임을 알게 된다. 본각을 확인하게 하는 시각은 본각과 다르지 않은 것이다.

표층논리	↔	심층논리
물고기는 물 안에서 물을 모른다		물고기는 물 안에서 이미 물을 안다=본각
물음: 어떻게 해야 물을 아는가?		물음: 어떻게 해야 본각을 확인하는가?
답: 물 밖으로 나가야 한다		답: 마음심층으로 나아가야 한다=시각

이처럼 마음을 알기 위해 그 마음 바깥으로 향하는 표층논리와 마음심층으로 향하는 심층논리의 궁극적 차이는 무엇일까? 사실 우리는 물 밖의 물고기를 떠올릴 수 있지만, 우리 마음 바깥의 우리 자신을 떠올릴 수는 없다. '나는 내 마음 바깥의 나를 떠올릴 수 없다'는 것은 동서 형이상학자들이 공통으로 발견한 것이다. 그러나 그다음의 사고 전개에서는 차이를 보인다. 나는 왜 내 마음 바깥의 나를 떠올릴 수 없는가? 내 마음 바깥이 나 아닌 남이기 때문인가? 아니면 내 마음에 바깥이 없기

도를 마음에 현재화하는 것을 유교에서는 미발공부로서 '계신공구(戒愼恐懼)'라고 부른다.

때문인가? 전자는 마음을 그 바깥이 있는 유한한 마음인 유외지심(有外之心)으로 떠올린 것이며, 후자는 마음을 그 바깥이 없는 무한한 마음인 무외지심(無外之心)으로 떠올린 것이다. 전자의 마음은 부분으로서의 표층마음에 해당하고, 후자의 마음은 전체로서의 심층마음에 해당한다. 표층마음에서 보면 일체는 자기한계를 가지며, 따라서 각각의 마음은 그 바깥이 있다. 표층에서 성립하는 상대적 앎의 논리에 따라 나는 나를 알기 위해 내 바깥을 떠올리고, 그 바깥에서 나를 보는 자를 나 아닌 남으로 떠올리게 된다. 그러나 심층논리에서 보면 표층마음 바깥도 결국 심층마음 안이다. 내가 내 마음 바깥에 무엇을 떠올리든 그것은 결국 전체로서의 내 마음 안에 떠올려진 것이다. 표층논리에 따라 내 밖에서 나를 보는 자로 내가 떠올린 자 또한 결국 심층의 나인 것이다.

마음이 없지 않고 있음을 확인하기 위해 마음에 한계를 긋고 그 마음 바깥에 서서 마음을 생각하려는 사고가 서양식 사고라면, 마음을 바깥이 없는 전체, 유무를 넘어선 공(空)으로 생각하는 사고가 동양식 사고이다. 서양식 사고에서 마음은 그 상대가 있는 유한한 마음이고, 동양식 사고에서 마음은 대가 없는 절대의 무한한 마음이다. 결국 서양식 사고에서 궁극의 절대존재는 마음 바깥의 관념이나 신(神)이나 물질이라면, 동양식 사고에서 궁극의 절대존재는 전체로 확장된 무경계의 마음, 공의 마음 자체이다. 서양식 사고가 대가 있는 것에 대한 상대적 앎인 대대지지의 사고라면, 동양식 사고는 대 없는 전체로서의 마음을 아는 절대지의 사고이다. 서양식 사고는 상대적 앎의 기준에 따라 마음을 마음의 경계 밖에서 3인칭적으로 알고자 하는 데 반해, 동양식 사고는 절대적 앎의 기준에 따라 마음을 마음 그 자체로 1인칭적으로 알고자 한다. 결국 서양식 사고는 3인칭적으로 대상화된 마음만을 마음이라고 생각하며, 그렇게 마음을 바라보는 자 또한 마음이라는 사실은 망각한

다. 기억한다 해도 그 마음은 알 수 없는 것이라고 간주한다.[16]

인간이 인간 밖으로 나가야만 인간을 인간으로 알아볼 수 있다고 생각하는 것은 상대적 앎의 방식으로 사유하는 표층적 사유이다. 마치 물고기가 물을 벗어나야 물을 안다고 주장하듯, 이 논리에 따르면 인간이 인간 자신에 대해 알게 되는 순간은 바로 인간이 자기 자신을 벗어나는 때이다. 결국 인간에게 절대지란 불가능하며, 인간 자체를 알 수 있는 자는 인간이 아니라 인간 밖의 신(神)이라고 여기게 된다. 이처럼 인식과 존재를 모순적 관계로 놓기에, 서양식 사고에서는 인간 자신을 포함한 일체 존재에 대한 앎의 추구가 양초날개를 달고 태양을 향해 날아가는 이카루스의 운명으로 상징된다. 반면 동양식 사고는 태양을 향해 날아간 이카루스가 태양에 도달해 날개가 모두 녹아 버리는 순간을 아카루스의 마지막이라고 생각하지 않는다. 이카루스 날개의 초는 처음부터 표층 오온의 경계이고 분별일 뿐이다. 표층의 경계와 분별이 다 사라지는 순간, 남겨지는 태양이 바로 이카루스 자신인 것이다. 태양은 처음부터 이카루스 바깥의 존재가 아니라 심층 내면의 빛인 것이다.

다시 말해 서양식 사고는 전체를 개체 밖에서, 무한을 유한 밖에서, 신을 인간 밖에서 생각하고, 동양식 사고는 전체를 개체 안에서, 무한을 유한 안에서, 신을 인간 안에서 생각한다. 서양식 사고는 '외적 초월주의'이고, 동양식 사고는 '내적 초월주의'이다. 표층의 현상적 질서를 넘어서는 초월을 발견하기 위해 서양식 사고는 현상 바깥으로 나가는 데 반해, 동양식 사고는 현상 내면의 더 깊은 심층으로 향한다.

---

16   마음을 연구하는 현대 서양의 심리철학에서 마음을 두뇌신경조직망 또는 두뇌와 연결된 신체의 작용으로 설명하는 것도 3인칭적인 상대적 앎만을 앎으로 간주하는 표층적 사고를 벗어나지 못했기 때문이다. 그래서 마음을 그 자체의 1인칭적 자각성에 따라 이해하지 않고, 마음 바깥의 물질로 환원하여 설명하려고 하는 것이다.

〈표층논리: 상대적 앎〉	↔	〈심층논리: 절대적 앎〉

· 현상태: 물고기는 물 안에서　　　물고기는 물 안에서

　　　　물을 모른다＝무지　　　　이미 물을 안다＝본각

· 지향점: 물을 알기 위해　　　　표층마음 너머

　　　　물 밖으로 나아감＝지　　심층마음으로 나아감＝시각

　　　　　⇩　　　　　　　　　　　⇩

　　　마음 바깥으로 나가기　　　마음 심층으로 향하기

　　　（외적 초월주의）　　　　　（내적 초월주의）

3) 진속이원(眞俗二元)과 진속불이(眞俗不二)

상대적 앎만을 앎으로 간주하는 표층논리에 따르면 전체를 아는 길은 그 전체 바깥으로 나아가는 것이다. 물고기가 물을 알기 위해서는 물 밖에 던져져야 하며, 그렇게 물 밖으로 나간 물고기는 자신이 물 밖에서 물에 대해 새로운 앎을 얻었다고 생각하며 자신만이 물을 안다고 생각할 것이다. 그는 물 안으로 돌아가 다른 물고기들에게 새로운 통찰을 얻기 위해 물 밖으로 나가 보라고 종용할 것이다. 플라톤의 '동굴의 비유'는 바로 이런 사유를 대변한다.[17]

반면 심층논리에 따르면 물고기는 물속에서 이미 물을 알고 있다. 물을 알고자 물 밖을 꿈꾸던 물고기는 어느 순간 자신이 물 밖이 아니라 물 안에서 이미 물을 알고 있음을 깨달아 알게 된다. 그러나 그때 그는 자신뿐 아니라 물속의 다른 물고기도 모두 이미 물을 알고 있다는 사실

17　물고기가 물 밖으로 던져진다는 것은 죽음을 뜻한다. 그래서 소크라테스는 "철학은 죽음의 연습"이라고 말한다. 경계 밖에 나가 세상을 봄으로써 세상 속 그 누구도 모르는 완전히 새로운 앎을 알게 된다고 여기는 것이 서양식 사고다. 이 점에서 우리는 서양 기독교가 왜 그렇게 선교에 힘쓰는지를 알게 된다.

을 동시에 깨닫게 된다. 자신에게 본각이 있음을 깨닫는 것은 곧 모든 중생이 이미 본각을 갖고 있음을 깨닫는 것이다. 이는 본각이 있음을 깨닫는 시각이 본각에다 어떤 새로운 내용을 더해 주는 새로운 앎이 아니기 때문이다. 시각은 자신에게 본각이 있다는 사실을 깨닫는 것일 뿐이며, 자신 안에 이미 있던 본각을 재연 내지 확인하는 것에 지나지 않는다. 그는 자기가 남들이 아직 모르는 뭔가 새로운 것을 혼자만 알고 있다고 생각하지 않을 것이다. 그렇게 동양식 현자는 지혜와 총명함을 내세우지 않는다.[18]

서양식 사고는 진리를 마음 밖에 두고 3인칭적으로 그것을 알려고 노력하기에, 깨달음 이후에는 곧 일상인의 무지(無知)와 깨달은 이의 지(知)를 대립으로 놓고 진과 속을 이원화하게 된다. 반면 동양식 사고는 진리가 만인의 마음 안에 있다는 것, 중생이 이미 부처이고 인간이 곧 신이라는 것을 1인칭적으로 내적으로 깨닫는 것이기에, 깨달은 자스스로 일상인의 무지와 깨달은 이의 지가 대립이 아니라는 것, 진과 속이 둘이 아니라는 것을 주장하게 된다. 궁극의 깨달음은 무지 안에 지가 있다는 것, 우리 마음 심층에 본각이 있다는 것, 그것을 직시하는 것일 뿐이다. 그것을 직시하는 순간 누구나 언제나 그것을 직시하고 있었음을 알게 된다. 우리는 처음부터 이미 우리가 심층에서 하나라는 것을 알고 있는 것이다. '그게 바로 너이니라', '마음이 곧 부처', '내 마음이 곧 네 마음', 이것은 우리에게 이미 알려져 있는 진리이다.

---

18   승조는 『조론』에서 이렇게 말한다. "그러므로 성인은 마음을 비우고 빛을 실하게 하여 종일토록 알아도 일찍이 안 것이 없다. 따라서 빛을 고요히 하고 광채를 감추어 빈 마음으로 현묘히 비추고, 지혜를 닫고 총명함을 드러내지 않고서 그윽하게 홀로 깨닫는 사람이다[是以聖人, 虛其心而實其照, 終日知而未嘗知也. 故能默耀韜光, 虛心玄鑒, 閉智塞聰, 而獨覺冥冥者矣]." 『조론』 2권, 「반야무지론」(『대정장』 45권, 153상중).

	〈표층논리: 상대적 앎〉	↔	〈심층논리: 절대적 앎〉
일반인/속:	물 안에서 물을 모름: 무지		물 안에서 물을 앎(본각): 지
깨달은 자/진:	물 밖에서 물을 앎: 지		본각의 확인(시각): 지
	⇩		⇩
	진속이원(眞俗二元)		진속불이(眞俗不二)

4) 분화적 사고와 원융적 사고

표층논리에 따라 우리는 일상적으로 x에 대한 앎을 그 대가 되는 -x와의 비교분별을 통해 얻고자 하며, 그러기 위해 늘 x를 x 바깥에서 3인칭적 대상화의 방식으로 인식하게 된다. 그리고 세상에 대한 보다 많은 앎을 얻기 위해 항상 눈앞에 주어진 것들의 차이에 주목하게 된다. 구분되지 않던 것들 간에 새로운 차이가 찾아지면 곧 새로운 개념이 만들어지고, 보다 분화된 개념을 따라 분별적 사고는 더욱 정교해지며 치밀해진다. 이렇게 공통의 유(類)로부터 종차에 따라 상이한 종(種)들로 분류해 가는 사고가 바로 '분화적 사고'이다. 분화적 사고는 개념적 분별작용에 따른 개념적 사고로서 세련된 학문적 사고의 출발점이 된다. 예를 들어 사과를 안다는 것은 곧 사과를 사과 아닌 것과 구분할 줄 안다는 것, 사과가 배나 감이나 귤 등 다른 과일들과 어떤 점에서 다른지를 개념적으로 안다는 것을 뜻한다.

분화적 사고는 차이에 주목하는 사고다. 그런데 차이가 부각되면 공통성은 물러서게 된다. '사과와 배는 다르다'라는 것이 강조되면, '(과일이란 점에서) 사과와 배는 같다'는 것은 잊히게 된다. 차이는 표층의 식에 드러나서 개념적으로 포착되고, 동일성은 표층의 이면으로, 배경으로 물러서게 된다. 사과를 배나 감이 아닌 것으로만 생각하는 사고가 표층적 사고이며 분화적 사고이다. 이 사고에서는 사과가 배나 감과 마찬가지로 과일이고, 잡초와 마찬가지로 식물이며, 개와 마찬가지로 생물이라는 것, 돌멩이와 마찬가지로 눈앞의 사물이라는 사실은 잊혀진다. 그런데 그렇게 공통의 부분을 다 뺀 사과가 과연 사과인가? 사과 안에 담긴 우주만물과의 일체성은 다 사상되고 오로지 다른 과일과의 차이만으로 특징지어진 사과가 정말 사과인가? 분화적 사고는 사물을 표층의식에서 대대적 차이에 따라 분별적 개념으로만 아는 것이지, 사물 그 자체를 아는 것이 아니다.

  표층의 차이가 아니라 그 차이의 배경이 되는 공통의 근거로, 심층의 하나에로 향하는 사고가 '원융적 사고'이다. 여기에서는 눈앞에 주어진 것들의 차이보다는 공통점에 주목한다. 원융적 사고에서 사과를 안다는 것은 곧 사과가 배나 감과 마찬가지로 과일이라는 것, 잡초와 마찬가지로 식물이라는 것, 동물과 마찬가지로 생물이라는 것, 돌멩이와 마찬가지로 존재하는 사물이라는 것을 아는 것이다. 따라서 사과 속에서 일체 존재와의 공통성, 일체 존재와 하나로 연결되는 그 지점을 인식하게 된다. 사물 안에서 인간의 개념적 분별 이전의 공통적인 심층의 하나를 포착하는 것이다.

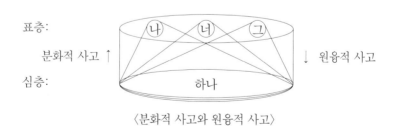

〈분화적 사고와 원융적 사고〉

  서양식 사고가 사물의 차이에 주목하고 개념적 분별을 중시하는 것은 서양식 사고가 표층논리의 분화적 사고를 지향하기 때문이다. 반면 동양식 사고가 사물 간의 차이보다는 공통성에 주목하며 개념적 분별보다는 무분별의 지혜를 더 중시하는 것은 동양식 사고가 표층의 분화적 사고보다는 심층의 원융적 사고를 지향하기 때문이다. 서양의 분화적 사고는 표층논리에 따라 끊임없이 차이를 발견하고 새로운 구분을 더해 나가는 사고라면, 동양의 원융적 사고는 심층논리에 따라 서로 간의 공통근거를 발견하기 위해 표층적인 차이와 분별을 사상해 나간다. 서양식 사고는 학을 추구하고, 동양식 사고는 도를 추구한다고 할 수 있다.

학을 하는 것은 나날이 더하는 것이고, 도를 닦는 것은 나날이 더는 것이다.[19]

서양의 분화적 사고와 동양의 원융적 사고는 인간의 자기이해에서도 큰 차이를 보인다. 분화적 사고는 인간의 본질을 자연물이나 식물, 동물과는 구분되는 종차적 특징 안에서 찾으려 하고, 인간을 다시 원시인, 미개인, 전근대인, 현대인 등으로 구분해 가면서 끊임없이 현재의 자기 자신을 다른 인간부류와 구분되는 존재로 특징짓고자 한다. 진화론은 분화적 사고의 전형이다. 반면 동양의 원융적 사고는 인간의 본질을 다른 자연물이나 식물, 동물과 공통적인 것 안에서 발견한다. 유교가 인간의 본연지성을 우주만물의 본연지성과 하나로 보며 '우주만물 안에 나 아닌 것이 없다'고 주장하는 것, 또 불교가 인간뿐 아니라 우주만물 일체가 불성을 갖고 있다는 '개유불성'을 주장하는 것은 이들이 심층을 향한 원융적 사고라는 것을 말해 준다.

분화적 사고가 치밀해지면 일체 존재에 대한 보다 세밀한 분류 분별 체계가 만들어지며, 그 안에서 각각의 개체는 서로 무관한 낱낱의 것으

---

19 『노자』 48장, "爲學, 日益. 爲道, 日損."

로 간주된다. 각각의 개체를 서로 무관한 몇몇 영역으로 분류하여 연구하는 학문의 분화는 그러한 분화적 사고의 당연한 귀결이다. 반면 원융적 사고는 개체들 간의 차이보다는 개체들 간의 공통성에 주목하고, 개체들 간의 단절보다는 서로 간의 소통에 민감하다고 볼 수 있다. 학문의 분화보다는 학문의 융합을 꾀하는 사고, 문사철을 하나로 포괄하고 인문과 자연을 하나로 아우르는 진정한 통합적 사고는 동양적인 원융적 사고로서만 가능할 것이다.

5. 심층마음의 평등성

상대적 앎에 머무르는 표층논리와 절대적 앎을 논하는 심층논리를 구분하면서 그것을 서양식 사고와 동양식 사고로 연결시켜 본 것은 불교든 유교든 동양철학의 핵심은 인간 심층의 절대적 하나를 드러내는 데에 있음을 보이고자 한 것이다. 그것이 바로 인간 안의 신성이고 영성이며 부처와 성인의 성품이라는 것을 말하고자 하였다. 궁극적으로는 이러한 핵심을 간과하고, 동양철학을 서양식의 표층적인 상대성의 논리에 따라 대대적인 차이와 조화의 철학만으로 해석하는 것을 경계하고자 한 것이다.

연기의 상호의존성이나 음양의 상대성은 다양한 개체가 빚어 내는 아름다운 조화를 찬양하기 위한 개념이 아니라, 우리의 연기적 현실의 고통을 야기하는 참담한 불평등성을 폭로하기 위한 개념이다. 우주 안의 모든 발생은 상호연관 관계에 있다. 가령 인간문명의 번창은 뭇 자연생명의 정복과 살육 덕분이고, 강대국 사람들의 비만은 아프리카 사람들의 기아와 무관하지 않다. 대기업의 번영은 중소기업의 몰락과 맥을 같이하며, 교수의 월급은 시간강사의 궁핍과 한 짝이 된다. 행위 차원에서만 그런 것이 아니다. 존재 자체에도 그런 상호의존 관계가 있다. A가 아둔한 것은 B가 우주의 총명한 기운을 독차지했기 때문이며, A의 삶이 초라한 것은 B가 지상의 화려한 삶의 기운을 몰아갔기 때문이다. 우리에게 공업(共業)이란 것이 있다면, 우리가 하나의 기(氣)로 서로 연결되어 있다면, 능력이란 것도 개인의 것이 아니며, 그 능력의 결과 또한 그 개인의 것이 아닌 것이다. 다름과 차이에만 의미를 부여하며 같음과 하나를 배격하는, 오늘날 도처에서 인용되는 『논어』의 다음 구절을 나는 별로 좋아하지 않는다.

> 군자는 조화를 이루려고 하되 같아지려고 하지 않으며, 소인은 같아지려고 하되 조화를 이루려고 하지 않는다.[20]

나는 군자는 왜 동(同)보다 화(和)를 지향하고 소인은 왜 화보다 동을 지향하는지 안다. 조화가 가져다주는 즐거움과 고통이 각각 누구의 몫인지를 알기 때문이다. 즐거운 꿈을 꾸고 있는 자는 꿈에서 깨고 싶지 않은 법이다. 악몽에 시달리는 자만이 꿈에서 깨어나고 싶어 한다. 꿈에서 깨어난다는 것은 현실의 표층논리를 벗어나 심층의 하나를 깨닫는 것이다. 꿈속 세계(표층)에서의 너와 나의 차이에 휘둘리지 않고 그 세계를 그려 내는 꿈꾸는 우리(심층)를 자각하며 깨어나는 것이다. 현실에서 만들어지는 너와 나의 차이가 실은 우리가 걸친 의상의 차이에 지나지 않는다는 것, 현실은 우리가 함께 꾸는 꿈, 우리가 함께 기획한 무대 위 연극에 지나지 않는다는 것, 환상이고 거짓이라는 것, 그것을 깨닫는 것이다.

---

20 『논어』「자로편」, "君子和而不同, 小人同而不和."

그러나 그건 꿈을 버리기 위함이 아니다. 인생은 어차피 우리가 함께 꾸는 무대 위 꿈이다. 표층 너머의 심층을 자각하는 것은 우리의 꿈, 우리의 표층세계를 좀 더 공정하고 좀 더 인간적으로 만들기 위해서이다. 공정함의 기준은 이미 존재하는 표층의 차이 속에서가 아니라 심층의 동일성에서 찾아져야 한다. 우리는 심층에서만 만인이 동일하다는 것, 만인이 평등하다는 것을 발견할 수 있다. 우리는 현상으로 환원될 수 없는 존재, 현상의 자연규정성을 넘어선 자유의 존재이다. 이 동일성과 평등성의 자각 위에서만 우리의 꿈을 보다 공정하고 보다 인간적인 꿈, 보다 아름다운 꿈으로 만들 수 있을 것이다.

심층마음에서 본
경험세계의 가상성:
세친과 칸트의 비교

1. 세계의 가상성에 대한 통찰

우리가 일상적으로 경험하는 이 세계는 흙바닥에 돌멩이가 있고 그 위에 풀과 나무가 자라며 그 주위로 각종 동물이 살고 다시 그 곁에 나를 포함한 인간이 함께 사는 그런 세계이다. 무수한 생명체를 담고 있는 이 지구는 주위의 수많은 별들과 마찬가지로 단지 하나의 별일 뿐이며, 지구가 현재의 지구처럼 생명을 유지할 수 있는 것은 다행히 멀리 태양으로부터 연속적으로 에너지를 공급받기 때문이다. 수백억 년 전으로 소급되고 수억 광년 거리로 펼쳐지는 광대한 우주역사와 체계 속에서 보면 인간 종, 그리고 그중 한 개체인 나는 시공간상 거의 무에 가까운 하나의 점에 불과할 뿐이다. 물리적 우주는 확고하게 존재하는 실재이며, 인간의 의식은 그 기반 위에서 잠시 머뭇거리며 반짝이는 무지개 같은 환영일 뿐이다. 이렇게 물리적 세계가 그 자체로 실재한다고 보는 입장을 '물리주의' 내지 '소박한 실재론'이라고 한다.

그런데 동서를 막론하고 이러한 물리적 경험세계의 실재성에 대해 의심을 제기하는 철학자들이 있어 왔다. 나는 이 세계를 확실한 존재로 생각하고 내가 꿈꾼 꿈속의 나비를 허구라고 생각하지만, 나를 포함한 이 세계가 거꾸로 나비의 꿈일 수도 있지 않을까? 이건 장자가 생각한 것이다. 데카르트는 이 세계가 바로 나 자신의 꿈일 수도 있지 않을까를 묻는다. 꿈일 수 있다는 것은 꿈꾸는 마음이 없다면, 세계도 없다는 것이다. 이런 반문이 의미를 갖는 것은 우리의 경험세계가 그 세계에 대한 우리의 경험, 즉 우리의 마음과 불가분적으로 결합되어 있기 때문이다. 세계가 마음과 결합되어 있다면, 마음을 떠나 세계 자체를 논하는 것은 무의미하다. 불교의 '일수사견(一水四見)'은 인간에게서의 물이 물고기에게는 공기 같고 아귀에게는 피고름 같으며 천상존재에게는 빛나는 보석 같다는 것, 나아가 그 넷에 공통적인 하나의 물 자체란 없다는 것을 말한다. 각 마음에 대해 세계는 그 마음이 산출한 결과물일 뿐이다. 우리의 경험세계는 우리 마음이 만든 세계이며, 따라서 허공 속에 떠 있는 홀로그램과 같다. 홀로그램 속의 나 주위에는 산과 바다가 있고 해와 달이 있지만, 그건 모두 다 나의 마음이 그려 놓은 가상일 뿐 실재가 아니다.

이렇게 일상의 경험적 의식에게는 물리세계가 실재이고 의식은 그 산물인 데 반해, 철학자에게는 마음이 실재이고 물리세계가 그 산물이다. 철학적 통찰에서 실재와 그 산물이 일상의식의 그것과 뒤바뀌게 되는 까닭은 무엇일까? 일상적으로 실재라고 간주되는 세계를 단지 마음의 산물인 가상일 뿐이라고 논할 때, 그 마음은 어떤 마음인가?

경험적 의식: 산물
                ↑
경험세계   :   실재 = 산물
                        ↑
    ?   :   실재

여기에서는 세친과 칸트의 철학체계 속에서 이 물음의 답을 찾아보기로 한다. 세친(世親, Vasubandhu, 320?-400?)은 4세기 인도의 유식불교학자이며, 칸트(I. Kant, 1724-1804)는 18세기 독일의 초월철학자이다. 이러한 시공간적 격차에도 불구하고 둘 다 경험세계의 가상성을 주장하며 그 과정에서 일상적인 경험적 의식과는 구분되는 새로운 차원의 마음을 논한다는 점에서 그 둘 사이에 소통의 여지가 있다고 본다.[1] 그런 새로운 차원의 마음을 논하는 것이 어떤 의미를 갖는지, 그리고 그 마음의 이해에서 그 둘이 어떤 차이를 보이는지를 밝혀 보기로 한다.

2. 칸트의 현상론: 초월적 관념론

1) 경험세계의 현상성

눈앞에 주어진 개별사물을 눈으로 보거나 귀로 듣는 의식활동을 우

---

1 이런 이유에서 불교가 서양철학자들과 비교될 때 주로 관념론자, 칸트나 헤겔 또는 후설 등과 비교된다고 본다. 불교를 칸트와 비교한 책으로 김진의 『칸트와 불교』(철학과현실사, 2000)가 있는데, 여기서는 불교를 특정 범위로 국한시키지 않은 채 칸트의 요청개념을 따라 불교를 재해석한다. 불교를 특정 범위로 국한시켜서 좀 더 치밀하게 논한 책으로는 김상일의 『원효의 판비량론 비교 연구: 원효의 논리로 본 칸트의 이율배반론』(지식산업사, 2004), 김종욱의 『용수와 칸트』(운주사, 2002) 등이 있다. 전자는 인식론 내지 논리학적 차원에서 원효과 칸트를 치밀하게 논의·분석하고, 후자는 칸트의 관념론과 용수의 공사상을 비교하면서 그 둘의 공통점과 차이점을 상세히 논한다.

리는 '감각' 또는 '지각'이라고 하는데, 칸트는 이것을 '직관'이라고 부른다. 우리가 직관하는 것, 즉 보고 듣는 것은 언제 어디에서 보고 듣는가에 따라 그 내용이 사뭇 다를 수밖에 없다. 그러나 그 내용이 무엇이든 우리가 보고 듣는 직관대상은 언제나 시간과 공간 속에 주어지며, 따라서 시공간적인 사물로 간주된다. 그러므로 직관대상을 총체적으로 포괄하고 있는 시간과 공간을 무엇으로 여기는가는 곧 그 시공간 안에 주어지는 직관대상을 어떤 존재로 여기는가와 밀접하게 연관된다.

칸트 당시 서양의 자연과학자들 또는 자연과학에 정초된 철학자들은 시간과 공간을 뉴턴식의 절대시공간으로 간주하였다. 절대시간과 절대공간은 인간의 의식이나 마음으로부터 독립적일 뿐 아니라, 우주의 개별사물로부터도 독립적이고 신의 지성이나 의지로부터도 독립적이다. 즉 모든 것으로부터 독립적으로 그 자체로 존재하는 절대적 존재이다. 존재하는 일체 만물은 모두 시공간 안에 자기 자리를 갖고 그 안에서 위치를 바꾸며 운동하지만, 시간과 공간 자체는 그들 존재와 운동의 기준점으로서 부동의 좌표로 존재하는 것이다. 시간과 공간을 절대시간 절대공간으로 간주하면, 시공간 질서인 대수와 기하의 수학법칙들 또한 절대적 진리로 간주된다. 따라서 서양 근대철학자들은 모든 학문중의 학문, 학문의 이상을 수학으로 보았으며, 신도 사유한다면 수학적으로 사유할 수밖에 없다고 논할 정도였다. 신의 세계창조조차도 시공간적 질서에 따라야 하는 것으로 여길 만큼, 시간과 공간을 객관적인 자체 존재, 절대존재로 간주한 것이다.

이에 반해 칸트는 뉴턴식의 절대시공간을 부정한다. 시간과 공간은 우주만물로부터 독립적일 수는 있지만, 인간 마음으로부터 독립적인 것은 아니라고 보았다. 시간과 공간은 객관적으로 존재하는 절대적인

자체 존재가 아니라, 인간이 세계를 보는 형식에 지나지 않는다고 본
것이다. 시간과 공간이 객관적으로 존재하는 절대좌표가 아니라, 인간
의식이 세계를 바라보는 형식일 뿐이라면, 시공간적으로 정리된 세계,
시공간적 세계는 인간에 대해서만 그렇게 존재하는 것이지 그 자체로
존재하는 것이 아니게 된다. 즉 우리가 보고 듣는 직관의 세계, 시공간
적 세계는 인간의 직관형식을 따라 정리된 세계, 인간에 의해 그렇게
만들어진 세계, 한마디로 '현상'이라는 것이다. 이렇게 되면 시공간적
질서를 논하는 수학은 더 이상 절대적 진리가 아니라, 오직 인간 이성
에 대해서만 타당하고, 인간이 형성한 직관세계인 현상에 대해서만 타
당한 학문체계가 된다.

　칸트는 시간과 공간을 직관형식으로 논하되 그 형식 안에 주어지는
직관내용은 시공간적으로 위치 지어지기 이전의 것들로 간주한다. 우
리가 외적으로 직관하는 것은 앞뒤 좌우 상하의 3차원 공간으로 정리
된 것이고, 내적으로 직관하는 것은 선후의 시간배열로 정리된 것들이
다. 이렇게 직관된 것 중에서 시간과 공간의 형식을 빼고 남는 것이 외
부로부터 시공간의 형식 안에 주어지는 직관내용이다. 그것들은 시공
간적으로 정리되기 이전의 다양한 낱낱의 감각자료들로, 흩어진 색깔
의 반점들 또는 다양한 소리의 파편들, 어디에도 소속되지 않은 향기
또는 맛의 감각, 촉감의 감각자료들이 그것이다. 칸트는 이런 낱낱의
흩어진 감각자료를 직관의 '내용'이라고 하고, 그것들을 일정한 방식
으로 정리하는 시공간을 직관의 '형식'이라고 칭한다.

　우리가 대상에 의해 촉발되는 한에서, 대상이 표상능력에 미치는 결과가
'감각'이다 … 현상에서 감각에 대응하는 것을 나는 현상의 '내용'이라고
부르며, 그러한 현상의 잡다한 것이 일정한 관계에서 질서 지어질 수 있도

록 만드는 것을 나는 현상의 '형식'이라고 부른다.[2]

$$\text{직관} \quad = \quad \text{직관의 형식} \quad + \quad \text{직관의 내용}$$
$$\text{시간과 공간} \qquad \text{감각자료}$$

　그런데 외적 직관형식인 공간은 다시 내적 직관형식인 시간과 얽혀 있다. 시각 차원에 국한하여 생각해 보면 일상의식이 실재라고 여기는 외부세계로부터 내가 얻을 수 있는 것은 단지 무수한 다양한 색깔로 이루어진 얼룩들, 반점들일 뿐이다. 나는 그 다양한 색깔의 반점들을 일단 내적으로 시간적 선후관계로 의식할 것이다. 그러면서 그 흩어진 반점들의 색깔 차이에 따라 나는 이 갈색에서부터 저 검정색까지를 나뭇가지로 여기고, 그 뒤의 초록색에서 청록색까지를 나뭇잎으로 여긴다. 이렇게 시간적 선후관계의 반점들이 앞뒤 좌우 상하의 공간으로 배열되고 정리되면서 공간적인 풍경이 그려지는 것이다. 이와 같이 외적 직관형식인 공간은 내적 직관형식인 시간에 기반을 두고 성립하는 것이며, 따라서 공간적으로 정리된 외적 현상 안에도 내적 현상과 마찬가지로 시간성이 들어 있다. 그러므로 시간은 직접적으로 내적 직관의 형식이면서 동시에 간접적으로 외적 직관의 형식이기도 하다.

　시간은 모든 현상 일반의 선험적인 형식적 조건이다. 모든 외적 직관의 순수형식으로서의 공간은 선험적인 조건으로서는 단지 외적 현상에만 제한된다. 이에 반해 모든 표상은 그것이 외적 사물을 대상으로 가지든 아니든 그 자체가 마음의 규정으로서 내적 상태에 속하는 것이며, 내적 상태는 내

2　칸트, 『순수이성비판』, B34.

적 직관이 형식적 조건에, 즉 시간에 속하는 것이므로, 결국 시간은 모든
현상 일반의 선험적 조건이 된다. 다시 말해 시간은 (우리 영혼의) 내적
현상의 직접적 조건이며, 바로 그렇기에 간접적으로는 외적 현상의 조건
이다.[3]

의식주체   →   내적 현상   →   외적 현상

?   (시간)   (시간＋공간)

이와 같이 칸트에 따르면 시공간적 경험세계는 그것이 내적 직관대
상이든 외적 직관대상이든 더 이상 그 자체로 존재하는 물자체가 아니
라, 인간의 직관형식에 따라 구성된 현상일 뿐이다. 그렇다면 그처럼
내적 외적 현상세계를 그려 낼 수 있게끔 시공간의 형식을 구비한 인간
은 어떤 존재인가? 경험세계가 나의 마음이 만드는 현상이라면, 그 세
계가 어떻게 나의 마음의 주관성과 상대성을 넘어 객관성과 보편성을
확보할 수 있는 것일까?

2) 현상세계 구성의 초월적 자아

칸트의 『순수이성비판』은 책 자체가 「초월적 감성학」과 「초월적 논
리학」으로 나누어져 있듯이, 기본적으로 우리의 일상적 이분법인 감성
과 지성, 직관과 사유의 이분법에서 출발한다. 우리는 흔히 이러한 이
분법에 근거해서 직관대상과 사유대상을 존재와 인식, 물자체와 현상
으로 이원화하기도 한다. 즉 직관대상은 우리 마음의 활동이나 지성의
사유와 무관한 물자체에 해당하고, 사유대상은 우리 마음의 활동, 지성

---

3   칸트, 『순수이성비판』, B50.

의 사유작용의 결과물로서 현상에 해당한다고 보는 것이다.

그러나 칸트가 표면적인 이원적 구도하에서 실질적으로 논한 것은 인간의 감성과 지성, 직관과 사유는 의식 표면에서는 서로 분리되지만, 마음 심층에서는 서로 연결되어 있다는 것이다.[4] 우리가 능동성의 지성과 구분해서 수용성의 감성에 속한다고 보는 직관활동에 이미 우리 자신의 직관형식인 시간과 공간이 함께 작용한다는 것은 곧 직관대상도 사유대상과 마찬가지로 인간 마음과 무관한 물자체가 아니라, 인간의 마음활동의 결과물인 현상에 지나지 않는다는 것을 말해 주는 것이다.

그렇다면 우리의 직관형식인 시간은 우리의 사유형식 내지 판단형식의 근거가 되는 범주와 어떻게 연관되는가? 시간과 범주에 따라 직관하고 사유하면서 직관대상과 사유대상을 형성해 내는 인간주체는 과연 어떤 존재인가? 이것이 「초월적 논리학」의 주된 물음이다. 감성의 직관형식인 시간은 지성의 사유형식과 어떤 관계에 있는가?

칸트는 우리가 세계를 바라보는 직관형식(시간)의 감성과 우리가 세계에 대해 사유하는 사유형식(범주)의 지성은 그 근본 뿌리에서 둘로 분리되어 있지 않고 하나로 결합되어 있다고 본다. 감성과 지성, 직관형식과 사유형식을 연결시키는 능력이 곧 '초월적 상상력'인데, 칸트에 따르면 초월적 상상력은 사유형식인 범주에 따라 직관형식인 시간을 규정하는 작용을 한다. 그렇게 해서 현상세계를 그려 내는 기본틀인

---

4   칸트 『순수이성비판』 서론의 다음 구절이 이 상황을 잘 보여 준다. "인간 인식의 두 줄기가 있는데, 아마도 그 둘은 우리에게는 잘 알려지지 않은 하나의 공통적인 뿌리로부터 나왔을 것이다. 그 둘이 곧 감성과 지성이다. 전자를 통해서는 우리에게 대상이 주어지며, 후자를 통해서는 그 대상이 사유된다."(B29) 표면적으로 드러난 두 줄기(감성과 지성)와 달리 그 둘을 연결 짓는 하나의 뿌리가 우리에게 잘 알려져 있지 않다는 것은 우리의 표층적이고 경험적인 일상의식에게 그렇다는 것이다. 이 표층적 이분법의 기반에 존재하는 심층적 '하나'의 근거를 드러내 밝히는 것이 칸트 초월철학의 의도이며 특징이라고 본다.

'초월적 도식'과 현상세계를 원리적으로 이해하는 기본틀인 '초월적 원칙'이 형성된다.[5]

범주에 따라 시간이 규정된다는 것, 사유형식에 따라 직관형식이 규정된다는 것은 곧 우리가 세계를 어떻게 보는가의 기본틀은 우리가 세계를 어떻게 사유하는가의 기본틀에 따라 결정된다는 것을 뜻한다. 생각에 따라 달리 보게 되고, 다른 세계를 그려 내게 되며, 따라서 다른 세계 속에 살게 되는 것, 그것이 바로 초월적 상상력의 힘인 것이다.

표층의식: 지성의 사유/판단   감성의 직관
                    ↑   ↑
심층마음: 사유의 기본형식   직관의 기본형식
                    범주 ──(초월적 상상력)──→ 시간

여기서 사유형식인 범주는 인간 개인이나 집단이 임의적으로 형성하는 사유틀이 아니다. 칸트에서 인간의 사유형식인 범주는 인간이면 누구나 그렇게 생각할 수밖에 없는 보편적인 기본틀이다. 범주는 경험을 통해 얻어지는 경험적 내용들로부터 추출된 일반개념이 아니라 일체의 경험적 내용성이 배제된 순수한 형식적 사유틀에 해당하는 개념이다. 형식논리학에서의 전칭판단이나 특칭판단, 긍정판단이나 부정판단 또는 정언판단이나 가언판단 등은 일체의 경험적 내용을 배제한 순수 판

---

5 칸트철학체계에서 상상력은 '경험적 상상력'과 '초월적 상상력'으로 구분된다. 상상력이 도식을 형성할 때 직관과 사유 중 무엇이 결정권을 갖는가는 두 경우가 서로 다르다. 경험적 상상력은 경험적 직관내용에 따라 경험적 개념내용을 규정하면서 경험적 도식을 형성하는 데 반해, 초월적 상상력은 순수 사유형식인 범주에 따라 순수 직관형식인 시간을 규정하면서 초월적 도식을 형성한다.
  경험적 도식: 경험적 직관내용 → 경험적 개념내용 : 예) 장미꽃의 도식
  초월적 도식: 순수 직관형식(시간) ← 순수 사유형식(범주) : 예) 수(數)의 도식

단형식에 해당하는데, 그런 판단형식을 가능하게 하는 개념이 바로 범주인 것이다. 눈앞에 주어지는 직관내용이 무엇이든, 머릿속에 떠오르는 사유내용이 무엇이든 일체의 내용과 무관하게, 우리는 어떤 것에 대해 판단을 내릴 때, '하나'나 '여럿'의 개념, '실재성'이나 '부정성'의 개념 또는 '실체성'이나 '인과성'의 개념 등을 전제하고 그에 입각해서 판단하게 된다. 이처럼 판단형식에 전제되는 기본개념이 곧 범주이다.

이런 범주는 어떻게 성립하는 것인가? 범주적 통일성은 무엇에 근거한 것인가? 칸트는 범주의 통일성은 궁극적으로 인간의 '초월적 자기의식'의 통일성에 근거한다고 본다. 경험적으로 주어진 특정 내용을 의식대상으로 삼는 의식이 경험적 의식이라면, 그런 경험적 의식을 가능하게 하는 의식은 경험을 넘어선 것이라는 의미에서 '초월적 자기의식'이다. 경험적 의식은 시간의 흐름에 따라 그 의식내용이 바뀌고 변화하지만, 그렇게 변화하는 의식들을 모두 총괄하여 나의 하나의 의식흐름으로 자각할 수 있게끔 하는 것이 바로 '나는 나다' 내지는 '나는 생각한다'의 초월적 자기의식이다. 칸트는 이것을 '초월적 통각' 또는 '초월적 자아'라고 부른다. 사유된 표상이든 직관된 표상이든 그 모든 표상에는 초월적 통각의 통일성, '나는 나다'의 통일성이 그 근저에 놓여 있다.

> 우리의 모든 직관의 잡다의 종합에서도, 그리고 객관일반의 개념의 종합에서도, 따라서 경험의 모든 대상의 종합에서도 의식의 통일이라는 초월적 근거를 만나게 된다 … 이 근원적인 초월적 조건이 바로 다름 아닌 초월적 통각이다.[6]

---

6 칸트, 『순수이성비판』, A106-107.

의식주체 → 지성/사유 → 상상력/상상 → 감성/직관 → 시공간적 현상세계
(초월적 통각)   (범주)   (도식)   (시간 +공간)

초월적 통각은 시공간적 차이에 따라 발생하는 모든 의식내용의 차
이성이 배제되었기에, 누구나에게 동일한 보편적 통각이다. 따라서 이
를 보편적 의식이란 의미에서 '의식일반'이라고도 부른다. 경험세계의
직관형식인 시간과 그 시간형식을 규정하는 범주 그리고 그 범주의 기
반이 되는 통각의 통일성은 모든 인간에게 공통적인 하나의 보편적 통
일성이고 보편적 형식이다. 따라서 그 형식에 기반을 둔 경험세계가 모
든 인간에게 타당한 하나의 현상세계로 등장하게 되는 것이다.
　이렇게 해서 우리의 경험세계는 인간의 의식과 무관한 물자체로서
그 객관성과 보편성을 확보받는 것이 아니라, 그것이 모든 인간에게 공
통적인 하나의 보편적 의식의 산물이라는 점, 그 상호주관성에 입각해
서 보편성과 객관성을 보장받게 된다.

3. 세친의 현상론: 심층식의 전변론(轉變論)

1) 표층의식의 분별작용

불교에서 가장 기본적 인식은 다섯 감각기관인 근(根)이 다섯 감각
대상인 경(境)을 수용하는 전5식(前五識)이다. 즉 안·이·비·설·신 5
근이 색·성·향·미·촉 5경을 수용하는 안식·이식·비식·설식·신
식의 전5식이다. 여기서 불교가 강조하는 것은 각각의 경은 그 각각에
상응하는 근에 대해서만 경으로 존재한다는 것이다. 색을 볼 수 있는
눈을 제외하고 색 자체를 논하거나, 소리를 들을 수 있는 귀를 제외하
고 소리 자체를 논할 수 없다. 그러므로 색을 볼 수 있는 안근을 가진

존재에게만 색경이 존재하고, 소리를 들을 수 있는 이근을 가진 존재에
게만 성경이 존재한다. 색깔로 이루어진 가시적 세계는 눈이 있는 존재
에게만 실재하는 세계이지, 그 자체로 있는 객관세계가 아닌 것이다.

감각기관: 5근(안이비설신)
감각대상: 5경(색성향미촉)   전5식(감각): 주객미분

 불교의 5경은 각각의 감각기관에 주어지는 감각자료로서 칸트의 직
관내용에 해당한다. 이러한 전5식의 감각자료들을 종합적으로 정리하
여 그것들을 하나의 대상의 속성들로 지각하고 판단하는 식을 불교는
전5식 다음의 제6식으로 본다. 감각을 정리하는 제6식을 일으키는 근
은 신체적 감각기관인 5근이 아니라, 그것과는 구분되는 사유기관으로
서 제6근인 의(意)다. 따라서 제6식을 그 근에 따라 의식(意識)이라고
부른다. 제6의식은 전5식처럼 주객미분 상태에서 감각자료를 떠올리
는 것이 아니라, 감각자료를 나 아닌 대상(x)의 속성(F)으로 인지하는
식이다. 제6의식에서 비로소 '보는 나' 와 '보여진 대상' 의 이원화인 주
객분별이 일어난다.

 (전5식) 이후의 의가 분별하여 망령되게 외적인 것이라는 생각을 일으킨
 다.[7]

 전5식이 주객미분 상태로 감각자료를 떠올리는 것인 데 반해, 제6의
식은 의식에 떠오르는 감각자료를 주객분별의 구도하에 대상의 속성으

7 호법 등 저, 현장 역, 『성유식론』 7권(『대정장』, 31권, 30중), "後意分別妄生外想."

로 파악하는 것이다. 이처럼 감각자료를 대상화하고 객관화하여 아는 것을 우리는 '감각'과 구분해서 '지각'이라고 부른다. 칸트의 직관은 시간과 공간의 형식에 따르는 대상화를 포함하므로 지각에 해당한다고 볼 수 있다. 이렇게 보면 칸트가 직관의 내용이라고 한 감각은 불교의 전5식에 해당하고, 칸트가 시공간의 형식을 포함해서 직관이라고 한 것은 지각으로서 불교의 제6의식에 해당한다.

	〈세친〉	〈칸트〉
감각(주객미분):	전5식	감각(직관내용)
지각(주객분별):	제6의식	직관(내용＋형식)

그렇다면 신체적 감각기관에서 일어나는 감각작용 너머 그 감각자료들을 정리하고 지각하는 의식활동은 어떻게 가능한 것인가? 우리의 일상의식에 해당하는 제6의식에서의 주관과 객관, 자아와 세계의 이분법은 불가피한 것인가? 의식의 단절에도 불구하고 주관적 자아의식이 하나의 단일한 자아의식으로 연결되고, 단편적인 객관적 세계의식이 하나의 통일적 세계의식으로 통합되는 근거는 무엇인가?

2) 심층 아뢰야식의 전변활동

세친의 『유식30송』은 다음 게송으로 시작한다.

가(假)로써 아(我)와 법(法)을 설한다.[8]

---

8   세친 저, 현장 역, 『유식30송』 제1게송(『대정장』 31권, 60상), "由假說我法."

　우리가 일상적으로 주관으로 여기는 아와 객관으로 여기는 법이 모두 실(實)이 아니라 가(假)라는 것이다. 그렇다면 세친은 무슨 근거에서 자아와 세계가 실재가 아니라 가유이고 가상이라고 주장하는가? 세친이 속한 유식학파는 본래 요가를 수행하던 요기들의 집단이었다. 그들은 선정수행 중에 평상시에 의식되지 않던 영상들이 펼쳐지는 것을 경험하고는 그것의 정체가 무엇인가를 묻는다.

　　미륵보살이 부처님께 물었다. "세존이여, 모든 수행(비발사나 삼마지) 중에서의 영상은 마음과 같은 것입니까, 다른 것입니까?" 부처님께서 미륵보살에게 말하였다. "선남자여, 마땅히 다름이 없다고 말해야 한다. 그 영상은 오직 식(識)일 뿐이기 때문이다. 선남자여, 식의 대상은 오직 식이 변현한 것일 뿐이라고 나는 설한다.[9]

　식의 대상은 식의 변현으로서 그 자체 식일 뿐이라는 것으로부터 '유식(唯識)'이 성립한다. 그들은 지관수행을 통해 마음 표층의 감각작용이나 의식의 사려분별작용을 가라앉힌 상태에서 평상시에 의식되지 않던 영상들을 보게 되고, 그 영상들이 결국 마음 깊이 감추어진 심층식이 산출한 영상이라는 것을 알게 된다.

　그들이 발견한 그 심층식이 곧 우리 안에 있는 심층마음인데, 유식은 이를 '아뢰야식(阿賴耶識)'이라고 부른다. 아뢰야식은 우리의 의식작용 또는 의지작용인 업(행위)으로부터 남겨진 업력, 즉 행위의 결과 내지 흔적이 종자의 형태로 머무르는 '종자식(種子識)'이기도 하고, 다시

───────────

9　『해심밀경』 3권, 「불별유가품」(『대정장』 16권, 698상중), "慈氏菩薩復白佛言. 世尊諸毘鉢舍那三摩他所行影像, 彼與此心當言有異當言無異. 佛告慈氏菩薩曰. 善男子. 當言無異. 何以故. 由彼影像唯是識故. 善男子. 我說識所緣唯識所現故."

그 종자가 구체적으로 현실화되는 '현행식(現行識)'이기도 하다. 행위로부터 파생된 에너지가 마음 심층에 쌓여 있다가 때가 되면 다시 발현되는 것이다.

표층적인 의식작용이 멈추어도 우리가 자기 자신을 동일한 나로 의식하게 되는 것, 의식대상인 세계가 파편적이고 단절적으로 주어진다고 해도 우리가 그 세계를 언제나 하나의 전체로 의식하게 되는 것, 그것은 우리 마음의 활동이 단지 단절적인 표층적 의식작용만으로 끝나지 않고 그보다 더 심층에서 자아와 세계를 하나로 엮어 내는 연속적인 미세한 마음의 활동이 존재하기 때문이다. 다만 우리의 일상의식은 그러한 심층 아뢰야식의 활동을 자각하지 못하고, 단지 그 활동의 결과물만을 의식에 주어지는 소여로 받아들이는 것이다. 그러므로 유식에 따르면 우리의 일상의식이 그 자체 존재라고 여기는 자아와 세계가 우리 자신의 마음 심층에 쌓여 있는 에너지인 종자가 구체적인 현실 모습으로 변화하여 드러난 전변(轉變) 결과일 뿐이다. 식이 전변한 결과이기에 식일 뿐이며 영상일 뿐이라고 하는 것이다. 아뢰야식의 전변은 식 자체가 주관적 부분과 객관적 부분으로 이원화하는 방식으로 일어난다. 식의 객관적 부분을 상분(相分)이라고 하고, 그 상분과 대면하는 주관적 부분을 견분(見分)이라고 한다.

변(變)은 식의 본체가 두 부분으로 바뀌는 것을 뜻한다.[10]

유루식(번뇌의 식) 자체가 생할 때는 언제나 소연과 능연의 상이 나타난다 … 소연으로 나타나는 상을 상분이라고 하고, 능연으로 나타나는 상을

---

10   『성유식론』 1권(『대정장』 31권, 1상중), "變謂識體轉似二分."

견분이라고 한다.[11]

표층의식에서 보면 이원적으로 분리되어 있는 식의 근과 경은 모두 심층 아뢰야식이 대상적 상분의 모습으로 변현한 결과이다. 안이비설 신의 6근을 가진 내 몸(유근신)과 전5식의 대상이 되는 색성향미촉 5 경(기세간)과 제6의식의 대상이 되는 법경(관념, 종자)이 모두 아뢰야 식의 상분인 것이다. 그러한 상분과 대면한 아뢰야식의 견분을 유식은 료(了)라고 한다.

> 아뢰야식의 행상(견분)과 소연(상분)은 무엇인가? 알기 어렵다고 말한 집
> 수와 처와 료가 그것이다. 료는 요별을 뜻하며, 그것이 곧 행상이다. 식이
> 요별을 행상으로 삼기 때문이다. 처는 처소를 뜻하는데, 그것이 곧 기세간
> 이다. 유정이 의지하는 처소이기 때문이다. 집수에는 둘이 속한다. 모든
> 종자와 유근신이 그것이다.[12]

      아뢰야식의 견분: 료
      아뢰야식의 상분: ┌ 집수 ┬ 종자 (제6의식의 대상)
                     │   └ 유근신 (6근을 가진 개체적 몸)
                     └ 처: 기세간 (전5식의 대상)

---

11   『성유식론』 2권(『대정장』 31권, 10상), "有漏識自體生時, 皆似所緣能緣相現 … 似所緣相說名相分. 似能緣相說名見分." 불교에서는 대상을 인식하는 활동을 '緣'이라 고 한다. 그러므로 所緣은 인식되는 객관을 뜻하고, 能緣은 인식하는 주관을 뜻한다.
12   『성유식론』 2권(『대정장』 31권, 10상), "此識行相所緣云何. 謂不可知執受處了. 了謂了別卽是行相. 識以了別爲行相故. 處謂處所卽器世間. 是諸有情所依處故. 執受有 二. 謂諸種子及有根身."

우리가 일상적으로 나라고 생각하는 개별적 자아(유근신)뿐 아니라 그 자아가 감각대상으로 삼는 물리세계(기세간)와 사유대상으로 삼는 관념세계(종자)가 모두 아뢰야식 내의 종자의 현행결과인 아뢰야식의 상분이다. 이처럼 우리가 나라고 생각하는 것 그리고 객관세계 자체라고 생각하는 것이 실은 우리 의식이 미치지 못하는 심층마음의 전변활동의 산물이라는 것이 유식의 통찰이다.

마치 꿈속에서 내가 있고 내 바깥에 나 아닌 세계가 따로 있어 내가 동분서주하며 바쁘게 뛰어다니지만, 실제 꿈을 깨고 보면 나도 세계도 모두 내가 만든 꿈일 뿐이듯이, 우리 일상의식의 삶 또한 개별적 나와 그 나 바깥의 객관세계가 따로 있어 나와 세계, 나와 타인이 서로 밀고 당기며 숨 가쁜 갈등과 투쟁의 날들을 보내지만, 일상의식에 주어지는 나나 세계가 모두 심층마음이 그려 놓은 영상의 세계이고 가상의 세계라는 것이다. 꿈속에서는 꿈의 세계를 그려 내는 마음활동이 의식에 떠오르지 않아 내가 그걸 알지 못하듯이, 일상의식에서도 영상세계를 그려 내는 심층마음인 아뢰야식의 활동이 표층의식에 떠오르지 않아 내가 그걸 알지 못할 뿐이다. 그럼에도 불구하고 꿈은 꿈꾸는 의식활동에 의해 유지되는 것처럼, 일상의식은 심층 아뢰야식의 활동에 의해 유지된다. 꿈꾸는 자는 꿈에서 깨어나야 그 꿈의 실태를 파악할 수 있듯이, 일상에 빠진 자는 그 일상적 표층의식의 꿈에서 깨어나야, 즉 표층의식의 한계를 넘어서야 심층마음의 실태를 제대로 포착할 수 있다.

세친의 유식사상은 표층의식 작용인 감각과 제6의식의 사려분별작용을 고요히 가라앉힘으로써 그 의식의 역치를 하향 조정하여, 일상의 식에는 포착되지 않던 심층마음의 활동을 직접 자각하고자 하는 노력이라고 볼 수 있다. 일상의 꿈에서 깨어나야 비로소 일상의식이 개별자아라고 생각하던 유근신이 실은 마음이 그린 영상이라는 것, 즉 아(我)가 공이라는 것, 그리고 일상의식이 객관세계라고 생각하는 기세간도 실은 마음이 그린 영상이라는 것, 즉 법(法)도 공이라는 것을 알게 된다. 그렇게 아공과 법공을 깨달아 아집과 법집을 벗는 것이 유식이 지향하는 궁극의 경지이다. 집착을 벗는 것은 곧 어디에도 매이지 않는 자유로움, 경험세계로부터의 해탈을 의미한다.

4. 세친과 칸트의 비교

1) 감각과 직관(지각)과 판단의 관계

세친은 보거나 듣는 방식으로 우리 마음에 직접 주어지는 개별적 표상을 '자상(自相)'이라고 부르고, 자상으로부터 우리 의식이 형성하는 일반적 표상을 '공상(共相)'이라고 부른다. 자상은 감각에 해당하는 전5식의 대상이며, 공상은 분별적인 제6의식의 대상이다. 칸트는 대상으로부터 우리가 얻는 개별적 표상을 '직관(표상)'이라고 부르고, 직관으로부터 우리의 사유과정을 거쳐 얻어 낸 일반적 표상을 '개념'이라고 부른다. 직관표상은 감성의 직관대상이고, 개념은 지성의 사유대상이다.

	〈세친〉	〈칸트〉
개별적 구체적 표상:	자상(전5식의 대상)	직관(직관의 대상)
일반적 추상적 표상:	공상(제6의식의 대상)	개념(사유의 대상)

그런데 앎의 가장 기본적 형태는 무엇(a)을 무엇(b)으로서 아는 것
이다.[13] 의식에 주어지는 개별표상(자상, 직관)을 우리가 이미 알고 있
는 일반표상(공상, 개념)으로 인지하는 것이다. 이것은 감각기관에 주
어지는 감각자료들을 종합 정리하여 그것을 대상의 속성으로 파악하는
지각에 해당하며, 따라서 지각에는 이미 개념을 통한 사유와 판단이 포
함되어 있다고 볼 수 있다.

칸트는 단순히 감각자료를 떠올리는 것을 감각이라고 하고, 그 감각
내용을 대상의 속성으로 대상화해서 아는 것을 직관이라고 하면서, 직
관을 지성의 사유와 구분한다. 그러나 칸트의 직관이 시공간의 형식에
따라 대상화하는 지각을 의미하는 한, 그 안에는 이미 사유와 판단이
함께 작용하고 있다. 직관은 결국 사유와 결합된 지각인 것이다. 그러
므로 감각이 아닌 직관을 지성의 사유와 구분하는 것은 문제가 있다.[14]
반면 불교는 전5식의 감각을 종합 정리하는 지각활동이 결국은 개념에
따른 사유와 판단의 활동과 분리되지 않음을 바르게 보았다고 할 수 있
다. 불교는 그 둘을 함께 제6의식의 작용으로 논한다.

---

13 의식에 무엇인가가 스치고 지나가기는 했는데, 그것이 무엇인지 그 정체를 파악
할 수 없다면, 우리는 그것을 안다고 하지 않는다. 우리는 그것을 보거나 듣기는 하겠
지만, 그것이 무엇인지를 알지 못하는 것이다. 그것이 무엇인지를 알기 위해서는 그것
을 무엇이라고 규정할 수 있는 개념이 우리에게 있어야 한다. 한 개념은 다른 개념들
과 서로 연결되어 인식의 개념망을 형성하며, 우리 의식에 주어진 어떤 것(a)은 그 망
에 따라 개념(b)으로 규정되어야 인식으로 성립한다.

14 이 문제는 칸트가 직관을 논하는 「초월적 감성학」에서 시간과 공간을 '직관의 형
식'으로만 논할 뿐, 시공간 자체가 감각과는 구분되는 일종의 식(識)이라는 것에 주목
하지 않은 탓이라고 본다. 물론 칸트는 「초월적 논리학」에서 시공간이 '직관의 형식'
에 그치지 않고, 그 자체로 '형식적 직관' 내지 '순수직관'이라고 논한다. 경험적 직
관의 형식인 시공간 자체가 직관대상이 되는 것이 순수직관이다. 이는 곧 통각의 통일
성 내지 범주의 통일성에 따라 규정된 시공간 의식이라고 볼 수 있다.

	〈세친〉	〈칸트〉
감각(주객미분):	전5식	감각(직관내용)
지각(주객분별):	제6의식	직관(내용+형식)
판단(주객분별):	제6의식	사유

2) 감각질료의 문제

칸트에 따르면 감각내용은 직관의 질료이고, 그 감각내용을 정리하는 것은 직관의 형식이다. 직관내용인 감각자료는 외부로부터 의식에 주어지는 것이고, 직관형식은 외부로부터 주어지는 것이 아닌 것, 따라서 인식주관에서 비롯되는 것이다. 이처럼 감각자료를 외부로부터 부과되는 소여로 설명함으로써, 그런 감각자료를 제공하고 우리의 심성을 촉발하되, 그 자체는 우리가 인식할 수 없는 객관적인 물자체를 설정하게 된다. 칸트는 경험적 의식 차원의 논의에만 머무르지 않고 감각자료들을 '실체'의 개념하에 하나의 대상으로 종합하는 초월적 의식을 논하였음에도, 감성에 주어지는 직관의 내용(질료)을 끝내 인간 마음에 포섭되지 않는 객관적 물자체의 소여로 간주함으로써 존재와 인식, 물자체와 현상, 객관과 주관의 이분법을 극복하지 못한 것이다. 이처럼 주관에 포섭되지 않는 무엇인가가 남아야 한다고 생각하는 것은 주관을 끝까지 주객대립의 의식으로 여기기 때문이다. 그러나 무엇인가가 우리의 마음과 완전히 별개의 것이며, 우리 마음 안에 절대로 포착될 수 없고 인식될 수 없는 것이라면, 그것은 결국 우리 인식과 무관한 것이고 그것을 설정하는 것은 무의미할 뿐이다.[15]

---

15 이런 까닭에 칸트 이전이나 이후에나 항상 인간 심성과 무관한 감각자료나 대상의 일차 성질 또는 물자체를 상정하는 것에 대한 비판이 있어 왔다. 칸트 이전에는 버클리나 라이프니츠가 인간 심성으로부터 독립적인 물리적 실체의 상정을 비판하였으

이에 반해 불교는 처음부터 전5식의 대상이 되는 감각자료들을 그것을 받아들이는 감각기관인 근(根)을 떠나 그 자체로 객관적으로 존재하는 것으로 여기지 않는다. 따라서 그런 감각자료를 제공하는 객관적 물자체를 상정하지 않는다. 인식의 내용이 되는 각각의 감각자료는 그 자료를 인식내용으로 아는 그 식에 대해서만 존재하는 것이기 때문이다. 색깔은 색을 감지하는 안근을 가진 자에게만 존재하며, 소리는 소리를 감지하는 이근을 가진 자에게만 존재한다. 일체의 근을 배제하고도 그래도 다양한 색깔과 다양한 소리를 가진 세계가 그 자체로 존재할거라고 생각하는 것은 허망분별의 의근(意根)을 가진 자가 떠올리는 생각일 뿐이다.

그러나 마음은 심리적인 것이고 세계는 물리적인 것인데, 어떻게 그런 물리적 세계가 마음 바깥의 존재가 아닐 수 있는가? 세친 유식의 심층 아뢰야식이 이것을 설명한다. 심리와 물리, 자아와 세계, 주관과 객관의 이분법은 우리의 일상적인 표층의식에서 성립하는 이분법이지만, 우리의 심층마음인 아뢰야식에서 보면 그런 이원성은 아뢰야식 자체가 전변한 결과라는 것이다. 유식은 물리적 색처(色處)에 포함되는 5근과 5경을 모두 아뢰야식 내 종자의 발현결과로 설명한다.

〈문〉 만약 모든 색처 또한 식을 그 체로 삼는다면, 무엇을 인연으로 해서 물질의 모습으로 현현하여 하나로 견고히 머무르며 상속하여 전전하는가? 〈답〉 명언훈습의 세력에 의해 일어나기 때문이다.[16]

며, 칸트 이후에는 독일관념론자 또는 현대의 내재주의자들이 주객이원적 구도하에 전개되는 물리적 물자체를 비판하였다.

16   『성유식론』 2권(『대정장』 31권, 39중), "若諸色處亦識爲體, 何緣乃似色相顯現, 一類堅住相續而轉? 名言熏習勢力起故."

종자는 명언훈습종자이며 개념 내지 로고스라고 볼 수 있다. 수억 겁의 역사를 통해 우리의 아뢰야식 안에는 공통의 명언종자가 훈습되어 있다. 그러한 공종자로부터 공통의 기세간이 형성된다. 그 공통의 기세간 속에서 함께 사는 각 개체들 사이의 미세한 차이는 유근신의 차이인데, 이 차이를 만드는 것 또한 아뢰야식 내의 불공종자인 업종자이다. 결국 유근신이나 기세간 모두 아뢰야식 내 종자의 발현인 것이다. 이처럼 일체가 식소변이라는 점에서 '유식'이 성립하며, 식을 떠난 존재가 아니라는 점에서 '가유(假有)'일 뿐이다.

3) 자아의 초월성과 역사성

경험적으로 주어지는 것이 모두 상대적이고 가변적이기에 그것으로부터는 절대적인 보편타당성의 인식을 얻을 수 없다는 것이 칸트 이전 흄의 통찰이다. 그래서 경험주의자 흄은 회의주의에 빠지고 말았지만, 칸트는 오히려 거기서 경험주의의 한계를 보며 인식의 보편타당성의 근거를 경험 너머의 것에서 찾게 된다. 즉 인간 주관 안에서 상대적인 경험적 내용과 구분되는 비경험적인 순수형식을 발견하고, 그 순수형식이 경험을 가능하게 하는 초월적 근거라는 것, 그 초월적 형식을 통해 우리 인식의 보편타당성이 확보된다는 것을 주장한 것이다.

인식의 절대성과 보편타당성의 확보가 목적이었던 칸트는 그것을 인간 주관의 인식의 형식에서 찾는다. 그러나 칸트는 시공간과 범주를 인간 주관의 직관형식과 사유형식이라고 단언할 뿐, 그러한 시공간과 범주가 어떻게 해서 형성된 것인지를 설명하지는 못한다. 시공간과 범주를 비록 인간 종에 제한되지만, 그래도 인간의 인식형식으로서는 항구적이며 확고부동한 것으로 간주한 것이다. 그것은 우리가 그 근거를 더 이상 추적할 수 없는 어떤 궁극적인 것, 마치 중세철학에서 신이 부여한 절대관념과도 같은 것으로 취급된다. 나아가 그러한 보편성의 근거를 모든 경험적 내용을 배제한 순수형식에서만 구하므로, 칸트에서 그런 형식을 구비한 초월적 자아는 일체의 내용적 역사성이 배제된 순수형식적 주관으로만 남을 뿐이다. 따라서 그런 만큼 그 내용을 주관 바깥에서 얻어야 하기에, 불완전한 관념론이 되며, 나아가 그것이 불완전한 만큼 완전한 종합은 인간 의식 너머의 존재인 신(神)의 의식으로 돌리게 된다. 따라서 칸트철학체계에서는 신의 요청이 불가피해진다.

　반면 세친은 우리의 일상적인 경험적 의식 너머 그것을 가능하게 하는 초월적 근거를 심층마음인 아뢰야식으로 논하지만, 그 식을 일체 내용이 배제된 순수형식적인 것으로 간주하지 않는다. 오히려 우리 인식의 가장 실질적인 내용이라고 여겨지는 감각자료까지도 아뢰야식 내 종자의 발현이라고 보며, 그만큼 아뢰야식 내 종자는 아뢰야식이 처음부터 본래 가지고 있던 것이 아니라, 우리의 표층적인 6식과 제7말나식의 분별활동인 업의 힘에 의해 남겨지고 심어진 종자라고 설명한다. 따라서 아뢰야식이 어떤 세계로 변현하는가 하는 것은 아뢰야식 내 종자 안에 담긴 업의 역사성에 의해 결정되는 것이다. 이처럼 세친에게 아뢰야식은 순수형식 너머 일체의 내용까지를 담고 있으므로, 형식과 질료, 주관과 객관, 현상과 물자체의 이원성이 극복된다.

<pre>
          현행   현행
〈현행훈종자〉 ↓   〈종자생현행〉↑↓〈현행훈종자〉
        종자 → → … → → 종자
              〈종자생종자〉
</pre>

　　이와 같이 세친에 따르면 심층 아뢰야식 내 종자와 그 종자의 발현으로서의 현행은 서로 인(因)이 되고 과(果)가 되는 순환을 이룬다. 현행은 종자를 훈습하고, 그렇게 훈습된 종자가 다시 현행하며, 그 현행이 다시 종자를 남기는 것이다. 다만 여기서 주의해야 할 것은 종자의 현행에서 7전식의 현행과 아뢰야식의 현행을 구분해야 하는 것이다. 전자는 주어진 세계 안에서 분별하고 집착하는 표층식인 데 반해, 후자는 그러한 집착의 바탕이 되는 세계 자체를 형성해 내는 심층식이다. 이 심층 아뢰야식의 전변활동을 자각하지 못하고, 아와 법을 실유로 집착하고 분별할수록 더 많은 번뇌종자를 훈습하게 되고, 그 번뇌에 따라 끊임없이 윤회하게 되는 것이다.

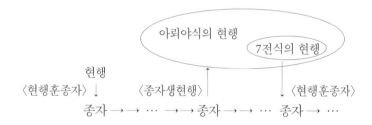

5. 가상론의 철학적 의미

세계를 현상 또는 가상이라고 말하는 것은 세계가 완전 근거 없는 허구라는 말은 아니다. 일상의 표층의식에서 보면 세계는 분명히 의식 바깥에 실재한다. 경험적 차원 또는 경험적 의식에게 세계는 실재다. 그래서 '경험적 실재론'이다. 일상의 의식, 세속의 관점에서 보면 세계는 실재한다. '속제(俗諦)로서는 실유다.'

	〈세친〉	〈칸트〉
표층의식(속제, 경험)의 관점:	제6의식의 관점	경험적 실재론
－ 세계는 실유(實有)		
심층마음(진제, 초월)의 관점:	아뢰야식의 관점	초월적 관념론
－ 세계는 가유(假有)		

　일상의식에게 실유로 드러나는 경험세계에 대해 그것이 실재가 아니라 현상이고, 실유가 아니라 가유라고 말할 수 있으려면, 그때의 식(識)은 경험적 차원의 표층의식이 아니라 그것과는 다른 차원의 식(識)이어야 한다. 경험적 세계와 경험적 의식을 포괄하여 그 지평을 넘어서는 식에 입각해서만 그 둘이 궁극적 실재가 아니고 현상에 지나지 않는다는 것을 말할 수 있다. 칸트의 초월적 통각과 세친의 아뢰야식은 바로 그와 같이 일상적이고 개별적인 표층적 제6의식과 구분되는 심층의 식이고 보편적 마음이다.

```
    경험적 의식      : 산물
                       ↑
    경험세계       : 실재 ＝ 산물
                           ↑
아뢰야식/초월적 자아:        실재
```

　이와 같은 방식으로 세친과 칸트는 둘 다 세계의 현상성 또는 가상성을 논한 철학자이다. 세친이 소승 유부의 실재론[有]과 대승 중관의 공사상[空]을 유식[假]으로 종합하였다면, 칸트는 서양의 합리론(독단론)과 경험론(회의론)을 초월적 관념론(현상론)으로 종합하였다고 볼 수 있다.

불교 유부 실재론(유) + 중관 공사상(공) → 세친의 유식론(가)
서양 합리론(독단론) + 경험론(회의론) → 칸트의 초월적 관념론(현상론)

　　세계의 확실한 근거가 있다는 실재론이나 독단론에 대해 그런 근거
는 불확실하고 있지도 않다는 회의나 공(空)이 주장되는 것은 세계의
근거를 신이나 물질이나 관념 등 객관적 실재로 설정하기 때문이다. 세
계의 근거를 세계보다 더 먼 곳에 설정하기에 회의에 빠질 수밖에 없는
것이다. 이를 극복하고 우리가 일상적으로 세계에 대해 갖는 만큼의 확
실성을 확보하기 위해서는 세계의 근거를 세계보다 더 멀리가 아니라
오히려 바로 우리 자신 안에, 인간 마음 자체 안에서 구하는 수밖에 없
다. 근거는 회의하고 공을 자각하는 인간 마음 자체에 있을 뿐이다. 현
상의 근거를 현상을 넘어선다는 의미에서 초월이라고 부른다면, 초월
은 인간 마음 바깥의 '외적 초월'이 아니라 인간 마음 안의 '내적 초
월' 밖에 없는 것이다. 이것이 불교 본래의 유심(唯心)사상을 보다 철저
히 이론화한 세친의 관점이며, 칸트가 논하는 '코페르니쿠스적 전회'
의 의미이다.
　　이처럼 우리의 마음 안에 경험적 의식과는 구분되는 보편적인 초월
적 의식, 심층마음이 있다는 것이 뜻하는 바는 무엇일까? 경험적 의식
에서는 주관과 객관, 나와 세계가 이원적으로 분리되어 있지만, 심층마
음에서는 그러한 분리와 분별이 사라진다. 그러한 분별의 사라짐은 곧
각각의 개별성 안에 내재된 보편성을 의미하며, 내면의 보편성은 곧 인
간 각자의 내면이 다른 일체로부터 고립된 밀폐공간이 아니라, 오히려
다른 일체에로 열려 있고 일체와 소통하는 '하나의 마음'이라는 것을
뜻한다. 우리는 표층의식에서 끊임없이 서로가 서로를 구분하고 경계
짓고 분별하고 있지만, 그것은 우리가 이미 심층마음에서 하나의 마음

으로 존재하며 또 우리가 그렇게 서로를 하나로 알고 있기 때문이다. 이 하나의 심층마음, 내적 초월에 대한 예감이나 확신 또는 체득이 우리로 하여금 경험적 의식 너머 심층마음을 생각하게 하고, 그 심층마음의 관점에서 우리가 그 안에 흩어져 있는 경험세계의 가상성을 논하게 한다고 본다.

IV

심층마음의 자기자각성:
원측과 칸트의 비교

1. 눈이 눈을 볼 수 있는가?

"세계를 보는 눈은 눈 자신을 보지 못한다." 비트겐슈타인이 『논리철학
논고』에서 한 말이다.[1] 눈은 세계를 보고, 세계는 눈에 의해 보여진 세
계이다. 그런데 그렇게 세계를 보는 눈은 세계의 한계로서 존재할 뿐
보여진 세계 속에 다시 보여지지 않는다. 그러므로 눈은 눈을 볼 수 없
다. 여기서 눈은 인식주체를 뜻하며, 본다는 것은 안다는 것을 의미한
다. 인식주체로서의 형이상학적 자아는 세계를 알지만, 그렇게 세계를
인식하는 인식주체 자체, 형이상학적 자아 자체에 대해서는 알지 못한
다. 그리고 알 수 없는 것, 말할 수 없는 것에 대해서는 차라리 침묵해
야 한다.[2]

---

1 비트겐슈타인의 『논리철학논고』 5.633의 명제는 정확히 말하자면 "당신은 실제로
눈을 보지 않는다"이다.

이것은 인식과 존재, 주체와 객체를 이원적으로 분리하는 서양철학의 결론이기도 하다. 인식은 존재의 인식이지만, 둘은 궁극적으로 서로 화해될 수 없는 타자이다. 양초날개를 달고 태양을 향해 날아가는 이카루스의 운명처럼, 인식은 존재를 향해 나아가되 인식이 일어나는 곳은 존재 바깥이며, 존재와 맞닿는 순간 인식은 끝난다. 인식은 존재 외부에서 3인칭 시선으로만 성립한다. 존재와 분리된 인식은 인식객체 내면으로 침투하지 못해 객체 자체를 알지 못하고, 시선이 외부로 향해 있기에 인식주체도 알지 못한다.

그러나 내가 나를 알지 못한다면, 내가 세계에 대해 아무리 많이 안다한들 그 앎이 내게 무슨 의미가 있단 말인가? 또한 나 자신도 알지 못하는 내가 세계에 대해 과연 참다운 앎을 가질 수 있겠는가? 정말로 나는 나를 알 수 없는가? 내가 나를 알 수 있는 길은 없는가? 어떻게 해야 내가 나(나의 본래 성품)를 알 수 있겠는가라는 질문에 지눌(知訥, 1158–1210)은 『수심결』에서 다음과 같이 답한다.

다만 그대 자신의 마음인데, 다시 무슨 방편을 쓰겠는가? 만일 방편을 써서 다시 알기를 구한다면, 그것은 마치 어떤 사람이 제 눈을 보지 못하므로 눈이 없다 하여 다시 보려고 하는 것과 같다. 이미 제 눈인데 왜 다시 보려 하는가? 만일 잃지 않았음을 알면, 그것이 곧 눈을 보는 것이다.[3]

---

2   이상의 내용은 『논리철학논고』의 명제 "나는 나의 세계이다"(5.63), "주체는 세계에 속하지 않는다. 주체는 오히려 세계의 한계이다"(5.632), "세계 속 어디에서 형이상학적 주체가 발견될 수 있겠는가?"(5.633), "말할 수 없는 것에 대해서는 우리는 침묵해야 한다"(7) 등을 해설한 것이다.
3   지눌, 『목우자수심결』(『한국불교전서』 4권, 710상), "只汝自心, 更作什麽方便. 若作方便, 更求解會, 比如有人, 不見自眼, 以爲無眼, 更欲求見. 旣是自眼, 如何更見. 若知不失, 卽爲見眼."

눈을 다시 보려고 하는 것을 꾸짖는 것을 보면 지눌도 눈은 눈을 볼 수 없다는 것을 주장하는 것처럼 보인다. 동양의 불교철학자들도 과연 눈은 눈을 볼 수 없다고 생각하였을까? 인식주체는 인식주체 자체를 알 수 없고, 그래서 결국 인간은 인간 자신을 알 수 없다고 보았을까? 동양에도 인식과 존재의 분열이 있었을까?

여기에서는 '나는 나 자신을 알 수 있는가'의 문제를 '눈이 눈을 볼 수 있는가'의 비유적 물음을 통해 다루기로 한다. 이 문제에 대해 동서의 두 철학자, 원측(圓測, 613-696)과 칸트(1724-1804)가 어떻게 생각하였는가를 살펴봄으로써, 인간의 자기인식가능성에 관한 두 가지 사유방식을 대비시켜 보고, 이를 동서 사유방식의 차이로 논해 보겠다.

2. 세계인식에서 인식과 존재의 화해

자아의 자기인식을 논하기 전에 우선 밝혀져야 할 것은 자아의 인식능력이며, 이것은 자아의 세계인식을 통해 드러난다. 우리는 어떤 방식으로든지 이미 세계를 알고 세계와 관계하며 살아간다. 이는 곧 우리에게 세계를 인식할 수 있는 능력이 있다는 것을 의미한다. 그런데 만일 존재와 인식이 절대적으로 분리되어 있다면, 즉 우리의 인식이 세계존재 외부에서만 발생한다면, 세계인식은 불가능할 것이다. 우리에게 세계인식이 있다는 것은 세계존재와 우리의 인식이 분리되지 않는 지점, 인식과 존재가 상호침투하여 하나가 된 부분이 있다는 것을 말해 준다. 인식이 존재의 인식인 만큼, 존재는 인식된 존재이다. 우리가 인식하는 존재는 인식하는 마음 바깥의 존재가 아니라, 인식하는 마음에 포섭된 존재, 마음과 다르지 않은 존재이다. 3-4세기에 발흥한 유식불교는 처음부터 이 점을 강조하여 논하였지만, 서양철학에서 이 점을 분명하게 인식하고 논한 사람은 18세기 칸트가 처음이다. 이하에서는 유식불교의 원측과 서양철학의 칸트, 두 철학자가 세계인식에서 인식과 존재를 어떤 의미로 화해시키는지를 각각 살펴본다.

1) 원측의 유식사상에서 인식과 존재

'유식(唯識)'은 '오직 식만이 존재한다'는 것이다. 일상적 의식 차원에서 보면 식뿐만 아니라 식과 구분되는 식의 대상(경)으로서 물리적 사물세계도 있기에 '유식'이 성립하지 않는다. 그러므로 '유식'이 성립하는 차원은 우리의 일상적 표층의식인 제6의식이나 그 기반인 제7말나식이 아니라, 그보다 더 심층식의 차원일 수밖에 없다. 우리의 심층마음인 제8아뢰야식을 발견함으로써 비로소 '유식'이라는 말이 등장한다. 이 과정이 『해심밀경』에 나온다.

> 미륵: 비발사나 삼마지(위빠사나 삼매)에서 행해진(형성된) 영상은 마음과 다른가, 다르지 않은가?
> 세존: 당연히 다르지 않다. 그 영상은 오직 식일 뿐이다. 식의 인식대상은 오직 식이 변현한 것일 뿐이다.[4]

여기서 비발사나 삼마지(위빠사나 삼매)는 수행을 통해 도달한 특정한 경지를 말한다. 본래 유식학파는 요가차라(Yogacara)로서 요가수행을 하는 유가행파였다. 요가수행자들이 특정 수행의 경지에서 평상시에 의식되지 않던 영상들이 펼쳐지는 것을 경험하고는 그것의 정체를

---

4   현장 역, 『해심밀경』 6권, 「분별유가품(分別瑜伽品)」(『대정장』 30권, 698상중; 『한국불교전서』 1권, 304하 이하), "[미륵] 諸毗鉢舍那三摩地, 所行影像, 彼與此心, 當言有異, 當言無異. [세존] 當言無異, 由彼影像, 唯是識故. 我說識所緣, 唯識所現故."

묻는다. 예를 들어 삼매에 들어 관세음보살이나 불국토, 천계나 지옥
등의 영상을 본다면, 과연 그것이 마음 밖의 어떤 실재를 본 것인지 아
니면 그냥 마음이 그린 것인지, 그러니까 그것이 마음과 다른 것인지
다르지 않은 것인지를 물은 것이다. 이에 대해 세존은 영상은 식과 다
르지 않다고 답한다. 식의 대상인 영상은 식이 변화하여 현현(변현)한
것, 식소현(識所現)이라는 것이다. 이 구절로부터 '식의 대상은 식의
변현으로서 그 자체 식일 뿐'이라는 '유식(唯識)'이 성립한다.

그들은 요가수행을 통해 마음 표층의 감각작용(전5식)이나 사려분
별작용(제6의식 내지 제7말나식)을 가라앉힌 상태에서 평상시에 의식
되지 않던 영상을 보게 되고, 그 영상이 결국 의식보다 더 깊이 작동하
는 심층마음(제8아뢰야식)이 산출한 영상이라는 것을 알게 된 것이다.
이어 그들은 유식의 원리가 수행의 정심(定心)에서뿐 아니라 우리의 일
상적 마음인 산심(散心)에 대해서도 타당한지를 묻는다. 즉 흔히 객관
적 대상세계를 본다고 여기는 지각에서도 그 영상은 마음과 다르지 않
은 것인가?

미륵: 만약 유정이 본성에 따라 색 등을 반연하는 마음에 의해 형성된 영
　　상에 머문다면, 그 영상 또한 마음과 다름이 없는가?
세존: 역시 다르지 않다. 그런데 어리석은 범부들이 전도된 생각으로 인
　　해 영상에 대해 그것이 오직 식일 뿐임을 여실하게 알지 못하고 전
　　도된 이해를 일으킨다.[5]

5　현장 역, 『해심밀경』 6권, 「분별유가품」(『대정장』 30권, 698중; 『한국불교전서』 1
권, 307하), "[미륵] 若諸有情, 自性而住, 緣色等心, 所行影像, 彼與此心, 亦無異耶.
[세존] 亦無有異, 而諸愚夫, 由顚倒覺, 於諸影像, 不能如實, 知唯是識, 作顚倒解."

일상적인 대상인식에서도 상황은 마찬가지라는 것이다. 여기서도 인식대상인 소연경(所緣境)은 곧 영상이며, 영상은 인식하는 마음인 능연심(能緣心)과 다르지 않다. 보여진 영상은 곧 보는 마음이 변현한 것, 아뢰야식의 전변결과라는 것이다.[6] 결국 수행의 정심에 있어서든 일상의 산심에 있어서든 마음이 보는 영상은 바로 그 마음에 의해 형성된 것이며, 따라서 그것을 형성하는 마음과 구분되지 않는다. 우리의 인식대상은 그렇게 우리의 식이 형성한 것이므로 식과 다를 바가 없는데, 범부가 그러한 유식성을 모르고 대상을 식과 다른 것, 식 바깥의 것이라고 여기는 것은 전도된 생각인 것이다. 이에 대해 미륵은 다시 문제제기하고, 세존이 답한다.

미륵: 저 형성된 영상이 이 마음과 다르지 않다면, 어떻게 이 마음이 다시 이 마음을 본다는 말인가?

세존: 여기에서는 어떤 법(존재)도 어떤 법(존재)을 볼 수 없다. 그러나 이 마음이 이와 같이 일어날 때에는 이와 같이 영상이 현현한다. 마치 잘 닦은 청정한 거울면에 의거해서 본질을 대상으로 삼아 다시 본질을 보면서 '내가 지금 영상을 본다'고 말하거나 '본질을 떠나 별도로 현현하는, 형성된 영상이 있다'고 말하는 것과 같다.[7]

6   우리는 흔히 정심(定心)의 영상(影像)은 상상의 산물이고 산심(散心)의 영상은 실재의 반영이라고 간주하여, 전자에서는 유식이 성립해도 후자에서는 유식이 성립하지 않는다고 여긴다. 그렇지만 이런 구분이 근거 있는 구분이 아니라는 것을 보이기 위해 『해심밀경』은 의도적으로 정심과 산심을 나란히 논한다. 정심이든 산심이든 우리가 직접 보는 것은 분명 영상일 뿐이며, 그 영상을 일으켰다고 추정되는 실재가 어디 따로 있는 것이 아니라는 것이다. 우리가 설정하는 실재는 우리의 인식대상인 영상 이외의 다른 것이 아닌 것이다.

7   현장 역, 『해심밀경』 6권, 「분별유가품」(『대정장』 30권, 698중; 『한국불교전서』 1권, 305하 이하), "[미륵] 若彼所行影像, 卽與此心, 無有異者, 云何此心還見此心? [세존]

보여진 영상이 보는 마음과 다를 바 없다면, 결국 마음이 마음을 본단 말인가? 그렇다는 것을 설명하기 위해 세존은 거울의 비유를 든다. 마음이 일어나 영상이 현현하고 마음이 그 영상을 지각하는 것을 내가 거울 앞에 서서 나를 바라보는 것에 비유한 것이다. 우리는 흔히 거울을 통해 우리 자신을 보면서도, 나 자신(본질)과 나의 거울상(영상)을 구분해서 '나는 지금 본질 아닌 영상을 본다' 라고 말한다. 그러나 실제로 나는 거울을 통해 나 자신(본질)을 보고 있다. 그렇듯 나는 사물을 볼 때도 내 마음이 그린 영상을 보지만, 그 영상이 내 눈 망막 위나 두뇌신경 속에 머물러 있는 것이 아니라 내가 보는, 내 바깥의 사물과 구분되지 않기에, 나는 영상을 보되 결국 사물을 보는 것이다. 지각에서 지각대상인 사물과 지각된 영상은 구분되지 않는다. 이렇듯 비유가 뜻하는 바는 결국 내가 본 내가 거울이 그린 영상이듯이, 내가 본 세계는 내 마음이 그린 영상이라는 것이다. 보여진 세계는 보는 마음이 그린 영상이다. 그리고 내가 나(영상)를 보는 것이 곧 영상을 그린 거울을 보는 것이듯, 내가 세계(영상)를 보는 것이 곧 그 영상을 그리는 나의 마음을 보는 것이다. 거울 속 나를 보면서 결국 거울을 보고 있듯이, 내가 세계를 보는 것은 곧 마음속 세계를 보는 것이며, 결국 마음을 보고 있는 것이다. 그렇게 마음은 마음을 본다.

  그렇다면 마음이 마음을 보고, 눈이 눈을 본단 말인가? '마음이 마음을 본다' 는 말의 의미를 보다 상세히 규정하기 위해 원측은 『해심밀경소』에서 미륵의 반문을 다음과 같이 보충 설명한다.

  이 마음이 다시 이 마음을 본다는 것은 세간의 진리에 위배된다. 눈은 자

此中無有少法, 能見少法. 然卽此心如是生時, 卽有如是影像顯現. 如依善瑩, 清淨鏡面, 以質爲緣, 還見本質. 而謂我今見於影像, 及謂離質別有所行影像顯現."

신을 보지 못하고[眼不自見], 손가락은 자신을 가리키지 못하고, 칼은 자신을 베지 못한다.[8]

그리고 원측은 여기에서 '마음이 마음을 본다'는 것은 '안불자견'이라는 세간의 진리에 어긋나는 것이 아니라고 설명한다. 마음이 마음을 본다는 것은 마음이 마음에 의해 형성된 영상을 본다는 것이지, 그 영상을 보는 마음(견분)이 그 보는 마음(견분) 자체를 다시 본다는 말은 아니기 때문이다.

영상은 마음이 전변한 것이기에 마음을 떠나지 않는다. 그러므로 '다시 자기 마음을 본다'고 말하는 것이지, 견분이 다시 견분을 보기에 '자신을 본다'고 말하는 것이 아니다.[9]

마음에 의해 보여진 세계가 그렇게 세계를 보는 마음과 다르지 않기에 '마음이 마음을 본다'고 말하는 것이지, 그 말이 곧 세계를 보는 마음이 그 마음 자체를, 눈이 눈 자체를 다시 본다는 말은 아니라는 것이다. 마음이 세계를 보는 한, 그 세계가 마음이 그린 세계이기에 마음이 마음을 본다고 말할 수 있지만, 그것이 곧 마음이 세계를 보는 마음 자체를 본다는 말은 아니라는 것이다. 그렇다면 마음은 세계를 보는 마음 자체를 볼 수 없는가? 눈은 눈 자체를 볼 수 없는가? 이 물음은 다음 절에서 다시 묻기로 한다.

8   원측, 『해심밀경소』 6권, 「분별유가품」(『한국불교전서』 1권, 305하), "此心還見此心, 便違世間. 眼不自見, 指不自指, 刀不自割."
9   원측, 『해심밀경소』 6권, 「분별유가품」(『한국불교전서』 1권, 307중), "然則彼影, 心所變故, 還不離心, 是故說言, 還見自心, 非謂見分還見見分, 故言自見."

2) 칸트의 초월적 관념론에서 인식과 존재

마음이 세계를 보되 그 세계가 마음이 형성한 것이기에 마음과 구분
되지 않는다는 것, 마음은 세계를 보면서 결국 마음 자신을 본다는 것
을 서양철학에서 처음으로 분명하게 밝힌 철학자는 칸트이다. 우리가
인식한 세계가 세계를 인식하는 우리의 마음과 다르지 않다는 것, 그렇
게 존재와 인식이 상호 침투하여 분리되지 않는다는 것을 칸트는 그 둘
간의 공통의 형식을 들어 논한다.

칸트에 따르면 우리의 인식은 직관과 사유, 감성과 지성의 결합으로
이루어지는데, 우리가 세계를 보는 직관형식(감성의 형식)은 시간과
공간이고, 우리가 세계를 사유하는 사유형식(지성의 형식)은 범주 내
지 원칙이다.[10] 그런데 이 형식은 우리의 인식형식이면서 동시에 그 인
식의 틀에 따라 인식되는 대상세계의 존재형식이기도 하다.

경험 일반을 가능하게 하는 조건이 동시에 그 경험의 대상을 가능하게 하
는 조건이다.[11]

인식의 형식이 곧 인식대상의 형식이고, 경험의 조건이 곧 경험대상
의 조건이다. 우리의 대상세계가 바로 우리의 인식형식 내지 경험조건
에 의해 형성된 세계이기 때문이다. 이와 같이 인식과 존재(인식대상)
의 일치의 근거를 칸트는 인식자의 의식에서 발견하며, 이러한 근거를
'초월적 의식' 또는 '초월적 통각(Transzendentale Apperzeption)'이
라고 부른다.

---

10   직관형식과 사유형식 그리고 그 둘을 종합한 도식과 원칙에 관한 상세한 논의는
생략한다. 졸저 『칸트철학에의 초대』(서광사, 2008) 참조.
11   칸트, 『순수이성비판』, B197.

우리는 직관에서의 다양함의 종합 및 [사유에서의] 객관에 대한 개념의 종
합에서, 따라서 일체 경험된 대상의 종합에서 의식의 통일이라는 초월적
근거를 만나게 된다 … 이 근원적인 초월적 조건이 바로 초월적 통각이
다.[12]

　　이 초월적 통각에 근거해서 칸트는 인식된 세계가 인식자 너머의 것
이 아니며, 따라서 우리는 대상세계 안에서 바로 우리 자신을 발견한다
는 것을 논한다. 즉 우리가 세계에서 세계의 존재원리로 발견하는 수학
적·자연과학적 진리는 바로 우리 자신이 세계에 집어넣은 것, 즉 우리
자신의 직관형식과 사유형식의 원리인 것이다. 바로 그렇기 때문에 현
상세계에 대한 우리의 인식이 보편타당성을 가질 수 있는 것이라고 칸
트는 주장한다. 우리의 세계에 대한 인식이 세계와의 경험을 통해 비로
소 얻어 내는 경험적 진리일 뿐이라면, 우리는 귀납추리의 한계로 인해
결코 보편타당한 인식을 얻어 낼 수 없을 것이다. 그런데 수학적 진리
와 자연과학의 기본원리는 그 인식의 근원이 우리 자신에게 있는 선험
적 진리이기에 경험적 인식과 달리 보편타당성을 가질 수 있다는 것이
다. 우리가 세계 안에 집어넣은 것을 우리가 세계 안에서 다시 발견하
기에, 그 앎은 보편타당성을 가진다. 그 인식의 근원이 인식주관의 형
식이면서 동시에 인식객관인 대상세계의 형식이기 때문이다.
　　이와 같이 인식된 세계는 인식하는 마음을 떠난 것이 아니기에, 우리
는 세계 안에서 우리 자신을 발견한다. 즉 마음은 세계를 형성하며 그

12　칸트, 『순수이성비판』, A106. 시공간이 직관의 다양을 종합하는 형식이고, 범주
가 사유의 개념을 종합하는 형식인데, 일체 경험대상이 바로 그러한 형식을 따라 종합
되므로, 인식형식이 곧 존재형식이 된다. 그리고 그러한 일체 종합의 근거가 바로 의
식의 통일성, 초월적 통각인 것이다. 칸트는 이러한 '초월적 통각'을 시간의 흐름에
따라 변화하는 내감으로서의 '경험적 통각'과 구분한다.

렇게 형성된 세계 안에서 다시 자기 자신을 본다. 이처럼 우리에 의해 인식된 세계는 우리 마음 바깥의 객관실재가 아니라 우리의 마음형식에 따라 형성된 세계이며, 칸트는 이런 세계를 '우리에게 나타나는 세계'라는 의미에서 '현상(Erscheinung)'이라고 부른다. 현상세계는 마음이 만든 세계이고, 마음은 그 세계 안에서 자신을 발견하므로, 따라서 마음은 마음을 본다고 말할 수 있다.

> 현상은 그 자체로 있는 것이 아니라, 단지 주관이 감각기능을 갖는 한에서 그 주관과 관계해서만 존재한다.[13]

이상 원측과 칸트에서 마음이 마음을 본다는 것이 일차적으로 어떤 의미인지를 살펴보았다. 마음이 세계를 보는데, 그 세계가 마음이 그린 세계로서 마음과 다르지 않기에, 마음이 마음을 본다고 한 것이다. 이처럼 마음이 세계를 보되 결국 마음을 본다고 말할 수 있는 것은 세계가 마음 바깥의 객관적 실유(實有)가 아니라 마음의 전변활동에 따라 형성된 가유(假有) 내지 현상이며, 마음은 그렇게 세계를 형성하는 주객포괄적 마음 내지 우주적 마음이기 때문이다. 이와 같이 세계를 영상 내지 현상으로 포괄하는 심층마음을 유식은 '아뢰야식'이라고 부르고, 칸트는 '초월적 통각' 내지 '초월적 자아'라고 부른다. 아뢰야식 내지 초월적 자아가 현상세계를 형성하기에, 그렇게 형성된 세계가 마음을 떠난 것이 아니며, 따라서 우리는 세계를 보되 결국 마음을 보는 것이다. 다만 마음은 마음을 보되 마음이 그린 영상, 마음의 그림자를 보는 것이다.

---

13   칸트, 『순수이성비판』, B164.

3. 마음이 마음을 알 수 있는가?

마음은 세계 안에서 자신을 보되 단지 자신의 그림자만 볼 뿐이다. 그렇다면 마음이 자신의 그림자 대신 마음 자체를 보는 것도 가능한가? 마음은 자신이 그린 세계를 보는 대신 그렇게 세계를 보는 마음 자체를 볼 수 있는가? 세계를 보는 눈이 눈 자체를 볼 수 있는가? 마음에 의해 그려진 세계만 볼 뿐 세계를 보는 눈 자체를 보지 못한다면, 이는 꿈꾸면서 꿈의 세계만 볼 뿐 꿈꾸는 자기 자신을 자각하지 못하는 것과 같다. 그 자각이 없는 동안 꿈은 계속될 것이다. 그러나 만약 내가 나를 꿈속 나가 아니라 꿈꾸는 나로 자각한다면, 나는 그때 비로소 꿈에서 깨어날 것이다. 결국 세계를 보는 눈이 눈 자신을 볼 수 있는가의 물음은 우리가 인생의 꿈에서 깨어날 수 있는가, 우리가 존재의 실상을 여실하게 알 수 있는가를 묻는 물음이다. 마음이 자신에 의해 그려진 세계를 보는 대신 마음 자체를 본다는 것이 과연 가능한가?

1) 칸트: 마음의 자기인식 불가능성

마음이 마음을 보는 방법으로 우리가 가장 먼저 떠올리는 것은 반성(反省)이다. 마음이 바깥으로 향해 세계를 보다가 그 시선의 방향을 안으로 되돌려서 방금 전 세계를 보던 그 마음을 대상화해서 보는 것이다. 그러면 세계 대신 마음이 마음의 대상(소연, 상분)으로 주어지며, 마음은 그렇게 마음을 보게 된다. 우리는 우리 자신의 마음을 대개 이와 같은 반성의 방식으로 알아본다.

그러나 이것은 엄밀히 말해 마음 자체를 보는 것이 아니다. 그렇게 보여진 마음은 이미 보는 마음 그 자체가 아니라, 반성을 통해 대상화된 마음, 대상으로 변현된 마음, 영상이기 때문이다. 그러므로 칸트는 이렇게 포착된 마음은 마음 자체(초월적 자아)가 아니라 현상화된 마음(경험적 자아)일 뿐이라고 말한다. 외부세계처럼 공간형식을 따라 대상화된 외적 현상은 아니지만, 시간형식을 따라 내적으로 직관된 내적 현상이라는 것이다. 마음 자체에 의해 내적으로 변현된 내적 영상, 마음의 그림자인 것이다.

그렇다면 반성과 같이 마음을 대상화하지 않고 마음을 그 자체로 직접 인식하는 길은 없는가? 칸트는 이 물음에 대해 부정적으로 답한다. 칸트에 따르면 초월적 자아는 선험적 형식에 따라 현상세계를 구성하며, 그렇게 구성된 현상세계에 대해 다양한 경험적 인식뿐 아니라 보편타당한 선험적 인식까지도 얻어 낼 수 있지만, 그렇게 세계를 형성하고 인식하는 초월적 자아 자체에 대해서는 인식할 수가 없다. 인식이 성립하기 위해서는 사태를 직접 바라보는 직관과 그에 대한 개념적 사유가 요구되는데, 초월적 자아에 대해서는 사유할 수는 있지만 직접 직관할 수는 없기 때문이라는 것이다. 칸트는 우리 인간에게는 다섯 감각기관을 통한 감성적 직관 이외에 비감성적 직관, 지적 직관이 없다고 본다.[14]

나는 있는 그대로의 나 자신에 대해서는 어떤 인식도 갖지 못하고, 단지 나에게 나타나는 대로의 나(현상으로서의 나)에 대한 인식만을 가질 뿐이다 … 지적 직관의 방식으로라면 알 수 있었을 그런 나 자신(초월적 자아)을 (나는) 인식할 수 없다.[15]

---

14 이런 이유에서 칸트는 궁극적 주체, 자아 자체에 대한 서양 전통형이상학의 논변을 모두 오류추리라고 비판한다. 현상세계의 인식을 위한 개념이나 원리들을 현상 너머의 것에 적용한다는 점에서 범주적용의 오류를 범했다는 것이다. 칸트,『순수이성비판』, 변증론 중 오류추리론 참조.
15 칸트,『순수이성비판』, B158-159.

이처럼 칸트는 자아는 세계를 보되 그렇게 세계를 보는 자아 자체를
볼 수는 없다고 주장한다. 자아에 의해 보여진 세계에 대해서는 인식과
존재를 화해시켜 세계를 인식할 수 있다고 보면서, 그렇게 인식하는 인
간 자신에 관해서는 다시 인식과 존재를 분리하여 인간은 인간으로 존
재하되 인간 자체를 알지는 못한다고 본 것이다.

2) 원측: 마음의 자기증득 가능성

반면 불교는 마음이 마음을 직접 알 수 있다고 본다. 마음이 마음을
직접 직관하는 길을 『해심밀경』은 지(止)와 관(觀), 사마타와 비발사나
의 구분을 통해 설명한다. 원측은 『해심밀경소』에서 사마타와 비발사
나가 서로 다르면서도 다르지 않은 이유를 다음과 같이 논한다.

> [비발사나와 사마타가] 다름이 있지 않은 것은 비록 사마타가 비발사나의
> 소연인 문(聞)과 사(思)의 상분의 경계를 반연하지는 않지만, 그 문과 사
> 두 지혜의 소연경상의 견분의 마음을 반연하기 때문이다.[16]

비발사나에서는 마음이 주와 객, 견과 상으로 나뉘어 견분이 상분을
바라본다. 예를 들어 문혜와 사혜의 내용을 경계로 삼아 깊이 사유하
면, 즉 심사(尋伺)하면, 그렇게 경계를 보는 마음은 견분이고 보여진 경
계는 상분이다. 비발사나는 마음에 주어지는 내용(상분)을 세밀히 주

---

[16]   원측, 『해심밀경소』 6권, 「분별유가품」(『한국불교전서』 1권, 304하), "非有異者,
以奢摩他, 雖不能緣毗鉢舍那所緣聞思相分之境, 而能緣彼聞思二慧所緣境上見分之
心." 불교는 처음부터 수행을 통해 얻는 지혜[修慧]를 교리적 가르침을 들어서 아는
지혜[聞慧]와 생각해서 아는 지혜[思慧]와 구분하였다. 문혜와 사혜가 이성적 차원에
서 개념적으로 이해하는 것이라면, 수혜는 그렇게 개념적으로 이해한 것을 몸소 터득
하는 깨달음, 마음이 지혜에 계합하는 증득이다.

시하는 마음활동(견분)이다. 반면 사마타에서는 그렇게 마음에 주어지는 내용(상분)을 주시하지 않고, 오히려 상분을 보는 견분의 마음 자체를 본다. 그런데 견분의 마음을 보되 만약 앞서 보던 마음(견분)을 다시 대상화해서 바라본다면, 이는 곧 다시 견분을 상분화하여 대상으로 보는 것이 되므로 바른 사마타가 아니라 비발사나의 연속으로서 반성에 그치고 말 것이다. 사마타는 마음을 대상화하지 않은 채 마음 자체를 보아야 한다. 그렇다면 대상화함이 없이 어떻게 자신을 볼 수 있는가?

마음을 대상화 내지 이원화하지 않고 마음 자체를 보는 길은 마음에 대상을 두지 않고 마음을 비우면서도 마음으로 깨어 있는 방법뿐이다. 대상인식에서처럼 세계를 대상으로 취하지도 않고, 그렇다고 반성에서처럼 자기 자신을 대상으로 취하지도 않으며, 그러면서도 성성하게 깨어 있는 것이다. 그때 대상을 여읜 빈 마음은 그 한 찰나에 마음 자체를 보게 된다.

사마타는 마음을 산란하지 않게 하기 때문에 오직 마음을 반연한다.[17]

대상을 좇아 산란하지 않되 마음으로 깨어 있으면, 한마디로 적적(寂寂)하되 성성(惺惺)하면, 마음은 스스로를 대상화함이 없이, 주객분별 없이 자신을 알게 된다. 사마타를 통해 얻게 되는 이러한 마음의 지혜를 '무분별지혜(無分別智慧)'라고 한다. 이 무분별지혜를 원측은 다음과 같이 설명한다.

17　원측, 『해심밀경소』 6권, 「분별유가품」(『한국불교전서』 1권, 308중), "奢摩他, 令心不散, 故唯緣心."

이 지혜에는 견분은 있고 상분은 없다. 취할 상분이 없다고 말하는 것은 상분을 취하지 않기 때문이다. 비록 견분은 있지만 무분별이므로 능취(주관)가 아니라고 말하는 것이지 취[마음의 활동]가 아주 없다는 것은 아니다. 비록 상분은 없지만 이것[지혜]이 진여(眞如)의 모습을 띠고 일어난다고 말할 수 있다. 진여를 떠나지 않기 때문이다. 자증분(自證分)이 견분을 반연할 때 변화시키지 않고서 반연하는 것처럼, 이것도 역시 그러해야 한다. 변화시켜서 반연한다면 직접 증득하는 것이 아니다.[18]

사마타에서는 마음을 비워 마음을 보므로 마음 안에 따로 대상(상분)을 두지 않는다. 그러므로 '견분은 있고 상분은 없다'고 말한다. 마음활동인 견분을 다시 대상화(상분화)하여 바라보면 마음을 변화시켜 반연하는 것이기에 있는 그대로의 마음을 여실하게 아는 것이 아니며, 따라서 이를 '깨달아 안다'는 의미의 '증득'이라고 말할 수가 없다. 반면 사마타에서처럼 마음을 대상화하여 변화시키지 않고 무분별 상태로서 마음을 있는 그대로 반연하면, 그것이 곧 '마음의 증득'이다. 이때 마음이 마음을 보는 것은 견분으로서 상분을 보는 것이 아니고, 마음 자체인 자증분으로서 견분을 보는 것이다. 그러므로 '자증분이 견분을 반연할 때 변화시키지 않고 반연한다'고 말한다. 이처럼 사마타의 방식으로 증득된 마음, 주객분별, 견상분별을 넘어 무분별지혜로써 알려진 마음이 바로 '진여(眞如)'이다. 세계를 형성하고 세계를 보는 마음인 아뢰야식 내지 초월적 자아의 핵심이 곧 진여이다. 진여는 이원화되는

---

18   원측, 『해심밀경소』 6권, 「분별유가품」(『한국불교전서』 1권, 300하 이하), "此智見有相無. 說無相取, 不取相故. 雖有見分, 而無分別, 說非能取, 非取全無. 雖無相分, 而可說此帶如相起, 不離如故. 如自證分, 緣見分時, 不變而緣, 此亦應爾. 變而緣者, 便非親證."

영역, 일체의 상대적 경계를 넘어선 빈 마음으로서의 마음바탕을 뜻한 다. 진여는 의식내용으로 개념화되거나 대상화되지 않으며 생성소멸을 넘어선 것이다. 현상세계로 전변하는 심층마음의 바탕이 곧 진여이다.

이처럼 원측은 우리에게 견상으로 분열되어 상분을 연하는 견분으로 서의 마음만 있는 것이 아니라, 견상을 포괄하는 자증분(自證分)으로서 의 마음도 있다는 것을 논한다. 즉 마음은 의식보다 더 심층에서 세계 를 형성하는 자로서 활동하는데, 그 마음은 그저 에너지나 기(氣)로서 무자각적으로 활동하는 데 그치는 것이 아니라, 그 자체가 바로 마음이 기에 자신의 활동성을 스스로 자각한다는 것이다. 그렇게 스스로 증득 하는 마음을 '자증(自證)하는 부분'이라는 의미에서 '자증분'이라고 한다.[19] 마음은 사마타의 방식으로 스스로를 증득한다. 즉 스스로를 자 각하여 안다.

마음의 증득은 마음의 반성과 어떻게 다른가? 마음이 마음을 보는 것을 마음a가 마음A를 보는 것이라고 구분해 보자. 보고자 하는 마음a 는 수행의 출발점으로서 우리의 표층의식, 제6의식, 경험적 의식이고, 도달하고자 하는 마음A는 수행의 목적지로서 심층마음, 진여심, 초월 적 의식이다. 반성은 마음a가 표층의 제6의식 차원에 머무르면서 마음 A를 대상화해서 고찰하는 것이다. 그렇게 대상화하는 반성의 방식으로 고찰하면, 마음A는 그 자체가 여실하게 알려지지 않고 대상화되고 현 상화된 측면, 즉 마음a의 작용에 의해 변형된 측면만 밝혀지게 된다. 반면 증득은 마음a가 표층의식의 자리를 떠나 심층의 마음A의 자리로

---

[19] 이 자증분이 견상을 포괄하면서 마음을 스스로 자각하므로 또 다른 증자증분을 둘 필요가 없어, 원측은 호법의 4분설을 따르지 않는다. 원측은 마음이 세계를 보는 것은 견분과 상분 2분설로 설명하고, 마음이 마음 자체를 자각하는 것은 자증분 1분설 로 설명한다.

나아가 마음A가 됨으로써 마음A를 알게 되는 것이다. 마음a가 마음A
를 대상적으로 알려고 하는 것이 아니라 몸소 마음A가 되고자 하는 것
이다. 마음a가 마음A의 자리로 나아가 둘이 하나가 되는 것을 '계합
(契合)'이라고 한다. 마음a는 자신의 본래 마음자리로 돌아가 마음A와
계합함으로써, 한마음이 됨으로써 마음A, 즉 자기 자신을 여실하게 아
는 것이다.

　이와 같이 마음이 마음 자체를 본다는 것은 우리의 일상의식인 마음
a가 마음A를 제6의식의 방식으로 대상화해서 아는 것이 아니라, 스스
로 심층마음A, 진여가 되어 자신을 마음A로 자각한다는 것을 의미한
다. 이것을 진여의 증득이라고 말한다. 우리는 사마타로써 자신 안의
마음인 진여를 증득하게 된다. 그렇게 세계를 보는 눈을 보고, 세계를
아는 마음을 증득함으로써 우리는 더 이상 자신을 보여진 세계 속에서
찾지 않게 된다. 보여진 세계 전체가 마음이 그린 영상이고 마음이 만
든 현상이라는 것을 알아, 인생의 꿈에서 깨어나게 되는 것이다. 이때
우리는 존재의 실상을 여실하게 알게 된다고 말한다.

4. 심층마음의 대상화에 대한 경고

세계를 보는 마음을 보기 위해, 세계를 아는 나 자신의 본래면목을 깨
닫기 위해 불교에서는 수행을 한다. 마음의 대상을 비우고 빈 마음이
되어 대상 아닌 마음 자체를 직접 깨닫고자 하는 것이다. 나 자신을 반
성적 사유를 통해 알려고 하는 것이 아니라, 나의 본래의 마음자리로
돌아가 직접 깨닫고자 하는 것이다. 그러므로 사마타의 방식으로 마음
을 증득한다는 것은 곧 자신의 눈을 표층의식에 두지 않고 심층마음으
로 가져가 그 심층에서 눈뜬다는 것을 의미한다. 분별적인 표층의식이

아니라, 주와 객, 나와 세계가 분별되기 이전의 마음 심층에서 마음의
눈을 뜨는 것이다. 이것을 마음의 증득, 무분별지혜의 증득, 진여의 증
득이라고 부른다.

그런데 이와 같이 마음 심층에서 나의 본래면목인 진여심을 깨닫는
순간, 나는 그러한 마음의 자기자각성이 본래 처음부터 내 안에 있었음
을 알게 된다. 마음은 언제나 이미 마음 자체를 알고 있다. 우리에게는
이미 본각(本覺)이 있는 것이다. 이러한 우리 마음의 본래적 자기자각
성을 원효는 '성자신해(性自神解)'라고 하고, 지눌은 '공적영지(空寂靈
知)'라고 하였다. 그리고 그 심층의 진여에는 주와 객, 나와 세계의 분
별이 없기에, 일체 중생이 모두 이미 마음A로 활동하며 살고 있다는
것, 모두가 이미 하나의 마음으로 서로 소통하여 하나의 기세간을 형성
하며 살고 있다는 것을 발견하게 된다. 표층적인 의식의 소통 이전에
우리가 이미 마음 심층에서 하나로 소통하고 있다는 것을 알게 된다.
그러므로 '석가성불시 산천초목 동시성불(釋迦成佛時 山川草木 同時成
佛)'이며, '중생이 곧 부처'인 것이다. 누구나 심층마음은 진여심이며
그 진여심에 의지하여 살고 있으면서, 다만 그 의식이 표층에 매여 있
기에 자신의 진여성, 불성을 자각하지 못할 뿐인 것이다. 이러한 마음
의 본래적 자기자각성을 영가 현각은 다음과 같이 논한다.

'고요함을 아는 지'가 아니고 '자신을 아는 지'가 아니라고 해서 무지(無
知)라고 할 수 없다. 스스로 성이 밝아서 목석과 다르기 때문이다. 손이 여
의봉을 잡지 않거나 스스로 주먹을 쥐지 않는다고 해서 손이 없다고 할 수
없다. 손의 편안함이 토끼뿔과 다르기 때문이다.[20]

---

20   영가 현각, 『선종영가집』 4권, 「사마타송(奢摩他頌)」(『대정장』 48권, 389하),
"亦不知知寂, 亦不自知知, 不可爲無知. 自性了然故, 不同於木石. 手不執如意, 亦

고요함이나 여의봉은 마음에 주어지는 외적 대상이고, 자신이나 주먹은 마음이 스스로를 대상화한 내적 대상이다. 그러한 외적 또는 내적 대상이 없어도 마음은 언제나 마음으로 깨어 있기에 '목석과 다르다'고 하며, 그렇게 심층마음은 자기자각성인 본각을 갖고 있기에 '토끼뿔과 다르다'고 하는 것이다. 그러므로 불교가 말하는 '안불자견'은 눈이 눈을 알지 못한다는 말이 아니라, 눈이 이미 자신을 알고 있으니 다시 보려고 하지 말라는 말이다. 아는 능력으로서의 눈은 눈 자신을 가장 잘 알고 있다. 이미 알고 있는 것을 모른다고 생각하면서 다시 알려고 대상화하는 것이 오히려 문제라는 것이다.

> 본성의 각(覺)은 반드시 밝은데, 허망하게 각을 밝히려고 한다.[21]

마음이 이미 자신을 밝게 알고 있는데, 이를 다시 밝히려고 대상화해서 바라봄으로써 결국 주와 객으로 나누어 분별하게 되는 것이 문제이다. 마음을 밝히고자 대상화해서 고찰하면, 대상화하는 마음a에 의해 마음A가 오히려 환으로 변형되어 알려지게 된다. 유식은 우리의 일상의식이 바로 이런 방식으로 심층마음의 활동을 대상화하여 왜곡하고 있음을 지적한다. 유근신과 기세간이 아뢰야식의 상분이고, 그 전체를 바라보는 것이 아뢰야식의 견분이다. 아뢰야식의 견분은 세계 전체를 보는 눈이다. 그런데 우리의 말나식이 이 아뢰야식의 견분을 대상화하여 취하면서 그것을 아와 아소, 나와 나 아닌 것, 자아와 세계로 분별하여 집착하는 것이 문제인 것이다.

不自作拳, 不可爲無手. 以手安然故, 不同於兎角."
21   반라밀제 역, 『수능엄경』 4권, 「견도분(見道分)」(『대정장』 19권, 120상), "性覺必明, 妄爲明覺."

번뇌의 제7[말나]식은 제8아뢰야식의 견분을 연하여 아와 법으로 집착한
다.[22]

이와 같이 아뢰야식의 견분을 취해 아와 아소로, 아와 법으로 집착하
는 말나식의 작용에 의해 우리 안에 아집과 법집이 생겨난다. 우리의
일상적인 표층의식인 제6의식은 바로 이와 같은 말나식의 집착 위에서
작용하는 식이다. 그러므로 우리에게는 마음 심층에 진여가 있고 본각
이 있어도, 자신을 그 심층마음A로 알지 못하고 표층적인 분별적 마음
a로만 안다. 수행을 통해 마음A와 계합하기 전에는 아뢰야식에 대해
듣는다 할지라도 우리는 마음a의 입장에서 마음A를 대상화해서 자아
로 집착하게 된다. 그러므로 『해심밀경』에서는 아뢰야식을 발견하여
'유식'을 설하면서도, 그 아뢰야식에 대해 언급하는 것을 조심스러워
한다.

아타나식[아뢰야식]은 심히 깊고 미세하며, 일체 종자가 폭류와 같다. 나
는 범부와 어리석은 자에게 열어 설하지 않으니, 그들이 그것을 분별하여
자아라고 집착할까 봐 두렵다.[23]

아뢰야식의 견분을 대상화해서 취하면, 그것이 환 아닌 것을 환으로
만드는 것이다. 마음이 마음을 아는 것, 눈이 눈을 보는 것은 계합의 방
식이어야지, 대상화 또는 개념화의 방식 또는 반성의 방식인 한, 보려

---

22   원측, 『해심밀경소』 3권, 「심의식상품(心意識相品)」(『한국불교전서』 1권, 219
상), "有漏第七, 唯緣第八賴耶見分, 執爲我法."

23   현장 역, 『해심밀경』 3권, 「심의식상품」(『대정장』 30권, 692하; 『한국불교전서』 1
권, 231중), "阿陀那識甚深細, 一切種子如暴流. 我於凡愚不開演, 恐彼分別執爲我."

고 하면 할수록 오히려 더 보지 못하게 되는 자기모순에 빠져들고 마는
것이다. 그러므로 유식은 눈을 다시 보려하기 전에 자신이 이미 보고
있다는 것을 자각하라고, 마음을 알려고 하기 전에 그 마음이 되어 하
나로 계합하라고 말한다. 그것이 대상적 분별지를 변화시켜 무분별지
혜를 증득하는 '전식득지(轉識得智)'가 뜻하는 바이다.

5. 깨달음의 의미

칸트가 '눈은 눈을 볼 수 없다'고 말한 것은 반성의 방식으로는 마음
자체를 알 수 없고, 반성이 아닌 지적 직관은 인간에게 불가능하다고
여겼기 때문이다. 반면 원측은 반성의 방식이 아닌 수행을 통한 계합의
방식으로 눈이 눈을 볼 수 있다는 것, 마음이 마음을 알 수 있다는 것을
논한다. 마음 자체가 자기증득의 '자증분'으로 존재하기 때문이다. 마
음이 인식하는 세계에 관한 한, 원측이나 칸트는 둘 다 인식과 존재가
분리된 것이 아니라는 것을 통찰하였다. 세계는 마음에 의해 인식된 세
계로서만 존재하기에, 마음은 세계 안에서 마음 자신을 본다. 그렇지만
그렇게 세계를 보는 마음 자체에 관한 한, 칸트는 마음은 마음으로 존
재하되 마음 자체를 알 수 없다고 보았고, 원측은 마음을 자기자각적
존재라고 보았다.

칸트는 왜 마음은 마음 자체를 알 수 없다고 보았을까? 우리는 여기
에서 인식과 존재의 완전한 일치는 오직 신(神)에게서만 가능하다고
여기는 서양적 사유의 특징을 볼 수 있다. 인간으로 존재한다는 것과
인간을 안다는 것은 다른 말이다. 내가 인형을 만들면, 나는 인형을 알
지만 인형은 자기 자신을 모른다. 그렇듯 신이 인간을 만들었기에 인간
을 아는 자는 인간이 아니라 신이다. 나는 내가 만든 것만을 알 수 있을

뿐이며, 따라서 나를 아는 자는 내가 아니라 나를 만든 신이다.[24]

반면 불교는 모든 생명체를 그 바깥에서부터 만들어진 것으로 이해하지 않고, 그 자체 안에 생명의 근원을 담고 있는 것으로 이해한다. 생명의 근원은 일체 생명체 안의 불생불멸의 진여 자체이다. 진여는 모든 생명체 내면의 진여심이고 우주심이며 심층마음A이다. 그러므로 마음은 스스로 자기 자신을 안다. 각각의 생명체가 표층의식에서만 눈뜨지 않고 심층마음의 차원에서 눈뜬다면, 본래 처음부터 그 자리에 있는 진여를 증득하게 된다. 이처럼 불교는 자신 안의 진여의 증득, 마음의 자기증득을 지향한다. 부처 내지 각자(覺者)의 일체지를 지향하는 것이다. 그러므로 유식이든 선이든, 원측이든 지눌이든, 불교에서 '안불자견'을 말할 때는 눈이 눈 자신을 알 수 없다거나 인간이 인간 자신을 알 수 없다는 것을 주장하는 것이 아니다. 오히려 불교는 처음부터 인식주체로서의 인간 자신에 대한 절대적 앎, 궁극의 깨달음을 지향하였으며, 대승은 그 궁극의 깨달음이 이미 우리 일반 중생 안에 실현되어 있음을 강조한다. 눈은 그 자체가 봄(앎)이며, 마음은 이미 자기 자신을 알고 있다는 것이다.

세계를 아는 눈이 눈 자신을 모른다면, 우리는 결코 인생의 꿈에서 깨어날 수 없을 것이다. 일체를 여실하게 알자면, 마음은 세계를 알 뿐 아니라 자기 자신도 알아야 한다. 다른 것을 밝게 비추는 빛은 그 자신이 가장 밝은 법이다. 마음이 이미 마음 자신을 알고 있기에 그 마음이 세계도 알 수 있는 것이다.

---

24 그러나 인식되지 않는 것이라면 결국 그것의 존재주장도 무의미해진다. 초월적 자아는 인식할 수 없다는 그의 결론에 따라 칸트 이후 철학자들은 칸트가 논한 초월적 자아를 단지 논리적 근거에서 설정한 '논리적 주어' 또는 '형식적 주어'라고 단정해 버린다. 초월적 자아는 실제로 존재하는 것이 아니라, 단지 사유의 정합성을 위한 논리적 요청에 지나지 않는다고 보는 것이다.

제3부

심층마음 해명의 현대적 의의:
현대의 표층적 세계관 비판

우리의 표층의식에 따르면 일체는 서로 구분된다. 이것은 이것이고 저것이 아니며, 나는 나이고 너가 아니다. 이런 방식으로 우리는 일체를 나와 너, 참과 거짓, 선과 악, 청정과 염오로 이원화하여 분별한다. 그런데 이러한 표층의식이 우리의 마음활동의 전부가 아니다. 우리의 심층마음은 이러한 이원적 분별에 앞서 우주만물 일체를 하나로 알고 하나로 느끼는 포괄적 무한의식으로 활동하기 때문이다. 우리의 일체 분별의식의 바탕에는 무한의 심층마음이 작용하고 있다.

그러나 현대의 우리는 분별적 표층의식만을 자신의 마음이라고 생각하며 살아갈 뿐, 의식보다 더 깊은 심층에서 서로 공감하고 공명하며 하나로 소통하는 심층마음의 활동을 감지하지 못한다. 우리가 심층마음을 알아차리지 못하는 것은 우리의 마음이 대상으로만 향해 있고 차이와 분별에만 민감할 뿐, 분별의 기반이 되는 무분별과 동일성에 대해서는 무감각하기 때문이다. 우리는 배경을 바탕으로 전경을 보되, 전경만 의식하고 배경은 알지 못한다. 마음으로 세계를 보되 보이는 세계만 알 뿐 보는 마음을 알아차리지 못한다. 그래서 표층에서 각각의 개별자로 존재하는 것들이 그 자체로 실재하는 실체라고 생각하고(실체론), 그 각각의 사물들 상호 간에는 오직 물리적 인과관계만이 작용한다고 생각한다(인과론). 심층마음을 자각하지 못하므로 표층의 제6의식인 대상의식이 마음활동의 전부라고 생각하며(의식론), 따라서 마음을 물질로부터 발전해 나온 진화의 산물로 간주한다(진화론). 이처럼 오늘날 우리의 세계관에 깔려 있는 실체론, 인과론, 의식론, 진화론은 모두 인간 및 세계를 오직 표층의식 차원의 존재로만 간주하는 사고체계라고 볼 수 있다. 심층마음을 알지 못하는 표층적 세계관인 것이다. 심층마음의 차원에서 봤을 때 이러한 실체론과 인과론, 의식론과 진화론이 각각 어떠한 한계가 있는지를 밝혀 보기로 한다.

개별실체와 일심(一心):
현대의 실체론(實體論) 비판

1. 심층마음을 망각한 현대인: 연야달다의 광기

인간이란 무엇인가? 나는 누구인가? 이런 물음이 생길 때 우리는 자연스럽게 몸이 아닌 마음에 주목하게 된다. 내 몸은 내 몸 바깥의 사물과 마찬가지로 내 의식에 대상으로 주어지는 의식대상인 데 반해, 내가 알고자 하는 나는 '내 몸을 포함한 사물세계 전체를 의식하되 그 자체는 의식대상으로 주어지지 않는 마음'이기 때문이다. 마음을 대상화하여 인식한다 해도 대상화된 마음보다는 오히려 대상화하는 마음 자체가 다시 궁금해진다. 세계가 나에 의해 보여진 세계라면, 그렇게 세계를 보는 나는 누구인가? 나는 그 나를 어떻게 알 수 있는가?

그런데 현대 심리철학자들은 '세계를 보되 그 자체는 다른 무엇에 의해서도 대상화될 수 없는 마음'은 실재하는 듯 느껴지지만, 사실은 실재하지 않는 것, 일종의 '유령'이라고 판단한다. 대상화하여 두 눈으로 볼 수 있는 것, 3인칭적으로 관찰가능하고 객관적으로 주어진 것만이 실재하는 것이고, 그 이외에 실재라고 여겨지는 것들은 모두 유령에 지나지 않는다고 보는 것이다. 정말로 진지하게 이렇게 생각하고 산다면, 이들은 모두 현대판 '연야달다'이다.

> 실라벌성의 연야달다가 홀연 새벽에 거울로 얼굴을 비추다가, 거울 속 머리에서 눈썹과 눈을 볼 수 있음은 좋아하되 자기 머리에서 얼굴과 눈을 보지 못함에 화를 내며 자신을 도깨비로 여겨 미쳐 달아나는 것을 어떻게 생각하는가? 이 사람이 무슨 이유로 미쳐 달아났겠는가?[1]

'너 자신을 알라!'는 델타의 신전이 말해 주듯, 인간은 누구나 자신을 알고 싶어 하며 알기 위해 자신을 명명백백하게 보고 싶어 한다. 보는 나 자신을 보고자 하는 것, 이것이 문제이다. 나를 보면 그 나를 보는 나를 다시 봐야 하고, 그렇게 해서 다시 봐도 또 그 보는 나를 다시 봐야 함에 끝이 없기 때문이다. 보는 나는 끝내 잡히지 않는다. 연야달다의 머리는 바로 이 '보는 나로서의 마음'의 비유이다. 자기 눈에 자기 머리가 보이지 않으니까 자신을 머리 없는 도깨비라고 여겨 미쳐 달아나는 연야달다는 바로 마음이 있어도 그것이 눈앞에 직접 보이지 않으니까 없는 것이라고 여기는 현대인과 별반 다르지 않다. 있으면 보여야 하고 보이지 않은 것은 결국 없는 것이라는 믿음이 공통적이기 때문이다. 다만 연야달다는 본래마음이 있는 것인데 자신에게만 없다고 여겨 미쳐 날뛴 데 반해, 현대인은 본래마음이란 유령처럼 없는 것이라고 여겨 찾지도 구하지도 않고 모른다고 미치지도 않는 것이 다를

---

1 『수능엄경』제4권(『대정장』19권, 121중). 본서 제2부 제1장 제5절에 좀 더 길게 인용되어 있다.

뿐이다. 혹은 너나 할 것 없이 모두가 연야달다가 되어 미쳐 날뛰니 미쳐도 미친 줄 모른다고나 할까? 그렇게 우리는 실제 자기 정체를 모르는 유령으로 살아간다. 그런데 우리는 왜 있으면 보여야 한다고 여기는 것일까?

　우리는 우리 눈앞에 존재하는 것, 우리의 의식에 주어지는 것, 우리 의식이 의식대상으로 포착하는 것만이 실재하는 것이라고 여긴다. 우리 눈앞에 존재하고 우리 의식에 주어지는 것은 각각의 개별자들이다. 우리는 시공간 안에 자기 위치를 갖고 존재하는 개별자들만이 실재하는 것이라고 여긴다. 그것들만이 주관적 환상이 아닌 객관적 실재이고, 그 자체로 존재하는 실체라고 여기는 것이다. 우리는 우리가 경험하는 현상세계가 개별실체들로 이루어진 세계라고 간주한다. 과연 개별적 실체가 존재하는가? 나는 어떤 존재인가?

2. 현상세계의 근거에 대한 물음

우리가 경험하는 현상세계 만물은 잠시도 동일하게 멈추어 있지 않고 시간의 흐름에 따라 끊임없이 변화해 간다. 아침에 피었다가 저녁에 시들어 버리는 나팔꽃도 있고, 하루만에 생로병사의 생을 마감하는 하루살이도 있다. 좀 더 긴 세월, 일 년, 십 년, 백 년을 버틴다고 해도 그 과정 역시 끊임없이 변화하고 바뀌어 가는 과정일 뿐이다. 가을에 수확하는 사과는 처음에는 파랗고 딱딱하고 작은 알맹이였다가 시간이 흘러감에 따라 빨갛고 연하고 큼직하게 바뀐 것이다. 촉촉한 연두색 이파리는 초록색으로 다시 청록색으로 바뀌어 가다가 날이 차지면 마른 갈색으로 변하여 땅으로 떨어져 버린다.

　그런데 그렇게 계속 바뀌어 감에도 불구하고 우리는 그 사과 한 알을 계속 동일한 하나의 사과로 여긴다. 나무 한 그루도 계속 동일한 하나의 나무라고 생각하고, 강아지가 개가 되고 올챙이가 개구리가 되어도 계속 동일한 하나의 생명체라고 여긴다. 태어날 때 말도 못하고 기지도 못하는 아기가 어린아이가 되고 성인이 되고 노인이 되어도 계속 같은 한 사람이라고 간주한다. 우리는 현상세계에서 무엇을 대하든 우리가 그것에 대해 감각하고 지각하는 성질들이 바뀌고 변화하여도 그런 성질들을 갖고 있는 그것 자체는 달라지지 않고 자기동일적인 것으로 남아 있다고 여긴다. 속성들의 변화에도 불구하고 자기동일적인 것으로 남아 있다고 여기는 그 개별적 사물 자체를 우리는 '실체(實體)'라고 부른다. 시간 안에서 개체의 속성들은 끊임없이 변화하지만, 그 변화하는 속성들의 기저에는 변하지 않는 개별적 실체가 존재하여 그 개별자를 그것이게끔 한다고 여긴다. 실체가 각각의 개체의 핵으로 존재하면서 그로 인해 개별자가 자기동일성을 유지하는 것으로 간주하는 것이다.

어떤 것 x가 F1, F2, F3 등의 성질을 가지고 있을 때, 우리는 그것을 'x는 F이다'라는 '주어-술어'의 형식으로 이해한다. 감각내용으로 우리 의식에 주어지는 것을 사물의 속성으로 파악하는 지각활동에서 우리가 객관적 사물 자체라고 간주하는 것은 사물의 속성들 F1, F2 등이 아니고, 그러한 속성들을 담지하는 사물 자체 x, 즉 속성 담지자로서의 실체x이다. 우리가 자기동일적인 것으로 전제하는 사물 자체, 실체x는 과연 무엇인가? 이것은 곧 속성을 통해 알려지는 현상세계의 근거가 무엇인가를 묻는 물음이다.

3. 현상의 근거: 실체론 대 무아론

1) 실체론: 개별적 사유실체와 연장실체

서양고대철학에서 피타고라스(Pythagoras)의 수나 플라톤(Plato)의 이데아는 형상(form)이고 본질(eidos)이며, 이것들은 우리가 현상세계 사물을 규정하는 개념, 언어, 보편적 원형(paradigma)이다. 우리는 그러한 보편적 개념, 규정적 사유틀을 따라 세계를 지각하고 판단하며, 개별사물들은 그 틀에 따라 지각되고 규정된다. 규정하는 원형과 규정되는 모상, 보편적 사유틀과 개별적 지각대상, 플라톤은 이 둘을 이데아계와 현상계, 가지계와 가시계로 구분했지만, 사실 그 둘 사이는 그다지 멀지 않다. 그 둘은 '우리 자신의 개념틀'과 '그 틀에 따라 지각되는 세계'로서, 결국 '지각세계의 가상성'을 구축하는 양면인 것이다. 오히려 문제는 그 둘 너머, 지각된 현상세계 너머이다. 플라톤은 뒤늦게야 이 제3자를 묻는다.

> 이 제3자는 모든 변화를 위해 그 근저에 놓여 있어야 한다 … 모든 형상적 규정들을 자체 내에 수용하는 것으로서, 그 자체는 모든 형상으로부터도 자유롭고 따라서 모든 지각 가능한 것들로부터도 자유로워야 한다.[2]

예를 들어 나뭇잎 하나(x)가 초록색(f1)이었다가 가을에 갈색(f2)으로 변화했다면, 이것은 x가 처음에는 형상F1에 의해 규정되었다가 후에 그 규정에서 풀려나서 다시 형상F2에 의해 규정된 것이다. 즉 규정하는 형상F가 바뀜에 따라 나뭇잎의 규정된 색f가 변화하게 된다. 그렇

---

2   플라톤, 『티마이오스』, 49a6-51a7.

다면 규정하는 형상과 그로 인해 규정된 색 이외에 그러한 형상을 수용할 수 있는 x가 제3자로 존재해야 하지 않는가? 이 x는 어떤 존재인가? 언어 내지 사유틀에 따라 지각되기 이전, 원형에 의해 모상으로 규정되기 이전, x는 어떤 존재인가? F로 규정되기 이전 x는 무엇인가? 아우구스티누스(Augustinus, 354–430)도 정확하게 이것을 묻는다.

> 변화하는 사물에서 변화의 본질은 변화하는 사물이 그것(형상)으로 인해 변화하게 되는 바 그 형상(F)들을 취할 수 있는 바로 그것(x)이다. 그렇다면 변화하는 그것(x)은 과연 무엇인가? 그것은 정신인가? 물질인가? 그것은 정신의 존재방식을 가지는가? 물질의 존재방식을 가지는가?[3]

x를 F로 규정하여 'x는 F이다'라고 지각할 때, 우리는 x를 F와 동일시하지 않으며 x를 F 너머의 것으로 여긴다. 예를 들어 나뭇잎이 초록색에서 갈색으로 바뀌어도 우리는 나뭇잎의 색이 바뀌었을 뿐 나뭇잎 자체는 그대로라고 여긴다. 속성F가 바뀌어도 그런 속성을 가지는 사물 자체x는 자기동일적인 것으로 남는다고 여기는 것이다. 이 자기동일적 사물 자체로 상정된 것이 실체이다. 실체는 '변화하는 속성들의 기저에 있는, 변화하지 않는 속성담지자로서의 개체'로 정의된다.

실체론자들은 우리의 지각세계가 이 개별화된 실체x에 기반을 두고 있다고 여긴다. 지각되는 속성들이 아무리 변화하여도 지각된 현상 너머의 실체x를 통해 대상의 자기동일성이 확보된다고 생각하는 것이다. 다만 그 x가 그 자체로 지각되지는 않기에 아우구스티누스는 그것이 어떤 존재인지, 정신인지 물질인지를 물었다. 근대로 들어와서 데카르

---

3   아우구스티누스, 『고백록』 12권, 6장 6절.

트는 실체x를 속성의 종류에 따라 구분한다. 속성F가 물질적 속성이면 그런 물질적 속성을 가지는 x는 물질적 실체, 연장적 실체이고, 속성이 정신적 속성이면 그런 정신적 속성을 가지는 x는 정신적 실체, 사유적 실체라고 본 것이다. 그는 사유적 실체이든 연장적 실체이든 속성들의 변화 기저에는 자기동일적인 개별화된 실체x가 존재한다고 주장한다. 경험주의자 로크도 이와 마찬가지로 개별적인 사유적 실체와 연장적 실체가 각각 존재한다고 논하였다.

그러나 속성들이 모여 있는 그 자리에 정말로 속성담지자로서 자기동일성을 지니는 개별화된 실체x가 존재하는가? 실체x는 오히려 속성들을 정리하고 분류하는 우리의 개념틀의 한 기호가 아닐까? 이런 의미에서 칸트는 '실체'를 우리의 사유틀에 해당하는 '범주'의 하나라고 설명한다. 그가 남겨 놓은 '물자체'가 감각에 주어지는 개별자x일 수 없음을 헤겔은 더 분명히 논한다. 감각에 개별자x가 주어질 경우 우리는 그것을 '이것'으로 지시할 것이다. 그런데 모든 개별자가 다 여기 지금의 '이것'으로 지시된다. 결국 감각에서 마주하리라 기대했던 개별화된 실체의 자리에서 우리는 개별성 아닌 보편성을 보게 된다. 서양철학 내에서 헤겔은 흔히 형이상학의 완성자로 평가된다. 서양형이상학이 완성되는 헤겔에 이르러 비로소 개별적 실체는 존재하지 않는다는 것이 분명해진 셈이다.

2) 무아론: 아공(我空)과 법공(法空)

서양철학자들은 판단에 의해 완전히 규정되지 않고 남겨지는 지시어 x는 각각의 개별사물의 실체를 지시한다고 보았다. 시간흐름에 따라 속성이 변화해도 그 변화의 근저에 변화하지 않고 남아 있는 개별화된 실체x가 존재한다고 본 것이다. 반면 불교는 시간흐름에 따라 속성이 변화할 때 그 기저에 변화하지 않고 남아 있는 개별적 실체x는 존재하지 않는다고 주장한다. 인간이든 사물이든 변화의 기저에 자기동일적인 개별실체로서의 자아(atman)는 존재하지 않는다는 것이 '무아론(無我論)'이다. 인간에게 개별적 실체가 없음을 '인무아(人無我)'라고 하고, 사물에게 개별적 실체가 없음을 '법무아(法無我)'라고 한다.

무아를 논하는 첫 번째 단계는 우리가 일상적으로 나라고 생각하는 것, 나와 동일시하는 것이 실은 내가 아니라는 것이다. 신체(색)와 느낌(수), 지각(상)과 의도(행), 그리고 의식내용-(식)들은 모두 의식의 대상으로 주어지며 시간흐름에 따라 변화하는 것들이다. 모두 나 자신x가 아니고 나의 변화하는 속성F일 뿐이다. 이로부터 오온은 나 자체x가 아니라는 '비아(非我)'를 말하게 된다. 그러나 오온이 나 자신x가 아니라는 '비아'가 곧 '무아'는 아니다. 비아는 오히려 자아 자체x를 전제한 것인 데 반해, 무아는 말 그대로 개별실체로서의 자아 자체x가 없다는 것이기 때문이다.

무아의 진짜 의미는 개별화된 자아 자체x는 존재하지 않는다는 것이다. 자아의 속성들 내지 기능들 너머에, 속성들F의 기저에 지각되지 않는 자기동일적 자아 자체x는 없다는 것이다. 이것이 아가 없다는 '무아(無我)'이다. 그러나 자아 자체x가 존재하지 않는다는 것을 우리가 어떻게 확인할 수 있는가? 논리적으로 보면 미지의 것x에 대해 '그것이 존재한다'는 존재증명은 가능해도 '그것이 어디에도 존재하지 않는다'는 비존재증명은 불가능한 법이다. 무슨 근거에서 개별실체x가 존재하지 않는다고 주장할 수 있는 것인가?

개별사물에서 그 속성들F를 치워 놓았을 때 그 자리에 아무것도 남겨지는 것이 없다면, 공(空)만 남는다면, 그때는 그 속성들의 기저에 개별실체x가 없다고 말할 수 있다. 그러므로 무아론은 곧 공사상이다.

개별적 자아 내지 사물에서 그 각각에 속하는 속성들F를 제거하고 나면, 그 자리는 곧 빈자리인 공이 된다. 실체가 있다면 속성들을 제거한 그 자리에 개별실체로서의 자아 자체나 사물 자체가 실체x로서 남겨져야 할 텐데, 그렇지 않고 아무것도 없는 빈자리인 공만 남는다. 그러므로 x는 개별실체가 아니라 공이다. 인무아는 곧 '아공(我空)'이고, 법무아는 곧 '법공(法空)'이다.

4. 심층마음: 무아를 아는 마음

1) 공(空)의 마음

그러나 내가 있을 거라고 여겨지는 그 자리가 그야말로 아무것도 없는 빈자리, 공이라는 것을 과연 내가 어떻게 확인할 수 있단 말인가? 공이 확인되어야 비로소 '무아'를 말하고 공을 말할 수 있다. 그런데 그 자리가 정말 공이면 그 공을 확인하는 내가 없을 것이고, 그 자리가 공임을 확인하는 내가 있다면 그곳이 공이 아니다. 이 딜레마는 어떻게 해결될 수 있는가? 내가 어떻게 나의 공성을 확인하여 무아와 공을 말할 수 있단 말인가?

이 딜레마는 내가 확인할 공이 나와 다른 것이 아니라 바로 나 자신이라는 것, 나는 그렇게 공을 공으로 확인하는 그 마음으로 존재한다는 것을 통해 해결된다. 나는 나의 속성을 제거했을 때 나타나는 공 이외의 다른 것이 아니다. 일체 속성을 제거했을 때 나타나는 빈자리, 허공이 바로 나의 마음이다. 스스로 공이어서 공을 공으로 알아보는 그 마음이 바로 나인 것이다. 허공이 바로 나의 마음이다. 이렇게 속성을 제거하고 남겨지는 빈자리에서 나는 나의 정체를 공으로 확인한다. 나를 공으로 확인하는 그 빈 마음이 바로 나다.

이상과 같이 현상세계 너머에 개별실체x는 없고(무아), 그 자리는 오히려 비어 있으며(아공), 그 비어 있음을 자각하는 마음만이 있다(유심=유식). 공을 자각하는 빈 마음이 바로 나다. 이렇게 해서 지각세계 내지 현상세계 너머에 무엇이 있는가의 물음은 '마음'으로 대답된다. 현상세계 너머 '실체는 없다', '주체는 죽었다' 등의 주장은 모두 그 비어 있음을 목도하는 마음이 하는 말이다. 그러니까 나는 그냥 단순하게 없는 것, 무가 아니라 마음으로 존재한다. 나를 공으로 알고 공을 나로 아는 마음, 공의 자기자각, 빈 마음이 바로 나다.

그렇다면 내가 빈 마음으로 존재하는데, 왜 '무아'인가? 나로부터 나의 속성들을 치워 볼 때 드러나는 공은 다른 사람이 자신의 속성들을 치워 볼 때 그 자리에 드러나는 공과 다를 바가 없다. 내 안에서 나 자체로 확인되는 공은 다른 사람이 자신 안에서 자신으로 확인하는 공과 다를 바 없는 것이다. 결국 공의 마음은 그렇게 동일한 하나의 마음, '일심(一心)'이다. 일심에는 너와 나를 구분 짓고 차이나게 만드는 것이 없으므로 '나' 혹은 '너'라고 할 만한 것이 없다. 그렇게 자타를 넘어선 것이기에 '무아'라고 하는 것이다. 개별적 자아의 공성을 거치지 않고는 공의 마음, 일심에 이를 수 없다. 그러므로 일심은 무아의 부정이 아니라 무아의 완성이다.

내 안의 공이 너 안의 공 또는 다른 사물의 공과 다르지 않다는 것은 그 공이 나와 너와 다른 사물 전체를 포괄하는 하나의 공, 하나의 빈자리, 하나의 빈 바탕이라는 것을 뜻한다. 그리고 그것은 곧 공의 자각으로서의 나의 마음과 너의 마음과 그의 마음이 모두 하나의 마음이라는 것을 뜻한다. 결국 나는 내 안의 공을 통해 전체의 공과 하나로 만나며, 그렇게 빈 마음을 자각함으로써 다른 일체 존재와 한마음이 된다. 나는 나 자신을 공으로 자각하는 순간 다른 사람과 다른 사물 또한 개별화된

실체x가 아니라 나와 다를 바 없는 빈 바탕이고 빈 마음이라는 것, 빈
바탕으로서 우리가 하나라는 것, 하나의 일심이라는 것을 알게 된다.

2) 전체의 한마음

나를 공으로 자각하는 것은 빈 바탕이 되고 빈 마음이 되는 것이다.
현상세계 전체를 포괄하는 빈 바탕 내지 빈 마음이 될 때 비로소 나는
나 자신이 현상세계 너머의 마음이며, 현상세계는 그 마음 안에 그려진
가상이라는 것을 알게 된다. 우리의 개념틀에 따라 형성되는 지각세계
는 그 마음의 바탕 위에 그려진 그림이고, 허공중에 떠 있는 홀로그램
우주이다. 그렇게 전체 세계의 빈 바탕이 되는 순간 비로소 우리는 우
리의 현상세계가 우리 자신의 언어틀에 의해 형성된 가상의 지각세계
라는 것, 그리고 우리의 마음은 그러한 현상세계 너머의 마음이라는 것
을 알게 된다. 이처럼 나를 공으로 자각하는 순간, 무아를 깨닫는 순간,
나는 지각세계를 벗어나는 차원이동을 한다. 감각에서 지각으로 나아
가는 것이 찰나를 벗어나 시간흐름 속으로 끌려 들어가는 이동이라면,
나 자신을 나의 속성 너머의 공으로, 빈 마음으로 깨닫는 것은 반대로
시간흐름을 벗어나 시간흐름이 끊어진 찰나로 되돌아가는 이동이다.
이렇게 해서 나는 시간흐름에 따라 형성된 지각세계 바깥으로, 나의 언
어틀 바깥으로 빠져나간다. 즉 지각으로 구축된 현상세계 바깥으로 빠
져나간다.

이것은 마치 장시간 꿈의 세계를 맴돌다가 홀연 꿈을 깨는 것과 같
다. 한밤의 꿈을 깨고 보면 꿈의 세계 전체가 내 마음이 그린 가상이듯,
한낮의 일상의 꿈을 깨고 보면 우리가 지각하는 현상세계는 우리의 심
층마음이 만들어 내는 가상세계일 뿐이다. 꿈속에서는 각각의 개체가
실체처럼 움직이지만, 꿈을 깨고 보면 꿈속 분별은 모두 개념체계에 따

른 허망분별일 뿐이다. 분별 너머 바탕으로, 빈 마음으로 돌아가면 일체가 하나이다. 지각이 일어나기 한 찰나 전 감각에서 우리는 그렇게 분별되지 않은 채 하나로 있다.

실체는 다양하게 주어지는 감각내용을 각각의 개별자에게 속하는 성질들로 객관화하고 대상화하기 위해 우리가 설정하는 개념일 뿐이다. 실제로는 어떠한 내용으로도 채워지지 않는 빈 것, 공일 뿐이다. 그 실체의 비어 있음 내지 공성을 자각할 때, 비로소 현상세계가 서로 각각으로 분리된 개별자들의 세계가 아니라는 것, 인간이 그 현상세계 속 개별자가 아니라, 오히려 현상세계의 공성을 자각하는 마음이라는 것을 알게 된다. 자신의 공성 그리고 세계의 공성을 자각하는 마음은 분리된 개별자의 마음이 아니라, 전체로서의 마음, 하나의 마음, 일심이다.

3) 공적영지(空寂靈知)의 마음

일심은 주객분별, 자타분별을 넘어 우주 전체와 공명하는 하나의 마음이다. 그렇게 일체 분별을 넘어섰기에 일심은 자기한계를 갖지 않는 무한이며, 자기 바깥에 자신의 상대가 없는 절대이다. 일심은 곧 절대와 무한의 마음이다. 그러나 무한과 절대의 마음을 우리가 과연 알 수 있는가? 한계가 없고 상대가 없는데, 그것이 없지 않고 있다는 것을 어떻게 알 수 있는가? 더구나 일심이 나 자신이어서 대상화될 수 없다면, 그 존재를 내가 어떻게 확인할 수 있는가? 그래서 칸트는 직관대상으로 주어지지 않는 '초월적 자아'는 인식할 수 없다고 말하고, 비트겐슈타인은 세계를 보는 눈으로서의 철학적 자아는 다시 보여지지 않으니 알 수 없고, 알 수 없는 것에 대해서는 침묵해야 한다고 말한다. 우리가 어떤 것x를 안다는 것은 x를 -x가 아닌 x로 아는 것이며, 따라서 x의 상대인 -x에 대한 앎을 포함하므로, 만약 x가 상대가 없는 절대라면 우

리는 그 x를 x로 알아보기 어렵다고 주장하는 것이다. 언제나 물 안에
만 있어 물 밖을 모르는 물고기는 결국 물을 알 수 없다고 생각하는 것
이다. 그래서 그들은 현상세계의 바탕인 마음보다는 그 바탕 위에 그려
지는 지각된 현상세계의 차별상에 더 주목한다.

반면 동양의 철학자들은 마음이 이미 마음 자체를 알고 있음을 논한
다. 물고기가 정말 물을 모르고, 우리가 정말 전체로서의 우리 자신의
마음을 자각하지 못하는가? 물고기가 물 안에서는 물을 모르고 물 밖
에 나가 봐야만 물을 안다고 한다면, 물 안에서도 모르던 물을 물 밖에
나가 어떻게 알 수 있겠는가? 물 밖에서 물의 없음을 알 수 있으려면
물 안에서 이미 물을 알아야 한다. 그러니까 물고기는 물속에서 이미
물을 안다. 그렇듯 우리는 전체의 마음, 우주 전체를 포괄하는 무한과
절대의 마음을 이미 자각하고 있다.

마음에 의해 지각된 일체가 모두 언어틀에 따라 형성된 가상의 지각
세계로서 마음이 그린 상(相)이라면, 그렇게 일체를 지각하는 마음 자
체는 그러한 지각세계의 바탕이며, 따라서 상의 바탕인 성(性)이다. 이
마음 자체가 자기 자신을 알고 있음을 불교는 '성이 스스로를 신령하
게 안다'는 의미에서 '성자신해(性自神解)'라고 하고, '공적의 신령한
앎'이란 의미에서 '공적영지(空寂靈知)'라고 한다. 분별지각을 떠난 허
공의 고요함, 그 공적이 곧 심이며, 그 심이 가지는 신령한 자기지가 공
적영지이다. 마음 자체가 가지고 있는 이러한 자각을 '본각(本覺)'이
라고 부른다. 마음이 일체의 분별에 앞서 마음 자체를 신령하게 안다는
것을 유학에서는 '허령불매(虛靈不昧)'라고 하고 '미발지각(未發知覺)'
이라고도 한다. 이처럼 동양철학은 우리 안에 온 생명체 그리고 온 우
주와 하나로 공명하는 마음의 자기자각이 있음을 강조하며, 이러한 마
음의 자기자각을 직접 체인하고 증득하기 위한 수행론을 전개한다. 우

리가 일심으로 존재한다는 것, 그리고 그 일심을 자각할 수 있다는 것은 궁극적으로는 개념적 논증을 넘어 스스로 일심이 됨으로써만 확인할 수 있기 때문이다.

5. 광기에서 벗어나기

실라벌성의 연야달다가 도대체 미칠 이유가 없는 것은 그에게도 '신묘한 자각이 두루 밝으며 본래 근원이 밝고 묘하기' 때문이다. 연야달다는 이미 '신묘한 자각', 본각을 갖고 있다. 마음이 무엇인지를 알고 있기에, 그것이 보이지 않을 때 없는 것 아닌가라고 묻게 되는 것이다. 그것을 자각한 적이 없다면, 의문을 갖지도 않고 보고자 하지도 않았을 것이다. 문제는 스스로를 자각하는 자각주체가 바로 마음인데, 그 마음을 다시 대상으로 바라보려고 하는 것이다.

성의 각은 반드시 명인데, 허망하게 각을 밝히려고 한다.[4]

자기 마음이 자기 마음을 취하면, 환 아닌 것이 환법이 된다.[5]

성의 각은 마음의 본래적 자각성, 본각을 말한다. 이미 본각이 있어 밝다는 말이다. 그 마음을 다시 밝히고자 하는 것, 마음을 대상화하는 것은 허망한 짓이다. 마음으로 마음을 취하여 대상으로 붙잡으려 하면, 그렇게 붙잡힌 마음은 더 이상 본래의 절대의 마음이 아니고 이미 상대화되고 대상된 마음내용일 뿐이다. 대상화됨으로써 가상의 현상세계

---

4   『수능엄경』 4권(『대정장』 19권, 120상), "性覺必明, 妄爲明覺."
5   『수능엄경』 5권(『대정장』 19권, 124하), "自心取自心, 非幻成幻法."

에 속하는 환법으로, 상(相)으로 바뀌고 만다. 그렇게 되면 본래의 절대의 마음이 아닌 것이 되고, 그 환에 속아 결국은 절대의 마음은 없다고 말하게 된다. 하지만 그렇게 말하는 그 마음이 바로 없다고 생각한 바로 그 절대의 마음이다. 결국 없다고 말함으로써 있음을 보여 주고 있으니, 그러한 자기부정의 역설을 자각하지 못하는 것이 광기인 것이다.

보이는 것만 있는 것이라고 하고, 그것을 보고 있는 자기 자신의 마음은 보이지 않으니 없는 것이라고 생각하는 현대인의 사고는 바로 이러한 연야달다의 광기와 닮아 있다. 자신의 마음을 세계를 보는 일심으로 자각하지 못하면, 표층의식의 분별과 차별상에만 주목하게 된다. 그리하여 결국 일체와 하나로 공명하는 마음, 우리의 하나의 마음을 실감하지 못하고 살아가게 된다. 인간공동체의 '우리', 삶의 터전으로서의 온 우주의 '우리'를 잊어버리고, 온 생명과 하나로 공명하는 감각을 잃어버리고 개별자의 섬, 가상의 섬에 갇혀 살게 된다. 연야달다를 닮은 현대인의 광기가 안타까운 것은 바로 이 때문이다.

이 광기를 벗어나는 길은 일체를 대상화해서 바라보려는 객관주의적 강박, 일체를 개념화해서 파악하려는 과학주의적 맹신을 극복하는 것이다. 객체보다는 객체화하는 주체가 더 확실하고, 보여진 것보다는 보는 활동이 더 우선적이라는 것을 받아들여야 한다. 그리고 구분 짓는 분별보다는 공명하는 소통이 더 아름답고, 더하는 학(學)보다는 덜어내는 도(道)가 더 가치 있다는 것을 받아들여야 한다. 그렇게 해서 꽉 찬 마음을 스스로 빈 마음으로 바꿔 나가야 비로소 참다운 마음, 일심의 자기자각에 이를 수 있을 것이다. 보이는 현상세계 속에 등장하는 각각의 개별자들이 시공간적 연속체로서 개별적 실체성을 갖는다는 사고에 머물러 있는 한 무아를 알기 어렵고, 무아를 모르는 한 일체를 나와 불이(不二)로 아는 일심에 이르기 힘들 것이다.

입자와 에너지:
현대의 인과론(因果論) 비판

1. 물리주의적 인과론과 불교 연기론

내적으로 감지되는 심리적 사건이든 외적으로 감지되는 물리적 사건이든 어떤 사건이 일어나면 우리는 그 사건이 왜 일어났는지, 그 원인을 묻는다. 그리고 대개는 그 원인을 그 사건과 동시 또는 그 이전의 사건에서 발견하며, 문제가 되는 현재의 사건을 그것의 결과로 간주한다. 이렇게 해서 원인과 결과의 인과관계는 대개 시간의 흐름 안에서 선행하는 사건이 후행하는 다른 사건에게 미치는 영향으로 간주된다. 경험과학에서는 이러한 인과관계를 보다 정확하게 규정하기 위해 실험을 통해 '결정적 원인'을 찾아낸다. 결정적 원인이란 다른 여타 조건이 마찬가지일 경우 그것이 있으면 그 결과가 발생하고, 그것이 없으면 그 결과가 발생하지 않는 그런 조건을 뜻한다. 과학에서뿐 아니라 일상에서도 우리는 어떤 사건이 일어나면 반드시 그 사건을 일어나게 만드는 결정적 원인이 있을 거라고 생각하며 그것을 알고 싶어 한다. 내가 소화가 잘 안 되는 결정적 원인이 무엇일까? 그녀가 우울증에 걸린 결정적 원인이 무엇일까? 후쿠시마 원전 폭발의 결정적 원인이 무엇일까? 등등 결정적 원인과 그것의 결과로서의 인과관계는 우리의 사고를 지배하는 기본 개념이다.

석가모니가 보리수 아래에서 얻은 깨달음은 '연기(緣起)'의 깨달음이다. 연기는 '연하여(緣) 일어난다(起)'는 뜻이다. 이를 '원인x를 연하여 결과y가 일어난다'라고 보면 연기는 일종의 인과관계라고 할 수 있다. 흔히 인(因)은 직접적 원인, 연(緣)은 간접적 조건으로 간주되는데, 불교에서는 인을 포함하여 연을 4가지로 규정한다. ① 인연(因緣): 직접적 원인인 인으로서의 연이다. 씨앗에서 싹이 나오면, 씨앗은 인이고 싹은 과이다. ② 연연(緣緣): 지각대상인 연(緣)으로서의 연이다. 책상을 보고 책상의 지각이 일어나면, 책상은 연이고 지각은 과이다. ③ 등무간연(等無間緣): 시간의 흐름 안에서 이전 순간이 다음 순간을 위한 등무간연이고 다음 순간은 그 과이다. ④ 증상연(增上緣): 이상 세 가지 연을 제외한 일체가 과를 위한 증상연이다. 이상 4가지를 '연(緣)'으로 묶되 연의 의미가 지각대상이라는 것은 불교가 일체를 마음과의 연관하여 다룬다는 것을 말해 준다. 그리고 등무간연과 증상연은 불교가 한 사건의 연으로서 전체 시간과 공간, 전체 우주만물을 총체적으로 지목함을 말해 준다. 즉 현재 순간의 과에 대해 그 한 찰나 전의 등무간연이 또 그 한 찰나 전을 등무간연으로 가지므로, 결국 전체 시간계열이 현재의 한 사건의 연이 된다. 또 내가 책상을 지각할 때, 곁의 사람, 창밖의 나무와 새, 떠가는 구름, 하늘의 해 등 온 우주만물이 나의 지각과 무관한 것 같지만, 실은 나의 지각을 방해하지 않고 그 지각이 가능하도록 허용한다는 점에서 그 과를 일으키는 증상연이 된다. 이

와 같이 한 사건에 대해 인식주관과 인식객관을 포함하여 시공의 우주
만물 전체가 중연(衆緣)이 된다. 우주만물을 서로 연결된 하나의 인드
라망으로 간주하는 것이다. 이곳에서 일어나는 나비의 날개짓이 지구
반대편의 태풍과 무관하지 않다.

이와 같이 사건y에 대해 그것을 야기한 결정적 원인x가 존재한다고
간주하고 x와 y를 인과필연성의 법칙으로 확립하고자 하는 인과론과
달리, 연기론은 y를 여러 중연의 화합 결과로 간주하며 인은 단지 그
중의 하나로 여긴다. 그렇다면 연기론의 인은 인과론의 원인과 동일한
것일까? 연기론과 인과론의 근본적 차이는 무엇일까? 이하에서는 인과
론과 대비되는 연기론의 특징을 살펴봄으로써, 불교의 연기론적 세계
관이 현대의 인과론적 세계관과 어떻게 다른지를 생각해 보기로 한다.

2. 중론(中論)이 밝히는 인과의 실상

1) 인과관계의 부정

인과론은 x가 있으면 반드시 y가 있다는 인과필연성을 함축하며, 이
때 x와 y는 서로 다른 별개의 사물 내지 사건으로서 x가 y보다 뒤에 올
수는 없다고 간주한다. x는 y와 동시이거나 선행해야지 후행할 수는 없
다는 말이다. 동시인 〈경우1〉과 선행하는 〈경우2〉는 다음과 같이 표시
될 수 있다.

인x:　　→•　○　　　　　→•　○
　　　　　유　무　　　　　유　무
과y:　○　•→　　　　　○　•→
　　　무　유　　　　　무　유
　　　t1 t2 t3　　　　t1 t2
　　　〈경우1〉　　　　〈경우2〉

반면 중론은 불교의 연기론을 풀이하여 논하되 서로 별개의 x와 y가 인과필연성에 따라 규정되는 그런 인과관계는 성립하지 않는다고 주장한다. x가 원인이고 y가 결과로서 인과관계를 맺는다면, 가능한 경우는 원인x 안에 결과y가 포함되어 있는 '인중유과(因中有果)'이거나 원인x 안에 결과y가 포함되지 않는 '인중무과(因中無果)'이거나 둘 중의 하나이다. 인에 과가 있는 '인중유과'는 과가 일어나는 순간에 인도 함께 있어야 하므로 〈경우1〉에 해당하고, 인에 과가 없는 '인중무과'는 과가 일어나는 순간에 인은 이미 사라지고 없어야 하므로 〈경우2〉에 해당한다고 볼 수 있다. 그런데 중론은 이 두 경우가 다 성립하지 않는다고 논한다.

> 과(果)가 인(因) 안에 미리 있다는 것도
> 있지 않다는 것도 모두 성립하지 않는다.
> 미리 없다면 무엇을 위한 인이 되겠는가?   - 인중무과, 〈경우2〉
> 미리 있다면 인이 무슨 소용이 있겠는가?[1]   - 인중유과, 〈경우1〉

예를 들어 씨앗이 원인이 되어 새싹이 생긴다고 할 경우, 인중유과는 씨앗 속에 이미 새싹이 있다는 말이고, 인중무과는 씨앗 속에 새싹이 없다는 말이다. 그런데 씨앗 속에 새싹이 이미 있다면, 즉 인중유과라면, 새싹이 이미 있으니 씨앗을 다시 원인으로 삼을 필요가 없게 된다. 씨앗을 원인으로 삼아 새싹이 생긴다면 이미 있는 새싹과 새로 생겨나는 새싹이 둘이 되기 때문이다. 반대로 씨앗 속에 새싹이 있지 않다면,

---

[1] 용수 저, 구마라즙 역, 『중론』 1권(『대정장』 30권, 2하), "果先於緣中, 有無俱不可. 先無爲誰緣, 先有何用緣." 여기서 연(緣)이라는 것은 인중유과 인중무과 논의에서의 인(因)의 의미이기에 인으로 번역하였다.

즉 인중무과라면, 씨앗과 새싹이 서로 무관하여 새싹이 자신과 무관한 씨앗을 원인으로 삼을 수 없게 된다. 무관한 새싹을 원인으로 삼는다면 마찬가지로 무관한 흙을 원인으로 삼아도 되기 때문이다. 그러므로 인중유과이든 인중무과이든 두 경우 모두 인과가 성립하지 않는다는 것이다.

여기서의 문제는 씨앗 안에 새싹이 잠재적으로는 있고(인중유과) 현실적으로는 있지 않다(인중무과)는 식으로 해결될 수 있는 것이 아니다. 문제는 인(씨앗)으로부터 과(현실적 새싹)가 생겨나는 순간의 인과이기 때문이다. 그 순간에 주목하면서 인과를 위의 도표와 연결시켜 다시 논하자면, 문제는 결국 t1의 씨앗이 인이 되어 t2에 새싹이 생길 때, t2에 씨앗이 남아 있는가 아니면 이미 없어졌는가이다. t1에 있던 씨앗이 t2에는 없어지고 새싹이 생기는 것이면, 이것은 인과 과가 동시에 있지 않은 '인중무과'로서 〈경우2〉에 해당한다. 이 경우 새싹이 생기는 t2에 이미 씨앗이 없는데, 없는 인이 어떻게 과를 낳을 수 있단 말인가? 그러므로 인중무과는 성립하지 않는다. 그렇다고 씨앗이 인으로 작용하기 위해 t2에 씨앗이 아직 남아 있다고 한다면, 이것은 인과 과가 함께 있는 '인중유과'로서 〈경우1〉에 해당한다. 그러나 이 경우에는 t2에 씨앗과 새싹, 인과 과가 함께 있는 것이 되니, 과가 이미 있는데 인이 무슨 필요가 있단 말인가? 그러므로 인중유과 또한 성립하지 않는다. 이와 같이 중론은 인중무과도 성립하지 않고 인중유과도 성립하지 않으므로, 결국 인과관계라는 것이 성립하지 않는다고 주장한다.

2) 일체 존재의 불가분리성

그러나 실제 씨앗에서 새싹이 생겨나는 것을 우리는 경험하지 않는

가? 그런데도 인과를 부정하는 것이 과연 타당한가? 중론이 인과를 부
정하는 진정한 의미는 무엇인가? 우리가 일상적으로 인과를 주장할 때
는 인과관계에 있는 원인x와 결과y를 서로 별개의 개체 또는 별개의
사건으로 간주한다. 우리는 존재하는 것들을 각각 자기자성을 가지는
개별실체로 생각하는 경향이 있는 것이다. 이에 반해 중론은 존재하는
일체는 모두 어느 것이든 자기자성을 가지는 개별실체가 아니라는 것
을 강조한다. 모든 것은 다 자기자성을 갖고 있지 않으며 다른 것을 연
해서 존재하는 연기적 존재라는 것이다. 다른 것을 연해서 존재한다는
것은 자기자성이 없다는 것, 따라서 공이라는 것을 말한다.

무자성이므로 공이다.[2]

중론의 인과부정이 의미하는 바는 소위 인과에서의 원인과 결과, x와
y는 자기자성을 가지는 별개의 개별실체가 아니라는 것이다. 원인과
결과, x와 y의 구분은 우리의 표층의식에 따른 개념적 분별에 지나지
않는다는 것, 개별자에 속한다고 생각되는 자기동일적 자성은 실제로
개념적 자기동일성에 지나지 않는다는 것을 말하고자 함이다. 개념적
분별을 넘어선 심층 차원에서 보면 일체는 자기자성 없이 하나로 연결
되어 있다. x와 y는 표층에서는 서로 한계 지어지고 구획된 둘이지만,
심층에서는 서로 연결되어 있는 하나이다. 이처럼 불교는 서로 분리된
각각의 개별적 실체성, 각각의 자기자성을 부정한다.

---

2   『중론』 8권(『대정장』 30권, 13상), "無自性故空."

3. 유식(唯識)의 연기론

1) 현상을 성립시키는 4연(緣)

중론은 표층에서 지각되는 개별자들의 실체성 내지 자기자성을 부정하며, 따라서 그들 간에는 인중유과도 인중무과도 성립하지 않는다고 하여 인과관계도 부정한다. 중론이 현상적인 인과관계를 부정하며 일체를 무자성의 공으로 설명하는 데 반해, 유식은 우리가 경험하는 가시적인 현상세계의 질서를 현상보다 더 깊은 차원에서 다시 회복시킨다. 유식은 제법의 인과를 네 가지 연(緣)을 통해 설명한다.

(1) 인연(因緣): 명언종자(등류습기)

유식은 인(因)을 '종자(種子)'로 설명하는데, 종자는 두 종류로 구분된다.

> 인(因)이라고 하는 것은 곧 '말미암는 것'[所由]이기 때문에 '종자(種子)'
> 라고 부른다 … 같은 종류의 '직접적 원인'[親因]을 '등류종자(等類種子)'
> 라고 하고, 다른 종류를 불러오는 것을 '이숙종자(異熟種子)'라고 한다.[3]

네 가지 연(緣)의 구분에 따라 말하자면, 등류종자는 직접적 원인(친인)인 인연(因緣)에 해당하고, 이숙종자는 그러한 인이 과를 내는 데

---

3   규기, 『성유식론술기』 2권(『대정장』 43권, 298하), "因者卽所由故謂種子也 … 自性親因名等類種. 異性招感名異熟種." 여기서 같은 종류, 다른 종류라는 것은 선·악·무기의 성품을 말한다. 친인으로서의 종자와 그로부터 산출된 결과는 선·악·무기가 같은 종류의 것이기에 이를 '등류인(等類因)' '등류과(等類果)'라고 한다. 증상연으로서의 이숙종자는 종자가 선 또는 악인데, 그 결과로 초감되는 제8식은 무기이기에 과가 인과 다르게 되었다는 뜻에서 '이숙인(異熟因)' '이숙과(異熟果)'라고 한다.

도움을 주는 증상연(增上緣)에 해당한다.

> 등류인은 인연의 종자이고, 이숙인은 증상연의 종자이다.[4]

우선 제법의 친인인 '등류종자'란 무엇을 의미하는가? 등류종자는 어떤 의미에서 제법의 친인이 되는가? 가시적 입자가 비가시적 에너지 파동의 산물이듯이, 유식은 우리가 지각하는 사건이나 사물은 모두 일정한 에너지가 구체화되어 드러난 결과물로 간주한다. 개별 사건이나 사물로 구체화되기 이전 온 우주를 채우고 있는 것은 생명체가 가지고 있는 생명의 기운인 에너지 흐름, 에너지 파장이다. 유식은 이러한 기운을 경험을 통해 스며든(훈습된) 기운이란 의미에서 '습기(習氣)'라고 한다. 경험을 통해 훈습된다는 것은 곧 경험의 내용들이 기억 내지 정보로 축적된다는 뜻이다. 우주를 채운 에너지는 무시이래의 경험의 정보가 담겨 있는 에너지 흐름이다. 습기는 삶의 산물이면서 동시에 다시 삶을 산출해 내는 기운이기도 하므로, 이를 '종자(種子)'라고 부른다. 나무가 자신의 모든 정보를 종자로 남기고, 시간이 지나면 그 종자가 다시 같은 종류의 나무를 만들어 내듯, 우주의 기운은 생명체의 삶을 통해 형성된 종자이고, 바로 이 종자 에너지로부터 다시 우주만물이 생성된다. 그러므로 우주에 존재하는 일체 제법, 모든 사물과 사건은 모두 습기 내지 종자가 발현된 결과물, 종자의 산물이다. 따라서 일체 제법의 친인을 그 제법을 형성하는 에너지인 '등류종자'라고 부른다.

4 　규기, 『성유식론술기』 2권(『대정장』 43권, 298하), "等類因是因緣種, 異熟因增上緣種." 『성유식론』에서는 "등류습기를 인연으로 해서 8식의 체상이 차별적으로 생겨난다 … 이숙습기를 증상연으로 해서 제8식을 초감(招感)한다[等類習氣爲因緣故, 八識體相差別而生 … 異熟習氣爲增上緣, 感第八識]"(『성유식론』, 2권(『대정장』 31권, 7하))라고 설명한다.

이와 같이 유식은 어떤 사물이나 사건y를 낳는 직접적 원인(친인)을 현상 차원에서 y와 구분되는 다른 사물이나 사건x에서가 아니라, 오히려 현상화되기 이전의 y의 에너지, y의 종자에서 찾는다. 인과관계를 기본적으로 현상적 사물들 x와 y 간의 관계가 아니라, 오히려 드러나지 않은 에너지와 그 에너지가 구체화되어 드러난 현상과의 관계로 간주하는 것이다. 드러나지 않은 은(隱)과 드러난 현(顯), 이 둘을 유식은 '종자(種子)'와 '현행(現行)'으로 구분한다. 친인인 등류종자로부터 발현된 등류과가 종자의 현행(現行)이다. 그러므로 경험세계에서 발견되는 것은 그것이 씨앗(외종)이든 새싹이든 모두 각각의 친인인 종자(내종)가 발현된 결과물, 종자의 현행이다. 씨앗과 새싹을 인과 과로 분리해서 논할 수 없다는 중론의 인과부정을 수용하면서 유식은 씨앗과 새싹 둘 다를 각각의 종자(인)로부터 발현한 결과(과)로 설명하는 것이다.

현행(現行) = 현상, 현(顯): 씨앗(과)   새싹(과)   : 과
                              ↑   ↑   ↑〈현행〉
종자(種子) = 심층, 은(隱): 종자(인) → 종자(인)   : 인

그렇다면 이 종자 내지 습기의 원인은 무엇인가? 현상을 생성할 에너지는 무엇으로부터 생성되는가? 개념 자체가 말해 주듯 우주생성의 에너지인 습기는 '훈습된 기운'이고 종자는 '심어진 종자'이다. 이처럼 유식에서 우주생성의 에너지인 습기 내지 종자는 그 자체로 본래 존재하는 것이 아니라, 무시이래로 중생의 경험을 통해 발생하고 축적된 에너지이다. 즉 행위(업)가 남긴 힘인 업력(業力)이며, 경험을 통해 축적된 정보 에너지라고 할 수 있다.

현행(現行) = 현상, 현(顯):   중생의 경험   : 인

　　　　　　　　　　　　　　　↓　　　　　↓〈훈습〉

종자(種子) = 심층, 은(隱):   종자·습기   : 과

에너지를 남기는 중생의 행위 그리고 그 에너지로부터 발생하는 우주만물은 가시적으로 눈앞에 드러나는 현상이다. 그렇다면 그와 같이 현상화되고 구체화되기 이전의 에너지는 우리가 어디에서 어떻게 확인할 수 있는 것일까? 종자 내지 습기는 어디에 쌓여 있다가 그 힘을 발휘하는 것일까?

대개는 우주생성의 에너지를 우리의 마음 바깥에 존재하는 객관적힘이라고 여겨, 그것을 창조주(신)에 귀속시키거나 아니면 물질에 귀속시키는 경향이 있다. 각각의 중생은 그러한 에너지가 발현된 결과물, 에너지의 산물일 뿐이라고만 여기는 것이다. 이에 반해 유식은 일체 우주생성의 에너지인 일체 종자를 각 생명체의 심층마음 안에 담긴 종자라고 논한다. 유식은 각각의 생명체를 우주적 에너지가 발현된 결과물, 에너지의 산물이 아니라, 오히려 우주적 에너지의 근원으로 여기는 것이다. 우주생성의 에너지는 바로 모든 생명체의 심층마음의 에너지라는 것이다. 우주생성의 종자는 각 중생의 마음에 훈습되고 마음안에서 존속하다가 마음으로부터 현행하여 우주를 생성한다. 이렇게 종자를 갈무리해 갖고 있는 중생의 마음을 '아뢰야식(阿賴耶識)'이라고 부른다. 아뢰야식은 중생의 일체 마음작용의 근본이므로 '본식(本識)' 또는 '근본식(根本識)'이라고도 부른다. 종자는 근본식인 아뢰야식 안에 함장되어 있으면서 일체 제법을 형성해 내는 친인으로 작용한다.

어떤 법을 종자라고 하는가? 본식 안에서 자신의 과를 직접 일으키는 특수한 공능을 말한다.[5]

각 중생의 아뢰야식에 전 우주의 역사가 기억으로, 정보로 담겨 있고 그것이 다시 우주생성의 에너지로 작용한다. 그렇게 각 중생은 아뢰야식 내 종자로부터 우주를 생성한다. 그렇게 생성된 우주를 각자의 의식이 다시 정보로 지각하는데, 정보는 개념, 즉 명언(名言)이다. 그래서 지각된 정보로 남겨지는 종자를 '명언종자(名言種子)'라고 한다. 일체 제법은 명언종자로부터 생성된다.

아뢰야식의 종자가 현행하여 현상세계로 드러나는 것을 아뢰야식의 전변(轉變) 내지 변현(變現)이라고 부르며, 그렇게 전변된 결과물인 식소변(識所變)을 아뢰야식의 '상분(相分)'이라고 한다. 각 중생의 개별적 몸인 유근신(有根身)과 그 유근신들이 함께 의거해 사는 공통의 세계인 기세간(器世間)이 아뢰야식의 상분이다.[6] 아뢰야식 내 종자 에너지가 나와 세계로 구체화되는 것이다.

현행 차원:　　유근신 + 기세간
　　　　　　　　↑ 전변 = 변현: 현상화
종자 차원:　　아뢰야식 내 종자

각 중생의 아뢰야식 내 종자가 변현하여 각 중생의 몸을 포함하는 기세간이 형성되는데, 그렇게 변현된 기세간이 하나의 공통의 기세간이

5　호법 등 저, 현장 역, 『성유식론』 2권(『대정장』 31권, 8상), "何法名爲種子? 謂本識中親生自果功能差別."
6　이 두 가지 이외에 종자를 아뢰야식의 상분으로 분류한다. 종자는 구체적 사유대상으로서의 관념으로 생각할 수 있다. 여기에서는 구체적 현상사물만이 문제가 되기에 유근신과 기세간만 언급하였다.

된다는 것은 곧 각 중생의 아뢰야식 안에 담긴 종자 에너지가 동일한 에너지 파동이라는 것을 의미한다. 우주는 그렇게 각 중생의 아뢰야식에서 무한히 반복적으로 생성된다. 심층마음에서 '일즉다 다즉일'이 실현되고 있는 것이다.

심층마음의 동일성에도 불구하고 존재하는 각각의 중생의 차이는 그 공통의 기세간 안에 등장하는 유근신의 차이이다. 각각의 중생은 함께 공명하는 동일한 에너지로 공통의 세계(기세간)을 만들면서 그렇게 만들어진 세계의 한 부분을 자기 자신(유근신)으로 인식한다. 기세간 안에 안팎을 구분하는 울타리가 만들어져 있어 그 벽을 따라 나와 너, 나와 세계가 분별되기 때문이다. 이러한 벽은 어떻게 만들어진 것일까? 유근신의 차이는 무엇에 의해 이끌리는 것일까?

(2) 증상연(增上緣): 업종자(이숙습기)

아뢰야식 안에 함장된 종자 중에는 일체 제법을 형성하는 친인으로서의 등류종자 이외에 증상연으로 작용하는 이숙종자가 있다. 친인의 작용을 돕는다는 의미에서 증상연이라고 한다. 무엇을 어떻게 돕는다는 것일까? 이숙종자는 무기의 제8아뢰야식을 초감하며 더불어 전6식을 초감한다고 한다. 이숙종자에 의해 초감되는 제8아뢰야식을 이숙종자의 총체적 과보라는 의미에서 '진이숙(眞異熟)'이라고 하고, 그 제8식으로부터 생한 전6식의 이숙과인 귀천(貴賤), 고락(苦樂), 현우(賢愚), 미추(美醜) 등의 별보를 '이숙생(異熟生)'이라고 한다. 이숙종자는 진이숙과 이숙생을 이끌어 오는 종자이다.

이숙습기를 증상연으로 하여 제8식을 초감하니, 이끄는 업의 힘(인업력)에 따라 항상 상속하기에 '이숙'(진이숙)이란 이름을 세운다. 전6식도 초

감하니, 만업(滿業)에 따라 이숙식으로부터 일어나므로 '이숙생'이라고
이름한다.[7]

제8식을 초감한다는 것은 무엇을 의미하는가? 각 중생의 제8아뢰야
식에는 우주생성의 무한한 에너지, 무한한 정보(등류종자)가 가능태로
잠재되어 있다. 제8식을 초감한다는 것은 그 무한한 에너지를 간직한
아뢰야식을 이 세계로 이끌어 와서, 실제로 종자로부터 현상세계를 생
성하게 하고 그 안에서 현상세계의 일원으로 살아가게 한다는 말이다.
즉 윤회(輪廻)하게 하는 것이다. 제8식을 초감하는 것은 전체적인 기세
간을 형성하게 하는 것이고, 그와 더불어 전6식을 초감하는 것은 기세
간 안에 나의 울타리를 만들어 그 나의 벽을 따라 의식의 분별을 행하
게 하는 것이다. 이렇게 제8식과 전6식을 초감(招感)하는 이숙종자를
'업종자(業種子)'라고 부른다. 기세간 안에 나의 울타리, 나의 장벽을
만드는 것이 바로 업종자이다. 그래서 개체적 유근신을 규정짓는 이 장
벽을 흔히 '업장(業障)'이라고 부른다.

아뢰야식 내의 정보, 유전자정보나 두뇌정보는 내가 지각하게 될 현
상세계의 친인인 등류종자이지만, 그중에서 구체적으로 어느 정보가
활성화되는가는 또 다른 힘을 필요로 한다. 이러한 또 다른 힘에 해당
하는 것이 바로 이숙종자 내지 업종자이다. 이런 의미에서 이숙종자를
친인의 작용을 돕는 증상연, 즉 등류종자의 현행을 돕는 증상연이라고
하는 것이다.

---

7   『성유식론』 2권(『대정장』 31권, 7하), "異熟習氣爲增上緣, 感第八識, 酬引業力,
恒常續故, 立異熟名. 感前六識, 酬滿業者, 從異熟起, 名異熟生."

현상제법

↑ ← 이숙습기(업종자): 증상연

등류습기(명언종자): 인연

(3) 등무간연(等無間緣)

사건 내지 사물을 생성하는 친인연(명언종자, 등류습기)과 그 종자의 발현을 돕는 증상연(업종자, 이숙습기)은 사건 내지 사물과 동시에 작동하는 연이다. 그런데 일제 존재는 전 찰나와 단절되어 있는 것이 아니라 시간의 흐름을 따라 연관관계 속에 있으므로 이전 찰나가 다음 찰나에 대해 하나의 연으로 작동한다. 이러한 전 찰나의 연을 간격 없는 연이란 의미에서 '등무간연(等無間然)'이라고 한다.

현재의 의식은 현재 찰나에 그 의식을 일으키는 종자(인연)와 그 종자의 발현을 돕는 힘(증상연)뿐 아니라 그 이전 찰나에 의거해서 비로소 가능하므로 등무간연이 현재의 과를 성립시키는 중요한 연이 된다.

(4) 소연연(所緣緣): 친소연(상분소연)과 소소연(본질소연)

유식이 논하는 네 번째 연은 식의 활동의 대상이 되는 연인 '소연연(所緣緣)'이다. 식은 견분과 상분으로 이원화하는 과정이며, 견분에 의해 보여지는 상분이 곧 소연이다. 아뢰야식의 경우 소연은 식의 활동에 의해 비로소 형성되므로, 아뢰야식에서는 상분인 유근신과 기세간 너머 따로 소연이 없다.

반면 아뢰야식 외의 7전식은 대상을 전제로 한 앎이며, 따라서 소연이 이중화된다.[8] 즉 우리의 앎은 x를 y로 아는 것이다. 예를 들어 컵을

---

8   7전식은 아뢰야식의 식소변인 유근신과 기세간에 입각해서 일어나는 표층식이다. 유근신은 색성향미촉 5근과 제6의근을 가진 몸이며, 기세간은 유근신이 의거하는 세

컵으로 아는 경우, 앎의 직접적 대상인 상분은 알려진 컵y이다. 이것을 가까운 소연이란 의미에서 '친소연(親所緣)'이라고 한다. 그리고 알려지게끔 전제되는 대상x를 먼 소연이란 의미에서 '소소연(疎所緣)'이라고 한다. 7전식은 아뢰야식의 식소변인 견분과 상분을 본질(소소연)로 삼아 그것의 영상을 떠올려 상분(친소연)으로 삼는다. 이와 같이 아뢰야식과 달리 7전식에서는 친소연(상분소연)과 소소연(본질소연)이 구분된다.

견분   상분=친소연 ← 소소연(제8식의 견분과 상분)
      (상분소연)   (본질소연)

 ＼ ／
      7전식

이상과 같이 유식은 연기가 어떻게 성립하는지를 여러 가지 연을 통해 해명한다. 우리가 흔히 사건이나 사물y의 결정적 원인을 그 y에 선행하는 −y에서 구하는 것에 대해, 중관은 그러한 x와 y의 관계가 인중유과도 인중무과도 아니므로 인과 자체가 성립하지 않는다고 주장하였다. 이를 수용하면서 유식은 인과관계를 표층현상에 드러나는 x와 y의

────────

계이다. 5근이 각각의 경을 아는 것이 전5식이고, 의근이 6경을 아는 것이 제6의식이며, 의근의 자아식이 제7말나식이다. 제7말나식은 아뢰야식의 견분을 붙잡아 그것을 자아라고 생각하는 아견, 아집의 망식이다. 즉 심층에서 우주를 생성하며 바라보는 시선을 표층의 유근신인 내가 보는 시선으로 여기기 때문에 그릇된 식인 비량(非量)이다. 아뢰야식은 본래 모든 중생과 공명하는 하나의 식이며 그렇게 나의 심층마음은 자타분별을 넘어선 식인데, 내가 그 실상을 알아차리지 못하고 그 아뢰야식의 시선을 현상적 내가 일으키는 사적(私的) 시선으로 여기기 때문이다. 이는 곧 자신의 심층을 망각하고 표층화, 현상화 내지 대상화하는 것이다. 그렇게 함으로써 심층마음의 우주창조의 능력 및 공명의 능력을 상실하고, 결국 자신 안에 담긴 전체 우주역사, 시공간의 지평을 상실하게 된다. 그리고 견분을 나로 여김으로써 상분을 나 아닌 것, 세계 자체로 여기면서 주객분별을 일으킨다.

관계에서가 아니라 심층 아뢰야식에서의 종자를 통해 설명한다. 이것
은 유식이 표층적 현상세계의 근거로서 심층 아뢰야식과 그 아뢰야식
안에 담긴 우주생성의 에너지를 발견하여 일체 중생의 표층-심층의 존
재론을 전개하기 때문이다.

2) 표층 - 심층의 존재론

유식이 일체 우주생성의 친인연을 심층마음인 아뢰야식 내 종자로
설명하고, 그 아뢰야식이 형성한 기세간이 하나의 기세간임을 통해 일
체 중생의 심층 아뢰야식이 모두 동일한 우주생성의 에너지를 가진 하
나의 식, 하나의 마음, 한마음이라는 것을 말할 수 있는 것은 유식이 불
교의 무아론에 철저하기 때문이다.

표층적 개별실체를 부정하는 것이 불교의 무아설(無我說)이다. 내가
나라고 여기는 나의 몸[色]은 나 아닌 것인 밥이 내 피와 살로 화한 것
이고, 밥이 된 쌀은 대지의 물과 양분, 대기의 공기와 바람과 햇빛 등
우주 전체의 기운에 의해 그것이 된 것이다. 내 몸은 표층에서 보면 쌀
도 흙도 아니고 바람도 태양도 아니지만, 심층에서 보면 그 모든 것이
다 내 안에 스며 있어 나를 이루는 연(緣)이 된다. 내가 나라고 여기는
나의 마음[名: 수·상·행·식]도 표층에서 보면 남들과 단절된 고립적
자의식처럼 보이지만, 심층적으로 보면 나의 자의식은 그의 느낌과 그
녀의 생각, 산 자의 뜻과 죽은 자의 인식(개념) 등 일체가 하나로 소통
하는 전체 마음의 바다 위에 떠 있는 섬에 불과하다. 이와 같이 연기론
은 표층에서 각각 별개의 것으로 분리되어 있는 것들이 심층에서는 불
가분리의 하나로 연결되어 있다는 것, 표층적 분별은 무분별적 심층으
로부터 드러난 환(幻)이고 가(假)라는 것을 강조한다.

이처럼 우리 눈에 보이는 분화된 개체들의 현상세계가 눈에 보이지

않는 전체인 심층마음의 표현이라는 것을 체계적으로 밝힌 것이 유식이다. 전체는 개체 바깥의 객관실재가 아니고 바로 각각의 개체의 내면이고 심층이다. 개체는 표층에서 보면 각각으로 분리된 서로 무관한 각자이지만, 심층에서 보면 서로가 서로를 포함하는 전체의 하나이다. 이 심층의 하나의 식이 바로 우주생성의 에너지가 종자로 함장된 아뢰야식인 것이다.

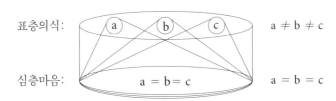

표층의식: (a) (b) (c) $a \neq b \neq c$

심층마음: $a = b = c$ $a = b = c$

이와 같이 유식에 따르면 일체는 식(識) 내지 마음 안에 포섭된다. 내가 객관세계라고 생각하는 것도 실은 나에 의해 그렇게 실재하는 것으로 의식된 세계에 지나지 않기 때문에 나의 마음을 벗어난 것이 아니다. 표층에서는 일체가 서로 분리된 각각으로 보이지만, 모든 것이 심층에서 하나로 통하고 하나로 공명하고 있다. 일체가 심층에서 하나라는 그 동체의식에 근거해서 다른 일체 중생과 자신을 분리하지 않고 하나로 느끼는 동체대비의 보살행이 가능해지는 것이다.

4. 더해 가는 학(學)과 덜어 가는 도(道)

1) 표층에서 더해 가기

우리의 일상적인 표층의식의 분별논리는 우리가 사물을 정의하는 방식, 즉 근사류와 종차(種差)를 통한 정의방식에서 잘 드러난다. 일체 사물류에다 생명성의 종차를 더해 생물을 무생물과 구분해서 '살아 있는 것'으로 정의하고, 생물류에다 운동성의 종차를 더해 동물을 비동물과 구분해서 '움직이는 생물'로 정의하며, 다시 동물류에다 이성의 종차를 더해 인간을 비인간과 구분해서 '이성을 가진 동물'로 정의한다.

〈근사류와 종차를 통한 정의방식〉 아리스토텔레스 – 순자

이것은 종차를 더해 감으로써 일체를 대립적으로 분별하여 분류하는 방식이며, 결국 모든 것을 차이나는 것, 서로 다른 것으로 알아가는 방식이다. 표층의식의 사유방식은 x를 −x를 통해 −x가 아닌 것으로 인식하는 것이며, 결국 x를 x와 −x를 포함하는 공통의 지평(연기적 지평)으로부터 분리하여 이해하는 것이다. 이러한 분별적 사유방식에 익숙해지면 인간은 자신을 차이로서만 인식하게 되어, 결국 너와 나 사이의 심층적 공감능력인 인(仁)과 자비(慈悲)의 능력은 마비되고, 나아가 인간이 동물과 공유하는 운동성, 인간이 생물과 공유하는 생명성, 인간이 무생물과 공유하는 존재성 등의 기운이나 에너지에 대해 무감각해지고 만다. 이것은 곧 배경의 부정을 통해 전경을 인식하는 사유방식이다. 차이에 따른 분별로써 규정을 더하여 인식을 확장해 가는 학적 태도이다.

그런데 어느 순간 우리는 문득 전경이 배경을 등에 업고 있으며, 배경을 빼면 전경이 살아남지 않는다는 것을 깨닫는다. 배경에서 전경을 골라내는 작업, 종차를 따라 분류하는 학적 작업은 우리 머리 속의 임의적 개념틀에 따른 작업이며, 하나의 개념틀은 또 다른 개념틀로 대치되리라는 것, 우리의 대립적 사유는 결국 허망분별에 지나지 않는다는 것을 직감한다. x의 본질은 우리가 임의적으로 x와 -x를 분별하면서 그어 놓은 경계선을 따라 -x 아닌 x에서 찾아지는 것이 아니라, 오히려 x와 -x를 포함하는 공통의 지평, 그 심층에 놓여 있다는 것을 직감한다. 전체가 심층에서 하나로 연결되어 있기에 표층에 드러나는 차이를 따라 분별하면 할수록 우리는 오히려 진실로부터 더 멀어진다는 것을 예감한다.

2) 심층을 향한 덜어 가기

석가가 연기를 깨달았다는 것은 표층의 고립된 개체성을 넘어 만물이 하나로 연결되어 있는 심층 에너지를 자각했다는 말이다. 만물의 상호연관성을 추상적으로 논증하였다는 말이 아니라, 만물이 하나로 연결되어 있는 심층의 연기성을 직접 자각하고 증득하였다는 말이다. 심층의 연기성을 자각한다는 것은 표층에서의 개념적 분별에 매이지 않는다는 말이다. x를 -x와의 대립을 통해 개념적으로 분별하여 아는 것이 아니라, x를 x와 -x를 포괄하는 공통의 지평에서 아는 것이다. 즉 분별적 사유가 아니라 심층적 사유로 아는 것이다. 그러자면 x와 -x의 표층적 사량분별을 멈추고 x와 -x가 하나로 소통하는 심층마음으로 내려가야 한다. 이것이 개념적 분별을 덜어 나감으로써 공통의 지평으로, 심층마음으로 향해 나아가는 도(道)의 길이다. 내 안에서 나의 살을 이루는 쌀을 느끼고, 내 안에서 대지와 바람과 햇빛을 발견하며, 또 내 안에서 그의 생각과 그녀의 지각과 그들의 고통을 모두 나의 것으로 느끼는 것이다.

이처럼 표층의식에서 심층마음으로 나아가는 길을 불교는 여러 가지 수행방법으로 제시한다. 표층적인 개념적 생각이나 생각과 얽혀 있는 감정 등에 이끌려 가지 않고 그것들을 고요하게 가라앉히는 것이 지(止

/사마타/집중수행)이고 그렇게 가라앉은 마음에 떠오르는 것들을 있는 그대로 바라보는 것이 관(觀/위빠사나/관찰수행)이다. 지로써 표층의 식보다 더 깊은 심층마음으로 내려가고, 관으로써 그 심층마음의 활동 성, 우주만물과 하나로 연결되어 있는 심층의 에너지를 호흡하고 느끼 고 자각하는 것이다. 지관의 점진적 수행과 달리 간화선(看話禪)은 화 두의심을 통해 일체의 개념적 분별적 사유를 단 한 번에 무너뜨리고 평 등한 마음바탕으로 나아가고자 한다.

우리의 표층적인 의식방식에 따르면 일체는 서로 구분된다. 이것은 이것이고 저것이 아니며, 나는 나이고 너가 아니다. 우리의 표층의식은 이런 방식으로 일체를 나와 너, 참과 거짓, 선과 악, 청정과 염오로 이 원화하여 분별한다. 그런데 불교는 이러한 표층의식(제6의식)이 우리 마음활동의 전부가 아니라는 것을 안다. 나와 너, 참과 거짓, 선과 악, 청정과 염오로 이원화되기 이전, 일체의 분별이 시작되기 이전, 이 우 주만물 전체를 하나로 알고 하나로 느끼는 그런 포괄적 의식, 전체의식 이 일체 분별의식의 바탕으로 모든 중생심 안에 깨어 있음(本覺)을 아 는 것이다. 이 무분별의 마음바탕을 나의 본마음, 나의 진심, 나의 본성 으로 깨닫고 그 마음으로 살아 나가려는 것, 그렇게 견성하여 성불하려 는 것이 불교 수행의 목적이다.

5. 심층의 의미

인과가 우리의 일상적 표층의식인 제6의식에서 일체를 이것 또는 저것 으로 분별하여 원인과 결과의 관계로 파악하는 사유틀이라면, 연기는 주객분별 자타분별이 일어나기 이전 심층마음에서 자각되는 일체 존재 의 상호연관성을 뜻한다. 불교는 우리가 이러한 연기성을 우주를 가득

채운 에너지 파동, 업력, 습(習) 또는 무의식적 기억으로 직접 체득할 수 있다고 논한다. 우리의 본래마음인 심층마음이 우주 전체를 포괄하는 연기적 마음, 우주적 마음, 일심이기 때문이다. 이처럼 불교는 우리 일반 중생의 마음이 개념적 규정성을 따라 자타, 피차, 시비, 선악을 분별하는 표층의식에 국한되지 않고, 그 심층에서 온갖 분별을 넘어 일체를 나와 하나로 자각하는 전체의식, 심층마음, 일심이라고 논한다. 이것을 깨달은 자가 곧 각자(覺者)이고 부처이다.

그러나 개념적 분별적 사유에만 익숙한 우리 범부는 그러한 전체의식의 존재를 부정한다. 그러나 그는 자신이 무엇을 부정하고 있는지를 정확히 알고 있다! 무엇인지 알아야 그것이 없다고 부정할 수 있지 않은가? 입으로는 그 존재를 부정하지만, 부정되고 있는 그것을 그는 이미 알고 있는 것이다. 그가 그렇게 알고 있는 그것이 바로 그가 모른다고 생각하고, 그래서 없다고 말하는 바로 그 마음, 그 심층마음, 일심이다. 그렇게 우리는 누구나 이미 일심으로, 부처로 존재한다. 부정은 긍정을 전제한다! 무명(無明)은 명(明)의 깨달음을 전제하고, 불각(不覺)은 본각(本覺)을 전제한다. 밝음의 바탕 위에 어둠이 있고, 무분별의 바탕 위에 분별이 있다. 오직 무명과 불각뿐이라면, 우리는 우리가 무지하다는 사실조차도 알아채지 못할 것이다. 모른다는 자각은 우리가 개념적으로 분별되지 않는 어떤 것을 그럼에도 불구하고 우리가 이미 다른 방식으로 알고 있다는 것을 말해 준다.

III

의식(意識)과 심식(心識):
현대의 의식론(意識論) 비판

1. 의식 너머 마음 찾기

우리는 삶의 시간 대부분을 몸을 돌보는 데 쓴다. 내 한 몸 또는 내 한 가족의 몸을 잘 먹이고 잘 입히고 잘 재우기 위해 안간힘을 쓰다 보면 어느새 몸은 늙고 병들어 버린다. 아무리 애지중지해도 몸은 그 은혜를 결국 병과 죽음으로 되갚기에, 불교는 몸을 '친한 척하며 가까이 다가와 복수할 기회를 노리는 원수'에 비유한다. 우리는 그렇게 아무것도 모르고 몸에 끌려다니면서 몸을 위해 산다. 그런데 그렇게 몸을 돌보는 자, 몸을 움직이게 하는 자, 또 몸으로 인해 즐거워하거나 아파하는 자는 결국 마음이다. 그래서 우리는 몸을 위해 산다 해도 그 삶에서 중요한 것은 역시 마음이라고 생각한다. 그렇다면 그 마음이란 무엇인가?

『능엄경』에서 마음의 소재('마음이 어디에 있는가?')에 대해 논하다 가 여래가 아난에게 "무엇이 너의 마음이냐?"고 묻자, 아난은 "여래가 지금 마음의 소재를 묻고 내가 마음으로 계속 추론하며 생각하니, 추론하는 자[能推者]가 마음입니다"[1]라고 답한다. 이것저것을 보고 듣고 생각하는 자, 견문각지심(見聞覺知心)이 곧 마음이라고 답한 것이다. 오늘날 우리가 마음을 이해하는 방식도 이와 크게 다르지 않다. 우리는 마음을 백지나 거울처럼 비어 있다가 거기에 사물이 주어지면 비로소 그것을 비추어 내는 활동으로 간주하며, 그런 활동이 마음활동의 전부라고 여긴다. 마음을 물리적 자극을 통한 두뇌신경세포의 활성화의 산물로 간주하는 현대 뇌과학의 마음이해도 이와 다를 바 없다. 이처럼 대상을 따라 일어나는 마음을 불교는 '제6의식'이라고 부르는데, 오늘날 우리가 우리 자신의 마음이라고 여기는 것이 바로 이 의식이다. 의식은 대상을 반연하여 생겨나는 반연심(攀緣心), 대상을 보고 듣고 느끼고 생각하는 식(견문각지심)이다. 의식의 대상은 감각대상인 색성향미촉 5경과 사유대상인 법경을 합한 6경인 6진(六塵)이며, 의식은 이러한 대상을 따라 일어나는 식이기에 불교는 의식을 '6진을 연한 그림자'[六塵緣影], '6진을 분별하는 그림자'[前塵分別影事], '6진의 허망한 생각'[前塵虛妄相想]이라고 부른다. 아난은 마음이란 바로 이 의식이 아니겠냐고 답한 것이다.

그런데 여래가 답한다. "돌(咄)! 그것은 너의 마음이 아니다!" 아난은 그 말을 진지하게 받아들인다. 놀라 당황하며 "그것이 나의 마음이 아니면 그럼 무엇이란 말입니까?"라고 묻자 여래는 "그것은 앞의 6진의 허망한 그림자로서 너의 진성(眞性)을 미혹하게 하는 것이다. 네가 무시이래로 지금까지 도적을 자식으로 오인하여 너의 원상(元常)을 잃어버렸기에 윤회하는 것이다"라고 답한다. 내가 내 마음이라고 생각해

---

1   반라밀제 역, 『수능엄경』 1권(『대정장』 19권, 108하).

온 것이 진짜 내 마음이 아니라는 말이다. 나의 진성 원상의 마음을 알 아보지 못하고 세상의 허망한 그림자를 내 마음으로 알고 있으니, 마치 자식을 알아보지 못하고 자식 흉내 내는 도적을 자식으로 잘못 알고 있 는 것과 같다는 말이다.

가짜 마음 - 능추자, 견문각지심 = 6진의 그림자 - 도적
　↑
진짜 마음 - 진성(眞性), 원상(元常)　　　　　　 - 자식

그러나 내가 지금까지 내 마음으로 여겨 온 견문각지심 이외에 달리 내 마음이라고 할 것을 내가 알지 못하는데, 그 견문각지심이 나의 마 음이 아니라면 결국 나는 마음이 없다는 말이 되지 않는가? 그래서 아 난은 두려워하며 다시 묻는다. "만약 이것이 마음이 아니라면, 저는 이 제 마음이 없어 흙이나 나무와 같을 것입니다. 이 견문각지를 떠나 다 시 있는 것이 없습니다. 어째서 여래께서는 이것이 마음이 아니라고 하 십니까?"『능엄경』에서 아난은 슬피 울면서[悲淚] 묻고, 여래는 아난의 머리를 쓰다듬으면서[摩阿難頂] 답한다. 마음을 묻는 물음은 그만큼 간 절한 물음이다. 마음이란 무엇인가? 나는 도대체 누구란 말인가? 대 상세계[六塵]로부터 자극을 받아 일어나서 그 대상세계를 의식하는 바 로 그 의식이 마음이 아니라면, 마음이 도대체 무엇이란 말인가? 의식 너머 진짜 마음이란 것이 과연 있는가? 진심이란 무엇인가? 나는 누구 인가?

2. 심층의 본래마음

『능엄경』에서 여래는 우리가 본래마음, 본심, 진심을 알지 못하고 허망

한 그림자인 전진분별영사를 자기 마음으로 간주하기에 생사윤회를 반복한다고 말한다. 이처럼 "반연심을 자성으로 삼는 것", "6진의 그림자인 6진연영을 자기 마음으로 여기는 것"을 『원각경』에서는 중생의 근본 전도(顚倒)라고 한다. 이러한 전도는 왜 일어나는가? 우리는 왜 본래마음을 알지 못하고 의식을 자기 마음으로 오인하는가? 본래마음은 과연 무엇인가?

　『능엄경』에서는 이러한 전도를 "식정(識精)의 원명(元明)으로 연(緣)을 내고는 그 연으로 인해 본명을 유실하는 것"이라고 설명한다. 식정은 의식보다 더 심층의 식인 본래마음을 뜻한다. 식정의 원명으로 연을 낸다는 것은 이 심층식의 활동을 통해 6진경계인 대상세계가 형성된다는 것이다. 불교는 기본적으로 "3계는 허망하고 거짓이며 오직 마음이 만든 것일 뿐이다. 마음을 여의면 6진경계가 없다"고 말한다. 불교가 말하는 본래마음은 6진경계를 형성하는 심층마음이다. 그런데 이 심층마음의 활동을 자각하지 못함(무명/불식)으로 인해 근본전도가 일어난다. 전도는 6진경계를 마음 바깥의 객관실재로 간주하고(법집), 자신을 그 세계 속 오온으로 여기면서(아집), 결국 자신의 마음을 6진경계로 인한 그림자로 간주하는 것이다. 이것이 바로 '연을 내고는 그 연으로 인해 본명을 유실하는 것'이다. 말하자면 내가 6진경계(세계)를 만들면서 그 세계 속에 나도 함께 만들어 놓고는, 나를 더 이상 전체 세계를 만드는 나(심층식)로 알지 않고 세계 속의 나(의식)로 아는 것이다. 이는 마치 화가가 그림을 그리면서 그 그림 속에 자기를 그려 놓고는 자신을 그려진 자기와 동일시하는 것과 같다. 또는 마치 밤에 꿈을 꾸면서 그 꿈속 세계에 빠져 자기 자신을 꿈속 인물로 아는 것과 같다. 나를 꿈꾸는 내가 아니라 꿈속의 나로 아는 한에서 꿈이 지속되듯, 나의 마음을 6진경계를 만드는 심층식이 아니라 6진경계의 그림자인 반연심

(의식)으로 아는 한에서 윤회가 계속된다.

6진경계를 형성하는 식을 불교는 표층 제6의식과 구분해서 심층 제8아뢰야식이라고 부른다. 제8아뢰야식은 각자의 개별적 몸(유근신)과 그 몸들이 의거해 사는 공통의 세계(기세간)를 형성하는 식이다. 아뢰야식이 움직여(무명업상/자체분) 일어나는 먼지(능견상/견분)로 인해 먼지덩어리(경계상/상분)가 축적되는데, 이렇게 축적된 먼지덩어리가 바로 내 몸을 포함한 전체 현상세계인 6진경계이다. 이것이 바로 나의 제6의식이 의식 바깥에 있다고 여기는 대상세계이다. 유식은 이 6진경계가 내 마음 바깥이 아니라 내 마음 안에 있다는 것, 아뢰야식의 변현 산물, 식소변(識所變)이라는 것을 논한다. 본래마음은 6진경계를 자기 바깥의 객관으로 의식하는 제6의식이 아니라, 6진경계를 형성하는 심층 제8아뢰야식이다.

아뢰야식이 6진경계를 형성한다는 것은 사실 간단한 논리이다. 동양은 물리적 현상세계를 에너지 파동의 산물로 본다. 세계를 형성하는 에너지를 불교는 업력(業力)이라고 부르고, 유가나 도가는 기(氣)라고 부른다. 유식은 업력을 과거 업의 습(習)이 남긴 기운이란 의미에서 '습기(習氣)'라고도 하고, 업의 결과로서 새로운 보(報)를 산출하는 공능(功能)이란 의미에서 '종자(種子)'라고도 한다. 불교에 따르면 이 세계는 종자 에너지가 현행화(現行化)한 결과이다. 현행화는 비가시적 에너지 파동이 구체적 형태로 가시화되는 것, 파동이 입자화되는 것을 뜻한다. 유가식으로 표현하면 기가 집취하여 질화(質化)되고 형화(形化)되어 물체로 등장하는 것이다. 이에 따르면 우리가 의식하는 가시적 현상세계의 만물은 표층에서 보면 각각 별개의 개별 물체로 나타나지만, 심층에서 보면 그러한 개별적 실체성은 환(幻)이고 공(空)이며, 일체는 서로 분화되지 않고 하나로 공명하는 에너지의 흐름으로 존재한다.

중요한 것은 6진경계를 형성하는 힘, 우주 전체를 산출하는 에너지는 각 중생의 마음의 힘이라는 것이다. 파동 에너지를 입자화하는 관찰자의 빛은 바로 일체 중생의 마음의 빛인 것이다. 이처럼 불교는 중생의 마음을 현상으로 드러난 물질세계에 속하는 개별 신체(뇌)의 산물로 보지 않고, 그보다 더 근원적으로 우주 전체를 형성해 내는 에너지 총체로 본다. 우주형성의 에너지가 마음의 에너지라는 것은 곧 일체 중생이 모두 각각 하나의 우주라는 것, 우주는 그 우주를 보는 마음을 떠나 따로 있지 않다는 것을 의미한다. 그리고 우리 각자가 보는 세계가 우리 모두가 공유하는 하나의 세계인 만큼, 우리 각자의 마음 또한 각자의 마음임에도 불구하고 심층에서는 서로 다르지 않은 하나의 마음, 하나로 공명하는 마음, 한마음이라고 논한다. 표층의식은 서로 다르지만, 심층마음은 하나라고 보는 것이다.

그러므로 심층마음에서는 '일즉다 다즉일'이 성립한다. 홀로그램 사진 필름에서처럼 또는 프랙탈 구조에서처럼 부분이 곧 전체이고 전체가 곧 부분이다. 그래서 유학은 만물 안에 우주의 근본인 태극(太極)이 들어 있으며 만물이 각각 대우주를 품은 소우주라는 것을 강조하고, 불교는 일체 중생이 모두 법신(法身)의 화신이며 중생심이 곧 진여심이라는 것을 강조한다. 한마음이기에 우주만물 일체를 나와 분리되지 않은 하나로 아는 인(仁)과 자비(慈悲)를 기본 덕목으로 간주한다. 일체를 분리하고 대상화해서 아는 식이 표층 제6의식의 식인 의식(意識)이고, 일체를 서로 공명하는 하나의 에너지 흐름으로 아는 식이 바로 심층마음[心]의 식인 심식(心識)이다.

그러나 의식과 구분되는 심식, 제6의식이 아닌 심층마음은 과연 무엇인가? 아난과 마찬가지로 우리는 제6의식 이외의 마음을 찾아낼 길이 없다. 불교가 심층식에 대해 말하여도 그것을 듣고 이해하는 마음 또한 결국은 제6의식 아닌가? 이 제6의식의 덫을 우리가 어떻게 벗어날 수 있단 말인가? 아난의 눈물은 덫에 걸린 자의 눈물이다. 어떤 덫인가?

3. 과학과 명상

1) 분별적 사유를 지향하는 과학

우리가 우리 마음을 반연심 내지 대상의식인 제6의식과 동일시하는 이유는 무엇일까? 현대의 뇌과학은 "마음은 뇌로 인해 생겨난다"고 주장하며, 뇌가 진화해 온 과정이 곧 마음이 생겨나는 과정을 보여 준다고 논한다. 예를 들어 맥린이 제시한 뇌의 '3층이론'은 인간의 뇌와 마음활동을 다음과 같이 연결 짓는다.

3. 인간의 뇌(대뇌피질): 이성의 뇌 – 사유, 판단, 의사결정 – 미래의 계획
2. 포유류의 뇌(변연계): 감정의 뇌 – 기억과 감정   – 과거의 기억
1. 파충류의 뇌(뇌간): 생명의 뇌 – 생명현상, 반사운동 – 현재적 반응

단세포생물에서부터 십수억 년간의 진화과정을 거쳐 발달한 뇌간과 소뇌를 갖춘 파충류의 뇌는 본능적인 요소, 즉 호흡이나 심장박동, 체

온조절 등 생존에 꼭 필요한 것들을 관장하는 뇌이다. 파충류는 주변 환경의 자극에 즉각적인 반응을 하거나 반사운동만을 하면서 사는 것으로 여겨지며, 아무런 감정과 느낌이 없고 따라서 고통도 느끼지 못하는 것으로 간주된다. 그 후 다시 일이억 년의 진화과정을 거쳐 형성된 해마를 포함한 변연계 뇌를 갖춘 포유류는 기억을 담당하는 변연계의 뇌 덕분에 기억과 기억에 따른 감정을 갖는다고 간주된다. 그리고 다시 일이억 년 진화를 거쳐 형성된 대뇌피질의 뇌를 가진 인간은 대뇌피질의 복잡한 신경망체계에 기반을 둔 이성적 사유 및 자기의식을 갖는다고 여겨진다. 마음 내지 의식은 신경세포의 수억 년 진화과정을 통해 그 이전 단계에는 없던 것이 새롭게 만들어지는 창발(創發, emergence) 현상으로 간주된다.

　이러한 현대의 뇌과학적 사고는 인간의 본질을 이성으로 간주하는, 서양 고대 아리스토텔레스로부터 이어지는 인간이해 방식과 연속성상에 있다. 이는 모든 존재하는 사물을 근사류로 놓고 생명이라는 종차를 더해 '생명을 가진 사물'로 생물을 정의하고, 다시 생물을 근사류로 놓고 운동성이라는 종차를 더해 '운동성을 가진 생물'로 동물을 정의하며, 다시 동물을 근사류로 놓고 이성이라는 종차를 더해 '이성을 가진 동물'로 인간을 정의한다. 종차는 각 종의 본질로 간주된다. 서양 근세 데카르트는 이성을 명석판명한 의식(사유)으로 규정하며, 사유하는 인간만이 정신적 실체이고 동물을 포함한 그 외의 모든 존재는 물리적 기계라고 보았다. 그러다가 현대에 들어오면서 동물 중에서도 변연계의 뇌를 가진 포유류는 기억능력이 있고, 따라서 감정이 있는 존재라고 다시 생각하게 되었다.

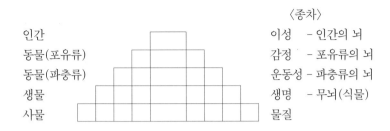

〈종차〉

인간	이성 – 인간의 뇌
동물(포유류)	감정 – 포유류의 뇌
동물(파충류)	운동성 – 파충류의 뇌
생물	생명 – 무뇌(식물)
사물	물질

뇌과학은 전체 뇌의 복잡한 신경세포 연결망에서 일어나는 전기적 작용을 의식 내지 마음이라고 본다. 인간의 마음을 과거의 기억과 미래의 사유를 담당하는 뇌신경세포의 활성화의 산물로 간주하는 것이다. 이렇게 보면 인간의 인간다움은 단순한 현재적 반응에 머무르지 않고, 과거와 미래의 지평을 두루 기억하고 예상하는 분별적 사유능력인 이성에 있다.

2) 무분별적 사유를 지향하는 명상

불교의 명상은 참다운 존재의 실상에 접근하기 위해서는 마음을 과거나 미래로 향하지 말고 현재에 주목하라고 말한다. 위빠사나 수행인 사띠, 즉 념(念)은 지금[今]의 마음[心]이다. 사려분별이나 허망한 감정을 좇지 말고 여기 지금에 주목하는 것이다. 그러나 그처럼 미래에의 사유나 과거에의 기억을 떠나라는 것은 결국 인간의 뇌나 포유류의 뇌가 아닌 파충류의 뇌 수준으로 돌아가라는 것 아닌가?

대승불교의 선(禪) 수행도 무심(無心), 즉 무념무상(無念無想)을 지향한다. 즉 감각과 지각작용 및 사유작용을 그치고자 한다. 고요한 곳에서 눈을 감아 보지도 듣지도 않고 먹지도 냄새 맡지도 않으며 몸의 감각도 멈춘다. 나아가 머리 속 상념(想念)을 일으키지도 않아 무념무상이 되려고 한다. 그렇게 마음에서 의식대상을 다 없애면 마음은 비게 된다. 이것이 '적적(寂寂)'이다. 그런데 의식에서 의식대상을 없애면, 의식이 어떻게 의식으로 남아 있을 수 있겠는가? 그러므로 일상의 적적한 의식은 곧 혼침에 빠져든다. 그렇지만 불교에서는 마음을 비워 적적하되, 혼침에 빠지지 말고 깨어 있으라고 말한다. 이것이 '성성(惺惺)'이다. 적적과 성성을 함께 유지하는 '적성등지법(寂惺等持法)' 또는 마음을 비우는 '무심법(無心法)'을 통해 불교는 마음의 본래면목을 발견하고자 한다.

불교뿐만이 아니다. 도가의 좌망(坐忘)도 머릿속 사려분별작용이나 사적 자아의 욕망을 떠난 몰아(沒我)의 경지에서 우주와 인생의 참모습을 발견하려는 시도이며, 성리학의 '미발지각(未發知覺)'도 마찬가지로 적적성성한 마음상태를 지시한다. 성리학은 미발지각을 사물이 다가오지 않은 '사물미지(事物未至)', 감정이 발동하지 않은 '희노애락지미발(喜怒哀樂之未發)', 분별적 사고가 일어나지 않은 '사려미맹(思慮未萌)'으로 규정한다.

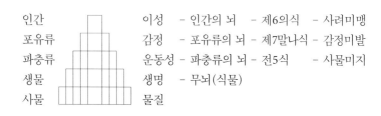

인간   이성 – 인간의 뇌 – 제6의식 – 사려미맹
포유류   감정 – 포유류의 뇌 – 제7말나식 – 감정미발
파충류   운동성 – 파충류의 뇌 – 전5식 – 사물미지
생물   생명 – 무뇌(식물)
사물   물질

이처럼 불교의 무념무상은 전5식(감각)과 제6의식의 사려분별작용 및 제7말나식의 아상과 아집을 멈춘 빈 마음을 지향하는 것이며, 성리학의 미발시공부 또한 사물미지, 감정미발, 사려미맹의 마음의 미발상태를 직접 체인하고자 하는 것이다.

그런데 이처럼 마음을 비우는 까닭이 무엇인가? 사려분별작용을 하는 대뇌피질의 의식활동을 멈추고 감정을 불러일으키는 변연계의 신경 활성화도 일으키지 말고 그냥 숨만 쉬는 파충류의 뇌 상태 또는 식물인 간의 상태를 지향하는 것인가?

인간의 마음이 뇌의 진화과정에서 생겨난 창발현상일 뿐이라면, 인 간의 마음이 내적·외적 자극에 반응하는 뇌신경세포, 특히 대뇌피질신 경세포의 활성화 산물일 뿐이라면, 한마디로 마음이 단지 6진의 그림 자인 제6의식일 뿐이라면, 그러한 사려와 감정을 없애 마음을 비우려 는 것은 오히려 진화를 역행하는 무의미하고 불가능한 시도에 불과할 것이다. 그렇다면 동양의 수행 내지 명상이 지향하는 것은 과연 무엇 일까?

4. 의식과 심식

1) 의식의 문턱

뇌과학에서는 우리의 의식을 흔히 일상적 대상의식, 평정상태의 각 성의식, 꿈꾸는 수면의식, 꿈 없는 깊은 수면의식의 넷으로 구분하고, 그 뇌파를 각각 14-20사이클의 β파, 8-13사이클의 α파, 4-7사이클의 θ파, 0.5-3사이클의 δ파라고 설명한다.

```
0.5   1   2   3   4   5   6   7   8   9  10  11  12  13 14 15 16 17 18 19 20
 |_____|   |_____|   |_____|   |_____|
  δ파(수면무의식)      θ파(꿈의식)     α파(내향의식)        β파(외향의식)
```

우리의 일상의식은 대개 그 시선이 바깥으로 향한 산만한 외부의식 이며, 그때 뇌파를 측정하면 β파이다. 바깥 시선을 안으로 돌려 내부로 집중하면 의식이 다소 평정을 찾고, 그때는 α파가 된다. 그러나 자극이

약해지면 의식은 곧 잠들게 되고 뇌파는 θ파로 바뀌어 내적 꿈의 세계로 가고, 그러다가 잠이 더 깊어지면 꿈도 없는 무의식 상태로서 뇌파는 δ파가 된다. 그런데 우리의 두뇌파장이 β파에서 α파나 θ파로 바뀌면 우리는 왜 정신을 차리지 못하고 잠들어 버리고, δ파가 되면 아무것도 의식하지 못하게 되는 것일까? δ파나 θ파에서 우리는 왜 각성된 의식을 유지하지 못하고 주로 β파에서만 의식을 갖게 되는 것일까?

이에 답하기 위해서는 우리 의식의 작동기제를 생각해 봐야 한다. 예를 들어 내 손가락 하나가 가시에 찔리면 나는 그것을 고통으로 의식한다. 그러나 그때 다른 손가락이 칼에 베이면 앞의 고통은 의식되지 않고 칼에 베인 고통만 의식하게 될 것이다. 그러다가 팔이 잘리면 그 강한 고통만 의식되고 나머지 고통은 의식되지 않을 것이다. 그렇듯 자극이 다양하고 강렬해질수록 우리의 의식은 그 강한 자극의 강도에 눌려 미세한 내적 자극에 대해 점점 둔감해지고 끝내 그것을 의식하지 못하게 된다. 의식의 문턱이 점점 높아지는 것이다.

이렇게 보면 긴 파장의 δ파나 θ파 상태를 우리가 의식하지 못하는 것은 그 상태가 우리에게 감지불가능하기 때문이 아니라, 그보다 더 강한 자극으로 인해 우리 의식의 문턱이 자꾸 높아졌기 때문인지 모른다. 아마 기본적인 생명활동만 하는 원초적 상태의 생명체라면, 즉 δ파나 θ파 정도의 미세한 내적 자극만으로 사는 생명체라면, 그는 그런 미세한 자극들을 모두 감지했을지 모른다. 우주만물과의 생명의 소통, 생명의 연결고리를 직접 느끼며 살았을지 모른다. 그러다가 파장이 짧고 주파수가 더 큰 강한 외적 자극이 점차 많아지면, 그 생명체가 감지할 수 있는 자극의 강도도 점점 올라갈 것이다. 즉 자극이 강해짐에 따라 의식의 문턱도 따라서 올라가고, 결국 의식하지 못하는 영역이 점차 확대되어 갈 것이다. 결국 외부로부터의 자극이 강렬하고 다양해질수록 우리

의 의식은 그 외부자극의 강도에 눌려 미세한 내적 자극에 대해 점점
둔감해지고 끝내 그것을 의식하지 못하게 된다. 자극이 강하고 복잡해
질수록 우주기운과 하나로 공명하는 의식을 점점 상실하게 되는 것이
다. 그렇게 의식의 문턱이 높아짐에 따라 우리는 결국 의식과 무의식,
마음과 몸, 사유와 생명, 인식과 존재를 서로 다른 두 영역으로 분리하
게 된 것이다.

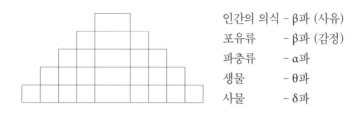

```
인간의 의식 - β파 (사유)
포유류      - β파 (감정)
파충류      - α파
생물        - θ파
사물        - δ파
```

자극이 많아지고 반응이 복잡해진다는 것, 뇌가 점점 더 복잡해진다
는 것은 그만큼 의식의 문턱이 높아진다는 것이며, 그만큼 의식할 수
있는 것들의 양이 줄어든다는 것을 뜻한다. 인류의 진화는 의식의 형성
과 확장이 아니라 오히려 의식의 문턱을 점차 높여 나감으로써 의식의
영역을 축소한 것이 된다. 진화를 통한 의식의 '창발'은 곧 의식의 '망
각'과 '상실'을 통한 창발에 불과한 것인지 모른다. 우리 자신이 만들
어 내는 자극을 통해 의식의 문턱을 점점 높여 감으로써 우리는 결국
자연과의 일체감, 우주와의 공명, 모든 생명체와의 소통 능력을 완전히
상실하고, 오로지 인간 자신이 만든 허구적 개념만을 감별해 내는 기계
로 바뀌어 가고 있는 중인지 모른다.

2) 의식에서 심식으로

일상의식이 β파가 된 오늘의 우리 인간에게 δ파나 θ파 상태는 수면

상태이지만, 일상이 δ파나 θ파이어서 의식의 문턱이 그리 높지 않은 생명체는 그 상태에서 무엇을 감지할까? 이것은 현재 우리의 일상의식으로서는 알 수 없는 일이다. 내가 그 상태에서 아무 의식도 없으니까, 그 상태의 모든 생명체가 의식 내지 자각이 없을 것이라고 판단하는 것, 그래서 의식 내지 마음은 인간이나 고등 포유류에 와서 비로소 창발한 것이라고 생각하는 것, 이것은 이미 높아진 문턱을 잣대로 판단하는 오류판단이다. 판단기준이 잘못된 것이다. 이것이 바로 우리의 덫이다. 이 덫을 빠져나갈 수 있는 길은 무엇일까?

뇌파가 δ파나 θ파일 때 무엇을 감지하게 되는가를 알아보기 위해서는 스스로 의식의 문턱을 낮춰 보는 수밖에 없다. 의식의 문턱을 낮춘다는 것은 뇌파가 β파나 α파를 통과하여 θ파나 δ파가 되어도 잠들지 않고 깨어 있는 것을 의미한다. 그렇게 해서 우리의 의식의 문턱이 높아지기 전, 강력한 외부자극에 의해 우리의 의식이 손상되기 전, 아주 미세하고 잔잔한 내적 자극을 하나도 놓치지 않고 감지해 내던 시절, 우리가 과연 무엇을 감지했는가를 알아차리는 수밖에 없다. 이것이 바로 사려분별작용, 제6의식작용을 그치고 마음을 비워 적적을 유지하면서도 잠들지 않고 성성하게 깨어 있는 적적성성의 수행, 불교명상이 시도하는 것이다.

이처럼 동양의 명상은 의식의 문턱을 낮추어 우리가 현재 의식하지 못하는 것, 원초적 의식 내지 생명체의 본래적 감수성을 되찾으려는 노력이다. 의식의 문턱을 낮춘다는 것은 의식의 깨어 있는 성성함은 유지하되, 제6의식의 대상의식 방식으로 마음을 작동하지 않는 것이다. 의식의 문턱을 낮추어 도달하고자 하는 마음작용은 바로 '심식(心識)'이다. 심식은 우리 의식의 문턱 아래의 식, 심층마음의 깨어 있음이다. 명상은 의식보다 더 심층의 마음활동이 있다는 전제하에 깨어 있음의 문턱, 각성의 문턱을 낮추고자 한다. 제6의식인 반연심보다 더 깊이 심층식의 활동이 인간의 본래마음으로 작용하고 있다고 보며, 그 잃어버린 본래마음을 되찾고자 하는 것이다. 여래가 말한 본래마음, 6진경계를 형성하는 심층마음을 자각 내지 증득하고자 하는 것이다.

의식은 의식하는 나와 의식되는 대상을 이원화하고 사물을 나 아닌 객관대상으로 분별하고 판단하는 것인 데 반해, 심식은 자타분별을 넘어서서 내가 알고자 하는 그것이 됨으로써 그것을 알아 가는 것이다. 그래서 그것에 대한 나의 감정작용이나 사려분별작용을 멈추어 마음을 비우려는 것이다. 생각을 일으키지 않는 빈 마음이 되어 그것과 주파수를 맞춤으로써 하나의 파장이 되는 것, 그래서 하나로 호흡하고 하나로 공명하는 것이라고 할 수 있다. 이렇게 마음을 비우는 것이 그침, 지(止)이다. 지가 성취되어 내적으로 알아차리는 것이 관(觀)이다. 제6의식의 개념적 분별작용을 멈추어 마음을 비우고 대상과 하나로 공명할 때, 비로소 참된 실상을 보게 되는 것이다. 이것이 곧 표층의식의 의식작용을 멈추고 심층마음의 심식작용을 따르는 것이다.

심층마음은 6진경계를 형성하는 마음이다. 그렇게 6진경계, 우주 전체는 내 마음 안에 있다. 우주 전체의 파장이 내 마음의 파장이기에, 나는 우주 전체를 내 안에서 발견하게 된다. 인간의 본질은 일체 존재로부터 인간을 구분 짓는 '이성'이 아니라, 이성과 감정과 동물성과 생물성과 사물성 전체이다. 이 전체가 바로 나의 심층마음 안의 에너지 파장이기에, 나는 내 안에서 그 전체를 나로 자각할 수 있다. 그러므로 마음을 비우고 각성의 문턱을 낮추는 지와 관의 수행을 통해 나는 우주 전체의 실상을 깨달아 알 수 있는 것이다. 예를 들어 나는 개를 객관사물로 대상화해서 분별의식으로 아는 것이 아니라, 개가 됨으로써 개와 공명하여 알게 된다. 각성의 문턱을 낮추어 내가 내 안의 포유류가 되어야 개를 안다. 각성의 문턱을 더 낮추어 내가 스스로 파충류가 되어야 파충류를 안다. 식물을 외적으로 고찰하는 것이 아니라, 내가 스스로 식물이 되고, 내 안의 생물이 되어 다른 생물과 소통하는 기를 느껴야, 그렇게 식물과 하나로 호흡하여야 식물을 알게 된다. 사물을 아는 것도 마찬가지이다. 물을 심식으로 아는 것은 물을 객관화해서 현미경으로 관찰하여 아는 것이 아니라, 스스로 물이 되는 것이다. 물을 먹어봐야 아는 것은 내가 물을 먹어 물이 내가 되고 내가 물이 되기에 물을 아는 것이다. 물속에 들어가 물과 함께 호흡하고 내가 물이 되어 물을 잊을 수 있을 때 자유자재로 물에 떠서 수영을 할 수 있지, 물을 객관대상으로 의식하고 분별하고 있는 한 수영은 불가능하다. 내가 물이 됨으로써만 물을 알게 되는 것이다. 이처럼 직접 그것이 되어 그것과 소통하는 자각방식이 심식이다. 그때 나는 그것을 '의식한다'가 아니라 '심식한다'고 말할 수 있다.

5. 이성의 한계

인간은 이 지구 위에서 인간이 가장 현명한 존재인 것처럼 생각하며 산다. 언어를 가지고 개념적으로 사유하는 이성을 가진 인간만이 긴 역사의 진화과정을 통한 최종 승리자이고 완성자인 것처럼 생각한다. 그리고 오직 인간만이 우주와 자연에 대해, 인간과 존재에 대해 가장 많은 것을 알고 있다고 생각한다. 과연 그럴까? 이 모두가 우리의 대뇌피질에서 나온 개념이 만들어 놓은 허구가 아닐까? 과거와 미래는 현재를 상실한 인간이 만들어 놓은 환상에 불과하다. 인간의 뇌는 환상을 만드는 뇌이다. 그리고 우리는 그 환상만을 실재로 인식하고, 환상의 관념만을 지각할 뿐이다. 관념화되지 않은 것, 이름 붙여지지 않은 것을 우리는 지각하지 못한다.

　인간의 이성이 존재질서를 있는 그대로 알지 못하고 허구의 세계를 만들고 있다는 것은 우리가 자연과 조화하지 못한다는 데에서 확연하게 드러난다. 인간이 지구 위 다른 생명체와 공존하지 못한다는 것, 동물을 학대하고 식물생태를 파괴한다는 것, 수억 년에 걸쳐 축적된 자원을 일시에 뽑아 쓰고 지구 표면을 숨 못 쉬게 콘크리트로 덮어 버리며 핵무기와 핵발전소를 만들어 폭탄놀이를 하고 있다는 것, 이 모든 것은 인간이 사실은 진화가 아니라 퇴화의 산물이라는 것, 스스로 멸망의 길을 재촉하고 있다는 것을 말해 주는 것이 아닐까?

순환과 순환 너머:
현대의 진화론(進化論) 비판

1. 마음 해명의 길

우리는 우리가 경험하는 현상세계를 있는 그대로 여실지견하고 싶어
한다. 그러면서 또 동시에 그렇게 여실지견하는 마음도 꿰뚫어 알고 싶
어 한다. 그래서 우리는 우리가 발견한 현상세계의 법칙을 우리 자신의
마음에도 적용하여 설명한다. 현상세계의 법칙이 객관적이고 과학적인
법칙이라고 여겨지는 만큼, 그 법칙을 갖고 마음을 설명하면 그 설명
또한 그만큼 객관적이고 과학적일 것이라고 여긴다. 그러나 우리가 발
견한 법칙으로 다시 그 법칙을 발견하는 마음을 설명하는 것이 과연 타
당한가?

　동양에서는 마음을 다른 방식으로 알고자 하였다. 현상세계 우주만
물을 아무리 잘 안다고 해도 그것이 곧 마음을 아는 것은 아닌 것으로
여겼다. 세계를 아는 것과 세계를 아는 마음을 아는 것을 구분한 것이

다. 세계를 아는 것이 과학 내지 학(學)이라면, 마음을 아는 것은 명상 내지 도(道)이다. 맹자는 마음을 찾아가는 것을 '구방심(求放心)'이라 고 하였고, 성리학은 이것을 보이지 않고 들리지 않는 곳에서 마음을 밝히는 '계신공구(戒愼恐懼)'라고 불렀다. 장자는 이것을 일체 사려분 별을 떠나 빈 마음으로 머무는 '심재좌망(心齋坐忘)'이라고 보았다. 현 상세계를 밝히는 것이 표층의식의 일이라면, 세계를 인식하는 마음은 그보다 더 깊은 심층에서만 해명될 수 있는 것으로 본 것이다. 명상은 심층마음을 찾아가는 것이다. 불교는 가장 철저한 방식으로 심층마음 을 찾아간다.

불교는 우리의 주객분별적 대상의식인 제6의식의 근저에 제7말나식 이 있음을 간파하였다. '나는 나다'라는 제7말나식에 근거해서 제6의 식의 주객분별, 자타분별이 일어나기 때문이다. 제6의식이 대상의식으 로 작동할 수 있는 것은 의식의 근인 의(말나식)가 세계의 일부분으로 등장하는 나(오온)를 개별적 실체로 간주하면서 나와 너, 나와 세계를 분별하기 때문이다. 일상 차원에서 보면 나를 나로 알고 세계를 세계로 아는 주객분별은 우리 삶의 기본 조건이다. 그런데 불교는 그러한 말나 식의 작용을 아공과 법공을 모르는 아집과 법집이라고 보며, 말나식을 일체 번뇌와 고통을 야기하는 번뇌식이라고 부른다. 말나식의 분별이 거짓된 허망분별인 것은 말나식이 그보다 더 심층의 식을 알지 못하는 무명의 식이기 때문이다. 말나식보다 더 심층의 식을 유식은 '제8아뢰 야식'이라고 부르며, 이를 '종자(種子)'로 설명한다. 땅 위의 나무가 가 지와 잎, 꽃과 열매로 번창하다가 땅 아래에 종자를 남기듯이, 의식과 말나식이 탐·진·치에 물든 신·구·의 3업(業)을 지으면 그 업은 행 해지는 순간 그 여파의 에너지(업력)인 종자를 남기는데, 그렇게 심층 에 축적된 종자 뭉치, 에너지 덩어리, 업력의 총체가 바로 아뢰야식이다. 그리고 땅 아래 종자가 겨우내 살아 있다가 봄이 되면 다시 땅 위로 싹을 틔워 가지와 잎, 꽃과 열매로 번창하듯이, 심층 아뢰야식 내 종자는 인연이 갖추어지면 다시 표층으로 구체화되고 현재화된다(현행화).

불교는 표층의식에 드러나는 각자의 몸(유근신)과 그 몸들이 의거하여 사는 세계(기세간)는 우리의 심층 아뢰야식의 종자들이 인연에 따라 구체화된 결과물로 본다. 심층의 비가시적 에너지 파동이 인연에 따라 가시적인 입자적 형태로 구체화된다고 보는 것이다. 따라서 유근신과 기세간, 근과 경, 자아와 세계는 모두 심층마음인 아뢰야식이 변현한 결과물인 식소변(識所變)이다. 말나식과 의식이 주객으로 분별하여 각각 별개의 실체로 간주하는 근과 경, 나와 세계는 본래 심층마음에서는 주객미분의 통합 에너지, 한마음으로 존재한다. 심층에서 하나로 통합된 전체를 우리가 표층에서 주와 객으로 이원화하고 분별하는 것이다.

> 표층의식: 주(근: 유근신) ──〈제6의식〉──▶ 객(경: 기세간)
>   〈제7말나식〉
>   ＼   ╱
> 심층마음: 〈제8아뢰야식〉: 주객산출

2. 경험과 선험의 순환

우리의 마음은 구조적으로 보면 표층과 심층으로 구분되지만 각 층위가 형성되는 과정을 보면 서로 순환을 이룬다. 의식과 말나식의 현행식이 아뢰야식에 종자를 남기고(현행훈종자), 그 종자가 심층에 머무르다가(종자생종자), 때가 되면 다시 근과 경을 형성한다(종자생현행).

표층: → 식(의식·말나식)   근＋경(아뢰야식소변) → 식(의식·말나식)

〈현행훈종자〉⇩   ⇧〈종자생현행〉   ↓

심층: ───────── 종자 → 종자(아뢰야식) ───────→ 종자 →

〈종자생종자〉

  이렇듯 표층 현상세계를 만드는 심층 에너지는 표층의 내가 세계와 관계하면서 짓는 업이 남긴 에너지이다. 이 에너지가 세계를 만들고 그 세계 속에서 내가 업을 지어 또 에너지를 남기고, 그 에너지가 다시 세계를 만들고 … 이런 식으로 순환이 계속된다. 이 순환이 의미하는 바는 무엇일까?

1) 선험이 경험을 결정

  베르그송(H. Bergson, 1859-1941)은 단세포동물 아메바와 진화된 인간의 차이를 지연과 지속으로 설명한다. 단세포동물에서는 자극과 반응, 작용과 반작용이 모두 즉각적인 데 반해, 인간에서는 대부분의 반작용이 신경중추와 두뇌신경을 거쳐 이루어지며 그만큼 지연된다. 그리고 그렇게 지연된 폭만큼 인간의 사유와 정서가 지속을 갖게 된다. 반작용이 즉각적이지 않고 지연된다는 것은 무엇을 말해 주는가? 눈에 자극이 주어지는 순간(감각/전5식)과 그 자극의 정체를 알아차리는 순간(지각/제6의식)은 동일한 순간이 아니라는 것이다. 대상을 알아보는 순간 앞서 자극을 준 그 대상은 이미 사라지고 없다. 그러므로 우리에게 지각은 곧 기억이며, 지각된 세계는 '있는 대상'이 아니라 '없는 대상', 한마디로 실상(實相)이 아닌 허상(虛相)의 세계이다. 자극으로부터 허상의 지각세계가 그려지기까지의 과정을 결정짓는 것은 바로 우리의 두뇌신경회로(의근)이다. 따라서 우리가 지각하는 세계는 우리의 신경회로를 거친 상, 우리의 신경회로가 그려 놓은 상이다.

우리의 신경회로가 a b c의 자극을 원으로 연결시키면 우리의 지각 세계에서 a b c는 원으로 존재하고, 그것을 삼각형으로 연결시키면 그 것은 삼각형으로 존재하는데, 원의 a는 더 이상 삼각형의 a가 아니다. 그러므로 인간에게 마실 수 있는 물이 물고기에게는 공기 같은 것, 천 상존재에게는 빛나는 보석 같은 것, 아귀에게는 끈적한 피고름 같은 것 일 수 있다. 일수사상(一水四見)이다. 이처럼 경(境)은 근(根)에 상응해 서만 존재하고 근은 아뢰야식 내 종자의 발현이므로, 결국 경(세계)은 식(아뢰야식)을 떠나 따로 존재하지 않는다는 '유식무경(唯識無境)'이 성립한다. 그러므로 지옥중생을 떠나 지옥이 따로 없고, 천계중생을 떠 나 천당이 따로 없다. 그렇듯 인간중생을 떠나 인간이 사는 기세간이 따로 없다. 각 생명체가 관계하는 세계는 그 생명체의 신경회로가 그려 놓은 세계이다. 그러므로 각 생명체 안에는 그 생명체가 관계하는 세계 와 상응하는 질서, 신경회로의 질서가 있다. 인간이 여타 동물들과 다 른 방식으로 세계를 보고 인식하고 느끼고 행동한다면, 그 차이는 결국 근의 차이, 더 정확히 말해 근을 형성하는 심층 아뢰야식의 종자 차이 에서 비롯되는 것이다. 회로가 복잡한 만큼 세계도 복잡해진다. 보여진 세계는 세계를 보는 틀, 보는 자의 신경회로, 근(根), 아뢰야식에 따라 달리 나타나는 것이다.

2) 경험이 선험을 결정

그렇다면 그러한 인식틀, 인식기관, 근, 신경회로는 어떻게 형성되는 가? 진화의 논리로 보자면 그것은 경험을 통해서이다. 경험을 통해 습 득된 정보가 무수히 쌓임으로써 정보기억장치로서의 신경망이 변화되 고 새로운 신경회로가 형성된다. 그러므로 신경회로는 몸에 새겨진 경험의 축적물이다. 인간 종 공통의 인식 및 행위유형을 낳는 신경회로는 수천 수백만 년에 걸친 인류 전체 경험의 축적물이고, 개인적인 특수한 인식 및 행위유형을 낳는 신경회로는 수십 수년에 걸친 개인적 경험의 축적물이다. 우리는 전자를 '진화(進化)'라고 부르고, 후자를 '습관(習慣)'이라고 부른다. 이처럼 허상의 지각세계를 그려 내는 신경회로는 바로 그 신경회로가 그린 세계의 경험을 통해 얻어진다.

인식기관 자체가 진화의 산물, 경험의 축적물이라는 것을 잘 보여 주는 일예가 박쥐의 경우이다. 박쥐는 원래 쥐의 일종이므로 물리적 눈(부진근)이 있긴 한데, 계속 깜깜한 동굴 속에 살면서 보지 않은 탓에 결국 보는 능력, 보는 기관으로서의 눈(승의근)이 없어졌다. 아마 머지 않아 물리적 흔적까지 사라질 것이다. 보지 않으면, 경험이 쌓이지 않으면, 결국 기관(근)이 사라진다는 말이다. 이것은 다시 말해 기관은 보는 경험이 쌓임으로써 비로소 만들어진다는 것을 말해 준다. 이것이 곧 진화의 원리이다. 보지 않으면 없어질 눈, 이것은 보기 때문에 생겨난 눈이다. 우리는 흔히 '보기 위해 눈이 있다' 또는 '눈이 있으니까 본다'고 생각하지만, 진화의 원리에 따르면 오히려 '보기 때문에 눈이 생긴다.' 그러니까 분화된 기관이 없던 아메바로부터 비록 수억 년에 걸쳐서이지만 안이비설신의의 기관을 갖춘 생명체가 생겨나게 된 것이다. 그러나 보기 때문에 눈이 생기는 것이라면, 그럼 눈이 생기기 전에는 도대체 무엇으로 보았을까? 눈이 있어야 볼 텐데, 보아야 눈이 생긴다면, 눈이 생기기 전에 무엇이 본단 말인가? 무엇이 어떻게 보아서, 그 봄으로 인해 눈이 생기는가?

『능엄경』은 우리가 눈동자를 너무 비비면 두 번째 달(허상)을 보게 되듯, 우리 마음에 허망하게 분별하여 보고자 하는 노고(피로)가 쌓이면 그로 인해 보는 근(인식기관)이 형성되고 그 노고로 인해 일어나는 먼지가 허망한 경계(인식대상)를 이룬다고 설명한다. 보고자 하는 피로가 쌓여 기관(근)이 생기며 그에 상응하는 진이 대상(경)을 만드는 것이다.

> 네가 무시이래로 심성이 광란하고 지견이 허망하게 일어나서 망을 일으킴이 그치지 않아 견을 피로하게 하여 진을 일으킨다. 마치 눈동자가 피로해지면 광화가 담정명한 곳에 까닭 없이 어지럽게 일어나는 것처럼, 일체 세간과 산하대지와 생사열반이 모두 광란과 피로로 전도된 환화의 모습이다.[1]

무시이래로 쌓아 온 분별의 습관, 밝혀 보고자 함이 곧 견(見)에 쌓이는 피로이다. 이 피로로 인해 보는 능력인 근(根)이 형성되고 그 근에 상응해서 대상세계인 진(塵)이 형성된다. 즉 중생의 근은 그의 전생의 습기(종자), 전생에 그가 영위한 삶의 번뇌로 인해 축적된 피로의 결과물이다. 기세간 먼지 속에서 일어나는 광란의 피로와 번뇌로 근이 형성되고, 우리가 살아가는 세간은 그 광란의 피로와 번뇌 속에서 일어나는 먼지인 것이다.

---

1 『수능엄경』 5권(『대정장』 19권, 125중), "由汝無始心性狂亂, 知見妄發, 發妄不息, 勞見發塵. 如勞目睛, 則有狂花, 於湛精明, 無因亂起, 一切世間, 山河大地, 生死涅槃, 皆卽狂勞顚倒華相." 근의 생성과정에 대해 『능엄경』은 좀 더 구체적으로 설명한다. 즉 보려는 마음의 활동인 정기가 보여질 대상을 비춰 내고 (수동적 재현이 아니라 능동적 산출!) 그 대상을 취해 근이 형성된다는 것이다. "보는 정기가 색을 비추며 색을 결집해서 근을 이룬다 … 듣는 정기가 성을 비추며 성을 말아 근을 이룬다 … 맡는 정기가 향을 비추며 향을 거두어 근을 이룬다 … 맛보는 정기가 맛을 비추며 맛을 묶어 근을 이룬다 … 느끼는 정기가 촉을 비추며 촉을 잡아 근을 이룬다 … 아는 정기가 법을 비추어 법을 보아 근을 이룬다[見精映色, 結色成根 … 聽精映聲, 卷聲成根 … 齅精映香, 納香成根 … 嘗精映味, 絞味成根 … 覺精映觸, 摶觸成根 … 知精映法, 覽法成根]."

3. 순환과 순환 너머

신경회로가 세계를 그려 내고 그 세계와의 경험이 다시 신경회로를 형
성하므로, 우리는 일종의 순환, 신경회로(근)와 대상세계(경)와 세계
내 경험(식), 인식능력과 인식대상과 인식, 근(根)과 경(境)과 식(識)의
순환에 갇혀 있는 셈이다. 물론 이 순환은 닫힌 원의 순환이 아니라 나
선형의 순환이다. 신경회로가 세계를 그려 내고 그렇게 그려진 세계와
의 경험이 무수히 반복되다 보면 조금씩 달라진 신경회로가 형성되어
또 다른 세계를 그려 내므로 제자리걸음의 순환은 아니다. 신경회로가
그려 놓은 세계와의 경험(업/식)이 업력을 남기면(현행훈종자) 그 업
력에 따라 신경회로(근)가 형성되고 그 신경회로가 다시 세계(경)를
그려 내고(종자생현행), 또 그 세계 속에서 지은 업이 업력을 남기고
(현행훈종자) 다시 또 새로운 근이 형성되고 또 새로운 세계가 만들어
진다(종자생현행). 시간을 따라 진행되는 이러한 삶의 순환을 불교는
'윤회'라고 부른다.

　과학은 이러한 순환을 진화와 발전이라는 이름으로 미화하지만, 진
지한 철학은 그 순환 속에서 허망함을 직시한다. 업으로 인해 근이 만
들어지고, 근으로 인해 경이 만들어지며, 경으로 인해 다시 업이 만들
어진다. 의식 말나식의 표층식의 작용(업)으로 인해 종자가 축적되어
인식기관(근/유근신/자아)이 만들어지고, 그 근에 상응해서 현상세계
(경/기세간/세계)가 만들어지며, 그 세계 안에서 다시 의식 말나식의
작용(업)이 있게 된다. 경험의 축적이 신경회로를 형성하고, 신경회로
가 세계를 그려 내며, 다시 세계가 경험을 가능하게 한다. 허상이 허상
을 낳고 그 허상이 다시 그다음의 허상을 낳을 뿐이다. 우리는 보는 대
로 생각하고, 다시 생각한 대로 보며, 또 그렇게 보는 대로 생각한다.

'보는 대로 생각하는 것'을 강조하면 객관세계를 전제하는 경험론이 되지만, '생각하는 대로 보는 것'을 강조하면 마음이 세계를 형성하는 선험론(관념론)을 주장하게 된다. 그렇게 선험이 경험을 가능하게 하지만, 또 경험이 선험을 가능하게 한다. 생각한 대로 보고, 본 대로 생각하는 것이다. 그중 어디에 진리가 있는가? 한 계단을 밟고 그다음 계단으로 올라가지만, 오르고 나면 앞의 계단은 이미 사라지고 없다! 우리는 그렇게 허공중에 떠 있다! 시간의 흐름을 좇아 나선형 원을 그리며 끝없이 올라가지만 위에서 보면 결국 같은 원의 반복일 뿐이고, 우리의 삶은 처음부터 끝까지 허공에 떠 있는 환(幻)이고 가상이며 꿈일 뿐이다. 그러므로 유근신과 기세간이 모두 공(空)이고 환이라고 말하는 것이다.

이처럼 삶의 허망함을 알고 나면 우리는 순환하는 시간의 흐름 바깥을 보게 된다. 과거의 무게를 싣고 끝없이 새로운 환상을 좇아 순환하기보다는 시간흐름 너머로 비상하고 싶어진다. 업의 굴레, 윤회를 벗어나고 싶은 것이다. 그렇게 해서 우리는 시간흐름 너머 순수한 현재, 찬란한 순간을 소망하게 된다. 우리 자신이 만든 허상, 꿈의 세계를 벗어나고 싶은 것이다. 그러나 우리를 얽어매는 순환, 기억과 상속으로부터의 벗어남이 과연 가능한가? 신경회로 안에 새겨진 기억, 업의 종자를 우리가 과연 벗어날 수 있는가? 신경회로 바깥, 시간흐름 바깥, 그 순환 너머는 무엇인가? 기세간 먼지 속에서 일어나는 피로와 번뇌로 인해 근이 형성되고 그 근에 따라 경을 갖게 되니, 근과 진은 결국 서로 인이 되고 과가 되며, 그 어느 것도 실재가 아닌 가상이고 환(幻)이다. 어떻게 이러한 가상의 순환으로부터, 그 갇힘으로부터 벗어날 수 있을까? 어떻게 피로와 먼지로부터 탈출할 수 있을까?

그러나 순환 너머 우리가 나아갈 수 있는 다른 지점은 없다. 우리가

나아가고자 하는 곳이 또 다른 곳, 또 다른 경계(대상세계)라면, 그곳
에 이르기 위해 우리는 또다시 광란의 피로로 또 다른 근을 형성해서
또 다른 먼지의 천년왕국을 건설해야 할 것이다. 우리의 마음이 다가가
야 할 지역으로 천국이나 열반을 기획하는 것은 그래서 피곤하고 어리
석은 작업이다. 가상을 또 다른 가상으로, 꿈을 또 다른 꿈으로 치환하
는 것에 불과하기 때문이다.[2] 그렇다면 순환 바깥의 다른 경계로 나아
가지 않고 순환을 벗어나는 길은 무엇인가? 가상을 또 다른 가상으로,
꿈을 또 다른 꿈으로 치환하지 않고 꿈에서 벗어나는 길은 무엇인가?
그것은 꿈에서 깨어나는 것이다.[3]

---

2   우리는 순환을 멈춰서 벗어나고 싶지 순환을 완결하여 그 안에 머무르고 싶은 것
이 아니기 때문이다. 현재의 피로를 벗어나는 길은 두 가지이다. 하나는 현재의 피로
(5)를 없애서(0) 벗어나는 것이고, 다른 하나는 더 큰 피로(10)로써 현재의 피로(5)를
벗어나는 것이다. 순환을 벗어난다는 것은 전자의 방식을 말하고, 순환을 완결한다는
것은 후자의 방식을 말한다.

3   우리는 흔히 니체를 영겁회귀의 사상가라고 말하지만, 니체는 영겁회귀를 벗어나
는 초인이 되기를 꿈꾼 사람이다. 그는 난쟁이와 함께 앞뒤로 터진 문 앞에 섰다. 앞으
로 향한 길은 미래로 무한히 이어져 끝이 없고, 뒤로 향한 길은 과거로 무한히 이어져
끝이 없다. 무한하기에 전체가 다 포함되니, 결국 그 둘, 과거와 미래가 만나 하나의
원을 이룬다. 이렇게 무한한 과거로써 창조론이 부정되고, 무한한 미래로써 종말론이
부정되며, 시작과 끝이 맞물리는 원의 역사, 순환의 시간관이 제시된다. 그런데 이것
은 니체 자신의 시간관이 아니라 난쟁이들의 시간관, 헤겔이 완성한 서양 전통형이상
학의 시간관이다. 영겁의 시간흐름 속에서의 반복되는 삶, 그 흐름에 끼어든 나의 현
재의 삶. 니체에게 이것은 구토의 대상이다. 영겁회귀를 떠올린 순간 그는 구토를 느
낀다. 크고 징그러운 뱀 한 마리가 내 목구멍 속으로 머리를 밀어 넣어 나는 삼킬 수도
뱉을 수도 없다. 꼬리를 문 뱀, 그것은 영겁의 상징이다. 나는 그 영겁의 순환에 갇힌
것이다. 부모가 자식을 낳고 그 자식이 또 자식을 낳고 그 자식이 또 자식을 낳고, 먹
고 싸고 또 먹고 또 싸고 그리고 또 먹고 또 싸고, 본 대로 생각하고 또 생각한 대로 보
고 그래서 본 대로 다시 생각하고 또 그렇게 생각한 대로 다시 또 보고. 그 영원한 반
복 앞에서 어찌 구토를 느끼지 않을 수 있겠는가? 마을에서 시끄럽게 개 짖는 소리까
지 들려오니 견디기가 힘들다. 이 역겨운 순환을 어떻게 벗어날 수 있을까? 그때 내면
의 소리가 들린다. 물어라! 순환을 끊는 길, 목구멍을 타고 들어온 뱀의 연결고리를
끊는 길은 하나다. 끊어서 뱉어라. 뱀의 머리를! 지속을 끊는 순간은 이렇게 해야만

꿈에서 깨어난다는 것은 꿈을 꿈으로 알아보는 것, 가상을 가상으로 알아보는 것이다. 우리 일상의 삶은 내가 인식틀에 따라 세계를 본다는 사실, 내가 본 세계는 나의 인식틀에 따라 형성된 세계라는 사실을 깨닫지 못하고 내가 본 세계를 마음 바깥의 객관세계로 여기며 거기 이끌려 사는 삶이다. 이는 마치 꿈속 세계가 꿈꾸는 마음이 형성한 세계인데도 꿈속에서는 그 사실을 모르고 그 세계를 객관세계인 줄 알고 그 속을 분주히 뛰어다니는 것과 같다. 그러다가 꿈에서 깨어나면 비로소 그 세계가 내 마음이 만든 세계임을 깨닫게 된다. 그러므로 내가 본 세계가 내가 만든 세계라는 것을 깨닫는 것은 일상의 꿈에서 깨어나는 것이다. 꿈에서 깨어나야 비로소 꿈속 내가 나의 전부가 아니라는 것, 꿈속에서 내가 아무리 분주하게 뛰어다녀도 나는 여전히 누워 있다는 사실을 알게 된다. 근경식의 순환이 그려 내는 가상의 꿈에서 깨어나는 순간 나는 비로소 나의 마음은 그 순환 속에 갇힌 의식, 순환을 그리며 분주히 뛰어다니는 피로한 의식이 아니라, 순환이 그려지는 허공, 순환을 순환으로 바라보는 빈 마음이라는 것을 알게 된다.

이처럼 순환 바깥으로, 가상 바깥으로 나간다는 것은 가상을 가상으로 알아보는 바로 그 지점에서 성립한다. 가상을 가상으로 알아보는 그 마음이 바로 가상 너머의 마음, 가상이 그 안에 만들어지는 바탕인 빈 공간의 마음, 공(空)의 마음, 빈 마음이다. 마음이 자기 자신을 이 빈 마음의 공으로 자각하기 전까지 마음은 자기 자신을 찾아다니게 된다. 근과 경, 자아와 세계가 객관적 실재가 아니고 환이라는 것, 무명으로

얻어진다. 이것만이 시간흐름을 벗어나고 순환을 벗어나는 길이다. 그러나 뱀의 머리를 끊는다는 것, 시간흐름을 끊는다는 것, 이것은 무엇을 의미하는가? 시간흐름을 끊는다는 것은 시간흐름이 만들어 내는 가상, 꿈에서 깨어나는 것이다. 순환과 가상을 벗어나는 길, 꿈에서 벗어나는 길은 꿈에서 깨어나는 것밖에 없다.

인한 피로와 먼지에 지나지 않는다는 것, 근은 먼지를 보려고 하여 생긴 피로의 축적물이고, 진은 그 피로로 인해 보여지는 먼지라는 것, 그렇게 둘이 서로를 낳는 환이라는 것을 아는 마음이 바로 환을 환으로 아는 마음, 환 아닌 진(眞)의 마음이다. 불교는 이 마음 본래의 밝음을 찾고자 한다.

근과 진이 이미 사라지면, 각명이 어찌 원묘를 이루지 않겠는가?[4]

경은 근이 그려 낸 것이기에 환이고, 근은 경의 경험을 통해 만들어진 것이기에 환이다. 이처럼 근과 진이 환이라는 것, 피로와 먼지라는 것을 아는 것이 곧 근과 진에 이끌리지 않고 근과 진을 멸해 원래의 밝음, 마음 본래의 자각성, 본각(本覺)을 찾는 것이다. 근과 경의 순환이 발생하기 이전에 이미 작용하고 있는 이러한 마음의 밝음을 '자체지광명(自體智光明)'이라고 한다. 꿈에서 깬다는 것은 자신의 마음이 단지 6진대상에 의해 규정되는 제6의식(견문각지심)에 그치는 것이 아니라는 것을 깨달아 자체지광명, 공적영지와 본각을 깨닫는 것이다. 이로써 근과 진, 피로와 먼지를 멈추고 마음 자체의 밝음에 머무를 수 있다. 분화된 기관 형성 이전의 마음의 빛, 그것은 아홉 구멍을 뚫기 이전의 마음의 밝음이며, 기관 분화의 피로 속에서 상실되어 가는 빛이다. 그러나 혼돈은 죽지 않고 본각은 사라지지 않는다. 우리가 가상을 가상으로 알아보고 그 가상 너머로 나아가고 싶어 하는 것은 바로 그 가상 너머의 본래마음의 빛, 자체지광명, 본각 덕분이다.

---

4 『수능엄경』 4권(『대정장』 19권, 123하), "根塵旣銷, 云何覺明, 不成圓妙?"

4. 순환 너머로 나아가기

가상을 가상으로 아는 것, 꿈을 꿈으로 아는 것이 가상을 벗어나고 꿈에서 깨어나는 것이다. 그러나 이때 안다는 것은 그것을 표층의식의 방식으로 개념적으로 아는 것이 아니다. 철학적으로 반성하여 내가 인식틀에 따라 세계를 본다는 것을 추론적으로 안다고 해도 그것은 결국 개념을 따라 그렇게 인식하는 것일 뿐이다. 가상 속에서 가상으로 아는 것이고, 꿈속에서 꿈에 대해 아는 것이다. 꿈속의 앎이다. 개념적으로 아는 것이 아니라, 구체적으로 체득하여 아는 것, 개념적인 추상적 앎의 차원에 머무르지 않고 구체적 앎을 획득하는 것, 그것이 바로 명상이고 수행이다. 인생을 꿈이라고 생각하고 따라서 꿈에서 깨어난다고 생각하는 것이 아니라, 진짜로 인생의 꿈에서 깨어나는 것이다.

1) 지(止): 사마타

우리의 일상의식은 인식틀을 보는 것이 아니라 그 틀에 따라 보여진 세계만 주목한다. 세계의 질서와 법칙이 그렇게 보는 나의 인식틀의 질서이고 법칙이라고 생각하지 못한다. 보여진 세계는 대상적 현상세계이다. 그렇게 보여진 대상세계에 이끌려 다니는 마음은 대상을 따라 흩어지는 산만한 마음이다. 산만하게 대상에 끌려다니는 한, 우리는 세계의 실상, 인식과 존재의 순환, 마음의 활동에 대해 알지 못한다. 마음 자체, 나 자신을 알기 위해 밖으로 향한 산만한 마음을 가라앉히는 것, 안으로 거둬들이는 것을 마음의 집중수행, 지(止)라고 한다.

지(止)가 대상을 좇아 흩어지는 마음을 안으로 거둬들인다는 것은 곧 우리의 마음을 표층 제6의식의 방식으로 유지하지 않는다는 것을 뜻한다. 제6의식은 전5식에 주어지는 감각내용을 제6의식의 대상화의 방식으로 인식하는 것이다. 제6의식의 개념틀에 따라 감각내용을 정리하는 것이다. 제6의식은 제7말나식의 아치(我癡)와 아집에 기반을 둔 분별의식이다. 자타분별, 주객분별의 제6의식은 존재하는 일체를 '인 것'과 '아닌 것'으로, a와 −a로 분별하며, 이 세상 어느 것도 a이면서 −a일 수는 없고, a이거나 −a 둘 중 하나라는 동일률, 모순율, 배중률의 원칙에 따라 사유한다. 그렇게 선과 악, 미와 추, 백과 흑, 가치와 무가치로 분별한다. 이런 식으로 제6의식에 의해 보여진 세계는 우리 자신의 분별에 의해 선별되고 평가되며 서열화된다. 따라서 의식의 삶은 끝없이 피곤하고 경쟁적일 수밖에 없다. 그러한 개념적 분별틀은 개인적 인식틀일 수도 있고, 집단적 인식틀일 수도 있으며, 나아가 인류 공통의 보편적 인식틀일 수도 있다. 그러한 인식틀을 따라 보여진 대상에 이끌려 가지 않고 보는 자 자신으로 되돌아오는 것이 지(止)이다. 판단보류 내지 판단중지라고 할 수 있다.

대상에 이끌려 가지 않는다는 것은 감각대상, 전5식의 대상인 물리적 사물세계(5경)에 이끌려 가지 않는 것일 뿐 아니라, 제6의식의 대상인 관념적 개념세계(법경)에도 이끌려 가지 않는 것을 의미한다. 개념을 따라 사유를 전개하고 있는 것도 마음이 대상을 좇아 움직이며 대상에 매여 있는 것이다. 지는 이러한 대상에 매인 사유, 개념적 사유활동을 멈추는 것이다.

2) 관(觀): 위빠사나

인식틀에 따라 대상을 향해 나아가지 않는다는 것은 인식틀의 작동을 멈추는 것이라고 볼 수 있다. 인식틀의 작동을 멈추고 그 이전에 주어지는 것에 주목하는 것을 관찰수행, 관(觀)이라고 한다. 의식적 분별과 판

단작용을 멈추고 분별되고 평가되기 이전의 것에 주목하는 것이다. 개
념화 이전의 것, 분별판단 이전의 것에 주목하는 것이다. 그렇게 함으로
써 제6의식보다 더 심층의 마음활동을 발견하게 된다. 위빠사나의 대표
적 수행법이 사념처관(四念處觀)이다. 몸, 느낌, 마음, 법을 관찰한다. 우
리는 몸의 기관, 안이비설신을 통해 세계를 감각하고 지각하지만, 그렇게
감각하고 지각하는 몸 자체를 의식하지 않는다. 이 몸에 의식을 집중해서
몸을 바라보는 것이 신념처(身念處)이다. 그 안에서 일어나는 느낌을 주
목해서 보는 것이 수념처(受念處)이고, 그 느낌을 따라 일어나는 마음을
관찰하는 것이 심념처(心念處)이다. 그리고 그 마음의 작동법칙을 관찰하
는 것이 법념처(法念處)이다.

    불경에 나오는 〈두 번째 화살〉의 비유는 위빠사나가 무엇인지를 말
해 준다. 우리는 세상과 부딪쳐(촉) 특정한 느낌을 갖게 된다. 그런데
그때그때의 느낌에 머물러 있지 않고, 고수가 일어나면 싫어하고 슬퍼
하며 애통해하고, 락수가 일어나면 좋아하고 기뻐 날뛴다. 첫 번째 화
살이 일으키는 느낌 자체에 머물지 않고 스스로 탐심과 진심, 치심의
두 번째 화살을 맞고 마음이 광란을 일으켜 애증의 분별, 취사의 분별
을 하는 것이다. 위빠사나는 이처럼 탐심과 진심과 치심에 이끌리지 않
고, 지금 여기 내게 주어지는 것을 그 자체로 바라보기, 알아차리기를
시도한다. 걸을 때 걷는 자신을 알아차리고, 먹을 때 맛을 느끼는 자신
을 알아차리되, 그 이상으로 나아가 판단하거나 시비분별하지 않는 것
이다.

    이것은 자신 안에서 엉켜 있는 인식틀과 감각자료를 해체해서 그것
을 각각으로 자각하는 과정이라고 볼 수 있다. 작동하는 인식틀을 발견
하자면 인식틀로 해석되기 이전의 각각의 감각자료를 알아야 한다. 이
감각자료를 관찰하는 것이 곧 그것이 어떻게 구조화되어 인식되는가를

말해 주는 인식틀을 관찰하는 것이기도 하다.[5] 이처럼 관은 인식틀에 따라 분별된 결과물에 주목하는 대신 분별하는 틀과 분별에 주어지는 감각내용을 관찰하는 것이라고 볼 수 있다. 또한 그 과정에서 분별하는 자신의 마음이 탐진치에 물들어 있다는 것을 발견하고 그것을 극복해 나가는 것이다.

이상과 같이 지와 관의 수행은 일상적으로 인식틀에 이끌려 가는 마음활동을 멈추고, 그 인식틀 자체에 주목하여 거기에서 문제를 발견하는 수행법이라고 볼 수 있다. 현재 순간 마음에 주어지는 감각내용 자체가 문제가 아니라, 그 내용을 분별적으로 읽어 내고 해석하는 우리의 인식틀에 탐진치의 삼독심(三毒心)이 함께하는 것이 문제이기 때문이다. 그런데 이러한 지와 관의 수행은 점진적이다. 인식틀을 벗어난 순수 감각자료라고 생각해도 그 안에 다시 그 자료를 걸러 내는 인식틀이 작동하고 있기 때문이다. 껍질은 한 겹씩 벗겨지고, 그 과정은 끊임없이 이어진다. 그러므로 지관의 수행은 무한히 이어지는 순차적인 수행이다. 그 무한성을 3아승지겁(三阿僧祇劫)으로 표현하기도 한다. 3아승지겁의 수행을 거쳐야 탐진치를 완전히 벗은 부처의 경지에 이를 수 있다. 쌓인 업과 번뇌가 모두 걷어 내져야 순수한 바닥, 빈 마음에 이를 수 있다는 말이다.[6]

---

5   그러므로 위빠사나를 통해 세계의 구조를 알게 된다. 이렇게 확보되는 지가 일체지이다.

6   반면 간화선은 차제적 수행단계를 따르지 않고 직접 마음 자체를 직관하려는 수행법이다. 그래서 이것을 지름길의 수행, 경절문(徑截門)이라고 한다. 간화선은 마음 안에 담겨 있는 일체 번뇌를 내용적으로 자각하여 그것을 극복하는 그런 방식을 취하지 않는다. 바람직하지 않은 부정적 인지개념을 확인한 후 긍정적 인지개념을 확립함으로써 우울한 감정을 극복한다거나, 과거 트라우마를 다시 의식으로 끌어올림으로써 그 억압으로부터 풀려난다거나 하는 시도, 즉 의식보다 심층의 무의식의 내용을 직접 건드리고 확인함으로써 그 장애를 극복하는 방식을 취하지 않는다.

3) 간화선(看話禪)

불교는 처음부터 근과 경의 순환성과 허망성, 일체 존재의 공성을 알고 있기에 그러한 윤회의 사슬에서 벗어나는 해탈을 추구해 왔다. 순환의 삶을 반복하게 하는 것이 업(業)이고, 업은 욕망과 분노와 어리석음인 탐진치(貪瞋癡)에 기반을 둔 것이기에, 불교는 해탈을 위해 탐진치의 지멸, 업의 소멸을 지향해 왔다. 이것은 과거의 업과 습이 담긴 신경회로를 깨끗하고 맑고 밝게 순화시키는 것을 의미한다. 조업(造業)을 멈추고 근을 정화하여 경의 매임으로부터 풀려나게 하는 것이다. 그러나 인류의 진화와 개인의 역사, 지난 생의 업과 현생의 습, 그 모든 과거가 기억으로 빽빽이 담겨 있는 신경회로를 어떻게 정화하여 업과 습이 없는 처음으로, 상(相)이 없는 성(性)으로, 그림이 없는 바탕으로 되돌릴 수 있단 말인가? 본성을 깨닫고자 념(念)을 내면 낼수록, 업을 닦고자 마음을 내면 낼수록, 신경은 더욱더 피로해지고 회로는 더욱더 복잡해져서 결국 더 복잡한 세계를 그려 놓을 뿐이다. 팔만대장경의 문자가 모조리 근에 훈습되어 불국토가 그려진다 한들, 이는 결국 신경회로가 그린 허상의 세계일 뿐이며 우리는 아직도 근과 경의 순환 바깥으로, 시간흐름 바깥으로 나아가지 못한 것이다. 즉 순간을 맞이하지 못한 것이다.

간화선은 진정한 순간을 맞이하기 위해, 우리의 과거 업과 습이 담긴 신경회로 바깥으로의 탈출을 시도한다. 그러기 위해 신경회로를 따라 느끼고 지각하며 생각하고 판단하는 일체 의식작용 너머로 나아가고자 한다. 그러나 그것이 어떻게 가능한가? 그것을 가능하게 하는 것이 화두(話頭)이다. 화두는 신경회로를 따르는 사유를 모순과 자가당착으로 몰고 가 더 이상 그 회로 안에 머무를 수 없게 만듦으로써 회로에 갇혀 있는 수행자를 회로 밖으로 끌어낸다. '만유불성'을 믿다가 '개에도 불성이 있는가?'라는 물음에 '무(無)'라는 답을 들으면 그 '무'자가 내 안에 의심을 불러일으키는 화두가 된다. 부처를 거룩한 존재로 믿어 오다가 '무엇이 부처인가?'라는 물음에 '똥막대기'라는 답을 들으면, '똥막대기'는 나의 신경회로를 교란시키는 화두가 된다. '무엇이 손가락을 튕기는가?' 나의 본래면목을 묻는 이 물음은 나의 마음을 뒤흔들어 두뇌신경회로를 교란시킨다. 교란은 자연스런 회로의 연결에 잠시 혼선을 빚는 것이다. 의심을 통해 두뇌신경회로, 우리의 인식틀이 교란되는 순간, 우리는 찰나적으로 회로의 끊김, 회로 바깥으로 통하는 빈틈을 보게 된다. 빈틈으로 새어 들어오는 빛이 섬광처럼 스치고 지나가는데, 화두의심에 집중한다는 것은 바로 그 빈틈을 붙잡고 놓지 않는 것이다. 의심으로 포착한 빈틈을 붙잡고 그 틈을 벌려 거길 통과해야만 두뇌신경회로 바깥으로 빠져나갈 수 있다. 그래야 의식이 의근 바깥으로, 심층마음으로 나아갈 수 있다. 오로지 이 화두의심 하나만을 붙들고 용맹정진할 때 내게 무슨 일이 일어나는가?

화두가 불러일으키는 의심이 쌓여 의정(疑情)이 되고 다시 의정이 뭉쳐 의단(疑團)이 되도록 그 화두의심의 답만 찾아 몇 날 며칠을 바른 자세로 앉아 있다 보면, '이뭐꼬'를 향한 풀리지 않는 의심과 벗어날 수 없는 갑갑함은 결국 뚫을 수 없는 은산철벽(銀山鐵壁)이 되어 나의 앞뒤 좌우를 가로막고 압박해 온다. 그때 나는 불같이 타오른 의심덩어리, 밤송이처럼 가시 돋친 의심덩어리를 삼키지도 못하고 뱉지도 못한 채 답을 찾지 못한 갑갑함에 몸부림치게 된다. 그렇게 온몸을 내리누르는 막중한 의심의 무게를 견디다 보면 드디어 마지막 순간 몸이 폭발하거나 무너지는 느낌, 어둠에 파묻히거나 마비되는 느낌 등 신체적·정서적 변화가 일어나게 되는데, 이것을 은산철벽이 무너지고 화두가 타파되는 순간이라고 한다. 이렇게 화두가 타파되고 나면 어느새 온몸이

깃털처럼 가벼워지고, 마음은 평온하고 행복해지며, 일체 중생과 우주 자연이 사랑스럽게 느껴진다. 이러한 화두타파의 순간이 바로 과거의 업과 습을 담은 신경회로 바깥으로 튕겨 나가는 순간일 것이다.

화두타파의 순간 나는 내 안에 축적된 과거의 기억, 그 업과 습의 무게로부터 자유로워짐을 느낀다. 과거로부터 이어지는 시간흐름을 끊고 그 흐름 바깥에서, 신경회로 바깥에서 순수한 현재, 찬란한 순간을 맞이하게 된다. 그때 나는 내가 우주 속 한 점이 아니라 우주 전체라는 것, 우주는 내가 그려 놓은 그림이며 나는 내가 그린 전체 그림의 바탕이라는 것, 그렇게 나와 우주가 하나라는 것을 깨닫게 된다. 선에서는 이것을 찰나적 깨달음, 돈오(頓悟)라고 한다. 또한 이것을 나의 참모습, 본래면목의 깨달음, 견성(見性)이라고도 한다.

신경회로 바깥이 있는가 없는가, 피로와 먼지 너머가 추상적 빈 공간인가 아닌가, 그것은 회로를 벗어나 봐야 안다. 근과 경의 매임 너머 마음을 공으로 돌리면, 그 안에서 순환이 춤추는 빈 공간이 바로 나의 마음이라는 것을 알게 된다. 공이 곧 마음이 되는 공적영지를 알게 된다.

5. 찰나의 각성: 심층마음으로 깨어나기

전5식의 감각자료(자상)를 어떻게 정리하여 인식할 것인가는 우리 의식이 만든 개념(공상)에 따라 달라진다. 의식이 인식하는 대상의 자기동일성은 결국 우리가 만든 개념적 자기동일성인 것이다. 그러므로 우리에게 보여진 세계는 그 세계를 보는 우리의 방식에 의해 달라진다. 우리에게 보여진 세계는 그 세계를 보는 우리의 식을 떠난 것이 아니다. 그래서 식 이외에 따로 경이 없다는 '유식무경'을 말하고, 세계를 식을 통해 형성된 세계라는 의미에서 '가상'이라고 부른다.

동양에서는 처음부터 우리가 보는 세계는 우리가 만든 세계이며, 따라서 가상이라는 생각이 지배적인 반면, 서양에서는 '인간이 만물의 척도다'라는 프로타고라스의 주장을 회의주의와 상대주의, 소피스트의 궤변이라고 비판하며, 세계는 신이 만든 객관적 실재라는 생각이 지배적이었다. 서양에서 대상세계의 가상성에 대한 통찰은 18세기 칸트에 의해 비로소 얻어졌다고 볼 수 있다. 이런 통찰로부터 구조주의가 나오는데, 이것은 19세기 20세기가 되어서다. 심리학에서 인식틀의 역할을 중시하면서 게슈탈트심리학이 나오고, 인지구조가 인지내용을 결정한다고 논하는 인지주의심리학이 나왔다. 그러다가 구조도 결국 경험으로부터 비롯된다는 것을 깨달으면서 전체가 하나의 순환을 그리고 있음을 알게 되었다. 뫼비우스의 띠나 에셔의 그림들은 모두 이러한 순환을 환기하는 것이다. 그러한 순환 중의 한 측면, 경험을 통해 인지구조가 형성된다는 측면을 강조하는 것이 진화생물학이다. 마음은 뇌신경세포의 활동 이외의 다른 것이 아니라고 주장하는 뇌과학, 인지과학, 과학철학은 모두 그러한 진화론적 사유의 결과이다. 서양인들은 순환을 발견해도 그 순환구조 속에 매몰되어 순환을 따라 생각할 뿐 순환 밖으로 나올 생각을 하지 않는다.

이 순환으로부터 벗어나려는 수행을 언제 생각이나 할 수 있겠는가? 나를 순환의 산물이 아니라 순환 밖의 주체라고 여겨야지만, 그 나를 깨닫기 위한 수행을 생각하게 된다. 동양인들은 우리에게 인식과 존재, 근과 경의 순환이 있다는 것, 우리의 사유틀이 경험을 통해 확립된다는 것을 발견하고, 그 순환 바깥의 무한의 허공을 바라보며 그 허공을 마음으로 느낀다. 그러나 서양인은 그렇지 않다. 긴 세월 신의 피조물로 여겨 왔던 것처럼 이제는 자기 자신을 자연의 진화 산물로 여길 뿐이다. 그들은 자신을 순환의 결과물, 진화의 산물로 여긴다. 인생이 꿈이라는 것을 알면, 동양인은 꿈에서 깨어나기를 바라는데, 서양인은 계속 더 좋은 꿈을 꾸기를 기도할 뿐이다.

왜 깨어나고자 하는가? 동양인은 마음을 틀에 따라 보여진 세계 안에 있는 것도 아니고 그렇다고 세계를 보는 틀 안에 있는 것도 아니라고 직감한다. 마음은 세계 바깥, 틀 바깥에서 틀을 취해 세계를 보는 주체다. 수행은 그 모든 틀, 그 모든 순환을 벗어, 순환 바깥의 마음을 직접 깨닫기 위한 것이다. 그리고 수행을 통해 동양인이 발견하는 것, 명상의 끝에 우리가 깨닫는 것은 결국 우리가 이미 처음부터 본래의 마음으로 세계를 바라보고 있었다는 것이다. 우리의 본심이 이미 밝은데, 우리 본성의 자각이 이미 밝은데, 그 본성, 그 각성을 다시 보려고 하기에 문제가 생겨난다는 것이다.

본성의 자각은 반드시 밝은데, 허망하게 자각을 밝히려고 한다.[7]

성각이 명이라는 것은 우리의 자성, 본성은 이미 마음으로 깨어 있어 밝다는 것이다. 근의 피로와 진의 먼지, 그 출발은 바로 나를 보려고 하기 때문이다. 내가 주체로 머무르지 않고 나를 찾기 시작함으로써, 나를 대상화함으로써 나를 잃어버리고 마는 것이다.

자심에서 자심을 취하면, 환 아닌 것이 환법이 된다.[8]

명상은 결국 나의 본래면목을 확인하고 그 본래자리에 주체로 남아있고자 함이다. 주체로 머무르지 않고 다시 나를 대상화하여 보려 함으

---

7 『수능엄경』 4권(『대정장』 19권, 120상), "性覺必明, 妄爲明覺."
8 『수능엄경』 5권(『대정장』 19권, 124하), "自心取自心, 非幻成幻法."

로써 피로와 먼지가 축적되는 것이다. 나를 공으로 자각하지 못하고 대상 속에서 발견하려 하기에 피로를 쌓아 가상의 나를 만들고 먼지를 쌓아 가상세계를 만든다. 이러한 피로와 먼지를 벗어나는 길은 내가 그렇게 만들어지는 것이 아니라는 것, 나는 본래 빈 마음, 빈 바탕이라는 것, 심층마음이라는 것을 자각하는 것이다.

이러한 심층마음의 자각은 신경회로를 따라 시간의 흐름 속에서 일어나는 일이 아니다. 신경회로 바깥으로의 탈출은 곧 시간의 흐름을 끊는 찰나의 사건이기 때문이다. 나의 참모습, 진면목은 그렇게 찰나 속에서만 포착된다. 시간의 흐름 바깥에서 찰나에 포착되는 마음이기에 그 마음은 다시 모든 시간에 걸쳐 항상 작용할 수 있다. 모든 아름다운 것, 거룩한 것, 운명적인 것은 그렇게 시간흐름 바깥의 한순간, 한 찰나의 사건이 아니겠는가?

제4부

표층과 심층 사이:
장애와 장애 극복의 길

우리 대부분은 하루하루 피곤하고 힘든 삶을 산다. 매일같이 동일한 일을 반복하는 것도 괴롭고, 날마다 서로 다른 이 일 저 일에 치이는 것도 괴롭다. 몸도 괴롭고, 마음도 괴롭다. 병들어 아프고 늙어 죽어가는 것도 괴롭고, 정든 자와 헤어져야 하고 싫은 자와 다시 만나야 하는 것도 괴롭다. 그런데 이 모든 것이 우리 삶의 피할 수 없는 모습이다. 우리의 삶은 왜 이렇게 괴롭고 힘든 것일까? 이 모든 고통은 어디에서 오는 것일까? 우리 삶의 고통의 실상 및 그 원인을 살펴보고 그러한 고통으로부터 벗어나는 길이 무엇인지를 생각해 본다.

우리는 대부분 자신의 심층마음을 자각하지 못하고 표층의식만을 자기 마음의 전부라고 생각하면서 그렇게 표층에 드러나는 의식내용을 자신과 동일시하여 거기 집착하고, 그에 따라 자신을 규정하며, 세상을 분별한다. 그러한 동일시와 집착과 분별이 우리의 삶을 무겁고 부자유하게 만들며 고통스럽게 만든다. 불교수행은 본심을 가리는 탐심과 진심과 치심을 극복하고 표층의식 너머 심층마음으로 나아가 그 마음 본래자리에서 자신의 본래면목을 깨달아 그 본심대로 살고자 하는 노력이라고 할 수 있다. 고통을 벗어나기 위한 수행에 앞서 우선 어떤 믿음이 전제되어야 하는지를 밝혀 보고, 이어 어떤 깨달음을 얻어야 하는지, 그리고 나의 고통뿐 아니라 타인의 고통에 공명하며 그것을 덜어 주고자 하는 자비가 어떻게 가능한 것인지를 살펴본다.

마음의 장애와 고통

1. 인생은 고해(苦海)인가?

괴로움은 씁쓸한 느낌, 고(苦), 고통이다. 고통은 우리에게 낯선 것이 아니다. 고통은 우리에게 즉각적으로 느껴진다. 위가 비면 배고픔의 고통이 느껴지고, 마음이 비면 고독의 고통이 느껴지며, 부음을 접하면 인생의 고통이 느껴진다. 고통의 느낌은 누가 가르쳐 줘서 아는 것도 아니고, 내가 깊이 생각을 해서 알아내는 것도 아니다. 괴로움의 반대 되는 느낌인 즐거움, 락(樂)과 마찬가지로 괴로움은 특정 상황에서 내가 즉각적으로 알아차리는 느낌이다.

　그러나 괴로움을 내가 즉각적으로 알아차린다고 해서 내가 괴로움의 실상을 다 알고 있는 것은 아니다. 괴로움의 정체가 과연 무엇인지, 그것이 무엇에서 연유하고, 그것이 우리 인생에 대해 무엇을 말해 주고 있는지를 우리는 잘 알지 못한다. 괴로움이 과연 실재에 대한 느낌인지 허구의 느낌인지조차 분명하지 않다. 우리가 괴로움의 실상에 대해 잘 알지 못하는 것은 고나 락의 느낌이 우리의 의식적인 사려분별작용보다 더 깊은 심층에서 일어나는 작용이기 때문일 것이다. 그만큼 고나 락의 느낌은 우리가 접하는 이 세상 존재가 불러일으키는 원초적 마음 상태이다.

이 세상 존재와 마주하여 우리가 갖게 되는 가장 원초적 느낌은 괴로움인가, 아니면 즐거움인가? 기독교에서의 신(神)은 세계창조의 일과를 마치고는 '보기에 좋더라!'라고 하였다. 존재 자체를 기쁨으로 받아들이는 태도를 보여 준다. 반면 불교에서는 인생을 고통의 바다인 '고해(苦海)'라고 부르고, 그런 고통의 삶이 영위되는 이 세계를 불타는 집인 '화택(火宅)'이라고 부르면서 '일체개고(一切皆苦)'를 주장한다. 존재 자체를 고통으로 받아들인다고 볼 수 있다. 그러나 그렇다고 해서 기독교에 고통이 없고, 불교에 즐거움이 없는 것은 아니다. 기독교에 따르면 보기에 좋은 이 세계에 살고 있는 인간은 그럼에도 불구하고 원죄(原罪)로 인해 사망의 고통을 면치 못하고, 불교에 따르면 화택 속에서 고해의 인생을 살아도 수행으로 깨달음을 얻으면 일체의 고통을 벗고 구경락(究竟樂)을 얻는다고 한다. 이렇게 고와 락은 존재의 심연 속에서 서로 교차하고 있다.

결국 고통의 정체가 무엇이고 고통의 시작과 끝이 무엇인가를 묻는 물음은 곧 인생과 우주 존재의 실상이 무엇인가를 묻는 물음이며, 우리가 고통을 어떻게 받아들이고 고통에 어떻게 대처해야 하는가를 묻는 물음이다. 우리에게 고통이란 과연 무엇인가? 고통을 통해 또는 고통의 극복을 통해 우리가 발견하게 되는 존재의 실상은 과연 무엇인가?

우선 고통은 신체나 정신이 처해 있는 객관적 상태 자체이기보다는 그 상태로부터 일어나는 주관적 감각 내지 느낌이다. 우리는 느낌을 통해 자신의 상태를 알아차린다. 고통의 느낌은 현재 나의 상태가 바람직하지 않은 방향, 즉 무언가 문제가 있는 방향으로 나아가고 있다는 것을 알려 주는 징후이다. 몸에 문제가 있을 때 그것을 고통으로 감지해야 물리적 차원의 치료를 하게 되고, 정신에 문제가 있을 때 그것을 고통으로 감지해야 심리적 차원의 치유를 하게 된다. 그러므로 신체적 고통을 느끼지 못하는 무통증이나 심리적 고통을 느끼지 못하는 사이코패스는 문제를 알아차리지 못해, 결국 문제를 해결할 기회를 상실하게 되는 일종의 결핍이고 병이다.

이렇게 보면 고통은 우리가 원하든 원하지 않든 그 기능과 역할이 있으며 삶에 기여하는 바가 있으므로 무조건 부정적으로만 여길 것이 아니다. 게다가 우리의 삶은 고통스러운 만큼 그것에 대비되어 주어지는 즐거움도 있고 또 많은 순간은 고도 락도 아닌 비고비락의 느낌으로 유지되기도 하므로, 인생에서 유독 고통만을 과대포장한다거나 고통에 과민반응할 필요는 없을 것이다.

그런데 유난히도 고통에 민감한 종교가 있으니, 그것이 바로 불교이다. 인생의 고통을 가장 진지하게 받아들이고 또 가장 철저하게 파헤쳐 분석한 사상이 바로 불교이다. 따라서 고통의 문제를 논할 때 우리는 무엇보다도 먼저 불교에서의 고통의 이해에 주목하지 않을 수 없다.

2. 불교에서의 고통의 이해

고통은 일종의 감각 내지 느낌이다. 감각 내지 느낌을 불교는 받아들임인 '수(受, vedanā)'라고 부른다.[1] 느낌이 일어나려면 우선 심신의 기

---

1   수(受)는 객관적 인식의 기초가 되어 수(受, 감각) → 상(想, 지각) → 사(思, 사량)로 이어지기도 하고, 주관적 정서의 기초가 되어 12지연기에서처럼 수(受, 느낌)

관(근)이 대상(경)과 접하고 의식(식)이 그에 따라 변화하는 근·경·식 3사(事) 화합인 '촉(觸, 부딪침)'이 있어야 한다. 촉은 '3사가 화합하여 변이를 따라가는 것'[三和分別變異]으로 정의된다.[2] 예를 들어 안(근)이 색(경)과 접하면 눈이 색을 따라 변이한다. 말하자면 망막에 상이 그려진다. 그러면 그 순간 식이 그 변이를 따라 움직이는데, 말하자면 시신경세포의 변화가 그것이다. 이런 방식으로 일어나는 근·경·식 3사의 화합을 촉이라고 한다. 그리고 그러한 촉을 통해 형성된 대상의 모습인 경상(境相)을 받아들이는 것이 '수(受)'다. 수는 촉을 연해서 일어난다.

근(根) · 경(境) · 식(識) 3사 화합 = 촉(觸) → 수(受, vedanā)
(인식기관) (인식대상)   (의식)

수는 "따르거나 거슬리거나 따르지도 거슬리지도 않는 대상의 모습을 받아들이는 것[領納順違俱非境相]"으로 정의된다. 순경상, 위경상, 비순비위경상을 받아들이는 것 자체가 느낌이다. 순경상을 받아들이는 느낌이 즐거운 느낌인 '락수(樂受)'이고, 위경상을 받아들이는 느낌이 괴로운 느낌인 '고수(苦受)'이며, 비순비위경상을 받아들이는 느낌이 비락비고의 느낌인 '사수(捨受)'이다.

락수(樂受, sukha): 수순하는 대상의 모습(순경상)을 받아들이는 느낌

→ 애(愛, 갈애) → 취(取, 취착)로 이어지기도 한다. 따라서 수는 '감각'이기도 하고 '느낌' 또는 '감정'이기도 하다.
2 『성유식론』3권. 여기서 분별은 의식적 분별 내지 판단작용이 아니라 닮아 감인 상사(相似)를 뜻한다. 근이 경을 따라 바뀔 때 식이 그 변이를 닮아 가는 것이다.

고수(苦受, dukkha): 거슬리는 대상의 모습(위경상)을 받아들이는 느낌

사수(捨受, upekkhā): 순도 위도 아닌 대상의 모습(비순비위경상)을 받
아들이는 느낌

그런데 순하고 역하는 것은 나의 신체에 대한 순·위일 수도 있고 나
의 마음에 대한 순·위일 수도 있다. 몸에 순하고 역함을 따라 몸이 감
지하는 느낌을 몸의 느낌인 '신수(身受)'라고 하고, 마음에 순하고 역
함을 따라 마음이 감지하는 느낌을 마음의 느낌인 '심수(心受)'라고 한
다. 광의의 고와 락은 신수와 심수를 포괄하는 개념이지만, 그 안에서
다시 신수와 심수를 구분할 경우 협의의 고와 락은 신수에만 국한해서
사용한다. 신수와 구분해서 특별히 심수를 나타내기 위해 마음의 즐거
운 느낌은 '희수(喜受)'라고 하고, 마음의 괴로운 느낌은 '우수(憂受)'
라고 한다.

	〈신수(身受)〉	〈심수(心受)〉
락수(순경계에 처한 느낌):	락수(樂受, sukha)	희수(喜受, somanassa)
고수(역경계에 처한 느낌):	고수(苦受, dukkha)	우수(憂受, domamassa)
사수(비순비역에 처한 느낌):		사수(捨受, upekkhā)

이처럼 느낌을 고수와 락수 또는 우수와 희수로 구분한다는 것은 불
교가 인생에 고뿐만 아니라 락도 있다는 것을 모르는 것이 아님을 말해
준다. 우리의 일상적 느낌은 고락이 서로 교차한다. 상대적인 고와 상
대적인 락 그리고 비고비락이 있음에도 불교가 '일체개고(一切皆苦)'
를 주장하는 것은 그 전체가 궁극의 견지에서 보면 모두 고에 포섭된다
고 보기 때문이다. 말하자면 우리가 일상적으로 락이라고 여기는 것은

그 순간에는 락이어도 머지않아 그 락이 다함으로써 곧 고의 느낌을 일으키므로 결국 고에 속하는 것이다. 이처럼 상대적 락은 그것의 무너짐이 고이기에 '괴고(壞苦)'로서 고에 포섭된다. 상대적 고는 그 자체가 고이어서 고 중의 고이므로 '고고(苦苦)'라고 한다. 그리고 비고비락은 아직은 고나 락으로 분화되지 않았지만 상황에 따라 곧 고나 락으로 전개될 수 있기에, 결국 고를 품고 있어 이를 '행고(行苦)'라고 한다. 이처럼 상대적 의미의 고와 락과 비고비락이 결국은 절대적 의미의 고에 모두 포섭되므로, 불교는 일체가 결국 모두 고라는 '일체개고'를 말한다.

〈상대적 차원〉   〈절대적 차원〉

고(苦)   =   고고(苦苦)
락(樂)   =   괴고(壞苦)   고(苦) = '일체개고(一切皆苦)'
비고비락   =   행고(行苦)

불교는 이러한 고통을 '생, 노, 병, 사, 애별리고, 원증회고, 구부득고, 오음성고'의 여덟 가지로 논한다. 생노병사의 네 가지 고통은 내 몸에서 비롯되는 신체적·생리적 고통이고, 뒤의 세 가지 고통은 인간 간의 관계에서 비롯되는 사회적·심리적 고통이다. 그리고 마지막 오음성고는 일체의 고통이 일어나게 되는 기반을 말한다. 오온(五蘊)으로 존재함으로써 갖게 되는 고통을 총칭한 것이다.

인생8고: 생, 노, 병, 사, 애별리, 원증회, 구부득, 오음성고

신체적·생리적 고통   심리적·사회적 고통

불교가 지향하는 것은 일체 중생을 생의 고통으로부터 구제하는 '이고득락(離苦得樂)'인데, 이는 곧 '이일체고 득구경락(離一切苦 得究竟樂)'이다. 불교가 넘어서고자 하는 고는 이런저런 부분적 고가 아니라 일체의 고이며, 얻고자 하는 락은 사람마다 상황마다 서로 다를 수 있는 상대적 락이 아니라 일체의 고가 멸한 자리에서 얻어지는 절대적 락, 궁극의 락인 구경락이다. 이처럼 '이일체고'를 주장하는 한, 불교가 논하는 고통은 중생이 이생에서 겪을 수 있는 모든 고통을 다 포괄해야 한다. 고통은 중생 각자가 느끼는 것이므로 그 고통의 발원지가 개인의 몸이냐 마음이냐에 따라 일단 '신체적 고통'과 '심리적 고통' 둘로 구분된다. 그런데 불교에 따르면 개인의 몸과 마음은 고립된 개별 실체가 아니고 다른 일체 존재와 연기적 상호의존관계에 있다. 따라서 고통의 궁극 발원지는 개인의 심신이 아니라 그 너머 일체 존재와의 상호연관관계가 된다. 이러한 관계 속에서 일어나는 고통을 사회적 관계에서 비롯되는 고통이란 의미에서 '사회적 관계적 고통'이라고 부를 수 있다.

고통: 1. 개인적 신체적 고통
　　　 2. 개인적 심리적 고통
　　　 3. 사회적 관계적 고통

불교는 무아(無我)와 연기(緣起)에 입각한 가르침이므로 중생의 고통이 결국은 연기적으로 발생하는 사회적 고통이라는 것을 알고 있으며, 따라서 개인적 고통뿐 아니라 사회적 고통도 극복대상으로 놓고 있다. 다만 사회적 고통을 극복하는 길로 불교가 제시하는 것은 사회복지 차원의 제도정비나 정치·경제적 개혁 또는 군사적 혁명 등의 외적 변혁이 아니라 내적 성찰과 수행을 통한 자기변혁과 그 에너지 전파에 따른 타자변혁 등 내적 변혁이라고 볼 수 있다. 개인의 변혁이 그대로 사회변혁이 되고, 개인적 고통을 극복하는 길이 그대로 사회적 관계적 고통을 극복하는 길로 이어지는 그런 존재이해를 갖고 있는 것이다.

고통의 원인 및 그 극복에 관해 불교는 고집멸도(苦集滅道) 사성제(四聖諦)를 설한다. 고성제는 일체개고의 현상을 말하고, 집성제는 그러한 고가 생성되고 축적되는 과정을 말한다. 그리고 멸성제는 그러한 고가 멸한 상태를 뜻하고, 도성제는 고의 멸에 이르는 수행의 길을 뜻한다. 고통의 축적과 소멸에도 연기법은 그대로 적용된다. 그래서 고성제와 집성제를 '연기의 유전문'이라고 하고, 멸성제와 도성제를 '연기의 환멸문'이라고 한다.

고성제(苦聖諦): 고의 현상 ┐
집성제(集聖諦): 고의 현상의 원인 ┘ 연기의 유전문(流轉門)

멸성제(滅聖諦): 고의 소멸 ┐
도성제(道聖諦): 고의 소멸의 방법 ┘ 연기의 환멸문(還滅門)

이렇게 보면 불교의 전체 가르침은 중생의 고통이 어디에서 오는지를 밝혀 그 고통의 실상을 드러내고 우리가 그 고통을 벗어날 수 있는 길을 제시한 가르침이라고 볼 수 있다. 고통은 과연 어디에서 오는 것인가?

3. 고통의 발생기제: 장애(벽)로 인한 고통

고통이 어디에서 오는지에 대한 답은 사실 고통이 무엇을 의미하는지에 대한 설명 안에 담겨 있다. 불교는 고통의 느낌인 고수를 '거슬리는 대상의 모습(위경상)을 받아들이는 느낌'이라고 설명한다. 그런데 무엇이 거슬린다는 것은 그것이 거슬리게 되는 어떤 것x를 전제한다. 어떤 것x가 있어서 대상y가 거기에 거슬리는 것이다. 한마디로 나x에게 대상y가 거슬리는 것이다. 그러므로 고통은 단순히 대상y만으로부터 발생하는 것이 아니라, 나x와 대상y와의 관계, 그 둘 간의 대립적·충돌적 관계로부터 생겨나는 것이다.

　우리는 무엇이 나의 심신을 고통스럽게 할 경우 대개 그 무엇을 나로부터 분리하고 없앰으로써 나를 그 고통으로부터 보호하려고 한다. 대상으로부터 분리되어 오롯이 지켜져야 할 나라는 존재가 따로 있다면 그 방법이 옳을 것이다. 하지만 불교는 처음부터 나의 존재를 자기자성을 가지는 개별적 실체로 여기지 않고, 오히려 다른 존재와의 상호연관 관계 속의 존재, 연기적 존재로 보며, 따라서 무아(無我)를 주장한다. 그러므로 고통의 연원 및 고통의 극복에 대해서도 무아의 관점에서 생각한다.

　무아가 뜻하는 바는 무엇인가? 일상에서 내가 나라고 생각하는 나, 그런 개별실체로서의 나는 존재하지 않는다는 것이 무아이다. 일상적 표층의식에서 보면 밥을 먹는 나는 내게 먹히는 밥이 아니며, 따라서 둘은 서로 구분된다. 그러나 내가 밥을 먹으면 밥이 곧 내가 된다. 내가 나라고 여기는 나의 몸[色]은 그렇게 나 아닌 것인 밥이 내 피와 살로 화한 것이고, 또 밥이 된 쌀은 대지의 물과 양분, 대기의 공기와 바람과 햇빛 등 우주 전체의 기운에 의해 그것이 된 것이다. 내 몸은 표층에서 보면 쌀도 흙도 아니고 바람도 태양도 아니지만, 심층에서 보면 그 모든 것이 다 내 안에 스며 있어 나를 이루는 조건[緣]이 된다. 마찬가지로 내가 나라고 여기는 나의 마음[名: 受·想·行·識]도 표층에서 보면 남들과 구분되는 단독의 자의식처럼 보이지만, 심층에서 보면 나의 자의식에는 그의 느낌과 그녀의 생각, 산 자의 뜻과 죽은 자의 인식(개념)이 모두 스며들어 있다. 이처럼 나의 심층마음에는 우주 전체의 에너지가 하나로 축적되어 있어 그 안에서는 표층의 자타분별, 주객분별이 성립하지 않으며, 따라서 표층에서 내가 나로 생각한 그 나는 나가 아닌 것이다.

이와 같이 나는 나가 아니고 너는 너가 아니기에 그렇게 우리는 심층에서 자타 무분별의 하나를 이룬다. 불교는 표층의식보다 더 깊은 심층에서 일체 중생, 모든 생명체는 결국 하나의 생명, 하나의 마음이라고 논한다. 몸을 구성하는 체세포 하나하나에 몸 전체의 정보가 모두 담겨 있고, 우주를 구성하는 중생의 두뇌신경회로에 그 중생이 바라보는 우주 전체의 질서가 모두 담겨 있듯이, 각 중생의 심층마음에는 무시이래의 삶을 통해 축적된 무한한 업력(業力) 내지 종자(種子)가 우주 전체 역사의 기억으로 그리고 다시 우주 전체를 산출해 내는 정보와 에너지로 작동하고 있다. 중생은 누구나 표층의식에서는 각각 서로 분리된 채 전체의 일부분으로 살아가지만, 심층에서는 서로가 서로를 포함하는 한마음으로, 모두가 하나로 공명하는 에너지 파동으로, 한마디로 동체(同體)로 살아간다. 각자의 심층마음에서 우주는 무한히 반복되므로 '일즉다 다즉일'이 성립한다.

불교가 지향하는 것은 무아와 연기의 깨달음을 통해 동체대비(同體大悲)의 마음에 이르는 것, 열반의 구경락을 얻는 것이다. 즉 자타분별과 주객분별 없이 일체를 하나로 포용하는 부처님마음을 증득하여 자신의 본래면목을 자각하는 것, 그리고 그 한마음으로 자타불이의 자비를 실천하는 것이다. 그런데 이 길을 가로막는 것이 바로 표층의 오온을 나로 알고 집착하는 아견(我見)과 아애(我愛)이다. 이 아견과 아애로부터 나를 지키고 보호하고 아끼려는 욕망과 집착, 탐심과 진심, 치심이 일어난다. 이것이 바로 전체로부터 나를 분리하고 고립시키는 나의 성이고 벽이며, 장애이고 번뇌이다.

바로 이 벽이 세계로부터 내게 주어지는 대상의 모습(경상)이 순하거나 역하거나 순도 역도 아니게 만드는 그 장벽이다. 세계는 나의 이 벽에 부딪쳐 순함으로써 즐거움을 낳거나 역함으로써 괴로움을 낳거나 또는 특별히 순하지도 역하지도 않음으로써 비고비락의 느낌을 낳는다. 이 벽이 곧 일체의 고통을 낳는 장벽이고 장애이며 번뇌이고 망상인 것이다. 이 벽이 있는 한 이 벽을 따라 주와 객, 자와 타가 분리되고 분별되며 서로 갈등할 수밖에 없다.

분별적 망심의 탐진치를 극복하고자 하는 불교는 아상과 아애로 탐진치를 일으키는 이 벽, 나를 다른 것으로부터 분리하고 분열시키는 이 장벽을 허물고자 한다. 이 장벽은 나를 일체 중생과의 연관성으로부터 분리하여 나만의 성에 가두는 벽이며, 그렇게 함으로써 자신의 심층 한마음을 망각하고 고립된 표층의 섬에 머물게 하는 장애의 벽이다. 이 벽이 곧 대상y를 순하는 것, 역하는 것 또는 순도 역도 아닌 것으로 만들어 내는 나의 벽x이다. 이 x와 y의 충돌에서 불교는 x를 고수하기 위해 y를 배제하는 것이 아니라 y를 포용하기 위해 x를 허물고자 한다. x와 y로 충돌하는 나와 너가 실제 심층에서 하나라는 것을 알기 때문이다.

분열과 대립, 고통을 낳는 이 벽이 문제이다. 벽이 두텁고 견고할수록 고통이 깊고 짙게 새겨져 오래 머무르며, 벽이 얇고 투과력이 클수록 고통은 바람처럼 스쳐 지나가고 머무르지 않을 것이다. 이러한 벽은 여러 겹으로 되어 있다. 그 첫 번째 벽은 생각의 벽이다.

4. 고통을 만드는 장벽들

1) 표층의식의 벽(분별기 번뇌): 망념(妄念)의 벽

자식을 잃고 슬픔과 비탄에 잠긴 여인이 석가를 찾아와서 자식을 살려 달라고 애원하자, 석가는 여인의 고통을 달래 주기 위해 약속한다. 동네를 집집마다 찾아다녀 최근 장례를 치르지 않은 집을 발견해서 겨자씨 한 웅큼을 얻어 오면 살려 주겠다고. 그녀는 기운을 내서 집집마다 찾아다녔지만, 어디에서도 그런 집을 발견할 수가 없었다. 절망 속에서 그녀는 문득 깨닫는다. 사람은 죽을 수밖에 없고, 누구나 그 고통을 안고 살 수밖에 없다는 것을. 그 사실을 깨닫자 고통이 덜어졌다.

그녀가 깨달은 것은 인생이 본래 무상하고 고통스러우며 나라고 할 만한 것이 없다는 것이다. 불교의 3법인(法印)인 '제행무상(諸行無常)', '일체개고(一切皆苦)', '제법무아(諸法無我)'를 깨달은 것이다. 그것을 모르면 내가 아끼고 사랑하는 것은 영원히 내 곁에 있을 거라고 기대하고 집착하게 되지만, 무상·고·무아의 실상을 깊이 알면 그런 기대와 집착이 사라지므로 고통도 줄어들게 되는 것이다. 존재의 실상에 어긋나는 헛된 기대와 이루어질 수 없는 욕망과 허망한 집착을 갖게 만드는 잘못된 생각, 이것이 고통을 일으키는 벽, 잘못된 생각의 벽, 망념의 벽이다.

나는 절대로 실수를 해서는 안 된다는 완벽주의적 자기개념, 모든 것에 의미와 효용이 있어야 한다는 실용주의적 사유틀, 여자 또는 남자는 모름지기 이래야 한다는 고정관념, 착한 여자 또는 강한 남자 콤플렉스 등은 우리의 삶을 얽어매는 벽이다. 우리는 그 벽에 수순하는 것을 즐거워하고 그 벽에 부딪치는 것을 괴로워하지만, 벽으로 인해 우리에게 남겨지는 것은 결국 고통이다. 인간은 스스로 만들어 놓은 개념과 사상

과 이데올로기, 선입견과 편견 등 숱한 망념의 노예가 되어 스스로 괴
로워한다. 자신이 놓은 덫에 스스로 걸려들어 괴로워하고 있는 것이다.
불교는 일차적으로 이 잘못된 생각의 벽, 망념의 벽을 허물고자 한다.

나를 고통스럽게 하는 망념의 벽을 벗어나는 길은 무엇인가? 석가가
제시한 '두 번째 화살의 비유'는 범부와 수행자의 차이를 제시함으로
써 우리가 무엇에 주의해야 하는가를 잘 보여 준다. 비유에 따르면 범
부는 고수(신수)가 생기면 곧 진심(嗔心)을 따라 우수(심수)를 일으키
고, 락수(신수)가 생기면 곧 탐심(貪心)을 따라 회수를 일으키는 데 반
해, 수행자는 고수나 락수가 생겨도 탐진치에 이끌리지 않아 마음의 느
낌인 우수와 회수를 일으키지 않는다. 범부는 신수와 심수를 구분하지
못하고 신수에서 심수로 자동이행해 감으로써 스스로 자신의 고통을
두 배 세 배, 백 배 천 배로 부풀려서 종일토록 또는 평생토록 괴로워하
는 데 반해, 수행자는 한 번의 고통으로 끝나고 스스로 고통을 부풀리
는 일은 하지 않는 것이다. 범부가 첫 번째 화살에 이어 맞는 두 번째
이후의 모든 화살은 결국 본인 스스로 쏘고 스스로 맞는 화살이다. 자
신의 생각으로 인해 스스로 당하는 고통, 자신의 망념의 벽이 일으킨
고통인 것이다.

우리가 신수에서 심수로 자동이행해 가는 것은 우리가 우리 자신의
전5식을 항상 제6의식의 사량분별작용을 통해 의식하기 때문이다. 사
태를 현재 찰나적으로 주어지는 자상(自相)으로 자각하지 못하고 과거
의 기억과 미래의 예상을 담은 개념적 자기동일성의 공상(共相)에 따라
지각하기 때문이다. 개념적 사려분별을 떠나 찰나의 감각에 주목하는
방식이 사념처수행 또는 위빠사나수행이다. 이로써 우리는 우리의 개
념적 사유틀, 망념의 틀을 벗어날 수 있다.

2) 심층마음의 벽(구생기 번뇌): 무명(無明)의 벽

잘못된 생각인 망념으로 인한 고통은 바른 생각인 정념(正念)을 통해 극복할 수 있다. 망념의 벽은 정념과 정견으로 무너뜨릴 수 있다. 그러나 한순간 바른 생각을 가진다고 해도 지난 업으로 인해 내 안에 쌓여 있는 더 오래된 벽, 타고난 장벽인 업장은 쉽게 무너지지 않는다. 불교는 의식 차원에서 우리가 극복할 수 있는 망념의 벽 이외에 더 심층의 벽을 논한다.

심층마음의 벽은 무명의 벽이다. 무명은 표층의 의식세계만을 알고 심층마음인 자신의 본래면목을 밝게 알지 못하는 어두움이다. 이 무명의 벽이 무너져 마음바탕이 훤히 드러나야 각 중생의 심층마음에 축적된 무량한 종자 에너지가 일체 제법을 만든다는 사실, '삼계유심(三界唯心)'을 실감하게 된다. 그래야 표층현상의 유근신과 기세간이 모두 심층마음의 변현이라는 '유식무경(唯識無境)'을 여실지견하게 된다. 그때 비로소 표층의 나는 나가 아니고 너도 너가 아니며, 우리가 근본에서 모두 하나라는 것, 일심(一心)이고 진여(眞如)라는 것을 깨닫게 된다.

이때 비로소 주객분별, 자타분별이 모두 허망분별이고 일체 중생이 그대로 나와 하나라는 동체대비(同體大悲)의 느낌을 갖게 된다. 이것은 마치 악몽에 시달리다가 문득 꿈에서 깨어 그것이 꿈이었음을 아는 순간 고통에서 해방되는 것과 유사한 느낌이다. 그리고 꿈속의 나와 너가 모두 내 마음속의 나와 너이었듯이, 이 세상 삶 속의 나와 너의 분별 또한 내 마음이 만든 허망분별이라는 것, 너의 고통과 나의 고통이 서로 하나로 엮여 있다는 것을 알게 된다. 이런 방식으로 불교는 모든 중생이 서로 분리되지 않는 하나를 이루고 있음을 자각함으로써 표층에서의 고립과 단절, 소외와 갈등을 극복하고자 한다.

5. 고통 넘어서기

불교는 한 개인이 가지게 되는 느낌인 고통은 단지 그 개인만의 고통이
아니라, 우리 전체가 함께 만들어 내는 우리의 고통, 우리 사회의 고통
이라고 간주한다. 표층에서는 각자가 느끼는 각자의 고통 같지만, 심층
에서 보면 어느 누구도 고립된 개별실체로 존재하지 않고 모두 하나의
에너지 파동으로 공명하고 있기에, 고통은 나의 고통이거나 너의 고통
이기에 앞서 우리의 고통인 것이다. 우리 모두가 공동으로 산출한 공동
의 보(報), 공동의 고통인 것이다.

　모든 중생의 심층무명의 벽이 완전히 제거되지 않는 한, 그로 인해
고통받는 중생이 있을 것이며 그러는 한, 진정한 보살은 동체대비로 인
해 그 고통을 외면하지 못할 것이다. 결국 모두가 고통을 벗고 모두가
행복해지지 않는 한, 우리는 어느 누구도 진정으로 행복해질 수가 없는
것이다. 우리가 허물어야 할 망념(妄念)의 벽과 무명(無明)의 벽은 우
리가 함께 만든 벽이며, 따라서 우리가 함께 허물어야 하는 우리의 벽
인 것이다.

궁극에 대한 믿음

II

1. 앎과 믿음의 차이

믿음은 일단 앎의 반대개념이다. 이미 알고 있는 사실에 관해서는 나는 그저 알고 있을 뿐, 그것을 믿는다고 말하지 않는다. 창밖에 비가 내리는 것을 보면, 나는 비가 온다는 것을 '안다'고 말하지 '믿는다'고 말하지 않는다. 믿는다는 말은 알지 못한다는 것을 함축한다. 내 앎이 확실하지 않을 때, 내 앎이 틀릴 수도 있다는 의심이 들 때, 예를 들어 창밖을 직접 확인해 보지 않고 방에 앉아 물 떨어지는 소리만 듣는다거나 아니면 창밖을 봐도 비가 오는 것이 아니라 위층에서 물을 뿌리는 것일 수도 있다는 의심이 들 때, 나는 '안다'고 말하지 않고 '믿는다'고 말한다. 모르기 때문에 의심가능성이 있지만, 그럼에도 그렇다고 생각할 때 '믿는다'고 말한다. 그러니까 앎의 반대는 정확히 말해 모름이고, 모르면 의심가능성이 있으며, 이때 우리는 의심하거나 믿거나 둘 중 하나를 택하게 된다.

　　믿음이 우리 삶의 중요한 문제로 대두되는 것은 우리의 앎이 우리의 삶 전체를 떠받칠 만큼 그렇게 완전하지도 포괄적이지도 않으며, 우리 삶의 많은 부분은 앎의 한계 바깥에 있는 무지의 영역으로 뻗어나가 있기 때문이다. 많은 순간, 아니 거의 모든 순간 우리는 알지 못하면서도 삶을 영위하기 위해 선택적 행동을 해야만 하며, 그만큼 우리의 삶은 앎보다는 믿음에 근거하고 있다. 예를 들어 나는 지금 비가 오지 않는다는 것을 알아도 한 시간 후에 비가 올지 안 올지는 모른다. 일기예보를 들어도 아는 것이 아니라 단지 믿을 뿐이다. 이때 우산을 들고 가느냐 마느냐의 나의 행동은 전적으로 나의 믿음에 달려 있다. 비가 온다고 믿으면 우산을 들고 가고, 믿지 않으면 우산을 챙겨 가지 않는다. 우리의 행동이 미래로 향해 있고 미래에 대한 우리의 앎은 엄밀히 말해 앎이 아니라 믿음이라는 것을 감안하면, 우리의 삶 자체가 사실은 믿음에 근거한 것이라고 할 수 있다.

　　나아가 우리의 삶을 지탱하는 믿음은 비가 올까 안 올까 하는 식의 의심 내지 사려분별작용을 거친 의식적인 명제적 믿음만이 아니라, 의식차원에서 명제화해서 떠올려 의심해 본 적이 없는 믿음, 본능적이고 자연적인 믿음까지 뒤섞여 있다. 우산을 들고 버스정류장으로 가는 것은 내가 아는 버스노선이 변경되지 않았으리라는 자연적 믿음이 있기 때문이고, 커피숍으로 가는 것은 친구도 시간 맞춰 약속장소로 나오리라는 자연적 믿음이 있기 때문이다. 이런 믿음은 일단 의심해 보고 나서 합리적으로 선택한 믿음이 아니라 오히려 의심의 여지없이 그냥 믿고 있는 것들이다. 위험한 태풍이 몰아치지 않고 오늘도 어제처럼 하루가 지나가며 지구는 계속 돌아가고 나는 살아남으리라는 그런 본능적이고 자연적인 믿음 덕분에 나는 오늘도 태평하게 하루를 살 수 있는 것이다.

믿음	의식적 믿음 ↔ 의식적 의심	이성적·합리적 믿음
	무의식적 믿음	자연적·본능적 믿음

이처럼 믿음은 앎과 연관되되 앎의 한계 바깥으로까지 뻗어나가 우리의 삶을 지탱해 주는 기반이 된다. 의식적으로 명료하게 아는 앎은 그러한 전체 믿음의 기반에 비하면 마치 빙산의 일각이나 해면 위로 드러난 섬처럼 전체 지형의 일부분에 지나지 않는다. 의식적 앎과 무의식적 믿음 사이에 소위 의식적 믿음, 즉 의식적 사려분별을 통해 선택한 믿음이 있다. 의식적 사려분별작용을 통해 의심보다는 믿음을 택할 때는 믿을 만한 합리적 근거가 있어 그 근거에 따라 믿는 것이므로, 이를 합리적 믿음, 이성적 믿음이라고 부를 수 있다. 그러나 우리의 믿음에는 그러한 합리적 사려분별작용이나 결단을 거치지 않고 그냥 자연스럽게 일어나는 믿음, 의식의 수면 위로 떠오르지 않은 채 우리의 삶을 지탱하는 무의식적 믿음이 있다. 그러한 자연적·무의식적 믿음은 의식적·합리적 믿음보다 더 크고 넓은 기반으로 삶을 떠받치고 있다.

= 앎

= 의식적 믿음 ↔ 의식적 의심 ┐
                              ├ 모름
= 무의식적 믿음 ┘

우리의 삶을 떠받치는 이 무의식적 믿음의 영역에는 나와 타인을 포괄하는 인간 본성에 대한 믿음, 우주 자연 전체에 대한 믿음 등 존재의 궁극에 대한 믿음이 포함된다. 이하에서 다루고자 하는 믿음은 바로 이러한 존재의 궁극에 대한 믿음, 한마디로 '종교적 믿음'이다. 우리의 삶을 지탱해 주되 우리의 일상의식에는 가려져 있어 우리가 밝게 알지 못하는 종교적 믿음, 우리의 삶의 궁극 기반을 우리는 과연 어떻게 이해할 것인가? 존재의 궁극 기반은 우리에게 끝까지 인식불가능한 미지의 것으로 남아 오직 믿음의 대상에 그치고 마는 것인가, 아니면 철저한 수행으로 심안(心眼)이 열리면 깨달음의 빛이 그 어둠을 밝혀 우리는 궁극을 증득하여 알 수 있는 것인가? 우리의 심층에 놓여 있는 무지와 무명은 결국 믿음으로 대치될 것인가, 아니면 지혜로 대치될 것인가? 우리에게 믿음은 인식의 한계로 인해 우리가 도달하게 되는 마지막 종착점인가, 아니면 우리의 일상의식의 한계 너머 궁극의 깨달음을 향해 정진하게 하는 새로운 출발점인가?

2. 믿음을 이해하는 다양한 관점

1) 유교에서의 믿음

유교에서 믿음은 인간이나 자연이 가지는 기본 덕목인 인의예지신(仁義禮智信) 중의 하나이다. 인(仁)은 만물을 생하게 하는 덕으로 공간상 동쪽의 덕이고 시간상 봄의 덕이다. 예(禮)는 만물이 번창하는 덕으로 남쪽과 여름에 해당하고, 의(義)는 만물이 자기 몫을 거두는 덕으로 서쪽과 가을에 해당하며, 지(智)는 만물이 자신을 아는 덕으로 북쪽과 겨울에 해당한다. 그렇게 인예의지는 공간상 동남서북, 시간상 춘하추동에 해당한다. 그리고 믿음인 신(信)은 이 네 가지가 어긋남이 없이 운행하게 되는 중심의 역할을 한다. 공간과 시간, 우주가 운행하는 중심에 믿음이 있는 것이다. 오행으로 보면 동남서북이 각각 목화금수에 해당하고 그 중심이 토에 해당하므로 믿음은 토의 덕목이 된다.

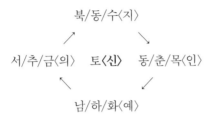

북/동/수〈지〉

서/추/금〈의〉   토〈신〉   동/춘/목〈인〉

남/하/화〈예〉

믿음이 춘하추동, 동서남북이 실현하는 인의예지 4덕의 중심에 놓여 있다는 것, 믿음이 토, 흙, 대지의 덕목이라는 것은 무엇을 의미하는가? 춘하추동과 동서남북은 우주 삼라만상이 생주이멸하는 시간과 공간의 질서, 현상세계 전체의 질서를 뜻한다. 인의예지는 드러난 현상세계의 덕목이다. 반면 믿음은 현상세계의 덕목이 아니라 현상적으로 드러나지 않은 기반에 속하는 덕목이다. 상(相) 아닌 성(性), 용(用) 아닌 체(體)의 덕목이라고 할 수 있다. 현상보다 더 깊은 심층근거에서 자연이 실현하고, 의식보다 더 깊은 심층마음에서 인간이 실현하는 덕목이 바로 믿음인 것이다. 심층에 대한 안목이 있는 자만이 이러한 심층의 믿음을 알아본다.

2) 서양철학에서의 믿음

서양철학자 플라톤은 인간의 기본 덕목을 머리 · 가슴 · 배의 덕목으로서 각각 지혜 · 용기 · 절제라고 하고, 이 셋이 각각 자기 역할을 다하는 것을 정의라고 하여 총 네 가지 덕을 주장하였다. 그는 이러한 덕목을 자연의 원리나 질서 안에서 찾기보다는 인간공동체의 원리로 생각하였다. 지혜를 정치가 등 통치자의 덕, 용기를 군인 등 수호자의 덕, 절제를 농민 등 생산자의 덕으로 간주하고, 그 각각의 계층이 자기 할 일을 해내는 것을 정의라고 한 것이다. 겨울 대지의 견고함을 뚫고 봄 생명의 싹을 틔우는 인(仁)의 정신이 용기에 해당하고, 드러내야 할 것과 드러내지 말아야 할 것을 스스로 아는 예(禮)의 정신이 절제에 해당한다고 보면, 플라톤의 덕목은 동양의 신(信)을 제외한 네 가지 덕목에 해당한다고 볼 수 있다.

머리 – 통치자 – 〈지혜〉 – 지(智)
가슴 – 수호자 – 〈용기〉 – 인(仁)
배   – 생산자 – 〈절제〉 – 예(禮)
            〈정의〉 – 의(義)

이처럼 플라톤이 인간 개인이나 사회 전체의 덕으로 여긴 네 가지 덕목에 믿음은 포함되지 않는다. 그는 믿음을 감각적 경험에 기반을 둔 의견(doxa)의 영역에 속하는 것으로 여겼으며, 이를 이성적 추론이나 통찰 등 인식(episteme)보다 하위의 정신활동으로 간주하였다. 이성적 인식을 최고의 가치로 보며 믿음을 인식보다 하위의 정신활동으로 간주하였기에, 믿음을 인간이 실현시켜야 할 중요 덕목으로 여기지 않은 것이다.

인식(에피스테메) : 지적 직관   – 이성적 인식
                  지적 추론
의견(독사)   : 감각적 경험 – **믿음**
                  소문·상상

3) 기독교에서의 믿음

　서양에서 믿음을 인간이 갖추어야 할 중요한 덕목으로 간주하게 된데에는 기독교의 영향이 크다. 표층의식보다 더 깊은 인간의 심층을 감지한 것이라고 볼 수 있다. 다만 정통기독교는 그 심층을 인간의 이성 내지 지혜가 미칠 수 없는 영역, 신(神)만이 아는 영역으로 여기는데, 이는 기독교가 인간 및 우주만물을 신에 의해 만들어진 산물로 간주하면서 신과 인간, 창조자와 피조물을 질적으로 서로 다른 존재로 간주하기 때문이다. 내가 인형을 만들면 내가 인형을 알지 인형이 인형 자신을 알지 못하듯이, 인간과 자연을 아는 자는 인간과 자연을 만든 전지전능한 신이지 신에 의해 만들어진 유한한 인간이나 자연이 아니라고 보는 것이다. 그래서 인간의 지혜가 신의 무지에도 미치지 못한다고 말한다. 이처럼 인간 이성 내지 인식의 한계를 강조함으로써 그 인식의 한계 너머의 것에 대한 믿음을 강조하게 된다. 궁극에 대해서는 인간 이성의 힘으로 다 인식할 수가 없다. 이성적으로 생각하면 오히려 더 의심스러워 참이 아닌 것처럼 여겨질 수 있지만, 그럼에도 불구하고 그것이 그러하다고 생각하는 것을 '믿음'이라고 강조한다. 이렇게 해서 기독교에서는 '불합리하기 때문에 믿는다'(테르툴리아누스)는 말이 나올 정도로 이성적 인식과 초이성적 믿음이 대립을 이루게 된다. 이러한 대립이 결국 이성과 신앙의 대립, 철학과 종교의 대립을 이끌어 왔다.

　그러나 이성적 사유가 아니라면, 무엇을 통해 믿음의 내용을 알아낼 수 있는가? 믿음의 근거는 무엇인가? 이에 대해 기독교는 성경과 예수를 통한 '계시(啓示)'를 주장한다. 성경을 인간의 이성적 사유의 결과가 아닌 신의 말씀이라고 주장하며, 우주의 기원과 인간의 타락, 예수의 출생과 기적 및 부활에 대해 인간 이성의 방식으로 이해되지 않아도 그것을 신의 계시로 받아들여 조건 없이 믿어야 한다고 말한다.

계시: 신의 논리   – 초이성적 **믿음**

이성: 인간의 논리 – 이성적 인식

4) 불교에서의 믿음

불교는 삶의 고통의 근본 원인을 갈애와 무명으로 보며, 그러한 고통
으로부터 벗어나기 위해 닦아야 할 것으로 계(戒)·정(定)·혜(慧) 3학
을 말한다. 계율을 지키고 지(止, 사마타)와 관(觀, 위빠사나)의 수행을
통해 탐심과 진심을 극복하고 지혜를 얻고자 하는 것이다. 이처럼 불교
는 계를 지키면서 수행을 통해 지혜 내지 깨달음을 얻고자 하기에 일견
믿음과는 상관이 없는 종교, 즉 믿음의 종교가 아닌 지혜의 종교처럼
보인다.

그러나 불교에서도 믿음은 빼놓을 수 없는 중요 덕목이다. 불자(佛
子)가 되는 기본조건, 불자의 첫출발이 믿음이다. 불교에서 믿음은 우
선 불(佛)·법(法)·승(僧) 3보를 믿고 거기 귀의하는 것을 뜻한다. 불,
부처, 붓다는 깨달은 자라는 말이다. 불보에의 귀의는 깨달은 자로서의
붓다를 믿는다는 것이며, 이는 곧 붓다의 깨달음의 말씀을 믿는다는 것
이다. 법보에의 귀의는 붓다가 전하는 말씀의 내용, 즉 붓다의 깨달음
의 내용인 법을 진리로 믿는다는 것이다. 그리고 승보에의 귀의는 각
시대마다 붓다의 법대로 살면서 일반 대중에게 그 법을 전해 주는 스님
들의 승단을 믿고 의지한다는 것이다. 이처럼 불법승 3보에의 귀의는
곧 불법승 3보를 믿고 의지함을 뜻한다. 불법승을 믿음의 대상으로 삼
는 것이다.

〈삼보에의 귀의〉 = 〈삼보의 **믿음**〉

　불보에의 귀의　=　불을 믿음: 깨달은 자로서의 불을 믿음

　법보에의 귀의　=　법을 믿음: 깨달음의 내용을 믿음

　승보에의 귀의　=　승을 믿음: 깨달음의 계승자를 믿음

그런데 불교적 믿음의 특징을 정확히 드러내기 위해서는 불법승 3보의 믿음에다 불교의 근본정신을 표현하는 석가의 마지막 한마디가 더 해져야 한다. 궁극적으로 무엇에 의지해야 하는가를 묻는 제자들을 향해 석가는 '자등명(自燈明), 법등명(法燈明)'을 말하였다. 즉 자신에게 의지하고 법에 의지하라는 말이다. 여기서 법등명이 불법승 3보에의 의지를 총괄적으로 말한 것이라면, 자등명은 그러한 대상적 믿음에 앞서 자기 자신을 의지처로 삼으라는 뜻이다. 중요한 것은 특정 대상에 대한 믿음이 아니라, 그런 대상을 믿는 자기 자신에 대한 믿음인 것이다. 자기 자신에의 믿음은 대상적 믿음과 어떻게 다른가?

3. 종교적 믿음의 두 종류: 대상적 믿음과 주체적 믿음

조금 후에 비가 올 것이라든가 친구가 약속 장소에 나올 것이라는 등의 일상적 믿음과 구분해서, 우리의 일상적인 표층의식의 방식으로는 알 수 없는 심층에 대한 믿음이 '종교적 믿음'이다. 심층에 관한 종교적 믿음을 우리는 크게 '대상적 믿음'과 '주체적 믿음' 둘로 구분해 볼 수 있다.

대상적 믿음은 믿는 주체와 믿어지는 대상을 분리하여 질적으로 서로 다른 것으로 간주함으로써 성립하는 믿음이다. 인간과 신이 전적으로 다른 존재라면, 인간은 신을 알 수 없고 인간의 이성은 신의 지혜에

미치지 못한다. 심층은 인간 영혼이 접근할 수 없는 그야말로 어두운 심연일 뿐이며, 믿음은 내 바깥의 대상에 대한 믿음, 인간 너머의 신을 믿는 것이 된다. 신이 인간의 이성을 넘어서는 특별한 방식으로 자신을 계시하면, 인간은 자신의 이성으로 판단하지 말고 그냥 믿어야 할 뿐이다. 인간 이성의 힘으로 믿음의 내용을 확인할 길은 없으며, 따라서 알 수 없는 것에 대한 믿음을 강조한다.

반면 주체적 믿음은 믿는 주체와 믿어지는 대상의 이원적 분리를 넘어서서 믿는 자가 믿음의 내용을 직접 확인할 수 있다고 믿는 믿음이다. 표층에서는 나와 너, 인간과 신이 서로 구분되어도 심층에서는 그 둘이 하나라는 것, 따라서 인간의 이성이 신적 지혜, 궁극의 깨달음에 이를 수 있다는 것을 믿는 것이다. 믿음이 단순히 특정 대상을 향한 숭배나 찬양에 그치지 않고, 수행정진하여 궁극의 경지에 이르면 나도 근원적 깨달음을 성취하리라는 것을 믿는다는 점에서 주체적 믿음이라고 할 수 있다. 이 믿음은 인간이 자신이 뿌리내린 자신의 근거를 스스로 밝혀 알 수 있다는 신념을 담고 있다.

〈궁극에 대한 종교적 믿음〉
┌ 대상적 믿음: 궁극을 말하는 특정 대상을 믿음
└ 주체적 믿음: 궁극을 스스로 깨달아 알 수 있다고 믿음

불교의 믿음이 깨달은 자인 불을 믿고 그 깨달음의 내용인 법을 믿으며 그 깨달음의 내용을 전해 주는 승을 믿는 것으로 그친다면, 불교는 대상적 믿음의 종교로 그치고 말 것이다. 그런데 불교는 불법승을 대상적으로 믿는 것에 그치는 것이 아니라, 내가 그 불법승의 경지로 나아가 불법승과 하나가 될 수 있다는 것을 믿는 것이다. 내가 법을 깨달아

불이 되고, 내가 깨달음의 내용인 법이 되며, 내가 깨달음을 전파하는 승이 될 수 있다는 것을 믿고 그 경지로 나아가기 위해 수행정진하는 것이므로, 그 믿음은 대상적 믿음이 아닌 주체적 믿음이 된다. 믿음이 단지 대상적 믿음에 그치지 않고 주체적 믿음으로 발전하면, 믿음은 단지 알지 못하기에 믿는 것이 아니라 알기 위해 믿는 것이 된다.

기독교에도 인간과 신을 절대적 대립으로 놓지 않고 그 둘이 심층에서 결국 하나라는 것을 주장하는 신비주의 전통이 있으며, 그 전통에서는 인간이 신과 소통하는 신비체험을 통해 궁극의 깨달음에 이를 수 있다고 본다. '믿기 위해서 이해하고, 이해하기 위해서 믿는다'는 아우구스티누스의 말은 믿음이 궁극의 깨달음을 향한 디딤돌이 될 수 있음을 시사한다.

이와 같이 어떤 종교이든 믿음을 주장하되 그 믿음이 궁극의 깨달음을 얻기 위한 과정과 방편으로 인정되고 있다면, 그 믿음은 단지 대상적 믿음이 아니라 주체적 믿음이라고 할 수 있다. 믿음이 주체적 믿음으로 작용하여 궁극의 깨달음을 얻기 위한 원동력이 된다면 인간 정신의 성장을 위한 디딤돌이 되지만, 믿음이 단지 대상적 믿음으로만 작용하여 궁극의 깨달음을 포기하게 만든다면 이는 오히려 인간 정신의 성장을 해하는 걸림돌이라고 할 수 있을 것이다.

4. 불교에서의 믿음과 깨달음의 관계

불교의 믿음이 대상적 믿음이 아니라 주체적 믿음인 것은 불교에서 믿음이 최종 지향점이 아니라 믿음에 기반을 둔 이해와 수행과 깨달음으로 나아가는 출발점에 해당하기 때문이다. 믿음은 인간의 일상적인 인식의 한계를 뛰어넘어 깨달음에 이르고자 하는 수행의 원동력이 되는 것이다.

믿음이 깨달은 부처의 길로 나아가는 첫 출발점이 되는 것은 대승수행 52위에서 그 첫 단계가 10신위(信位)라는 데에서도 잘 보인다. 10신위를 거쳐 불법 내지 연기법에 대한 바른 믿음을 확립하는 것을 믿음을 성취하는 발심인 '신성취발심(信成就發心)'이라고 한다. 10신위에서 믿음이 성취되면 바른 불자의 길인 3현위(賢位)로 나아가는데, 3현위는 10주(住)·10행(行)·10회향(廻向)의 30지위이며, 이를 믿음에 상응하는 지위라는 의미에서 '신상응지(信相應地)'라고도 한다.

신상응지에서 그다음 보살10지(地)로 나아가는 사이에 4선근(善根)을 두기도 하는데, 이 단계에서 불법에 대한 바른 견해를 얻게 된다. 4선근의 수행을 통해 바른 견해를 얻어 견혹(見惑)을 멸하는 것을 '견도(見道)'라고 하고, 견도 이후 수행을 통해 수혹(修惑)을 멸하는 것을 '수도(修道)'라고 한다. 보살10지는 수행의 길인 수도에 해당한다. 신상응지와 4선근의 수행을 통해 얻는 견도의 깨달음이 '상사각(相似覺)'이고, 보살10지의 수행을 통해 얻는 수도의 깨달음이 제7지의 '수분각(隨分覺)'과 제10지의 '구경각(究竟覺)'이다. 견도의 깨달음을 이성적 앎인 '지해(知解)' 내지 '해오(解悟)'라고 하고, 수도의 궁극 깨달음을 몸소 증득하는 앎인 '증오(證悟)'라고 한다.

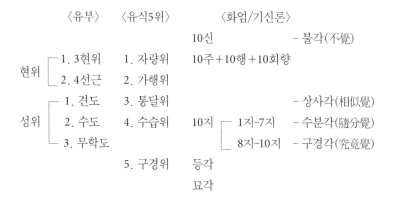

수행의 지위가 복잡하고 그 이후의 깨달음에도 여러 단계가 있지만, 인식과 수행과 궁극의 깨달음으로 나아가기까지의 발판은 결국 믿음이다. 믿음은 어떤 견해를 머리로 이해하게 하고, 그 이해에 따라 수행하게 하며, 결국 수행을 통해 그 견해가 진리라는 것을 몸소 체득하고 증득하게 한다. 그래서 신·해·행·증(信·解·行·證)을 말하게 된다. 그러나 믿음은 맨 처음 단계에서만 필요한 것이 아니라, 한 단계를 완성하고 그다음 단계로 나아가는 매 단계마다 그 나아감의 근거로서 필요한 것이다. 마지막 증득인 구경에 이르기까지, 해탈과 열반에 이르기까지 일체 정신활동의 기반에는 믿음이 함께해야 하는 것이다.

III

심층으로 나아가는
깨달음의 길

1. 앎과 깨달음의 구분

깨달음이란 무엇인가? 우리는 우리 자신이나 세계에 대해 많은 것을 알고 있지만 그 대부분을 그냥 앎이라고 부르지 깨달음이라고 부르지 않는다. '스페인의 수도는 마드리드다', '2+3은 5다', '지구는 둥글다' 등을 우리는 안다고 말하지 깨닫는다고 말하지 않는다. 반면 사랑하는 사람의 갑작스런 죽음을 통해 '인생무상'을 깨달았다고 말하고, 다년 간의 마음공부를 통해 일상의 분별을 넘어 '자타가 둘이 아님'을 깨달 았다고 말한다. 이렇게 보면 깨달음은 앎의 일종이되, 일상의 앎과는 구분되는 특별한 종류의 앎이다. 즉 일상의 앎을 넘어 +알파를 포함한 앎이다. 그렇다면 일상의 앎으로부터 깨달음을 구분 짓는 이 +알파는 무엇인가? 이에 답하기 위해서는 우선 우리의 앎이 어떤 구조인지가 밝혀져야 한다.

우리가 무엇인가를 알 때 우리는 있는 그대로를 그냥 그대로 아는 것이 아니라 언제나 우리의 인식틀을 통해 걸러서 안다. 대개 그림과 달리 사진은 있는 그대로를 찍은 것이라고 여기지만, 실제 사진조차도 몇 화소의 사진기로 얼마만큼의 노출시간으로 찍느냐, 무엇에 초점을 두고 어느 각도에서 찍느냐 등에 따라 찍힌 사진이 서로 다르다. 마찬가지로 우리의 인식도 어떤 인식틀로 보느냐, 즉 어떤 심리-물리적 기제, 어떤 두뇌신경망을 따라 보느냐에 따라 보여진 세계가 다 다르게 나타난다. 우리가 아는 것, 우리에게 알려지는 것은 사진기 밖 실물이 아니고 사진기를 통해 찍힌 사진, 인식틀을 따라 걸러진 결과물이다. 이렇게 우리의 앎은 우리의 인식틀에 따라 성립한다.

일정한 인식틀이 일단 한번 확립되고 나면 현실의 모든 것은 그 인식틀에 따라 이해되고 정리되며 해석되기 마련이다. 세상의 모든 것이 그 인식틀에 따라 해명되기까지 앎은 끝없이 확장될 수 있다. 주어진 인식틀에 따라 확장되어 가는 앎을 우리는 그냥 '앎'이라고 부른다. 이러한 앎은 아는 자 자신의 인식틀에 따라 얻어진 앎이라는 의미에서 '제 눈에 안경'에 비친 앎이고, 그 인식틀 너머를 알지 못한다는 의미에서 '우물 안 개구리'의 앎이다.

그런데 우리의 앎 중에는 이미 확립된 인식틀에 따라 앎의 내용을 확장해 가는 앎이 아니라, 그런 앎을 성립시키는 인식틀 자체를 알아보는 앎 그리고 그 인식틀의 내용을 확인하는 앎이 있다. 인식틀을 알아보기 위해서는 그 인식틀 밖으로 나가야 하며 그만큼 인식틀로부터 자유로워야 한다. '제 눈에 안경'을 보기 위해서는 안경으로부터 자유로워야 하고, 자신이 '우물 안 개구리'임을 알기 위해서는 우물 밖에 있어야 한다. 자신의 인식틀을 안다는 것은 그만큼 그 인식틀로부터 자유롭다는 것을 뜻한다. 그리고 그 자유에 입각해서 인식틀의 내용을 확인함으로써 비로소 기존의 앎의 정체를 확인하게 된다. 즉 기존의 앎이 성립하는 근거와 배경과 문맥 등을 정확하게 알게 되는 것이다. 제 눈에 안경을 확인함으로써 비로소 보여진 세계의 색채와 굴절이 무엇 때문이었는지를 알게 되며, 우물 밖을 나가 봄으로써 비로소 우물 안에서 바라본 하늘의 정체가 무엇이었는지를 알게 되는 것과 같다.

이처럼 기존의 앎을 성립시키던 인식틀 자체를 알아보는 앎, 그래서 세계를 기존의 앎과는 다른 차원에서 새롭게 보게 하는 앎을 우리는 '깨달음'이라고 부른다. 다시 말해 기존의 인식틀에 따라 세상을 아는 것은 그냥 '앎'이고, 그 인식틀 너머로 나아가 그 인식틀의 정체를 확인하고, 따라서 그것으로부터 자유로워지는 앎은 '깨달음'이다.

1. 앎: 인식틀에 따라 나와 세계를 아는 것 = 인식틀에 매인 앎
2. 깨달음: 앎을 규정하는 인식틀 자체를 아는 것 = 인식틀에의 매임을
   벗어나는 앎

이와 같이 '깨닫다'는 기존의 앎의 한계를 넘어서는 이행과정, 새로운 앎의 획득과정을 뜻하고, '안다'는 앎의 상태를 뜻한다. '깨닫다'는 '새롭게 알게 되었다'는 의미를 함축하고, '안다'는 '이미 알고 있다'를 뜻한다. 따라서 한 인식틀을 깨고 새롭게 얻은 깨달음도 시간이 지나면 그것 자체가 또 다른 인식틀로 짜맞추어져서 평범한 앎이 될 수 있다. 나아가 똑같은 인식내용이 누구에게는 자신의 인식틀을 깨는 새로운 깨달음으로 작용하는 반면, 이미 그 인식틀 밖에 있는 사람에게는 그냥 평범한 앎에 지나지 않는 것일 수도 있다.

2. 깨달음의 일반적 구조

우리는 우리의 인식틀을 통해 자아와 세계를 인식한다. 그만큼 인식틀은 우리의 인식을 가능하게 하는 근거와 조건으로 작용한다. A의 인식틀이 없다면, A로 보여지는 세계, A의 세계도 없을 것이다. 결국 우리에게 인식된 세계는 그렇게 인식하는 우리 자신의 인식틀을 떠난 세계가 아니다. 인식틀A를 따라 세계A가 만들어지는 것이다. 인식틀 내지 인식의 회로가 한번 확정되면, 우리에게 주어지는 모든 인식자료는 그 회로에 따라 자동처리되며, 그렇게 처리된 인식내용들이 우리가 그 안에 안주할 세계를 형성한다. 이렇게 우리의 인식틀은 인식된 세계를 구축하는 능동적 힘을 갖는다.

그러나 바로 그렇기 때문에 인식틀은 또한 우리의 인식을 제한하는 구속과 장애의 틀이기도 하다. 모든 인식자료들이 그 인식틀을 따라 자동처리되어 하나의 세계로 정리되므로, 하나의 인식틀에 사로잡혀 있다는 것은 곧 하나의 세계에 묶여 있다는 것을 의미한다. 개구리에게 우물이 우물 안에서의 삶과 앎을 가능하게 하는 환경이고 조건이지만 그것이 결국 개구리를 그 안에 얽어매는 장벽이고 장애이듯이, 우리에게 인식틀은 세계를 가능하게 하지만 결국 우리를 그 하나의 세계 안에 가두어 놓는 장벽이고 장애이다. 우리를 그 안에 결박하여 벗어나지 못하게 하는 장애의 벽인 것이다.

그런데 장벽의 결박이 빈틈없이 확고하다면 우리는 그것이 장벽인지조차 알아차릴 수 없을 것이다. 우물 안 개구리가 단지 우물 안 개구리이기만 하다면 자신이 우물 안에 있음을 어찌 알 수 있겠는가? 우물 안에 있어도 그 본래자리가 우물 밖이고, 따라서 그 본래자리인 우물 밖으로부터 오는 시선이 있어야지만, 장벽이 장벽으로 답답하게 느껴지고, 그렇게 답답해야지만 장벽을 넘어서고자 하는 마음을 일으킬 수 있다. 장벽은 바로 우리의 인식틀이다. 인식틀을 장벽으로 느끼는 시선은 그 인식틀 밖으로부터 오는 시선이다. 이 시선이 인식틀을 장벽으로 느껴 답답하게 만들고, 그렇게 답답해진 마음이 결국 장벽을 넘어서는 깨달음을 구하게 만드는 것이다. 그렇다면 그 깨달음은 어떤 방식으로 진행되는가?

우선 인식틀 밖으로부터의 시선을 나의 시선으로 알아차림으로써 나의 의식을 밖으로부터의 의식으로 바꾸어 놓는 것, 그렇게 해서 인식틀 바깥으로 나가 나의 인식틀을 나의 앎과 삶을 제한하고 구속하는 하나의 장애로 깨닫는 것이 '깨달음1'이다.

그러나 장벽을 나의 장벽으로 알아차린다고 해서, 그 순간 그 장벽이 저절로 무너지는 것은 아니다. 나의 인식자료를 일정한 방식으로 배치하는 나의 인식회로를 알아차린다고 해서 그 순간 나의 인식회로가 새롭게 바뀌는 것은 아닌 것이다. 이미 확립된 인식회로를 없애기 위해서는 그 인식회로가 형성되는 과정과 역방향으로 그 인식회로를 해체하는 과정이 필요하다. 그 해체과정에서 비로소 그 인식틀에 의해 형성되었던 기존의 앎의 배경과 근거와 한계를 분명하게 알게 된다. 이와 같이 인식틀의 정체 및 그 인식틀로 인한 기존의 앎의 정체까지도 분명하게 확인하는 것이 '깨달음2'이다.

깨달음의 일반적 구조:
 1. 깨달음1: 장애 밖의 시선으로 장애를 발견
 2. 깨달음2: 장애 내용을 확인하여 장애를 제거

내가 안경을 꼈다는 사실을 알아차리는 것이 깨달음1이고, 그 안경을 벗어 안경의 정체 및 그 안경을 통해 보여진 세계의 정체를 확실하게 알게 되는 것이 깨달음2이다. 개구리가 자신이 우물 안 개구리임을 알아차리는 것이 깨달음1이고, 자신을 가두던 그 우물을 무너뜨리는 것이 깨달음2이다. 나의 앎과 삶을 규정하는 것이 나 자신의 인식틀임을 깨닫는 것이 깨달음1이고, 그 인식틀을 해체하여 그 매임으로부터 완전히 풀려나는 것이 깨달음2이다.

불교는 인식틀에 따른 일상의 의식활동을 멈추고 그 인식틀 밖으로 나가는 깨달음1을 '지(止)'라고 하고, 그 바깥의 시선으로 기존의 인식틀과 인식세계를 관찰하여 그 인식틀을 해체하는 깨달음2를 '관(觀)'이라고 한다. 지를 통해 인식틀을 벗어남으로써 마음이 자유로워지는 것을 '심해탈'이라고 하고, 관을 통해 인식틀의 정체를 확인하고 해체함으로써 그 실상을 깨달아 자유로워지는 것을 '혜해탈'이라고 한다. 깨달음1은 자신의 본성을 단박에 알아차리는 '돈오(頓悟)'에 해당하고, 깨달음2는 그 자리에서 그 본성을 가리는 장애를 서서히 제거해 가는 '점수(漸修)'에 해당한다.

　깨달음과 해탈:
　　1. 깨달음1: 장애 밖에 서기 ＝ 돈오 - 지(止) → 심해탈
　　2. 깨달음2: 장애 제거하기 ＝ 점수 - 관(觀) → 혜해탈

그러나 이것은 깨달음의 일반적 구조이고, 실제로 이러한 구조의 깨달음은 계속 반복될 수 있다. 개구리가 우물 밖으로 나가 새로운 세상을 보고 얻은 그 한 번의 새로운 깨달음을 궁극이라고 생각하기는 어려울 것이다. 우물 밖에 나가서 보면 이전 세계가 우물 안 세계임을 알게 되듯이, 지금 이 세계도 또 다른 담벽 안의 세계일 수 있고 그것을 벗어

나는 또 다른 깨달음이 있을 수 있기 때문이다. 그래서 우물 밖에 나온 개구리는 다시 또 주위의 담벽을 넘어서고자 할 것이다. 그렇게 우리는 현재의 앎에 머무르지 않고 그 앎의 지평을 뛰어넘어 다시 새로운 지평을 열어 줄 새로운 깨달음을 구하게 된다. 현재의 인식틀에 따른 앎의 확장에 만족하지 않고 현재의 인식틀을 해체하여 넘어서게 할 새로운 깨달음을 구하는 것이다. 그렇다면 이러한 깨달음의 추구는 어디까지 나아갈 것인가? 깨달음을 통해 우리는 궁극적으로 어디까지 나아갈 수 있는가? 깨달음의 단계는 어떠한가?

3. 깨달음의 단계

우물을 벗어나도 또 다른 장벽이 있고, 그 장벽을 다시 벗어나도 또다시 새로운 장벽이 나타나고, 이런 식으로 우리를 결박하는 장애가 겹겹이 새롭게 등장한다면, 그 장애를 깨는 깨달음 또한 여러 단계로 구분될 수 있을 것이다. 깨달음의 단계가 어떻게 진행되는가는 결국 우리의 장벽이 어떤 종류이며 어떤 단계로 등장하는가에 따라 결정될 것이다. 우리가 갖는 장벽은 일단 크게 두 종류로 구분가능하다. 하나는 '개인적 장벽'으로 이것에 갇히면 모두가 함께하는 일상에 들어가지 못하게 되며, 다른 하나는 '집단적 내지 종적 장벽'으로 이것에 갇히면 모두가 함께하는 일상 이상으로 나아가지 못하게 된다. 이 각각의 장벽을 넘어서게 하는 것이 각각 '경험적 깨달음'과 '초월적 깨달음'이다.

1) 경험적 깨달음: 개인적 장애의 극복

우리의 일상적 경험세계는 우리 모두가 함께 나누는 공통의 세계이다. 만일 그 안에서 내가 남들과 편안하게 소통할 수 없다면, 그것은 내가 그 세계 안에 다시 나만의 성을 쌓고 그 안에 갇혀 있기 때문이다. 그 나만의 성이 바로 나의 '개인적 장애'이며, 이는 곧 나의 개인적 인식틀을 뜻한다. 예를 들어 큰 우물 안에서 대대손손 함께 살아온 개구리들이 있다면, 그들에게 그 큰 우물 안에서의 삶은 그 안의 모두가 함께 누리는 공통의 일상이 된다. 그런데 그 안의 몇몇 개구리가 여러 가지 개인적인 사정으로 인해 그 안에 다시 자신만의 우물을 파고 들어가 앉아 전체로부터 분리된 삶을 살고 있다면, 그 큰 우물 속 작은 우물이 바로 개인적 장애에 해당한다. 어쩌면 대부분의 인간은 인간 종 공통의 큰 우물 안에서 다시 자신만의 우물벽에 둘러싸여 살고 있는지 모른다. 이것이 바로 공통의 일상을 함께 누리지 못하게 하는 개인적 장벽이다.

개인적 장벽은 개인의 경험으로 인해 구축된 장벽이다. 장벽 중에는 인식이나 견해로 말미암아 머리에서 굳어진 인지적 장벽도 있고, 느낌이나 감정으로 인해 가슴에서 굳어진 정서적 장벽도 있다. 인간은 항상되고 단일한 실체(자아)로 존재한다는 실체주의적 자아관념 또는 인간은 절대적 주재자이어야 한다는 완벽주의적 자아관념을 내가 갖고 있으면, 그런 관념에 따라 형성된 인식틀이 나의 앎과 삶을 규정하는 인지적 장애로 작동할 것이다. 반면 감정적 차원에서 작동하는 탐심과 진심의 욕망들 그리고 살아가면서 내게 들이닥친 기억하고 싶지 않은 괴로운 경험(트라우마)들이 형성한 인식틀은 나의 느낌과 감정을 무겁게 만드는 정서적 장애로 작용할 것이다.

불교는 장애를 '번뇌(煩惱)'라고 부르며, 개인 의식 차원에서의 분별적 경험을 통해 얻은 개인적 번뇌를 '분별기(分別起) 번뇌'라고 부른다. 이는 '견번뇌'와 '애번뇌' 둘로 구분된다. '견번뇌(見煩惱)'는 견해[見]에 따라 생긴 번뇌로서 인지적 장애에 해당하고, '애번뇌(愛煩惱)'는 탐진의 욕망[愛]에 따라 생긴 번뇌로서 정서적 장애에 해당한다. 견번뇌는 견도(見道)에서 바른 견해로써 극복가능하다는 의미에서 '견혹(見惑)'이라고 하고, 애번뇌는 수도(修道)에서 수행으로써 극복가능하다는 의미에서 '수혹(修惑)' 또는 '사혹(思惑)'이라고 부른다.

  1. 개인적 장애: 의식 차원의 분별기 번뇌
    ① 인지적 장애: 견번뇌(견혹)
    ② 정서적 장애: 애번뇌(수혹/사혹)

  그런데 인지와 정서는 서로 분리된 것이 아니다. 머리에서 획득한 인지적 개념도 일단 인식틀로 수용되고 그 사고가 습관화되면, 그로 인한 장애는 더 이상 인지 차원에만 머무르지 않고 느낌과 감정을 규정하는 인지회로로 작동하게 된다. 이렇게 되면 그 인지적 번뇌는 단순히 견해로써 극복가능한 견혹의 견번뇌에 머무르지 않고, 습(習)으로 굳어진 회로를 해체하는 수행을 통해서만 극복가능한 수혹의 애번뇌가 된다.

  번뇌의 장벽을 따라 성립하는 앎이 인식틀에 따른 앎이라면, 그 장벽을 장벽으로 발견하고 부수는 앎이 곧 깨달음이다. 깨달음은 자신을 가둔 장벽을 넘어서는 앎, 그래서 세상을 다시 새롭게 보게 만드는 앎, 기존의 장애로부터 나를 자유롭게 만드는 앎이다. 나의 개인적 장애를 넘어서게 하는 깨달음은 인간의 일상적 경험 차원에서 얻어지는 깨달음이기에, 이를 '경험적 깨달음'이라고 할 수 있다. 인지적 장애는 바른 견해인 정견(正見)을 통해 극복가능하고, 정서적 장애는 감정적으로 억압된 트라우마의 자각과 수용인 알아차림 내지 정념(正念)을 통해 극복가능할 것이다. 인지적 장애를 극복하게 하는 정견는 인지적 깨달음, 감정적 억압의 정체를 확인하고 넘어서게 하는 정념은 정서적 깨달음이라고 할 수 있다.

1. 개인적 장애: 의식 차원의 분별기 번뇌   ↔   경험적 깨달음
  ① 인지적 장애: 견번뇌(견혹)   정견(正見)
  ② 정서적 장애: 애번뇌(수혹/사혹)   정념(正念)

　물론 감정과 인지가 서로 얽혀 있기에 두 가지 장애는 서로가 서로를 더 굳건히 하는 방식으로 상호작용할 것이다. 관념의 인지적 장애가 인식회로를 형성하면 그것은 다시 집착적 감정이나 죄의식의 느낌 등의 정서적 장애로 작동하고, 감정적 충격으로 인한 정서적 장애가 인식틀을 강화하면 그 장벽은 곧 그 너머를 생각할 줄 모르는 인지적 장애로 작동할 것이다. 이처럼 장애는 복합적 양상을 띤다. 바른 생각의 깨달음으로 인지적 장애를 벗어나도 다시 정서적 장애가 나를 둘러싼 장벽으로 등장하게 되고, 트라우마의 자각과 수용으로 정서적 장애를 벗어나도 부적절한 관념으로 형성된 인지적 장애가 아직 나를 둘러싼 장벽으로 등장할 수 있다. 나아가 인지적 장애든 정서적 장애든 그 장애의 벽은 단 한 겹의 벽이 아니고 겹겹으로 쌓여 있는 층층의 벽일 수도 있다. 하나의 인지적 깨달음으로 하나의 장벽을 헤치고 나가도 또 다른 관념으로 인한 또 다른 인지적 장애가 남아 있을 수 있고, 또 다른 감정적 장애도 첩첩으로 남아 있을 수 있다.
　어쩌면 인간은 겹겹의 개인적 장벽에 둘러싸여 세상을 살아가는지도 모른다. 일상을 유지하는 데 심각한 불편을 야기하는 벽은 허물기 위해 노력하겠지만, 웬만큼 견딜 만한 벽들은 그대로 남겨 놓고 작은 창문을 하나 둘 뚫어 소통하면서 겹겹의 벽 속에서 살아가는지도 모른다. 개인적 장애는 개인을 인간사회 전체로부터 분리하는 장벽이고 장애이다. 이런 개인적 장벽을 허무는 경험적 깨달음은 인간공동체로부터 인간 개인을 분리하던 벽을 허물고 개인을 모두가 함께하는 평범한 일상의

삶으로 되돌려 놓는 데 기여한다.

2) 초월적 깨달음 : 종적 장애의 극복

그렇게 해서 개인적 장애를 극복하고 다른 모든 인간과 불편함 없이
지내게 되었다고 해 보자. 큰 우물 안 개구리가 그 안에서 자신이 팠던
자신만의 우물벽을 모두 허물고 큰 우물로 나와 다른 모든 개구리와 편
안하게 소통하며 정상적으로 일상의 삶을 누리게 되었다고 해 보자. 우
물 안 대부분의 개구리에게 큰 우물은 장벽이 아니고 그냥 삶의 세계를
뜻할 뿐이다. 우물 안에서 일상의 삶을 영위하는 데에 아무 문제가 없
으면 자신의 삶을 장애가 없는 자유로운 삶이라고 느끼며 그 이상으로
나아가려는 바람을 갖지 않을 것이다. 즉 우물 너머를 꿈꾸지 않을 것
이고, 더 이상의 깨달음을 구하지 않을 것이다.

그러나 사람들 중에는 일상의 삶과 일상의 앎에 만족하지 못하고 일
상의 삶 자체를 장벽에 둘러싸인 삶으로 느끼는 사람들이 있다. 태어나
서 살다가 죽는 것이 인생이라는 것은 알지만, 그 인생의 시작과 끝이
가려져 있으니, 그렇게 삶을 둘러싼 어둠의 벽이 어찌 장벽이 아니겠는
가? 이 장벽은 물론 모든 인간이 갖고 있는 일반적 삶의 조건이다. 인
간의 6근(根)에 매인 육안(肉眼)으로 어찌 삶 이전과 삶 너머를 바라볼
수 있겠는가? 6근에 상응하는 6경(境) 너머의 세계, 인간계 너머의 색
계나 무색계, 영혼의 세계나 신의 세계를 인간이 어찌 알 수 있겠는가?
일상의 관점에서 보면 이 장벽은 인간 모두가 함께 갖는 인간 삶의 조
건으로서의 장벽이다. 이를 인간 종의 공통적인 장애라는 의미에서
'집단적 장애' 내지 '종적 장애'라고 할 수 있다.

종적 장애는 개인적 경험을 통해 의식 차원에서 얻어진 번뇌가 아니
라 인간이 태어날 때부터 갖고 나오는 번뇌이기에, 이를 '구생기(俱生

起) 번뇌'라고 부른다. 심층마음에는 인지와 정서, 견해와 욕망이 뒤엉켜 있다. 숙세의 긴 진화과정을 거쳐 오면서 견과 애가 하나가 되어 무명으로 덮여 있으니, 이것이 곧 인간을 육도윤회하게 하는 탐·진·치이다. 이것은 인간의 종적 장애로서 각각의 인간 안에서 공통적 인식틀로 작용한다. 이 인간 공통의 인식틀에 따라 우리는 우리의 6근에 상응하는 욕망의 세계에 사는 존재, 욕계(欲界)에 매인 존재이다.

그런데 불교는 이러한 심층의 종적 장애 또한 극복가능하다고 본다. 초기불교의 사마타 선정수행은 욕계의 매임, 탐진의 욕망으로부터 자유로워져서 욕망을 벗은 순수물질계인 색계, 물질도 없는 순수정신계인 무색계로 나아가는 수행이다. 욕망의 장애를 넘어서서 나아가는 지(止)의 수행이며, 결국 탐진의 장애로부터 자유로워지니 심해탈에 해당한다. 그리고 위빠사나 수행은 그러한 탐심과 진심이 어디에서 오는가를 관(觀)하여 그 연기적 발생과정을 깨닫는 것이며, 이는 곧 지혜로써 얻는 해탈이므로 혜해탈에 해당한다. 나아가 대승의 보살10지(地)수행은 탐심과 진심을 넘어 우리의 심층마음의 근본무명을 걷어 내어 인간의 종적 장애로부터도 자유로워지는 근본적 깨달음에 이르는 수행이다.

　　2. 종적 장애: 심층 마음의 구생기 번뇌　↔　초월적 깨달음

　　　　　　① 탐심과 진심　　　　　┌ 사마타(지)　 → 심해탈
　　　　　　　　　　　　　　　　　　└ 위빠사나(관)　→ 혜해탈
　　　　　　② 근본무명　　　　　　　보살10지(十地) 수행

이러한 불교적 수행을 통해 얻어지는 결과는 우리의 일상적 인식틀로는 해명될 수 없는 비일상적 체험 내지 깨달음이라고 할 수 있다. 마

치 우물 안 개구리가 우물 밖으로 나가듯, 인간의 종적 인식틀의 한계를 넘어서서 일상의 앎과는 전혀 다른 새로운 깨달음을 얻게 되는 것이다. 일상의 장벽을 넘어섬으로써 비로소 그 장벽 안에 갇혀 있던 삶의 전모를 밝게 보게 되며, 그때 비로소 우리의 삶의 근거와 의미, 유래와 목적을 확연하게 알게 된다. 이러한 앎은 모두가 함께 나눌 수 있는 일상의 앎이 아니라 일상의 앎을 뛰어넘는 초월적 앎이기에, 이를 '초월적 깨달음'이라고 할 수 있다.

개인적 인식틀이 개인의 경험과 습관에 의해 확립된 개인적 인식회로라면, 인간 종의 인식틀은 인간 종의 진화과정을 통해 확립된 인간 공통의 종적 인식회로이다. 인간의 인식기관인 6근에 의해 세계는 6경으로 등장한다. 인간의 근은 인간계를 형성하고, 그 근의 한계가 그대로 인간의 인식의 한계가 되는 것이다. 이 한계가 바로 인간의 종적 인식틀로서 인간 공통의 종적 장애이다.

인간이 '제 눈에 안경'을 의식하고 안경을 벗는 것은 큰 우물 속에서 자신만의 작은 우물을 벗어나는 것, 경험적 깨달음에 해당한다. 그러나 마지막 남겨지는 눈, 모든 인간이 함께 갖고 있는 눈, 그 눈이 또 하나의 안경이라는 것을 알아차리는 순간, 인간은 그 눈으로부터도 자유로워지고 싶은 바람, 인간 삶의 조건인 근의 매임으로부터도 풀려나고 싶은 바람을 갖게 된다. 그때 인간은 초월적 깨달음을 구하게 된다. 삶의 근원과 사후에 대한 깨달음, 삶의 궁극 의미에 대한 깨달음, 인간의 이성적 사려분별을 넘어선 영성에 대한 깨달음 등 경험적 영역을 넘어선 초월적 깨달음을 구하게 된다.

이와 같이 인간은 개별적 사적 장애를 극복하여 모두가 함께하는 일상의 세계로 복귀하고자 하는 바람도 갖지만, 오히려 그와 반대로 모두가 함께하는 일상 너머로 나아가고자 하는 바람도 가지고 있다. 초월적 깨달음을 통해 일상 너머로 나아가야지만 일상 삶의 진정한 의미가 제대로 드러날 수 있기 때문이다.

4. 깨달음의 궁극

1) 본래적 깨달음(본각)의 발견

인간 종의 한계를 넘어, 인간 종적인 근의 매임을 넘어 하나의 초월적 깨달음을 얻었다고 해 보자. 인간 근의 한계를 넘어 전생도 보고 사후세계도 보고 또 근의 매임을 벗어나 인간계뿐 아니라 천계도 보고 천사도 보고 신도 보는 등 비일상적인 신비체험으로 초월적 깨달음을 얻었다고 해 보자. 개인적 장벽 하나를 벗어나도 또 다른 개인적 장벽이 나타날 수 있듯이, 종적 장벽을 하나 벗어난다 해도 그러한 종적 장벽 또한 겹겹으로 무한히 싸여 있을 수 있다. 그렇다면 장벽을 넘어서는 깨달음 또한 무한히 반복되어야 하지 않겠는가? 일체의 장벽을 넘어서서 더 이상 아무 장애도 번뇌도 없는 궁극적 깨달음이 인간에게 과연 가능한가? 일체의 무명이 사라진 완전한 명(明)이 인간에게 과연 가능한가?

궁극적 깨달음이 인간에게 도달가능하고 실현가능한가의 물음에 관해서는 두 가지 관점의 답변이 있을 수 있다. 궁극적 깨달음의 성취가능성을 부정하는 관점1에 따르면 인간의 깨달음은 무한히 등장하는 장애를 따라 무한히 반복될 것이고, 인간은 결코 그 끝에 도달할 수 없으며, 따라서 그 무한소급을 끊는 것은 인간이 아닌 신(神)의 지혜일 뿐이다. 인간은 신이 아니고, 따라서 궁극에 이를 수 없으며, 그것이 바로 무(無)로부터 창조되어 자신 안의 무성을 떨칠 수 없는 인간의 근본한계이다. 그러한 인간의 근본한계를 망각하고 스스로 궁극에 이르려고

하는 것, 스스로 신이 되고자 하는 것, 그것이 바로 인간의 원죄(原罪)
에 해당한다.

궁극적 깨달음의 성취가능성을 주장하는 관점2에 따르면 개인적 장
벽이든 종적 장벽이든 그 모든 겹겹의 장벽이 모두 다 장애를 느끼는
마음 안의 장벽이기에, 그 일체의 장벽을 모두 여읜 무애(無碍)의 경지
는 바로 그 마음 자체의 궁극의 경지이며, 사실은 마음 안에 장벽이 생
성되기 전 마음의 본래경지이다. 인간의 마음이 본래 그렇게 무한한 무
애의 마음인 것이다. 스스로 그 무애의 마음 안에 숙세의 진화과정을
통해 종적 장애(구생기 번뇌인 무명)를 쌓고 현세의 의식적 경험을 통
해 개인적 장애(분별기 번뇌인 견애번뇌)를 쌓아 숱한 번뇌의 장벽 안
에 갇혀 지내지만, 그 마음바탕은 어떠한 번뇌와 장애로도 완전히 가려
질 수는 없는 마음, 끝이 없는 무애(無涯)의 마음이다. 장벽 안에 있으
면서 자신이 장벽 안에 있음을 알아차릴 수 있게 하는 시선은 장벽 밖
으로부터 오는 시선이다. 개인적 장벽이든 종적 장벽이든 일체의 장벽
을 자신의 장벽으로 알아차리게 하는 시선은 그 장벽 너머로부터 오는
시선이며, 그것은 결국 일체 장벽 너머의 마음, 일체의 장벽을 여읜 무
애의 마음바탕에서 오는 시선인 것이다. 그렇게 본래마음은 그 시선에
의해 붙잡힌 마음이 아니라, 그러한 시선을 보내는 마음이다. 그러므로
일체의 장애를 넘어선 마음은 장애에 갇힌 마음이 궁극적으로 도달하
고자 하는 궁극의 마음이면서, 사실은 장애에 갇힌 마음을 자신으로 불
러들이는 처음의 본래마음인 것이다.

이처럼 본래의 마음바탕이 가지고 있는 밝음을 불교는 '본래적 깨달
음'이라는 의미에서 '본각(本覺)'이라고 부른다. 우리가 장벽 안에 갇
혀 있어도 그것을 장벽으로 알아차리게끔 하는 시선, 장벽 바깥에서 오
는 시선은 바로 이 본각이 불러일으키는 시선이다. 이 시선을 통해 나

는 나의 장벽을 알아차리게 된다. 내가 장벽 너머의 밝음에 있지 않고 어둠의 무명에 갇혀 있다는 것, 불각(不覺) 상태라는 것을 알아차리게 되는 것은 마음의 본래적 각인 본각이 비추고 있기 때문이다. 그렇게 불각을 자각함으로써 그 무명을 없애고 장벽을 넘어서고자 깨달음을 구하게 된다. 결국 불교가 인간의 심층마음의 근본무명을 극복할 수 있다고 간주하는 것은 이미 우리 모든 중생의 마음 안에 그 마음 자체를 신령스럽게 아는 '성자신해(性自神解)'가 본래의 깨달음인 본각으로 작용하고 있다고 보기 때문이다. 우리가 우리의 장애를 넘어서고자 깨달음을 구한다는 사실 자체가 이미 우리에게 장애 너머로부터의 시선, 무명 너머의 빛, 본각의 빛이 있다는 것을 말해 준다. 그러므로 장애를 없애 나가는 수행을 통해 얻은 시각(始覺)이 궁극에 이르면, 결국 그 시각이 본래부터 있던 깨달음인 본각과 다르지 않음을 알게 되는 것이다. 마음이 본래 그렇게 본각의 밝음을 간직한 무애의 마음인데, 그것을 모르고 자신을 오히려 장벽에 갇힌 유한한 마음, 궁극에 이르지 못하는 장애의 마음이라고 여기는 것을 불교는 인간의 잘못된 전도(顚倒)라고 비판한다.

2) 깨달음의 복잡성

인간이 갖는 장애는 개인적 장애와 집단적 장애로 구분가능하고, 그 각각의 장애를 넘어가는 과정은 경험적 깨달음과 초월적 깨달음으로 구분가능하다. 이 과정은 마치 장애물 경기에서처럼 첫 번째 장애를 넘고 다시 그다음의 장애를 넘는 것처럼 보일 수 있다. 개인적 장애는 경험적 깨달음으로 극복가능하고, 그다음 등장하는 집단적 장애는 초월적 깨달음으로 극복가능한 것처럼 여겨질 수 있다.

일반적으로 심리학이나 정신의학이 다루는 장애는 개인적 장애이며,

그러한 개인적 장애를 극복하기 위한 방법으로 그들이 제시하고자 하는 깨달음은 경험적 깨달음이다. 반면 불교에서 추구하는 깨달음은 우리의 일상적 앎의 차원을 넘어서는 초월적 깨달음이다. 인생이 어디에서 와서 어디로 가는지, 삶의 의미가 무엇이고 생명의 본질이 무엇인지에 대한 깨달음을 추구하는 것이다.

그러나 실제에서 이 두 가지 장애 또는 두 가지 깨달음이 서로 확연히 구분되기는 쉽지 않다. 오히려 실제로 그 둘은 좀 더 복잡하게 얽혀 있을 것이다. 감정적인 개인적 트라우마로 인해 일상의 삶에 잘 적응하지 못하기에 오히려 일상을 뛰어넘고자 초월적 깨달음을 갈구하게 되는 경우도 있을 것이고, 또 반대로 인간 삶의 본질을 알고 싶은 초월적 깨달음에 대한 갈구가 너무 강하기에 일상의 삶에 서툴러 개인적 장애가 있는 것처럼 보이거나 실제로 개인적 장애가 만들어지는 경우도 있을 것이다. 또는 심각한 개인적 장애에 갇혀서 병적으로 환상의 초월적 깨달음을 만들어 내는 경우도 있을 것이고, 또 반대로 집단적 장애를 넘어선 신비체험으로 초월적 깨달음을 얻었는데도 그것을 마치 개인적 장애가 빚은 환상인 것처럼 오해하는 경우도 있을 것이다.

이처럼 개인적 장애와 종적 장애가 뒤섞이게 되는 것은 결국 모든 장애가 동일한 근원인 무명에서 발생하기 때문일 것이다. 개인적 장애도 결국 마음이 본래의 밝음에 이르지 못하고 어둠에 쌓여 있음에서 비롯되는 것이다. 인간이 자신의 본래의 마음바탕, 무애의 마음에 이르지 못하는 한, 즉 인간의 종적 장애를 극복하지 못하는 한, 인간은 결코 삶의 답답함을 떨치지 못할 것이다. 인간 개인의 의식적 경험이 빚어 내는 인지적 내지 정서적 장애도 결국은 삶을 둘러싼 어둠인 무명에서 비롯되는 장애가 아니겠는가? 그러므로 개인적 번뇌를 다루는 심리학이나 정신의학도 궁극적으로는 인간의 본래마음의 빛인 본각을 자각하는 초월적 깨달음의 차원에 이르지 않고는 번뇌를 근본적으로 치유하기가 힘들 것이다. 일체의 장애를 모두 넘어서는 궁극의 깨달음에 이르지 않는 한, 무명이 남아 있는 한, 우리는 어둠 속에서 장벽의 정체조차 제대로 알아보지 못한 채 이 장벽과 저 장벽 사이를 방황할 수도 있다.

IV

심층마음을 실현하는
자비의 길

1. 자비의 감정은 어디에서 오는가?

1) 심층 보편성의 자각

일상의 감정은 각자의 신체에 의거해서 일어난다. 현상적으로 보면 신체는 각자의 신체로 분리되어 있으며, 따라서 신체에 의거한 감정은 기본적으로 다른 사람과 구분되는 자신의 내적 상태를 알려 주는 느낌이다. 감정은 내 몸에 이로우면 기분 좋고 즐거운 느낌이며, 내 몸에 해로우면 기분 나쁘고 괴로운 느낌이다. 감정은 그렇게 사적이고 내적인 쾌와 불쾌의 느낌, 락(樂)과 고(苦)의 느낌이다.

그런데 우리의 감정 중에는 개인적인 신체적 제한성을 넘어선 감정도 있다. 그런 감정은 개인의 신체적 제한성과 거기에서 비롯되는 개인적 이익과 무관하게 일어나는 감정이기에 보편적 공적(公的) 감정이라고 할 수 있다. 불교의 '자비(慈悲)', 유교의 '인(仁)' 등이 그런 것이다. '자비'는 불교의 수행방법인 사무량심(四無量心)인 '자비희사(慈悲喜捨)'에서의 자(慈)와 비(悲)이다. '무량심'은 한량없는 중생을 향해 일으키는 마음이란 뜻이며, '자(慈)'는 중생에게 즐거움[樂]을 더해 주려는 마음, '비(悲)'는 중생에게 고통[苦]을 덜어 주려는 마음이다. 여기서의 중생이 나 자신 또는 나의 가족이나 동료 등 나와 이익관계로 얽힌 특정한 범위의 중생에 제한되지 않고 무량한 일체 중생을 의미하므로, 자비는 사적 제한성을 넘어선 보편적 공적 감정이 된다. 자비에 해당하는 유교적 개념은 인(仁)이다. 인은 일체 존재에 대해 나 아닌 것이 없다고 알고 그렇게 남을 나처럼 아끼고 사랑하는 마음이다.

그렇다면 이러한 보편적 공적 감정은 어떻게 가능한 것일까? 만약 인간이 단지 신체적 제한성에 따라 규정된 존재, 남과 분리된 개인적 마음에 불과하다면, 일체 중생을 나와 하나로 여기고 남의 아픔을 내 아픔같이 느끼는 자비는 가능하지 않을 것이다. 이처럼 자비는 제한된 개체성을 넘어선 보편적 마음을 전제한다. 즉 일체 중생은 현상적인 경험적 차원(표층)에서는 서로 각각으로 분리된 제한적인 개체적 마음, 자타분별의 마음, 각각의 자아(自我)로 존재하지만, 경험을 넘어선 근본적 차원(심층)에서는 서로 분리되지 않은 하나의 보편적 마음, 자타무분별의 마음, 무아(無我)로 존재한다. 불교는 그러한 무아의 심층마음을 공성(空性), 불성(佛性) 내지 한마음이라고 부른다. 자비는 이러한 심층 한마음의 자각에서 비롯된다.

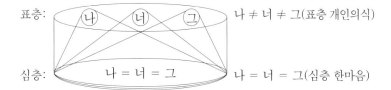

2) 표층 차별상의 인식

자비는 일체 중생을 나와 하나로 아는 심층의 보편심을 요구하지만, 그렇다고 그 보편심에만 머물러 있으면 자비가 일어날 수 없다. 보편의 차원에서는 너와 나의 차이가 사라져 무아의 한마음이 되면서, 내가 너에게 더해 주고자 하는 즐거움과 덜어 주고자 하는 고통도 함께 사상되어 평정에 머무는 사(捨)의 마음이 되기 때문이다. 너와 내가 이미 심층에서 하나라면, 너에게 더해 줄 즐거움도 덜어 줄 고통도 따로 없고, 그렇게 주고받을 나와 너도 따로 없기에 일체 행위가 불필요해진다. 각각의 자아를 넘어선 무아의 심층에서 누가 누구에게 자비를 베풀고 누가 누구를 제도할 수 있겠는가? 그러므로 심층에만 머무르는 마음은 자비를 떠난 마음, 무자비한 마음이다.

자비의 감정이 일어나기 위해서는 마음 한편은 심층에 머물러 일체 중생의 평등한 하나됨, 즉 너와 나가 근본에 있어 다를 바 없는 하나라는 것을 자각하되, 마음의 다른 한편은 표층에 머물러 너와 나의 현상적 차이, 즉 너가 나보다 덜 즐겁고 더 많이 고통받고 있다는 현실을 직시해야 한다. 그렇게 해야지만 표층의 현상세계에서 네가 받고 있는 고통을 진지하게 받아들여 그것을 덜어 주려는 자비의 마음이 일어날 수 있기 때문이다.

이와 같이 자비는 마음이 표층 차별상의 세계에만 머물러서도 안 되고, 그렇다고 일체의 차별상이 사라진 심층 한마음에만 머물러 있어서도 안 된다. 심층을 모르고 차별상에만 머무르면 무아의 깨달음(지혜) 없이 표층 자아의 자기애에 이끌리는 집착적 탐애를 넘어서기 어렵고, 표층을 모르고 동일성에만 머무르면 무아의 깨달음(지혜)에도 불구하고 현상세계의 타인을 고통 속에 내버려 두는 무자비에 빠지기 쉽다. 그러므로 "자비가 있고 지혜가 없으면 견애(見愛) 번뇌가 생기고, 지혜가 있고 자비가 없으면 이승(二乘)에 떨어진다"[1]고 말한다.

표층 차별상에 치우침: 견애번뇌: 범부   — 지혜 없는 자비
         ↕
심층 동일성에 치우침: 무자비: 이승   — 자비 없는 지혜

'자비 없는 지혜는 이승의 지혜'라고 하는 것은 대승보살의 지혜는 마땅히 자비를 포함해야 한다는 것, 지혜 없는 자비가 진정한 자비가 아니듯 자비 없는 지혜는 진정한 지혜가 아니라는 것을 말해 준다. 마음이 표층의 개인의식에만 머무르지 않고 심층 한마음으로 나아가되, 표층의 차별상을 무시하지 않고 모두 포괄하여 안고 가는 그런 마음이 진정한 지혜이고 진정한 자비의 마음일 수 있다.

2. 표층의식에 머무르는 개인주의적 설명의 한계

표층의 분리된 자아에서 일어나는 감정은 개별적이고 사적인 감정이며 자기이익 추구의 이기적 감정이다. 자비는 심층의 불성 내지 한마음에서 일어나는 보편적이고 공적인 감정이다. 이러한 심층마음을 고려하지 않은 채 표층의 개인의식만을 인정하는 개인주의는 자비를 설명하지 못한다.

서양의 인간이해는 기본적으로 개인주의적이다. 인간은 궁극적으로 개별자이며, 개체성을 넘어선 전체로서의 마음은 결코 인간의 마음이 아니다. 그것을 인간의 마음으로 생각하는 것은 과대망상적 환상일 뿐이며, 혹 그런 마음이 있다면 그것은 신(神)의 마음이다. 그러므로 오

---

1   영가 현각, 『선종영가집』(『한국불교전서』 7권, 200하)에서 행정의 주, "有悲無智, 愛見是生. 有智無悲, 墮二乘地."

랜 기간 동안 서양인이 생각한 인간의 사랑은 특정한 이성(異性)에 대해 느끼는 성적 감정인 에로스(eros)거나, 좀 더 범위를 확장하여 뜻이 맞는 친구에게 느끼는 우정인 필리아(philia)가 전부이다. 그보다 전체 인간을 향한 보편적 사랑으로서의 아가페(agape)를 그들은 '인간의 사랑'이라고 부르지 않고, '신적 사랑'이라고 부른다. 신이 인간을 사랑하거나 그 신적 사랑에 힘입어 인간이 신을 사랑하는 것이 아가페이다.

자비에 대한 서양의 현대심리학적 설명 또한 개인주의적 인간이해에 바탕을 둔다. 서양심리학에서 자비(compassion)는 흔히 공감(共感, empathy) 및 동감(同感, sympathy)과 함께 논의된다. 어원에 따라 공감(empathy)은 다른 사람의 심리적 상태를 그 사람의 입장이 되어 느끼는 것, 즉 다른 사람의 심리상태로 '감정을 이입하는 것(feeling into)'을 의미하고, 동감(sympathy)은 다른 사람과 '함께 느끼는 것(feeling with)'을 의미한다. 정신분석에서 공감은 분석가가 피분석가의 내부 경험을 이해하기 위해 일시적으로 퇴행하여 피분석가와 동일시하는 것이며, 그러한 공감을 통해 얻은 자료는 곧 다른 정보들과 연결해서 분석되어야 할 것으로 간주된다. 공감은 이렇게 인위적 실험이고 방법이지 진정한 하나됨이 아니다. 하나됨의 감정은 동감일 수 있는데, 그것은 오히려 과잉동일시나 객관성 없는 구원 공상에 빠질 위험이 있다고 보아 부정적으로 평가된다. 말하자면 공감은 a가 b를 이해하기 위해 잠시 b자리(관점)를 취해도 곧 다시 a자리로 되돌아오므로 기본적으로 자신의 a자리를 유지하는 것인 데 반해, 동감은 a가 자신의 a자리를 떠나 b자리에서 b와 함께 느끼는 것이기 때문에 자칫 자기상실의 위험이 있다고 보는 것이다.

이와 같이 현대심리학에서 공감과 동감은 모두 표층의식에서의 수평적 장소이동으로만 간주될 뿐, a가 자기경계선을 허물고 확장하여 더 깊은 차원에서 b와 하나로 공명하는 그러한 심층으로의 수직이동은 고려되지 않는다. 심층으로의 자기심화 및 자기확장이 없다면 표층에서 자기한계를 넘어서는 것은 애당초 불가능하고 거짓된 허구적 감정 내지 위험한 자기상실의 감정에 불과하다. 표층에서는 a와 b가 서로 분리된 각자일 뿐이며, 심층으로 내려가야 비로소 a와 b 사이의 벽이 허물어지면서 둘이 하나로 공명하는 경계선 없는 무변(무아)의 자리가 얻어지기 때문이다. 심층의 한마음을 고려하지 않는다는 점에서 현대심리학은 아직도 인간을 각각 분리된 개별자아로 간주하는 개인주의에 머물러 있다.

현대심리학은 '자비(compassion)'를 심층마음 차원에서 해명하지 못하므로 정서반응 내지 행위방식의 특징을 들어 설명한다. 즉 자비를 공감이나 동감 너머 타인의 고통을 덜어 주려는 타인 지향적 정서반응을 보이는 것으로 규정한다. 그러나 이것은 자비의 결과로서 자비를 규정하는 순환적 설명일 뿐 자비의 내적 기제를 설명한 것이 아니다. 심층 한마음을 배제한 채 개인의 표층의식만으로 자비를 설명하는 것은 한계가 있기 때문이다. 자비의 해명을 위해서는 개인의 표층의식보다 더 심층에 존재하는 보편적 마음을 논하지 않을 수 없다. 따라서 자비의 문제에 관한 한, 그러한 심층의 보편적 마음을 집단무의식으로 논하는 융심리학이나 보편심을 주객포괄적 무경계의 마음으로 논하는 자아초월심리학이 새롭게 주목받고 있다.

3. 감정의 두 층위: 표층적 감정과 심층적 감정

동양에서는 처음부터 인간을 개인적 표층의식에 국한되지 않는 보편적 심층마음으로 이해해 왔다. 그 심층 한마음에서 일어나는 자비나 인의 마음(측은지심)을 인간 본연의 감정으로 간주하며, 자비와 인의 실현을 강조해 왔다. 불교에서는 마음의 두 층위를 체계적으로 논한다. 우리말 '사랑'은 '애(愛)'와 '자비(慈悲)'를 포괄하는 개념이지만, 불교에서는 탐애(貪愛)의 애(愛)와 자비의 자(慈)를 엄격하게 구분한다. 마음의 층위에 따라 일어나는 감정이 서로 다르다고 보는 것이다.

1) 애(愛): 표층 제6의식과 제7말나식의 감정

불교에서는 수동적 느낌과 능동적 감정을 구분한다. 느낌은 대상과 나의 부딪침[觸]에서 일어난다. 대상과 내가 부딪친다는 것은 대상과 나를 구분 짓는 경계선 내지 벽이 있다는 말이며, 그 벽이 곧 나의 범위를 규정하는 자아설정의 벽, 자아의 벽이다. 대상이 그 나의 벽에 순(順)하는가 역(逆)하는가에 따라 락(樂)의 느낌[樂受]과 고(苦)의 느낌[苦受] 또는 고락으로 분별되지 않은 비고비락의 느낌[捨受]이 있다. 이 느낌은 의식의 개입 없이 신체 자체가 느끼는 신체적 느낌이다. 그런데 느낌에는 신체적 느낌[身受]뿐 아니라 심리적 느낌[心受]도 있다. 즉 전5식(감각)의 신체적 느낌을 제6의식 차원에서 수용하면서 일어나는 느낌이다. 나의 의식 내지 사유의 벽에 순하는가 역하는가에 따라 희(喜)의 느낌[喜受]과 우(憂)의 느낌[憂受]이 구분된다.

신수와 심수는 둘 다 신체상으로든 의식상으로든 개인의 벽에 따라 형성되는 느낌이다. 그 느낌에 따라 마음의 탐·진·치가 작동하여 그 느낌을 일으키는 대상을 좋아하거나 싫어하는 애(愛)와 증(憎)의 감정이 일어난다. 락수나 희수를 일으키는 대상을 좋아하는 것이 애이고, 고수나 우수를 일으키는 대상을 싫어하는 것이 증이다. 감정은 행동을 일으킨다. 좋아하는 것을 본능적으로 가까이하고 취하게 되며, 싫어하는 것은 본능적으로 멀리하고 피하게 되니, 이것이 취(取)와 사(捨)의 분별이다.

$$촉 \rightarrow 수 \rightarrow 애 \rightarrow 취 \rightarrow 유$$

	〈느낌〉	〈감정〉	〈행위〉	
	락	애	취	
	고	증	사	

  그렇다면 나와 세계를 가르는 벽은 정확히 어디에 세워지는 벽인가? 그 자아의 벽을 불교는 5온(五蘊)으로 설명한다. 색·수·상·행·식의 오온을 나로 여김으로써 나와 세계, 아(我)와 법(法) 사이에 벽이 세워진다. 그러면 그 벽을 통해 나(我)와 나 아닌 것(我所), 나와 세계가 분별되고, 또 그 벽을 따라 거기 부딪치는 대상이 내게 순(順)하거나 역(逆)하는 차이를 보이며, 결국 그에 따라 고락의 느낌 및 애증의 감정이 생겨나게 된다. 이와 같이 애의 감정은 오온을 나로 아는 자아식(自我識)에 기반을 둔 감정이다.

  오온을 나로 아는 자아식을 유식은 '제7말나식(末那識)'이라고 부른다. 대상의식인 제6의식의 기반에서 작동하는 식이기에 제7식이라고 하고, 제6의식이 의거하는 의근(意根)의 자기식이기에 의(意)의 범어 마나스(manas)를 그대로 음역해서 말나식이라고 한 것이다. 말나식은 현상세계의 일원으로 등장하는 오온으로서의 나를 나로 여기는 '나는 나다'의 아견(我見)의 식이며, 그 오온의 경계선을 따라 나와 나 아닌 것을 분별하여 나를 나 아닌 것으로부터 지켜내고자 하는 아애(我愛)의 식이다. 애(愛)의 감정은 바로 이 아애의 변형이다. 말나식에 의해 오온을 중심으로 자아가 설정되고, 그 자아의 벽에 따라 애의 감정이 일어나는 것이다.

  이와 같이 애는 나와 남, 나와 세계가 서로 별개의 것으로 분리되어

존재하는 표층 현상세계의 분별을 따라 일어나는 감정이다. 아견과 아
애의 말나식에 기반해서 일어나는 애는 기본적으로 자기애이다. 애가
타인으로 향할 경우에도 그것은 결국 자기애의 표현이거나 장기적으로
자기애를 달성하기 위한 계산된 수단일 뿐이다. 그러므로 애는 결코 이
기성을 넘어선 무분별적 사랑, 계산 없는 무제한의 사랑으로 확대되기
어렵다. 개인의식에서 출발하는 한계가 있기 때문이다.

2) 자비: 심층 제8아뢰야식의 감정

애는 표층현상에서의 자아설정에 기반해서 일어나는 감정이며, 따라
서 그러한 자아설정이 갖는 자기중심적 한계를 벗어나지 못한다. 그런
데 불교는 애가 기반을 둔 자아설정 자체를 극복되어야 할 장애로 본
다. 말나식이 나로 여기는 오온에는 나라고 할 만한 것이 없다고 보기
때문이다. 색·수·상·행·식의 오온이 모두 무상(無常)하고 공(空)이
며, 따라서 그 어디에도 '이것이 나다'라고 할 만한 것은 없다. 즉 무아
(無我)이다. 무아를 모르고 오온을 나로 여기는 말나식의 자아설정은
허망한 집착인 망집(妄執)에 불과하다. 불교는 이 망집에서 벗어나 오
온에 매이지 않음으로써 자아설정을 넘어서고자 한다.

허망하게 집착된 자아의 벽, 나와 나 아닌 것을 가르는 분별이 사라
지면, 나와 세계 사이의 장애도 사라진다. 나와 나 아닌 것을 가르는 분
별이 사라진다는 것은 곧 그러한 분별 너머로 마음이 확장된다는 것이
며, 이는 곧 마음이 표층에서 심층으로 내려간다는 것을 의미한다. 나
를 더 이상 오온의 벽으로 한정된 개인적인 표층의식으로 자각하지 않
고 그 벽을 넘어선 심층마음으로 자각하게 되는 것이다. 심층에서는 나
와 너, 나와 세계가 장벽 내지 장애 없이 하나로 통하고 하나로 공명하
게 된다. 나에 대한 말나식의 집착과 의식의 분별이 사라지는 것이다.

그렇게 표층의 분별을 넘어서서 심층에서 일체를 나와 하나로 느끼는 감정이 바로 자비이다. 자비는 표층의 제6의식 내지 제7말나식에 머물지 않고 그러한 분별을 넘어선 심층으로 마음이 확장되었을 때 일어나는 감정이다. 표층의 분별, 나와 나 아닌 것의 분별의 벽이 사라져야 심층으로의 길이 열린다. 나와 나 아닌 것 사이의 벽이 허물어지면서 둘이 하나가 되는 만큼 마음은 심층으로 내려간다.

심층으로 내려가면서 확장되는 마음을 유식은 '제8아뢰야식'이라고 부른다. 제7말나식보다 더 깊은 심층의 식이기에 제8식이며, 무시이래 수억 겁 동안 일어났던 업의 세력(업력), 종자 내지 정보를 에너지로 간직한 식이기에 '함장하다'의 알라야(ālaya)를 음역하여 '아뢰야식'이라고 하고, 의역하여 '장식(藏識)'이라고도 한다. 아뢰야식은 일체 우주생성의 에너지를 간직한 식이기에 '우주심'이라고도 할 수 있다. 유식에 따르면 각 중생 안의 아뢰야식이 각각의 중생의 오온(유근신)뿐 아니라 그 유근신이 의거해 사는 우주 세간(기세간)을 형성한다. 유근신과 기세간은 모두 심층 아뢰야식이 변현한 산물로서 그 자체로 실유(實有)가 아니다. 유근신은 현상세계에 드러나는 각각 다른 오온이지만, 기세간은 그 안에 사는 모든 중생에게 공통된 하나의 세계이다. 각 중생의 아뢰야식이 만든 세계가 하나의 공통의 세계가 된다는 것은 곧 그 세계를 사는 중생의 아뢰야식이 모두 하나의 공통의 식, 하나의 보편심이라는 것을 말해 준다. 아뢰야식에서 중생심의 보편성이 확보된다.

중생은 표층의식에서 보면 서로 다른 별개의 존재이지만, 심층마음에서 보면 결국 하나로 상통하는 마음, 한마음이다. 아뢰야식의 이러한 보편심 내지 한마음으로서의 특징을 불성(佛性)이라고 한다. 심층 한마음에서 보면 표층에서 성립하는 나와 너, 아와 법의 분별이 더 이상 성

립하지 않는다. 나는 나가 아니고, 제법은 나 아닌 것이 없다. 일체가
한마음 안에 포섭되고, 한마음으로서 나와 너가 하나이기에 이로부터
자타무분별의 감정이 일어나며, 나와 너를 하나로 느끼는 자비가 가능
해진다.

애(愛): 표층의 의식과 말나식에 근거한 감정
　↕
자비(慈悲): 심층 아뢰야식(공성과 불성)에 근거한 감정

　이와 같이 애(愛)는 자아가 설정되어 있는 개인적인 표층의식에서
일어나는 자기중심적 사랑의 감정이고, 자비는 자아가 해체되고 무아
가 실현되는 심층마음에서 일어나는 보편적 사랑의 감정이다. 사랑의
감정이 애가 되는가, 자비가 되는가의 차이는 '나는 나'라는 아상(我
相)이 있는가, 없는가의 차이이다. 그러므로 "미혹한 자가 계(戒)를 지
키되 아상(我相)을 아직 버리지 못하면 자비를 일으켜도 오히려 애견
(愛見)을 이루지만, 이제 계를 지키되 아상이 없으면 자비를 일으키지
애견을 낳지 않는다"[2]라고 말한다. 아상이 있고 없음에 따라 동일한 행
위가 애로 표출될 수도 있고, 자비로 표출될 수도 있다는 뜻이다.

아상(我相) 있음 = 개인적 표층의식: 애견(애번뇌+견번뇌)
　↕
아상(我相) 없음 = 심층마음: 자비

　그러므로 중요한 것은 아상이 없는 심층 한마음에 이르는 것이며, 그
한마음으로서 현상의 차별상을 바라보며 일체 중생의 아픔을 나의 아

2　함허, 『선종영가집설의』(『한국불교전서』 7권, 173중), "迷者持戒, 我相未忘, 興悲
反成愛見, 今則持戒, 而無有我相, 興悲而不生愛見."

품으로 끌어안는 것이다.

4. 진정한 지혜와 진정한 자비

흔히 불교 수행의 두 축은 지혜와 자비로 간주된다. 수레가 앞으로 나
가려면 두 바퀴가 필요하고 그 둘의 균형이 요구되듯, 수행이 앞으로
나아가기 위해서는 지혜와 자비, 그리고 그 둘의 균형이 요구된다. 지
혜는 공(空)의 깨달음을 통해 심층마음에 이르는 것이고, 자비는 그렇
게 얻어진 무아의 마음, 자타불이의 마음을 실천하는 것이라고 할 수
있다. 여기에서는 공의 깨달음으로서의 지혜와 공의 실천으로서의 자
비가 둘이 아니라는 것을 밝혀 본다.

1) 진정한 지혜

'나는 나'라는 아집의 자아설정에서 벗어나자면, 내가 나라고 생각
하는 오온이 공이며 무아라는 것을 깨달아야 한다. 즉 아공(我空)을 깨
달아야 한다. 아공의 깨달음은 일차적으로 의식상의 사려분별과 판단
을 통해 획득된다. 의식적 판단을 통해 극복될 수 있는 번뇌는 의식에
서 형성된 견해상의 번뇌인 '견번뇌'(견도소단번뇌)이다. 의식 차원에
서 더 이상 '나는 나'라는 생각을 일으키지 않는 것이다. 그러나 의식
상의 사려분별로써 아공을 알았다고 해도 우리의 본능적 자아집착이
모두 사라지는 것은 아니다. 의식보다 더 깊은 말나식에 자아집착이 남
아 있는데, 이것을 애착의 번뇌인 '애번뇌'(수도소단번뇌)라고 한다.
애번뇌는 의식적 사려분별의 견해[解]를 통해서가 아니라 구체적 수행
[行]을 통해서 극복될 수 있다. 수행을 통해 말나식의 의(意)에 뿌리내
리고 있는 탐심과 진심을 다스려야 애번뇌가 극복될 수 있다. 이와 같

이 의식과 말나식의 자아집착은 아공의 깨달음을 통해 극복된다. 내가 나라고 생각하는 오온이 더 이상 나라고 할 만한 것이 없음을 깨달음으로써, 나는 나의 벽을 넘어서 그 벽 바깥으로 나아갈 수 있다. 나의 경계를 넘어 경계 밖으로 나아감으로써 경계 지어진 표층을 떠나 무아의 심층으로 나아갈 수 있다. 무아를 아는 것은 표층 오온으로 집착된 자아가 무상하고 공이라는 것을 아는 것이다. 즉 상주불변하는 주재적 자아가 존재한다는 상견(常見)을 벗어나는 것이다.

그런데 대승은 아공을 벗어 상견을 벗어나는 것만으로써 지혜가 완성된다고 생각하지 않는다. 내가 무아로써 공이라면, 나의 오온 바깥의 이 세계는 무엇인가? 자타포괄의 심층에서 보면 오온의 경계 안의 아가 공이듯이, 오온의 경계 밖의 법(法) 또한 공이다. 그러므로 대승은 법공(法空)을 설한다. 법공을 모른다면, 아공은 단지 오온의 나를 부정하면서 그 바깥에 실재하는 세계 속으로 자아를 상실하는 것에 지나지 않을 것이다. 나와 세계, 아와 법 사이의 벽이 허물어진다는 것은 아가 공인 만큼 법도 공이라는 말이다. 그러나 그렇게 일체가 공이라면 우리가 경험하는 이 현상세계는 무엇인가? 유식은 현상세계의 아와 법을 가(假)로 설명한다. 말나식과 의식에 드러나는 표층 현상세계는 심층 아뢰야식의 식소변으로서 가유(假有)이다. 표층현상이 공에 입각한 가임을 알아차리는 것이 가관(假觀)이다. 일체 현상이 심층 한마음의 표현이라는 것, 삼계유심(三界唯心)을 아는 것이 바로 무명의 치심(癡心)을 벗어나는 것이다. 이때 비로소 자아가 단멸한다는 허무주의적 단견(斷見)이 극복된다.

이와 같이 대승은 아공과 더불어 법공을 말하고, 공관과 더불어 가관을 말한다. 아가 공이라는 아공을 깨닫는 것이 공관이며, 법이 공이라는 법공을 깨닫는 것이 가관이다. 공관은 무아의 심층 한마음을 관하

고, 가관은 공에 근거한 가(假)의 현상세계를 관한다. 공관으로 근본무
분별지를 획득하고, 가관으로 무분별후득지를 획득한다. 근본무분별지
는 공을 깨닫는 여리지(如理智)이고, 무분별후득지는 가를 헤아리는 여
량지(如量智)이다.

그러나 심층과 표층, 아와 법, 공과 가, 여리와 여량이 둘로 분리되어
있는 것은 아직 참된 지혜가 아니다. 궁극적 지혜는 이 둘을 다시 하나
로 융합시킨다. 이러한 융합적 통찰을 공관과 가관 다음의 중도관이라
고 한다. 중도관은 아의 공과 법의 공 또한 공이라는 '공공(空空)'의 깨
달음이다. 공공의 단계에서 아와 법은 심층 한마음의 자기전개된 현상
으로서 다시 긍정되고 포용된다. 일체 현상세계는 그것을 포괄하는 심
층마음 안에서 절대불성의 드러남으로 수용된다.

1. 공관: 아공의 깨달음: 의식·말나식의 견애번뇌의 극복: 근본무분별지:
   여리지: 상견의 부정
   ① 의식상의 견번뇌(견도소단번뇌) 극복
   ② 말나식상의 애번뇌(수도소단번뇌) 극복
2. 가관: 법공의 깨달음: 아뢰야식의 무명의 극복: 무분별후득지: 여량지:
   단견의 부정
3. 중도관: 공공의 깨달음: 한마음으로 일체의 수용: 일체지: 여리지+여
   량지: 불이(不二)

이와 같이 참된 지혜는 단순히 무아로서 심층 한마음에 머무는 것이
아니라, 일체의 현상을 한마음의 표현으로 다시 포용한다. 심층 한마음
으로 나와 너가 둘이 아니라는 것을 알면서도 표층에서 너가 받는 고통
에 대해 무심하지 않는 것, 그렇게 심층과 표층을 함께 자각하는 것이

참된 지혜이다. 이 점에서 진정한 지혜는 자비의 정신을 내포한다. 그러므로 지혜로부터 자비가 나온다고 말한다.

2) 진정한 자비

지혜에 아공과 법공 그리고 다시 그 둘을 하나로 아는 공공의 깨달음이 있듯이, 공성에 입각한 자비에도 세 가지가 있다. 일체 중생을 무심으로 반연하여 중생을 이롭게 하는 것이 '중생연자비(衆生緣慈悲)'이고, 둘째로 제법을 무심으로 관하여 제법을 널리 비춤이 '법연자비(法緣慈悲)'이며, 셋째로 진리를 무심으로 관하되 평등한 제일의에 안주하여 앞의 둘을 완성하는 것이 '무연자비(無緣慈悲)'이다.

중생연자비는 아공(我空)에 입각해서 일체 중생을 나와 하나로 느끼는 것이다. 즉 나와 너 사이의 벽을 넘어서서 나를 고집하지 않는 무아의 심층마음에 이르는 것이라고 할 수 있다. 그 심층의 한마음으로 일체 중생을 대하므로 저절로 자비의 마음을 갖게 된다. 법연자비는 심층마음에 근거하되 현상세계 제법의 차별상을 여실하게 비추는 것이다. 즉 심층의 한마음에만 머무르지 않고 현상의 차별상을 비추어 내는 것, 법공(法空) 내지 가관(假觀)에 입각해서 일체 제법의 실상을 여여하게 관찰하는 것이라고 할 수 있다. 마지막 무연자비는 아와 법, 공관과 가관, 어느 하나에 치우치지 않는 중도(中道)의 자비이다. 심층의 한마음과 표층의 현상적 차별상, 그 어느 하나에도 치우침 없이 일체를 두루 포용하는 무한한 자비라고 할 수 있다. 지혜에 있어 공의 깨달음이 아공과 법공에 그치지 않고 공의 공으로써 아와 법을 다시 포용하는 공공으로 나아가듯이, 자비에 있어서는 중생연자비와 법연자비에 그치지 않고 그 두 자비에 자유자재한 무연자비로 나아간다.

〈지혜(智慧)〉	〈자비(慈悲)〉
1. 공관	1. 중생연자비(衆生緣慈悲): 일체 중생을 이롭게 함: 선정
2. 가관	2. 법연자비(法緣慈悲): 일체 제법을 널리 비춤: 지혜
3. 중도관	3. 무연자비(無緣慈悲): 평등제일의에 안주함: 중도

심층 한마음을 자각하되 현상세계의 차별상을 간과하지 않는 것이 진정한 지혜이고 진정한 자비이다. 이처럼 중도관으로서 지혜와 자비가 함께 논의된다는 것은 지혜와 자비가 상반되는 것이 아니라 상보적이라는 것, 그 둘은 동전의 양면처럼 함께한다는 것을 말해 준다.

3) 지혜와 자비의 겸행

우리가 흔히 지혜와 자비를 둘로 분리해서 생각하게 되는 것은 표층의식에서 앎과 느낌, 인식과 감정, 지(知)와 행(行)이 서로 분리되기 때문이다. 그러나 표층의식을 넘어 심층으로 나아가면 심층 한마음에서는 지와 행, 인식과 감정이 분리되지 않은 하나로 통한다. 즉 심층 한마음은 일체가 공(空)이라는 깨달음인 지혜가 완성되는 자리이고, 또 일체를 하나로 포용하는 자비가 실현되는 자리이기도 하다. 그러므로 만일 지혜와 자비가 함께 갖추어지지 않는다면, 그것은 진정한 지혜도 진정한 자비도 아니라고 할 수 있다. 자비 없는 지혜는 분별지에 불과하고, 지혜 없는 자비는 집착적 탐애에 불과하기 때문이다.

그렇지만 나와 나 아닌 것이 분별되는 개인적 표층의식으로부터 그러한 분별이 사라지고 일체가 하나로 공명하는 심층마음으로 내려가기까지, 표층 분별심에서 심층 한마음에 이르기까지 그 수행방식에서는 지혜의 길과 자비의 길, 그 두 길이 서로 다를 수 있다. 두 길 중 과연 어느 것이 더 우선인가? 우리는 지혜를 완성함으로써 비로소 자비를 실천하게 되는가? 아니면 자비를 실천함으로써 비로소 지혜를 완성하게 되는가?

심층 한마음으로 나아가는 길에서도 지혜와 자비는 상호보완적이다. 자비행을 통해 장애를 넘어 심층에 도달함으로써 비로소 심층마음에 본래 장애가 없다는 깨달음(지혜)을 얻을 수도 있고, 또 반대로 심층의 공성을 먼저 깨닫고 나서 그 지혜에 근거해서 자비를 실현하면서 장애를 넘어 심층에 도달할 수도 있을 것이다.

일반적 수행의 길로 대승이 제시하는 것은 '신해행증(信解行證)'이다. 즉 심층 한마음 내지 불성(佛性)에 대한 믿음[信]을 갖고 깊이 사유하면[解] 무아와 공의 깨달음인 견성(見性) 내지 오(悟)에 이른다. 그러한 견성 이후 남아 있는 습(習)의 장애를 제거해 가는 것이 자신의 벽을 허물어 가는 보살행 내지 자비행[行]이다. 그렇게 모든 장애를 제거함으로써 드디어 불성과 완전히 하나가 되는 것이 불성의 증득[證]이다. 지혜를 해(解)나 오(悟)라고 하면 지혜에 입각해서 자비가 가능하고, 지혜를 궁극적 불지로 보면 자비를 통해 지혜에 이르게 된다. 이는 곧 궁극에 이르기까지 자비와 지혜가 상호보완적으로 작용한다는 것을 말해 주는 것이다.

신(信) → 해(解) → 행(行) → 증(證)
상사각: 지혜   자비행: 자비   구경각: 지혜

표층 분별심에서 심층 한마음에 이르기까지 지혜의 깊이와 자비의 폭은 서로 비례한다. 일체 중생을 향해 폭넓게 자비를 행하면 그만큼 불이(不二)를 깨닫게 되어 지혜가 깊어진다. 또 지혜가 깊어지는 만큼 마음이 넓어져서 자비의 폭이 넓어진다. 이처럼 지혜가 깊어지는 것과

자비가 폭넓어지는 것은 상호보완적이다. 지혜가 깊어져야 자비의 폭
이 넓어지고, 자비의 폭이 넓어져야 지혜의 깊이가 깊어진다. 이 둘이
모두 심층 한마음으로 나아가는 방식이다. 자비는 자신의 한마음을 회
복하는 것이므로 자신을 위한 것이면서, 동시에 다른 사람을 향해 베푸
는 것이므로 타인을 위한 것이기도 하다. 자리행이면서 동시에 이타행
이 된다. 심층에서는 자와 타가 불이이므로 진정한 자비에 대해서는 그
것이 자리인가 이타인가의 물음 자체가 성립하지 않는다고 볼 수 있다.

　인간의 마음이 본래 한마음으로서 보편심이라면 자비는 그 본래마음
의 자연스런 발현이 된다. 그렇다면 왜 일상의 인간은 그 자비를 실현
하지 못하는 것일까? 왜 일상의 인간은 '나는 나다'라는 아집과 아애
에 이끌려 이기적 사랑의 한계를 벗어나지 못하는 것일까? 무아를 모
르고 아공과 법공을 모르기 때문이며, 그만큼 자아에 대한 집착이 강하
기 때문일 것이다. 그러므로 자비가 내적 본래적 감정이라고 하더라도
그것이 저절로 자각되고 저절로 실현되는 것은 아니다. 그 자각과 실현
을 방해하는 수많은 현실적 장애요소들이 있으므로, 자비를 자각하고
실현하기 위해서는 외적 상황이나 인연이 필요하고 내적 수행이 요구
된다. 내적·외적 인연을 갖추어 경험적으로 자비를 느끼는 것은 내면
의 본래적 자비를 불러일으키기 위한 마중물이라고 할 수 있다. 나아가
마음의 자비를 실현하는 것은 단지 마음 차원의 감정이나 느낌으로 그
치는 것이 아니라, 그 느낌에 따른 표현과 삶의 방식을 요구한다. 자비
는 단지 내적 심리상태에 그치지 않고 구체적 삶에서 드러나야 진정한
자비라고 할 수 있다. 경험적으로 습득된 자비이든 본래적 자비의 표현
이든 자비는 삶으로 드러나기 마련이다.

제5부

심층마음을 강조하는 한국 현대불교

표층의식은 '의식하는 자'로서의 개별자아와 '의식된 것'으로서의 객관세계를 그 자체 존재로 전제하고 진행되는 의식이다. 그만큼 아집과 법집에 따른 주객분리와 자타분별 위에서 성립하는 분별의식이다. 표층에서는 나와 세계, 나와 너가 서로 분리된 별개의 것으로, 서로 대립하는 경쟁대상으로 등장한다. 반면 심층마음은 표층의 나와 세계를 유근신과 기세간으로 형성하는 식, 자체 내의 무한한 종자인 정보 에너지로서 우리가 그 안에 함께 등장하는 홀로그램 우주를 산출해 내는 근본식이다. 이 심층마음을 나의 마음으로 자각해야 자타분별, 주객분별을 넘어 우주만물을 나와 하나로 느끼는 자비와 인(仁)의 마음이 가능해진다.

원효와 원측의 신라시대뿐 아니라 고려, 조선을 거쳐 현대 한국에 이르기까지 불교에서 항상 강조되는 것은 분별을 넘어선 원융과 화쟁의 정신, 개별적 자의식을 넘어선 한마음의 정신이다. 현대의 불교학자나 스님들 중에서 일심을 강조하고 일심을 증득하며 또 일심을 실현한 사람들은 수도 없이 많을 것이다. 여기에서는 한국의 현대 불교학자 김동화(1902-1980)와 이기영(1922-1996), 한마음선원의 대행스님(1927-2012)과 안국선원의 수불스님(1953-현재)을 들어 한국에서는 여전히 심층 한마음, 일심이 우리의 본래면목으로 강조되고 있음을 살펴보도록 한다.

김동화가 본 한국불교의
정체성: 일심의 회통

1. 한국불교의 정체성에 대한 물음

현재 우리나라 불교의 대표종단은 '대한불교조계종'이다. 1994년에 제
정된 조계종 종헌 제1조는 아래와 같다.

> 본종은 대한불교조계종이라 칭한다. 본종은 신라 도의국사가 창수(創樹)
> 한 가지산문에서 기원하여 고려 보조국사의 중천(重闡)을 거쳐 태고 보우
> 국사의 제종포섭으로서 조계종이라 공칭하여 이후 그 종맥이 면면부절한
> 것이다.[1]

현 한국의 조계종이 과연 도의에서 기원하고 보조의 정혜쌍수(定慧

---

1 「종헌」,『대한불교조계종법령집』(대한불교조계종, 1994), 17쪽.

雙修)를 이어받아 선·교 제종을 포섭하고 있는가? 김동화는 『한국불교사상의 좌표』(1984)에서 다음과 같이 말한다.

> 우리나라의 불교는 삼국시대와 통일신라시대는 잠시 별문제로 하고서라도 고려 때 5교 양종, 이조 초에 11종 등이 있어 결코 단일종파의 불교가 아니었다. 그뿐만 아니라 현재도 사실상으로는 선교양종으로서 특히 교종의 내용은 매우 복잡한 상태가 되어 있는데, 이것을 무시하고 선종인 조계종 하나만을 인정하려고 한다는 것은 어불성설에 그치는 것이 아니라 비정상적인 것이다.[2]

여기서 김동화가 안타까워하는 것은 삼국시대 이후 병행해 오던 여러 종파가 조선의 억불정책에 따라 강제적으로 통폐합되어 결국 선교양종으로 되고, 다시 일본 통치하에서 온갖 진통을 겪으며 종명을 바꾸다가 결국 단일종파 조계종으로 정리되었다는 것이다. 석가모니 단 한 명의 깨달음에 입각해 세워진 불교이지만 그 진리내용은 인도에서 수세기에 걸쳐 경·율·론 삼장으로 논해지고, 다시 중국에서 수세기에 걸쳐 여러 종파로 나뉘어 연구되고 신봉되고 수행되어 왔으며, 고려는 그 진리를 총망라하여 팔만대장경으로 새겨 놓았다. 그 방대무변의 불교 진리가 어찌 '교외별전(敎外別傳)'의 선(禪), 그중에서도 '살불살조(殺佛殺祖)'의 임제선(臨濟禪) 내지 '화두의심'의 간화선 하나만으로 다 포괄될 수 있겠는가?

그러나 단일종파의 현실을 비판한다고 해서 김동화가 중국불교와 같은 교상판석에 입각한 종파불교를 희망하는 것은 아니다. 그는 특정한

---

2   김동화, 『한국불교사상의 좌표』(동국대학교 불교사회문화연구원 편, 『뇌허 김동화 전집11』, 뇌허불교학술원, 2001. 이하 전집은 『전집』이라고 표기함), 549쪽.

경론에 입각해서 자종을 높이고 타종을 낮추는 종파불교적 양상은 바람직하지 않다고 보기 때문이다. 그렇다고 타종과 상관없이 자신만의 입지를 주장하는 새로운 종파가 많이 생겨나기를 바라는 것도 아니다. 현재 법적으로 등록된 불교 신흥종단은 50개가 넘는다고 한다. 이처럼 신종이 난립하는 현대의 불교를 김동화는 '혼돈불교'라고 부른다. 단일화를 비판한다고 해서 다양화를 주장하는 것은 아닌 것이다. 그렇다면 김동화가 희망하는 것은 무엇인가? 그는 다음과 같이 제안한다.

> 우리의 현불교는 그 사상을 종합하여 선·염불·교의 세 가지 종파로 재정리하는 것이 우리의 전통을 살리는 길인 동시에 앞으로의 발전도 기대할 수 있으리라고 본다.[3]

이 셋 중에서 김동화가 강조하는 것은 교종이다. 김동화에 따르면 교종은 셋 중의 하나라기보다는 오히려 다른 두 종, 선종과 염불종도 거기 의거해야 할 궁극 기반이다.

> [한국에서] 불교의 생명이 계속될 수 있었던 것은 교학의 힘이라 보아야 한다 … 선·염불 두 종파는 교학적 뒷받침이 없으면 충분히 발전할 수 없는 것이다. 그러므로 양종은 언제나 교학에 힘써야 한다.[4]

그리고 교종에 관한 한 그는 단일한 하나의 종파를 주장한다. 바로 이 점에서 그는 중국식 '종파불교'와 구분되는 한국식 '종합불교'를 주장하는 것이다. 전체 불교사상을 하나의 원리로 종합·정리하여 하나

3　김동화, 『한국불교사상의 좌표』(『전집11』), 552쪽.
4　김동화, 『한국불교사상의 좌표』(『전집11』), 553쪽.

의 종파를 만드는 것, 이것이 쉽지는 않겠지만 가능하고 또 필요한 일
이라고 그는 논한다.

> 그 많은 경장과 논장의 서로 다른 교리사상을 어떻게 한 체계로 종합·정
> 리할 수 있을까? 이는 어려운 일 중에서도 가장 어려운 일이다. 그러므로
> 중국 남북조 및 수·당시대의 여러 종파들은 불교사상 전부, 즉 삼장 전부
> 를 하나의 체계로 정리하지 못하여, 삼장 가운데 어떤 경 하나 혹은 논 한
> 가지를 중심으로 하고 그 밖의 경이나 논은 그 중심으로 삼는 경론에 종속
> 시키면서 우열을 판단·해석하였다. 일방적인 그것이 과연 부처의 일대 가
> 르침에 합당한 본뜻이었겠는가? … 부처의 가르침의 효과에는 높고 낮음
> 이 있을 수 없다. 왜냐하면 중생의 능력에 맞춘 설법이며, 병에 따라 약을
> 주는 것과 같은 설법이기 때문이다. 대승 소승을 막론하고 원래 중생이 없
> 으면 부처의 설법도 있을 리가 없다. 크고 작은 능력의 중생 모두를 다 구
> 제하는 것이 부처 설법의 목적이므로 그 가르침의 내용은 다 함께 평등한
> 것이다. 그러므로 이것을 정리하는 데에도 종래의 모든 종파를 초월하여
> 종합적으로 한 체계를 갖춘 교판론이 필요하다. 선종과 염불종은 별문제
> 이지만 부처 가르침의 전체를 취급하는 교종의 교학으로서는 마땅히 그래
> 야 할 것이다.[5]

김동화에 따르면 중국은 불교사상 전체를 하나의 원리로 종합하는
데 실패하여 종파불교로 나아갔지만, 한국은 그러한 종파불교를 전개
하지 않았다.[6] 종파불교가 불교의 시대적 전개를 사상의 변천과정으로

5   김동화, 『한국불교사상의 좌표』(『전집11』), 553-554쪽.
6   처음에 중국의 영향으로 여러 종파가 분립하였지만 점차 종파가 합해 가게 된 것,
종파는 교상판석에 입각한 것인데 우리나라 불교는 교상판석을 내세우지 않는다는

읽어 각 사상의 차이에 주목하여 우열을 논하는 '비교의 독법'에 의거
한다면, 김동화가 지향하는 종합불교는 시대적으로 달리 전개된 불교
사상 전체를 일관되게 꿰뚫는 하나의 핵심원리, 모든 종파를 초월한 보
편사상에 주목하는 '관통의 독법'에 의거한다고 볼 수 있다.

　여기에서는 김동화가 어떤 문맥에서 종합불교를 주장하는지를 살펴
보고, 그러한 종합불교의 핵심원리로서 그가 무엇을 지목하며, 또 그
원리에 따라 불교를 어떤 방식으로 종합하는지를 밝혀 본다. 그리고 그
의 종합불교 구상의 의미를 생각해 본다.

2. 현행 불교에 대한 비판

1) 배타적 통합과 단일화(한국의 조계종) 비판

　김동화는 왜 한국불교가 조계종 단일종파로 귀결된 것에 분노하는
것일까?

> 조선시대에 11종, 7종, 선교양종 등으로 점차 폐합된 것은 불교 자체가 자
> 발적으로 통합한 것이 아니라 나라가 국가 운영상의 재정궁핍으로 종파를
> 줄이도록 강요한 굴욕적인 폐합이었던 것이다.[7]

　현재 조계종 종헌에 따르면 조계종이 신라의 도의와 고려의 지눌 그

<hr>

것, 과거 학자들은 여러 종파의 학문 가운데 한 부분만을 전공하기보다는 각각의 종파
적 학문을 초월해서 보편적인 태도로 두루 연구하였다는 것 등을 들어 한국불교의 특
징이 종파불교 아닌 종합불교라고 논한다. 그리고 그러한 "보편적이며 포용주의적"인
학자로서 그는 원효와 태현을 든다. 김동화, 『한국불교사상의 좌표』(『전집11』), 464–
465쪽.
7　김동화, 『한국불교사상의 좌표』(『전집11』), 466쪽.

리고 보우를 이어받는 것으로 되어 있지만, 이런 계통이 처음부터 확립되었던 것은 아니다. 17세기 초 허균이 주장한 '고려나옹법통' 대신 언기가 주장한 '임제태고법통'이 받아들여진 이후 20세기에 이르도록 한국선의 시조는 중국 임제종의 선맥을 잇는 태고보우로 간주되어 왔다.[8] 그러다가 20세기 들어 1910년 금명보정이 '보조종조론'을 주창하면서 "종주 지눌이 선종9산과 교종까지 아우르는 선·교 통합의 종으로 조계종을 개창하였다"고 논하였고, 1930년 방한암이 "도의가 해동의 초조가 됨은 지혜 있는 자가 아니더라도 쉽게 알 수 있는 일"이라고 단언하고, 선종9산의 조계종 전통이 지눌과 수선사 계통을 통해 계승되었다고 주장하면서 현실을 감안하여 보우를 중흥조로서 인정하였다.[9] 이러한 주장들이 전반적으로 수용되어 현재의 종헌은 도의를 초조, 지눌을 중조, 태고를 중흥조로 기록하고 있다.

---

8 휴정에 이르기까지의 법통에 대해 17세기에 두 가지 설이 제기되었다. 하나는 1612년 허균이 제시한 것으로 〈도봉영소 – (보조지눌) – 나옹혜근 – … 벽송지엄 – 부용영관 – 청허휴정〉이고, 다른 하나는 1625년 편양 언기가 제기한 것으로 〈석옥청공 – 태고보우 – … 벽송지엄 – 부용영관 – 청허휴정〉이다. 전자는 나옹혜근을 중심으로 하되 법맥의 출발을 고려 선사 영소로 삼고 지눌의 영향을 밝힘으로써 한국선의 역사성 및 종합성(법안종·조동종·임제종·보조선의 종합)을 강조하는 데 반해, 후자는 태고보우를 중심으로 하되 그 출발을 원의 석옥청공으로 삼음으로써 한국선이 오로지 중국 임제종의 선맥을 잇는 것으로 간주한다. 허균의 참형 이후 조선불교계에 받아들여진 것은 태고법통설이며 그것이 20세기까지 이어졌다고 볼 수 있다. 1908년 일본 조동종과 연합하여 창립된 '원종'(이회광 종무원장)에 반대하여 조선불교의 정체성과 자주성을 지키고자 박한영, 한용운 등이 1911년 통합종단을 창립하여 '임제종'이라 칭한 것도 그런 맥락에서 이해될 수 있다. 이러한 북원남임의 대치를 일본 총독부가 곧 '선교양종'이란 종명하에 정리하자, 그 후 조선불교인들은 보조지눌의 법맥을 생각하며 종명을 '조계종'으로 바꾸었다. 이상 법통설 및 일제시대 종명 변경과정에 대해서는 김용태, 『조선후기 불교사 연구: 임제법통과 교학전통』(신구문화사, 2010), 171쪽 이하 참조.
9 김용태, 『조선후기 불교사 연구』, 200쪽 이하; 신규탁, 『한국 근현대 불교사상탐구』(새문사, 2012), 32쪽 이하 참조.

여기서 김동화는 현재의 조계종이 실제로 그러한 선·교 포섭의 역할을 제대로 하고 있는가, 한국 조계종이 자신의 정체성을 정확히 자각하고 있는가를 되묻고 있는 것이다. 한국선의 종조를 도의 내지 지눌로 보면 한국불교의 역사성을 살리면서 선교겸전, 정혜쌍수를 주장하게 되지만, 태고보우로 보면 한국선은 중국 임제종의 맥을 잇는 것이 된다. 한국 조계종을 중국 임제종의 계승으로 보면서 한국불교를 조계종 단일종단으로 규정한다면, 결국 한국불교의 정체성을 되묻지 않을 수 없다. 자국 불교의 정체성에 대한 진지한 고민이 결여된 채 외부세력에 의해 좌지우지되고 마는 한국불교계를 그는 안타까워하는 것이다.

> 오늘날 한국의 불교는 법적으로 조계종이라는 한 종파만의 불교인 것처럼 되어 있다 … 오늘날과 같은 현상이 생기게 된 것은 해방 후 몇몇 정상승 (政商僧)들이 교권을 장악하기 위한 속셈에서 독자적으로 한국불교의 광대한 범위를 선종 가운데 일개 종파인 조계종에 국한·축소시켜 놓았기 때문이다. 이같은 역사적 배경을 아는지 모르는지, 한국의 불교도들은 … 아무런 항변이나 이의 없이 그것을 묵과해 오고 있는 것이 오늘날 한국불교의 실태라고 하겠다.[10]

물론 현재는 법적으로 조계종만 허용되는 것이 아니기에 수많은 종단이 우후죽순처럼 신흥하여 한국불교 종단으로 등록되어 있다. 김동화가 이것을 모르는 것은 아니다. 신흥종단이 난립하는 현재 불교계 상황을 그는 '혼돈상태'라고 보았다.

---

10   김동화, 『한국불교사상의 좌표』(『전집11』), 456쪽.

우리나라 정통종단이 재래 선교양종이던 것을 선 단일 종으로 축소화함에 따라 그 반발로 도리어 현재와 같은 혼돈상태를 초래한 것이 아닌가?[11]

이러한 혼돈을 벗어나 한국불교의 나아갈 길을 제대로 밝히기 위해서는 한국불교의 종합 및 재정리가 반드시 필요하다고 그는 역설한다.

2) 교판에 따른 서열화(중국의 종파불교) 비판

김동화는 한국불교를 종합하여 선종, 염불종, 교종의 세 가지로 종파로 정리할 것을 제안한다. 그는 '종합'을 이렇게 설명한다.

종합이라 함은 현재까지 이 나라 불교인들에게 신앙되고 이해되었던 불교가 비록 종파의 형태는 갖추지 않았더라도 그 사이에서 생생하게 살아 전해 옴이 사실인 만큼 그 불교사상을 될 수 있는 한 살리자는 의미이다.[12]

종파로 형성되지 않은 채 우리에게 전해져 내려오는 불교사상이 있으니, 그것을 살려 내어 우리의 종파로 확립하자는 것이다. 그는 그것이 중국의 종파불교와는 다르다고 본다.

중국의 불교인들은 어떤 경 어떤 논이든지 거기에 자신이 숭상하고 존중하며 중심으로 삼는 취지가 있으면 그것으로써 불교 전체를 통일하고자

---

11   김동화, 「한국불교사상의 진로」, 『불교소논문·논설』(『전집13』), 327쪽. 김동화
는 당시 우리나라에 17개의 종파가 탄생했다는 것을 언급하면서, 이를 '혼돈불교'라
고 부른다. 『한국불교사상의 진로』, 317쪽 이하 참조.
12   김동화, 『한국불교사상의 좌표』(『전집11』), 550쪽.

하였던 것이다. 이는 그들 특유의 새로운 불교관이며 또한 불교통일관이
었다 … 종파수립의 근거가 다름 아닌 교상판석론인데, 이는 경·율·론
삼장 또는 한 경전 가운데 여러 가지 사상이 섞여 있는 것을 분류·분석하
여 시간적으로 순서를 세우고 횡적으로 교리내용을 비교하는 것이기 때문
에 자연히 자기네 교리가 우수하여 남의 것은 열등하다고 보게 되는 배타
적 결과를 낳기도 한다 … 이처럼 교리의 우수함과 열등함, 깊고 얕음 등
의 차별을 지적하여 자기네를 칭찬하고 남의 것을 비방하는 경향이 역력
한 것이 종파불교의 단점이라 하겠다.[13]

그가 종파불교를 문제 삼는 것은 종파형성의 기반으로서의 중국식
교상판석이 자타를 비교·분별하면서 남을 비하하고 자신을 높이는 자
만심을 드러내기 때문만이 아니다. 그 분별심과 자만심으로 인해 붓다
의 전체 가르침이 평등한 일미로 받아들여지지 않고 오히려 상대화된
다는 것을 문제 삼는 것이다. 대승이 소승을 열등한 것으로 폄하한다거
나 또는 소승이 대승을 비불교라고 비판한다면, 결국 불교의 완전성과
체계성이 부정되고 불교의 정체성이 위협받게 된다.

법에 차별이 없고 한 가지 맛으로 평등하기 때문이다 … 부처가 설한 가르
침에 우열을 가려 자기네가 우월하고 남의 것은 열등하다고 하는 것은 종

---

13   김동화, 『한국불교사상의 좌표』(『전집11』), 547-548쪽. 김동화는 중국식 교상판
석과 종파불교를 중국인의 민족성에서 찾는다. 제선은 그러한 김동화의 판단을 다음
과 같은 근거에서 적극 지지한다. "다민족 국가로서 그 땅은 있어도 나라는 없다고도
하는 인도와 또 제후, 소왕, 대황, 황제, 천자 등의 용어를 창작해 낸 나라로서 역사상
항상 통일국가 대국을 위하여 전쟁이 그치지 아니하였던 중국에 적합한 판단이 바로
뇌허의 그러한 판단이라고 생각한다." 제선, 『뇌허의 불교사상 연구』(민족사, 2007),
207-208쪽.

파불교의 큰 편견이라 할 것이다.[14]

김동화는 중국의 종파불교와 달리 한국의 불교는 그러한 분별심과 자만심에 이끌려 특정 경론만을 높이고 다른 것을 폄하하는 그런 치우침을 보이지 않는다고 보았다. 그가 한국불교의 교종을 하나로 세우고자 한 것은 본래 우리나라 불교가 전체 경론의 사상을 종합적으로 이해하여 그 전체를 관통하는 하나의 궁극 원리를 찾아 그것으로써 전체 경론을 해석하는 회통정신을 보인다고 여겼기 때문이다. 이 점에서 한국불교는 중국식 종파불교와는 다르다고 보고, 이 차이를 민족성의 차이라고 말한다.

[한국은] 종파불교의 실패라기보다는 원래 이 나라의 민족성이 그 같은 부분적이요 편협한 사상을 좋아하지 않았던 때문이 아닌가 한다.[15]

3) 역사성 망각(일본의 비판불교) 비판

중국식 교상판석이 대승 중의 특정 경론만을 최고로 놓고 기타 경론을 그 아래에 두며 서열화하는 사고방식이라면, 일본 및 서구의 근대 불교학자들이 주장하는 '대승비불설'은 서구식 또는 일본식 교상판석이라고 볼 수 있다. 이것은 대승을 초기불교로부터 멀어지고 왜곡된 비불교로 간주함으로써 동아시아 불교의 역사성 및 정체성을 부정하기에 이른다.

근대학자들의 불교연구에 의하여 불교관에 대한 많은 파동이 있었다. 원

---

14   김동화, 『한국불교사상의 좌표』(『전집11』), 548쪽.
15   김동화, 『한국불교사상의 좌표』(『전집11』), 555쪽.

시불교와 소승불교는 다 같은 소승이라든가, 소승불교가 진정한 불교요 대승은 佛說이 아니다라든가, 또는 종파불교는 각 宗祖의 교설이요 불설이 아니다라는 등 여러 가지의 議論이 발생하여 불교계는 일시 사상적 혼란을 초래한 적이 있었다. 기실 필자가 본 연구를 시작한 동기도 실은 이에 있었던 것이다. 단도직입적으로 말해서 대승불교는 불설이 아니다. 불설이 아니면 불교가 아니다. 그렇다면 소위 북방불교인 중국, 한국, 일본 등 諸國은 비불교를 불교라고 믿어 온 맹신의 불교, 환상의 불교가 되고 만다. 이 진상을 알아본다는 것은 다만 한 불교도로서의 책임만이 아니라 범동양문화인의 일원으로서 책임이기도 한 것이다.[16]

물론 대승경전이 말 그대로 석가의 직접 제자에 의해 찬술된 것이 아니라는 것은 문헌학적으로 밝혀진 사실이며, 김동화가 이것을 부정하는 것은 아니다. 문제는 대승경론의 사상이 초기불교 석가의 가르침에 입각한 불교의 교설인가 아니면 석가의 가르침을 벗어난 비불설인가 하는 것이다. 한마디로 대승불교의 사상적 연원은 무엇인가?

대승불교의 사상적 연원이라 함은 대승적 사상의 종자가 아함경전상에 있느냐 없느냐 하는 문제로서, 필자의 소견으로서는 그것이 있다는 것이다.[17]

김동화는 대승불교의 "삼계유심 만법유식"이나 "일체중생 개유불성" 등의 사상은 모두 석가의 근본사상에 연원을 둔 불교의 핵심사상이라고 말한다. 대승은 초기불교로부터 멀어진 것이 아니라, 오히려 소

---

16   김동화, 『불교교리발달사』(『전집2』), 771-772쪽.
17   김동화, 『불교교리발달사』(『전집2』), 431쪽.

승(유부의 법유사상)에 의해 왜곡된 부분을 시정하여 석가의 정신을 보다 철저하게 되살리고자 한 "원시불교에의 환원운동"[18]이라고 단언한다.

> 대·소승의 사상적 차이점은 무엇인가? 소승은 '아체는 공하지만 법체는 있다(아공법유)'고 하며, 대승은 '아체와 법체 둘 다 비었다(아법양공)'고 한다. 실천면에 있어서도 소승은 자신을 위한 수행을 하고, 대승은 남을 위해 실행을 한다. 또 궁극적 이상을 보더라도 소승은 아라한에 이르는 것이 목적이고, 대승은 부처가 되는 것이 목적이다.[19]

이상과 같은 소승과 대승의 차이에 입각해서 김동화는 대승이야말로 "소승의 실유사상을 원시불교의 연기사상에 환원시키고자 하는 운동"으로서, 그것이 본래 석가의 깨달음을 더 잘 반영한 것이라고 본다. 그렇지 않고 일부 학자들이 대승불교를 비불교로 간주하는 것은 그들 자신이 초기불교에서부터 대승으로 이어지는 불교사상의 흐름 안에서 그 전체를 관통하는 하나의 핵심사상, 불교의 절대적 진리를 깨닫지 못했기 때문이다. 그렇다면 김동화는 초기불교에서부터 대승으로 이어지는 불교의 근본정신을 무엇으로 보고 있는가?

3. 불교의 핵심원리로서의 일심

1) 석가의 깨달음: 일심의 깨달음

불교를 불교이게 하는 핵심사상은 무엇인가? 그것은 석가의 깨달음

---

18   김동화, 『한국불교사상의 좌표』(『전집11』), 494, 501쪽.
19   김동화, 『한국불교사상의 좌표』(『전집11』), 493쪽.

에서 찾아야 할 것이다. 석가가 깨달은 것은 과연 무엇인가?

> 석가가 吾道하였다 또는 成道하였다는 소위 道라는 것은 무엇을 의미하는
> 것인가? 그것은 객관적인 어떤 존재를 획득하였다는 것도 아니요 또 발견
> 하였다는 것이 아니라 자기가 자기 자신을 內省하여 자기 자신, 즉 진실한
> 자신을 體得하였다는 것으로, 그 진실한 자신이라고 하는 것은, 즉 自己自
> 心의 本來面目(本質)을 가리키는 것이다. 환언하자면 자기의 자심(自心)
> 이 자기의 본질이요, 이 우주의 본체라는 것을 체득한 것을 吾道·成道라
> 하는 것이다. 그러므로 불교교리에 있어서 가장 근본적인 것은 一心에 관
> 한 문제이다.[20]

이처럼 김동화는 석가의 깨달음의 핵심내용을 자기 자신의 본래면목
인 일심이라고 단언하며, 그러한 석가의 깨달음의 특징을 석가 이전의
사상과의 대비를 통해 제시한다.

> 석가모니 출현 이전의 인도 재래 종교사상 가운데는 우주창조신설이 있었
> 고, 또 이 사상이 점차 발달하여 드디어 철학사상으로서 우주의 통일적이
> 고 보편실재적인 원리도 제시되고 있었다 … 그러나 석존이 출세하여서는
> 이러한 재래의 종교적 신의 실재와 철학적 원리의 독립성을 모두 부정하
> 였다. 석존은 실로 인도종교계의 혁명가요, 철학계의 개혁자였다.[21]

석가가 어떤 의미에서 혁명가이며 개혁자인가? 인식에서든 실천에
서든 우리는 세계와 관계하면서 자신을 주관으로, 세계를 객관으로 여

---

20   김동화, 『불교유심사상의 발달』(『전집7』), 16쪽.
21   김동화, 『한국불교사상의 좌표』(『전집11』), 471-472쪽.

긴다. 그러면서 우리는 대개 주관인 우리 자신을 "무변광대한 객관적인 모든 현상 중의 일부분"[22]이라고 생각한다. 객관(세계)에 주관(자아)을 포섭시켜 이해하는 '일상적 객관주의' 또는 '과학적 객관주의'의 사고방식이다.

그러다가 그다음 단계에서 철학적 사유를 시작하면서부터 주객대립을 넘어서는 주객산출의 근원을 생각하게 되는데, 대부분 그 근원을 신(우주창조신) 또는 원리(보편원리)로 간주하게 된다.

> 철학사상이 점차 발달됨에 따라 이 객관과 주관의 근원적인 어떠한 한 원리를 안출하게 되었으니, 이것이 즉 신이요 원리라고 하는 것이다. 객관과 주관은 이 신이나 원리로부터 파생된 것이요, 신과 원리는 절대적인 것으로 보아 그 이상의 근원은 찾지 않던 한때가 동서 철학사상에 각각 있었다.[23]

그러나 그렇게 생각된 신이나 원리도 그것이 사유대상으로 머무는 한, 그것 또한 결국은 인간을 그 아래 포섭하는 객관일 뿐이다. 이를 '철학적 객관주의'라고 할 수 있다. 근원이 객관으로 사유되는 한, 주객의 이원성은 아직 극복된 것이 아니다. 주객을 포괄하여 주객의 이원성을 극복하는 진정한 근원이라면 그것은 단순히 사유대상인 객관으로 남아 있어서는 안 되며, 근원은 오히려 사유하는 자 자신으로 드러나야 한다. 그러자면 사유하는 자 자신이 근원의 자리로 나아가야 한다. 김동화가 보는 석가의 깨달음의 핵심이 바로 이것이다. 우주와 인생의 근원이 객관에 있지 않고 바로 인간 자신의 내면, 인간 각자의 한마음에

---

22 김동화, 「원시불교의 철학사상」, 『불교 소논문·논설』(『전집13』), 25쪽.
23 김동화, 「원시불교의 철학사상」, 『불교 소논문·논설』(『전집13』), 25쪽.

있다는 것을 깨달은 것이다.

이전 인도 재래의 우주관이나 인생관은 그 우주 인생의 근원을 객관계에
서 찾았던 것이니, 즉 재래종교는 우주창조신의 존재를 인정하였던 것이
요 또 그것이 재래철학이 원리였던 것이다. 그러나 불타께서는 우주 인생
의 근원에 대한 관찰의 초점을 객관계에 두지 않고 자기 한마음의 내면으
로 돌려 보았던 것이니 이 점은 종래까지의 사색관찰법에 코페르니쿠스적
인 전환을 일으킨 것이었다. 우주 인생의 모든 원인은 인간 각자의 한마음
에 있다고 깨달은 석존은 드디어 한마음의 본질·정체를 찾아냈던 것이
다.[24]

이처럼 우주 인생의 근원을 객관 아닌 주체 자체의 마음에서 구하는
것이 사유의 혁명이다. 김동화는 이것을 '코페르니쿠스 전회'라고 부
른다.

인도철학사상에서 종래의 사색의 담장을 깨뜨리고 용맹히 일진한 것이 석
가모니불이었다. 이 세상 모든 존재의 중심은 객관도 아니요 신도 아닌 인
생 그 자체라고 갈파하였다. 이는 실로 동서사상계에 있어서 코페르니쿠
스적 사실이라고 하지 않을 수 없는 경이적 사상이다.[25]

김동화가 말하는 이러한 사상의 전환은 동서철학에서 모두 발생하였
다. 서양철학에서 이것을 두고 '코페르니쿠스 전회'라고 하는데, 이 전
회를 일으킨 철학자는 1781년 『순수이성비판』을 쓴 칸트이다. 우리가

---

24   김동화, 『한국불교사상의 좌표』(『전집11』), 475-476쪽.
25   김동화, 「원시불교의 철학사상」, 『불교 소논문·논설』(『전집13』), 25쪽.

인식하는 세계가 신이 만든 세계(물자체)가 아니라 인간 자신이 인간 자신의 인식형식에 따라 만든 세계(현상)에 지나지 않는다는 것, 이 사실을 처음으로(18세기말!) 분명하게 논한 사람이 칸트이다. 현상을 구성하는 궁극 주체를 칸트는 현상세계 속 자아인 경험적 자아와 구분해서 '초월적 자아'라고 부른다. 현상의 근원이란 의미에서 '초월적 자아'는 불교의 '일심'과 비교될 수 있다.

궁극 근원이 중생의 일심이라는 것을 깨달았기에 석가는 신이나 객관원리를 따로 내세우지 않으며, 모든 진리의 기준은 중생 안에 이미 갖추어져 있음을 강조한다. 그러므로 석가의 마지막 가르침은 '자신에 의거하라'는 것이었다.

> 모든 비구들이여, 자기를 洲(섬, 등불의 뜻)로 하고 자기를 의지하되 결코 남을 의지하지 말라. 법을 洲로 하고 법을 의지하되 결코 그 밖의 것을 주로 하여 머물지 말라[自歸依 自燈明, 法歸依 法燈明].[26]

우주와 인생의 궁극 근원을 객관이 아닌 인간 자신 안에서 자신의 한마음으로 발견했다는 것이 석가 깨달음의 혁명적 성격이라는 것이다. 그렇다면 각자 안의 이 한마음은 과연 어떤 존재인가? 일심이란 무엇인가?

> 이 一心이란 과연 여하한 것인가? 이 정체를 밝힌다는 것은 실로 至難한 일이다. 이것을 말로써 표현하자면 백팔번뇌가 구족한 妄心이라든가 자성이 청정한 眞如心 如來藏心 등등 여러 가지로 말할 수 있지만은, 이야말로

---

26   김동화, 『한국불교사상의 좌표』(『전집11』), 474쪽.

달(月)을 가리키는 손가락(指)에 불과한 것으로 一心의 정체는 이것을 體
得한 佛陀나 菩薩만이 알 수 있는 것이다.[27]

칸트는 현상의 구성자로서 초월적 자아, 무제약적 자아를 주장하면
서도 우리 인간에게는 지적 직관이 없어서 그 자아를 인식할 수 없다
고 주장했다. 자아를 개념적으로 사유할 수는 있지만, 그것 자체가 무
엇인지를 실제로 직관하여 알 수는 없다는 것이다. 그 자체를 직접 아
는 것을 불교는 '증득(證得)'이라고 한다. 이것은 개념적 사유를 통한
인식이 아니라 수행을 통해 얻게 되는 직접적 깨달음, '정관(定觀)'이
다. 불교는 바로 이 일심의 깨달음에 이르고자 하는 것임을 김동화는
강조한다.

> 敎家의 팔만사천법문이나 禪家의 천칠백공안의 施設의 要는 모든 사람으
> 로 하여금 오직 이 '나'를 찾아내도록 하자는 데 있는 것이다 … '나'의 主
> 體, 진실한 主觀體는 우리 각자의 '一心'이라는 것만을 이에 밝혀 두는 바
> 이다.[28]

2) 초기불교와 대승불교의 연속성

석가가 수행을 통해 이 일심을 깨달아 선포한 이후 불교는 언제나 이
일심의 깨달음에 이르고자 했으며, 그 깨달음의 핵심내용에서는 변화
가 없다는 것이 김동화의 생각이다.

우주만물의 중심과 근본이 인생이라 하면 주관인 인간 자체와 객관인 세

---

27   김동화, 「불교인식론상의 너와 나」, 『불교 소논문·논설』(『전집13』), 121쪽.
28   김동화, 「불교인식론상의 너와 나」, 『불교 소논문·논설』(『전집13』), 121쪽.

계를 우리 인생이 창조하였다는 말인가? 그렇다. 우주만물의 창조자는 신이 아니라, 즉 인간 각자라는 것이다. 아니 인생 각자뿐 아니라 일체 유정, 즉 모든 동물이 모두 그렇다는 것이다. 우리 인생 각자는 **자기 자신(a)**을 창조하는 동시에 자기가 거주할 **세계(b)**도 창조하는 것과 같이 모든 하등 동물까지도 모두 그러하다는 것이다.[29]

일체 유정(有情)의 일심이 그 유정 자신의 삶과 그 유정이 의거해 사는 세계의 근본이라는 것이 불교의 기본통찰이다. 그러니까 대승이 강조하는 만법유심, 절대유심은 대승에서 비로소 첨가한 것이 아니라 초기불교의 핵심이다. 초기불교의 업설이 바로 그것이다.

생의 원인은 무엇인가? 그것은 업이라는 것이다. 일체 유정은 세상에 생존하는 이상 반드시 동하는 것이요 동하면 거기에는 어떠한 세력이 남게 되는 것이니, 이것이 업이다 … 일체 유정(a)은 자력발전력에 의하여 무시무종의 실존을 계속한다는 것이 업감설의 요지이다 … 객관적 세계(b)도 역시 유정 각자가 짓는 바의 업력에 의하여 전개된다고 한다 … 이와 같이 유정(a)과 세계(b)가 유정 각자로부터 전개되는 것을 전문어로 업감연기설이라고 한다.[30]

이렇게 유정(a/자아/오온)과 세계(b)는 업력에 따라 형성된 것이지, 그 자체로 존재하는 것이 아니다. 석가가 처음부터 이것을 논했는데, 소승불교(유부)가 오온(아/a)만을 공으로 여기고 세계(법/b)는 자체 존재라고 여겼기에, 대승이 소승의 아공법유를 비판하며 아공법공을

---

29   김동화, 「원시불교의 철학사상」, 『불교 소논문·논설』(『전집13』), 26쪽.
30   김동화, 「원시불교의 철학사상」, 『불교 소논문·논설』(『전집13』), 27쪽 이하.

주장하게 된 것이다. 즉 자아(a)와 마찬가지로 세계(b) 또한 자체 존재가 아닌 무자성의 공이라는 것을 강조한 것이 중관이고, 그렇게 공임에도 불구하고 업력에 의해 자아와 세계가 형성된다는 것을 논한 것이 유식이다.

유식은 자아와 세계, 유근신(a)과 기세간(b), 주와 객을 형성하는 업력을 '종자'라고 부르고, 그 종자들의 흐름을 '아뢰야식'이라고 부른다. 아뢰야식 내 종자들에 의해 자아와 세계가 형성되므로, 일체는 식 바깥의 객관존재가 아니라 식의 변현산물인 식소변일 뿐인 것이다. 이와 같이 김동화는 석가의 연기의 깨달음이 곧 '업감연기'이며, 이것이 대승에서 '뢰야연기'로 발전한 것이라고 본다.

> 우주 인생의 모든 원인은 인간 각자의 한마음에 있다고 깨달은 석존은 드디어 한마음의 본질·정체를 찾아냈던 것이다. 이를 견성오도(見性悟道)라 한다. 한마음이 있어야 할 본연의 상태에 있지 못하고 부자연스런 현실에 놓여 있으므로 해서 현상계의 여러 법이 전개된다고 알게 되었을 때 '마음이 법의 근본이며, 세상의 현상을 일으키는 것이다. 또 모든 것이 오직 마음에 의하며 삼계, 즉 우주도 오직 마음에 의하고 모든 법이 오직 인식하는 마음에 달렸다[心爲法本 心具世間法 乃至 一切唯心 三界唯心 萬法唯識]'고 하는 근본교법이 선포된 것이다.[31]

그런데 아뢰야식이 자아와 세계를 형성하는 것은 결국 아뢰야식이 주관과 객관으로 이원화되는 것이다. 그렇다면 그렇게 자아와 세계를 형성하는 식 자체는 어떤 존재인가? 이원화된다는 것을 깨닫는 것은

---

31   김동화, 『한국불교사상의 좌표』(『전집11』), 476쪽.

곧 이원화 이전의 마음바탕을 자각한다는 말이다. 인생이 꿈임을 깨닫
는 순간이 곧 꿈에서 깨어나는 순간이듯이, 일체가 상대적이고 유한하
다는 깨달음이 상대와 유한을 넘어선 절대와 무한의 시점에서만 가능
하듯이, 일체가 가(假)임을 자각하는 마음 그 자체는 이미 가를 넘어선
마음이다. 일체가 인연에 따라 연기한다는 '의타기성(依他起性)'을 알
아차리면 연기된 결과물에 대한 집착, 아집과 법집의 '변계소집성(遍計
所執性)'은 사라지고, 마음은 결국 일체 현상을 있는 그대로 집착 없이
바라보는 '원성실성(圓成實性)'을 얻게 된다. 이 원성실성의 마음이 바
로 제8식의 마음바탕, 소소영영한 진여이다. 이 일심의 진여성을 강조
하는 것이 여래장사상인데, 이것은 석가가 발견한 일심 이외의 다른 것
이 아닌 것이다.

> 석가가 道를 깨달았다는 그 道라는 것은 다름 아닌 그의 自我, 즉 주객의
> 대립이 지양된 '진정한 나'를 찾아내었다는 것을 의미하는 것이다. 이것
> 은 석가만이 가능한 것이 아니라 일체 중생이 모두 가능하다는 것을 가르
> 쳐 그 실천을 요구한 것이 석가의 일대간의 교법이다 … 이것이 즉 주객
> 대립을 지양한 순수자아의 昭昭靈靈 不昧自存의 眞實相을 표현한 것이
> 다.[32]

석가가 깨달은 한마음의 정체, 그 소소영영한 자심을 용맹정진 수행
을 통해 견성오도하고자 하는 것이 바로 선불교이다. 그러므로 선불교
에 이르기까지의 전체 불교사상의 흐름이 모두 석가가 깨닫고 석가가
밝히고자 한 일심으로 향해 있다는 것이다.

---

32   김동화, 「불교인식론상의 너와 나」, 『불교 소논문·논설』(『전집13』), 125쪽.

　김동화는 한국의 불교는 원효나 태현 등에서 볼 수 있듯이 전체 불교 사상을 하나의 관점에서 통일적으로 회통하는 그런 종합불교의 모습을 띠고 있다고 본다. 이 회통정신을 이어받아 종합불교식 교판을 완성하 자는 것이 그의 제안이다. 그는 그것을 더 구체적으로 제시한다.

4. 일심의 신(信)·해(解)·행(行)·증(證)

1) 신·해·행·증의 체계

　중국의 종파불교가 자종이 소의로 삼는 특정 경론을 중심으로 우열 을 나누어 정리하는 교판이라면, 김동화는 한국의 종합불교는 그런 우 열의 분별 없이 모든 경론을 소의로 삼아야 한다고 주장한다. 일체 불 법이 모두 일미로서 우열이 없다고 보기 때문이다. 그렇다면 무엇에 의 거해서 전체를 하나의 체계로 정리할 것인가?

　『법화경』 하나만을 의지한 것이 천태종, 『화엄경』 하나만을 근거로 한 것 이 화엄종이지만, 이제 여기서 거론하려 하는 것은 전체 불교의 소의전적 으로서 그것은 전체 삼장을 가리킨다. 이 삼장 전체에 공통되는 표준이 있 으니, 그것은 바로 신·해·행·증의 사교관이다. 즉 믿음의 불교, 이해의 불교, 실행의 불교, 증득의 불교관이다. 이 관찰법은 여러 종파에 공통되 는 방법인 동시에 여러 종파를 초월하고 또한 통일하는 하나의 방법이기 도 할 것이다.[33]

　이처럼 김동화는 전체 삼장을 소의로 삼되, 그들 안에 공통적으로 들

33　김동화, 『한국불교사상의 좌표』(『전집11』), 577쪽.

어 있는 핵심원리를 찾아내어 그것으로 전체를 관통하여 정리하고자
한다. 그는 그 정리의 틀을 '신·해·행·증'으로 삼고, 이에 따라 불교
경론을 정리한다.

불교 ┬ 신의 불교: 아함 및 기타　　　 - 종교
　　├ 해의 불교: 반야 방등부, 논부　 - 철학
　　├ 행의 불교: 화엄 외 여러 경, 율부 - 윤리
　　└ 증의 불교: 법화 화엄 외 여러 경 - 완성의 불교[34]

　그렇다고 해서 각각의 경론이 꼭 신·해·행·증 중의 어느 하나에만
속하는 것이 아니라는 것을 강조한다. 어느 단계에서든지 신·해·행·
증은 함께할 수밖에 없기 때문이다.

> 불교의 문에 들어서 신·해·행·증의 과정을 거치는 것은 누구에게나 당
> 연한 경로이다. 위의 도표에서 4교를 대비시켜 본 것은 절대적인 설이라
> 할 수는 없다. 믿음에 관한 것이 『아함경』에만 있는 바가 아니고 또 증득
> 에 관한 설법이 『화엄경』에만 나타나 있다는 것이 아니라 대체적인 특징
> 을 그 예로 든 것에 불과하다.[35]

　엄밀히 말하자면 일체 경론이 모두 다 석가의 깨달음에 기반을 두어
우선 그 깨달음의 내용을 믿고 이해한 후 그에 따라 실천수행하여 석가
와 똑같은 깨달음에 이르러 성불하게 하고자 쓰여진 것이므로, 모든 경
론에 신·해·행·증의 과정이 다 포함될 수밖에 없을 것이다. 다만 방

34　김동화, 『한국불교사상의 좌표』(『전집11』), 578쪽.
35　김동화, 『한국불교사상의 좌표』(『전집11』), 577쪽.

편상 어느 경은 믿음을 일으키는 데에 더 주력하고, 어느 론은 불법을 이해시키는 데에 더 중점을 두며, 어느 경은 실천단계를 더 상세히 논하고, 어느 론은 증득의 경지를 논한다는 그런 방편적 차이만이 있을 것이다. 어느 경론이든 그것이 불교인 한, 결국 신·해·행·증을 통해 석가가 이룬 깨달음, 일심의 증득에 나아가고자 하는 것은 마찬가지이다. 그러므로 사교를 주장하되 김동화는 이 점을 강조한다.

> 모든 경전상의 출발점이 佛性說에 있다는 것은 위에서도 말한 바와 같다. 불성에 관하여 논리적으로 이해하고 믿는 정도에서 그치는 것이 아니라 그것을 궁극적으로 체험하고 증득하고자 함이 불교의 참된 목적이라 하였다.[36]

불성은 곧 모든 중생심 안의 마음, 일심을 뜻한다. 그러므로 일체 경전의 출발이 불성설이라는 것은 곧 모든 경전이 일심을 설한 것임을 뜻한다. 그 일심을 믿고 이해하고 수행실천하여 그 일심을 증득하고자 하는 것이 불교의 궁극 목적이라는 것이다. 그러므로 불교가 논하는 신·해·행·증은 결국 일심의 신·해·행·증이다. 김동화는 일심과 일심의 신·해·행·증에 근거해서 한국의 불교가 진정한 의미의 종합불교로 정리되기를 희망하였다고 볼 수 있다.

2) 불교의 지향점: 일심의 증득

김동화가 전체 경론을 관통하는 하나의 원리를 찾아 그것으로 불교 전체를 하나의 교종체계로 정리하려 했다고 해서 그가 각 시기마다 나

36　김동화, 『한국불교사상의 좌표』(『전집11』), 595쪽.

타나는 사상의 변화를 도외시하는 것은 아니다. 그는 불교를 제대로 이해하기 위해서는 우선 ① 경론의 해독, ② 주석서에 의거한 훈고학적 탐구, ③ 교리에 대한 논리적 이해의 세 단계가 전제되어야 한다고 말한다. 그리고 그다음 연구단계를 ④ 각 시대의 사상 차이를 이해하는 '역사적 이해'라고 한다.

> 역사적 이해가 필요하다. 종래 불교학자들의 생각으로서는 불교의 모든 경전은 一佛所說이라 하여 모든 교리에 선후가 없는 것처럼 보아 왔지만 기실은 그런 것이 아니다. 역사적으로 볼 때 원시·부파·소승·대승 등 제 시대에 걸쳐 엄연한 차이가 있으니, 이것을 무시한 불교연구란 從勞에 불과할 것이다.[37]

이처럼 그는 시대적으로 다르게 전개되는 사상의 차이에 대한 바른 이해의 필요성을 역설한다. 문제는 이 단계에 멈추어서는 안 되고 그다음의 ⑤ '체계적 이해'의 단계로 나아가야 한다는 것이다.

> 제반 교리의 체계적 이해: 원시불교의 제 교리는 그것대로 체계가 있고 부파 내지 종파들도 다 각각 체계가 있을 뿐 아니라 이 전체를 통합하여 보아도 역시 전체로서의 체계가 있다. 그러므로 이것을 체계화하여 보지 않는다면 사상으로서의 불교, 철학설로서의 불교가 존립되지 못할 것이다.[38]

김동화는 각 시대적 차이를 관통하는 전체로서의 체계를 밝히고자

---

37   김동화, 『불교교리발달사』(『전집2』), 7쪽.
38   김동화, 『불교교리발달사』(『전집2』), 8쪽.

한 것이다. 그렇다면 이 전체의 체계를 가능하게 것은 무엇인가? 체계
적 이해는 어떻게 완성되어야 하는가? 그가 그다음 단계로 논하는 ⑥
'인간적 이해'가 그에 대한 답이라고 본다.

> 인간적 이해 … 信과 解는 구별이 나야 한다. 이것이 불교의 특징이기 때
> 문이다. 처음에는 … 불타의 교설을 무조건 믿지 않을 수 없다. 그러나 그
> 다음 단계에 이르러서는 우리는 어째서 그 교설을 믿지 않으면 안 되는
> 가? 불타는 어떻게 해서 覺者가 되셨는가? 우리는 그 교설대로 과연 覺者
> 가 될 가능성을 소유하고 있는 것이 확실한가? 하는 등의 의문이 層生疊
> 出하니 그 이유를 알아야 한다 … 만약 이 점을 망각한다면 그것은 死佛教
> 가 되고 만다.[39]

불교의 모든 교리를 인간적으로 이해한다는 것은 그 깨달음의 내용
을 신앙대상으로 간주하지 말고 나 스스로 이해하고 실천수행하여 증
득해야 한다는 것이다. 그렇게 신·해·행·증으로 완성될 수 있는 것
이 불교의 특징이라고 보는 것이다. 신·해·행·증의 바탕은 일심이
다. 일심은 우리 모든 중생 자신의 마음인 중생심과 다름없으므로 바로
자기 자신 안에서 스스로 이해하고 발견하고 증득해야 한다. 그래서 이
것을 '인간적 이해'라고 부른 것이다. 깨달음을 얻으려는 노력, 신·
해·행·증을 통해 성불하려는 노력, 일심의 증득만이 불교를 살아 있
는 불교로 만든다는 것을 강조한다.

---

39   김동화, 『불교교리발달사』(『전집2』), 8쪽.

5. 회통정신의 계승

김동화는 그의 저서『원시불교사상』,『구사론』,『대승불교사상』,『유식
철학』,『선종사상사』의 제목이 말해 주듯이 불교의 어느 한 부분의 연
구에만 전념하지 않고 불교 전체를 두루 연구하였다. 그리고 그 전체를
하나의 흐름으로 풀이하는『불교유심사상의 발달』,『불교교리발달사』
를 저술하였다. 또한 한국불교에 관해서는『삼국시대 불교사상』,『한국
역대고승전』,『불교의 호국사상』,『호국대사 사명대사 연구』를 저술하
고 마지막 유작으로『한국불교사상의 좌표』를 남겼다. 그는 왜 어느 하
나의 경이나 논서 또는 어느 한 학파의 연구에만 몰두하지 않고 불교
전체를 두루 공부한 것일까?

　　그는 그런 식의 연구가 한국불교의 특징이라고 여겼다. 한국불교의
정체성을 회통정신에 의한 종합불교로 생각하고 그 전형을 원효(元曉,
617-686)라고 보았다.

　　　신라시대 학자들의 경우를 보면 여러 종파의 학문 가운데 한 부문만을
　　전공하는 것보다도 각각의 종파적 학문을 초월해서 보편적인 태도로 두루
　　연구하는 것이 일반적인 학풍이었던 것 같다 … 신라의 학자들이 얼마나
　　보편적이요 포용주의적이었던가 하는 예로서 원효와 태현을 들 수 있다.

　　　원효는 그 저서를 통해 본다면 경·율·론 삼장의 어디에도 붓을 대지
　　않은 것이 없지만, 특히 여러 종파에 관한 학문을 보아도 화엄·열반·법
　　화·염불·계율·유식·섭론·성실·비담 등의 열 가지 종파에 관한 저술
　　을 하였고, 또 태현 역시 유식·섭론·화엄·열반·법화·염불·계율 등
　　일곱 종파에 관한 저술을 하였다. 이러한 포괄적인 불교학의 태도는 중국
　　에서 아무리 유명한 학자라 할지라도 그 유례의 인물을 찾아볼 수 없다.

필자는 중국학자와 이 나라 학자 간에 이와 같은 상이한 결과가 나타나게 되는 것은 그 민족성에 기인한다고 보는 바이다. 불교의 삼장을 연구하되 어떤 한 부문에만 편벽되게 집착하지 않고, 여러 경전과 여러 논서의 취지는 다 각각 그 독특한 바가 있으므로 그것을 그대로 살려서 공명정대한 진리만을 밝힌다는 것이었다. 그러므로 이때까지 유포되었던 불교는 중국식으로 말하자면 13종파가 거의 유행하였던 셈이지만, 실제에 있어서는 종파가 병립하여 경쟁하지는 않았다.[40]

그가 특정 경론이나 특정 종파의 연구에만 몰두하지 않고 불교사상 전반을 두루 연구하고 그 안에서 전체를 관통하는 하나의 보편정신을 찾아내고자 한 것은 그러한 연구자세가 한국불교의 특징이라고 생각했기 때문일 것이다. 한국불교의 정체성에 대해 진지하게 고민하여 그 답을 찾고는 스스로 그 답이 옳다는 것을 평생에 걸쳐 온몸으로 증명하고자 한 것이다. 그의 『불교유심사상의 발달』은 그가 발견한 원효적 일심의 관점에서 초기-부파·소승-대승경·론으로 이어지는 전체 불교의 흐름을 유심사상이라는 하나의 흐름으로 정리한 것이다. 이러한 연구작업을 통해 그는 회통불교로서의 한국불교의 맥을 스스로 이어나가고자 한 것이라고 본다. 한국불교의 정체성을 확립하고 계승하려는 역사적 사명감 때문이 아니었을까? 불교연구자로서의 그의 삶은 믿음을 따라 이해하고 그 이해대로 실천하는 불교적 삶이었다고 본다.

---

40   김동화, 『한국불교사상의 좌표』(『전집11』), 465-466쪽.

이기영이 강조하는
불교의 핵심: 일심

1. 공(空)과 일심(一心)

16, 17세기 동서의 만남을 주도한 것은 서구 제국주의의 확장과 치열한 선교활동이었다. 중국에 파견된 예수회 소속 마테오리치의 선교전략 이래 서양인이 이해하는 불교의 핵심은 언제나 '존재의 부정' 또는 '세계에 대한 무관심'으로서의 '무(無)' 내지 '공(空)'이었다. 라이프니츠나 칸트나 헤겔처럼 공을 실재성의 결여로서 폄하하는 관점에서든, 쇼펜하우어나 니체처럼 공을 허무의 자각으로서 긍정하는 관점에서든, 불교는 늘 공의 사상으로 간주되었으며 이러한 경향은 현대에 이르기까지도 거의 변함이 없다.[1] 프로이트가 죽음의 본능을 '열반원리'

---

1 서양인들의 불교수용과 그 이해과정에 대해서는 이동희, 「근대 독일 철학자의 대립적 불교 이해와 수용」(『헤겔연구』 29호, 2011) 참조. 그는 이 논문에서 포르투갈과 네덜란드의 스리랑카 점령 이후 그리고 마테오리치의 중국 선교 이후 근대 독일 철학

라고 부르며 불교의 열반을 의식의 소멸 내지 개체의 무기물화와 동일시하고, 베버가 불교가 지향하는 구원을 '영원한 죽음의 평안'이라고 논하는 것 등이 이를 말해 준다.[2]

불교의 핵심을 무 내지 공으로 이해하는 것은 서양뿐만이 아니다. 20세기 초부터 활발하게 동서철학 비교연구를 해 온 일본 교토학파의 창시자 니시다 기따로의 주저는『선(善)의 연구』(1911)인데, 사람들은 그의 철학을 '절대무의 철학'이라고 부른다.[3] 그의 제자 니시타니 게이츠의 주저 제목은『종교란 무엇인가: 종교와 절대무』(1961)이며, 그 책에 대한 응답으로 발덴펠스가 쓴 책의 제목은『불교의 공과 하나님: 불교와 기독교의 진정한 만남을 위하여』(1976)이다. 이처럼 기독교의 신을 불교의 절대무나 공과 비교한다는 것은 곧 불교의 핵심이 무나 공으로 간주되고 있음을 보여 준다. 오늘날 한국에서 불교가 주로 니체의 허무주의나 하이데거의 무의 형이상학과 더불어 논의되는 것도 불교가 공의 사상으로 간주되고 있음을 말해 준다.

반면 원효연구가인 이기영은 불교의 핵심을 원효가 논한 일심으로 파악하며, 이 일심을 서양기독교의 하나님과 비교한다. 우주와 생명의 궁극 근원으로서의 일심이 현상세계 우주만물에 대해 갖는 위치가 기독교에서 하나님이 현상세계에 대해 갖는 위치와 같기 때문이다. 그러나 일심과 하나님을 비교한다고 해서, 이기영이 불교와 기독교의 차이

자들이 불교를 어떻게 이해해 왔는지를 비교적 상세히 설명한다.

2   베버,『힌두교와 불교』(홍윤기 역, 한국신학연구소, 1987), 285쪽.

3   스즈끼 다이세쯔도 니시다의 철학을 '절대무의 철학'이라고 불렀으며, 니시다의 대표적 논문이 처음 영역되어 출판될 때 그 제목도『가지성과 무의 철학』이었다. 발덴펠스는 니시다와 교토학파의 철학적 중심개념을 '절대무'로 간주한다. 한스 발덴펠스,『불교의 공과 하나님: 불교와 기독교의 진정한 만남을 위하여』(김승철 역, 대원정사, 1993), 85쪽 이하 참조.

를 간과하는 것은 아니다. 우주와 생명의 근원을 절대적 일자로 이해하
는 것은 마찬가지이지만, 불교는 그 일자를 나를 포함한 모든 중생의
내면에서 일체를 하나로 연결하는 마음, 대상화될 수 없는 주체인 '한-
마음' (일심)으로 이해하는 데 반해, 기독교는 그 일자를 내 앞에 등장
하는 대상, 내가 우러러볼 님인 '한-님' (하나님)으로 이해한다는 점에
서 서로 구분되기 때문이다.[4]

　여기에서는 일심의 관점에서 불교와 기독교를 비교하는 이기영의 동
서사상 비교의 특징 및 의의를 살펴보도록 한다. 우선 이기영이 불교를
어떤 사상 내지 종교로 파악하기에 그 핵심을 일심으로 이해하는지를
밝혀 보고, 그가 일심과 하나님을 어떤 점에서 같고 어떤 점에서 다르
다고 보는지, 또 그 두 사상의 융합가능성을 어디에서 찾는지를 살펴본
다. 그리고 공과 일심의 관계를 다시 생각해 보며, 불교의 핵심을 공 대
신 일심으로 파악하는 이기영 사상의 의의가 무엇인가를 생각해 보도
록 한다.

4　'하나님' 이라는 단어는 기독교 선교사들이 19세기 말 한국에서 성서를 번역하면
서 자신들의 신 여호와를 한국어로 번역하기 위해 채택한 단어인데, 이는 본래 한국
인 고유의 '하나' 또는 '하늘' 에 대한 신심을 표현하는 호칭 '하느님' 을 가져다 쓴 것
이다. 성서번역에서 '하나님' 이라는 단어를 사용하게 되기까지의 과정에 대해서는 릴
리어스 호튼 언더우드의 『언더우드 부인의 조선견문록』(김철 역, 이숲, 2008) 제6절
「하나님이냐, 여호와냐, 상제냐: 성서 번역의 어려움」 부분을 참조할 수 있다. '하나
님' 이라는 단어에 대해 이기영은 다음과 같이 설명한다. "하나님은 무엇보다도 '오
직 하나의 님(unum Deum)' 이다. 내가 알기로 원래 Deus, Dieu는 산스크리트어의
deva와 같은 어원을 가진 말로, 그것은 다신교적으로 쓰였던 것으로 나중에 불교에
서 채택되었다. 다시 한문으로 번역된 뒤에는 '천(天)' 또는 복수로 '제천(諸天)' 이
라고 번역된 … 낱말이다." 이기영, 「불교의 현대적 의미」, 『한국불교연구』(『불연 이
기연 전집5』, 한국불교연구원, 2006. 이하 전집은 『전집』이라고 표기함), 693쪽.

2. 불교관

1) 불교의 종교성

대개 기독교는 우주와 생명의 근원으로서의 신의 존재를 인정하는
유신론(有神論)으로, 불교는 그러한 신의 존재를 부정하는 무신론(無神
論)으로 간주된다. 그런데 이것이 과연 타당한 규정인가? 이기영은 이
것이 보편타당한 규정이 아니라 단지 서양기독교인들이 자신들의 신관
에 입각해서 내린 일방적 규정에 지나지 않는다고 말한다. 기독교가 히
브리민족에게 자신을 계시한 야훼를 유일신 내지 최고신으로 간주하면
서, 그 외의 다른 신을 섬기면 '우상숭배'라고 하고, 어떤 외적 인격신
도 섬기지 않으면 '무신론'이라고 규정한 것인데, 기독교의 세력이 커
짐에 따라 마치 그 규정이 보편타당한 규정인 것처럼 호도되고 있다는
것이다.

> 무신론이란 어휘는 본래 기독교적 신관을 기준으로 한 서양문화에 속하는
> 어휘이다. 불교를 기독교적 입장에 서서 성서적 신관으로서 다루려고 할
> 때, 근본적으로 같은 신의 개념을 가질 수 없는 불교가 무신론인 것은 자
> 명한 이치이다. 서양학자들은 흔히 그러한 자명한 원칙을 자기중심적인
> 입장에서 보고, 마치 불교에는 여하한 초험적 형이상학적 요소도 없는 듯
> 이 처리해 보이기를 좋아했다. 그런가 하면 동양의 전통적 불교신자들 가
> 운데에는 합리적 '과학성'이란 명목하에, 불교에 있는 일체의 신비적 요
> 소를 부인하고 극히 인간적인 면만을 강조하면서 널리 종교사상사에 있어
> 서의 불교의 위치를 제대로 규정짓지 못한 것 같은 느낌이 있다.[5]

---

5 이기영, 「현대인의 신: 불교는 무신론인가」, 『사색인의 염주』(『전집12』, 1999), 63
쪽.

기독교는 우주와 생명의 근원, 경험적 현상세계를 넘어서는 절대적 일자를 자신들의 구·신약성서의 신인 야훼·예수와 동일시하여 〈A(일자) = B(야훼·예수)〉라는 도그마에 사로잡혀 있다. 그래서 누군가 B를 부정하면 그것이 곧 A를 부정하는 것으로 생각한다. 즉 야훼·예수를 인정하지 않는 종교는 우주와 생명의 근원, 절대적 일자를 알지 못하는 것처럼 간주하는 것이다. 이는 "제상이 상(相)이 아님을 보면 그것이 곧 여래를 보는 것이다"[6]라고 말하며 절대적 일자(A, 여래)는 일체의 모습(B)·개념·도그마를 여읜 것으로 간주하는 불교와는 상당히 다른 태도이다.

여기서 이기영은 서양기독교가 왜 그런 도그마에 빠져 있는가를 문제 삼는 것이 아니다. 그것은 기독교 자신이 극복해야 할 문제이기 때문이다. 우리에게 문제는 불교가 부지불식간에 서양기독교식 기준 〈A=B〉을 받아들이고서, 야훼·예수(B)를 부정하는 것이 마치 절대일자(A)를 부정하는 것처럼 여기면서 스스로를 무신론이라고 생각한다는 것이다. 그리하여 불교에서 경험초월적이며 형이상학적인 요소, 신비적이고 종교적인 부분들을 모두 제거하고 불교를 오로지 합리적 사유체계로만 간주하는 경향을 보인다는 것이다. 말하자면 석가의 형이상학적 물음들에 대한 무기(無記)를 그 물음에 전제된 가정을 비판하기 위한 것으로 이해하지 않고, 그 물음이 인간의 인식가능 영역 너머를 묻는 물음이기에 석가가 침묵한 것처럼, 그렇게 불교는 인간의 경험적·합리적 사유범위 내의 것들만을 논하는 철학이지 종교가 아닌 것처럼 여기는 것이다. 그러나 이것은 결국 불교의 종교적 깊이와 생명력을 간과하는 것이 된다. 이기영은 불교가 합리적 사유로서의 철학이나 과

6　『금강경』, "若見諸相非相, 卽見如來."

학을 넘어 인생과 우주 전반에 관한 궁극적 통찰 내지 지혜를 담고 있는 종교임을 강조한다. 부처의 깨달음과 지혜는 신적 지혜인 일체지에 해당하기 때문이다.

2) 대승불교의 정통성

불교의 초경험적인 종교성이 잘 드러나는 부분은 여래장이나 진여법신사상이 전개되는 대승불교이다. 그래서 불교를 종교성이 배제된 합리적 사유체계로만 간주하려는 사람들은 흔히 초기불교와 대승불교의 관계를 연속과 심화가 아닌 단절과 왜곡으로 읽어 낸다. 그들은 초기불교에서 아비달마(소승 부파불교)까지만 석가의 기본정신이 유지되고, 대승의 여래장이나 진여법신사상에 이르면 그 정신이 변형된 것처럼 해석한다.[7] 이기영은 이런 해석은 주로 팔리불전 연구자 데이비즈의 뒤를 잇는 서구비평가들의 관점으로서, 동양불교의 기본흐름을 간과한 잘못된 해석이라고 말한다.

일반적으로 소승불교라고 불리는 부파불교에서는 불교사상의 근본저류인 무아·무상의 도리를 망각하여 주관에 집착하고 객관에 집착하는 잘못을 저질렀다. 그러므로 이 아비달마를 중심으로 하는 부파불교, 그 아류인 오늘날의 동남아시아 불교의 일반적 사고방식을 불교의 진정한 사고방식이

---

7   이러한 해석이 절정에 달하여 일본에서는 소위 '비판불교'라는 이름 아래 "여래장사상은 불교가 아니다"라는 주장까지 나왔다. 송본사랑의 책 제목이 『연기와 공: 여래장사상은 불교가 아니다』이다. 우리나라에서도 서양 및 일본에서의 불교연구 경향을 따라 대승유식의 아뢰야식이나 여래장, 진여, 법신 등을 비불교 또는 비불설로 단정하는 사람들이 있다. 더구나 요즘 한국에서는 초기불교와 대승불교의 관계가 수행에서 위빠사나와 간화선의 관계로 제기되면서 아직 이 둘이 원만하게 융합되지 못하고 있는 실정이다.

라고 생각한다면 그처럼 큰 잘못은 없는 것이다. 서구의 많은 비평가들은 이른바 팔리불전의 연구를 개척한 리스 데이비즈의 뒤를 따라 이러한 각도에서만 불교에 접촉해 온 역사가 있다.[8]

이기영은 본래 대승이 불교사 내에서 자신을 이해한 방식대로 대승을 이해한다. 즉 부파불교가 석가모니의 무아설에서 인무아만 알고 법무아를 알지 못해 법유사상 내지 실재론으로 나아갔기에, 이를 비판하며 일어난 사상운동이 대승이라는 것이다. 즉 대승 초기의 반야사상은 법유를 비판하며 공을 강조하였다. 그렇지만 공은 단순히 빈 공이 아니라 그것으로부터 일체가 생성될 수 있는 불공(不空)의 터전이며, 바로 이 터전을 마음 내지 불성으로 강조하는 것이 유식이고 여래장사상인 것이다.

[부파불교의] 집착의 부당성을 강조하고 모든 종류의 실재론을 타파하려고 공의 도리를 높이 쳐들고 나선 대승불교의 최초의 조류는 반야불교이다 … 그러나 반야사상은 단순히 현존하는 사물의 공성만을 주장할 것이 아니라 동시에 불공성도 주장했어야 하는데, 전혀 그 면이 등한히 되어 있었던 것은 잘못이었다 … 정당한 선사상에서도 지적하듯이 인간과 그 인간이 만드는 현실사회의 궁극은 결코 허무한 것이 아니라, 일찍이 원시불교 당시에 이미 지적된 바 있었듯이 인간의 마음을 통해 마음 안에서 발견되는, 그리하여 발견하고 나면 이미 내 것이 아닐 정도로 확대되는 불성이란 것이 지적되게 되었던 것이다. 이러한 주장을 내세우는 불교가 바로 이른바 유식사상이고 여래장사상이며, 더 나아가 화엄사상이라고 불리는 것

8   이기영, 「불교의 현대적 의미」, 『한국불교연구』(『전집5』), 690쪽.

들이다. 이 세 개의 조류는 한결같이 사람의 마음의, 의식의 단계를 넘어
선 무의식의 층에서도 가장 깊숙한 원형적 무의식을 최고의 가치로 존중
하는 점에 있어서 공통성을 가지고 있다.[9]

이상과 같은 초기불교와 대승불교의 구체적 연결점으로 이기영은 오
온의 식이 곧 대승의 식, 일심, 여래장으로 전개됨을 논한다.

> [오온의] 식은 인간의 생각하는 기능이자 동시에 생명의 이명이다. 이 식
> 은 나중에 대승불교의 유식설에서 유식, 즉 '오직 식뿐'이라고 불릴 정도
> 로 인식과 창조의 근본기능이 되는 인간심성을 말한다. 그 식은 또 나중에
> 대승불교의 화엄철학에서 우주만상의 생성변화의 근본원동력이라고 생각
> 된 일심이 그것이다. 또 그 식은 같은 대승의 『기신론』 등 여래장사상 경
> 론에서는 모든 중생의 불성이나 여래장, 그리고 일심과 다른 것이 없는 것
> 이다. 이 식은 최초의 설법 당시에도 극히 소박하고 간략히 표현되었으므
> 로 한동안 사람들은 식에 관한 초기불교의 교리와 발달된 대승불교의 이
> 론을 연결시켜 종합적으로 이해하지 못하는 우를 저질러 왔다. 그러나 나
> 는 인간을 설명한 불교의 오온설은 이제 그 베일을 벗고 새롭게 이해되지
> 않으면 안 된다고 생각한다.[10]

이기영에 따르면 오온에서 행과 색은 인간의 살아 있는 생명 존재의
측면(삶)이고, 수와 상은 생각하는 존재의 측면(앎)이며, 이러한 삶과
앎, 생명과 생각을 포괄하는 식이 곧 우주 존재와 생성의 근본원리로서
후에 대승에서 일심, 여래장, 진여 등으로 불리게 된 것이다. 오온의 식

---

9   이기영, 「불교의 현대적 의미」, 『한국불교연구』(『전집5』), 691쪽.
10   이기영, 「불교의 인간학적 기여」, 『한국불교연구』(『전집5』), 661쪽.

의 바탕이 곧 자성청정심이며, 그것이 대승에서 일심이나 여래장, 진여
나 법신으로 강조된 것이다.

   그렇다면 이런 일심이나 법신이 어떻게 초기불교의 무아설과 양립할
수 있는 것인가? 이에 대해 이기영은 석가가 설한 무아는 각 개별사물
들 안에 개체적 실체, 개체적 아가 없다는 것이지, 모든 것에 근거가 없
다는 말은 아니라고 논한다. 오히려 일심이기에 비로소 무아가 성립한
다는 것이다. 즉 각 중생의 일심은 개체 안에 있되 비개별적 보편이다.
마음은 표층에서 보면 각자에게 속하는 개체성을 띠지만, 심층에서 보
면 너와 나가 구분되지 않는 하나의 보편적 마음이다. 그래서 이를 일
심이라고 하는 것이다. 대승은 석가가 설한 자성청정심, 그 깨달음의
마음 또는 해탈의 마음을 일심이라고 부른 것이다.

   원효는 이 마음을 찾아 깊숙이 들어가고 또 들어가 찾았다 싶을 때 그 마
   음은 이미 내 마음이 아니라, 모든 사람과 통하는 마음이더라고 술회한
   바가 있다 … 이러한 마음을 원시불교에서는 깊이 분석적으로 세분함이
   없이 단순히 반야(온전한 깨달음)라고 하는 것에 만족하고 있었던 것이
   다.[11]

3) 한국불교의 통불교성

   이기영은 불교는 계·정·혜 삼학으로 성립하며, 선은 그중의 정에
해당하므로 선과 더불어 계와 혜가 함께 갖추어져야 한다는 것을 강조
한다. 그러므로 선은 다른 사상과 대척점에 있는 것이 아니라는 것이
다. 다른 사상을 교종으로 배척하고 따로 선종을 성립시킨 후 선종의

---

11   이기영, 「불교의 현대적 의미」, 『한국불교연구』(『전집5』), 694쪽.

법맥을 이어 나가는 것은 중국 족보상에서나 할 일이지, 한국불교가 그 맥을 이을 필요가 없다고 보는 것이다. 한국불교의 맥을 찾자면 지눌에서 중국선종으로 나아갈 것이 아니라 오히려 원효로 나아가는 것이 옳을 것이다.

> 오늘날 우리나라의 승려불교, 산중불교는 적어도 표면상으로는 선 중심주의를 표방하지 않을 수 없는 족보에 얽매여 있다. 그러나 그 중국의 족보는 우리의 원효와는 아무런 관계도 없다. 불교에 있어서 선이 중요하지 않다는 것이 결코 아니다 … 마치 세 발 달린 솥의 발처럼 불교의 기본적 생활지표가 되는 계·정·혜 삼학 중의 정이 바로 선인 것이다. 계 없는 선, 혜 없는 선, 더 풀이하자면 인간관계의 정상화, 적극적 사회참여 없는 선이 무슨 정당한 선이며, 또 듣고 읽고(문혜), 철저히 생각하고(사혜), 그런 후에 기대해 봄 직한 실천의 지혜(수혜), 그것 없이 선이 무슨 정당한 선이란 말인가?[12]

이처럼 이기영은 불교는 계·정·혜 삼학으로 이루어져 있기에 그중 어느 하나에만 치우쳐서는 안 된다는 것을 강조한다. 그는 한국불교를 중국족보에서 그 원류를 찾아 선종으로 국한시켜 이해하는 것을 비판하는 것이다. 그는 오히려 한국불교의 특징을 중국식 교판이나 종파형성과 구분해서 일체의 경전과 논전에 나타나는 다양한 사상을 부처의 일음 내지 일미로 관통시켜 이해하는 회통정신으로 보며, 그 대표적 인물로 원효를 꼽는다. 유식과 여래장, 화엄과 선을 일심으로 회통한 원효를 한국불교의 원류로 보며, 한국불교의 기저에 원효의 통불교적 맥

---

12 이기영, 「불교의 현대적 의미」, 『한국불교연구』(『전집5』), 691쪽.

이 이어지고 있음을 강조한다.

중국불교가 불행하게도 이 [여러 종류의] 경전들을 동시에 수용하지 못하였고, 따라서 중국의 교가들은 특정한 경전을 중심으로 그 교훈에만 따르는 종파를 구성하기에 이르렀던 것이다. 중국불교는 끝까지 이러한 폐단에서 헤어나지를 못하였다. 우리 신라의 원효가 위대한 것은 이와 같은 중국불교의 잘못을 통렬히 비판하면서 그 스스로는 불교의 진면목을 깨달아 치우침이 없이 다 포괄하되 적확하게 그 상이한 사상들의 가치를 판단하고, 원만하게 그 질서를 지우는 놀라운 회통의 솜씨를 보였다는 데에 있다. 우리 불교사의 표면에는 적지 않은 중국 영향이 깊이 새겨져 있지만, 그래도 그 깊은 저류에 원효의 회통적인 조류가 맥맥히 계승되고 있다는 것은 놀라운 일인 것이다 … 원효의 이와 같은 불교관은 한마디로 통불교적이라고 불린다.[13]

이기영은 이상과 같이 일심에 근거한 통불교적 불교관에 입각해서 불교의 일심을 기독교의 하나님과 비교한다. 이하에서는 그가 밝히는 그 둘 간의 근본적 동이점이 무엇인지를 살펴본다.

3. 불교의 일심과 기독교의 하나님의 비교

1) 공통점: 절대의 하나

이기영이 불교의 일심을 기독교의 하나님과 비교하는 것은 그 둘이 현상세계 만물에 대해 갖는 위치가 동일하기 때문이다. 즉 만물은 일심

---

13   이기영, 「불교의 현대적 의미」, 『한국불교연구』(『전집5』), 690쪽, 692쪽.

으로 인해 존재하며, 일심은 그로 인한 만물의 근원이자 주(主)이고 체
(體)이다.

> 일심은 인격의 주(主)이다. 일심은 생명의 근원이다. 뭇 중생이 일심을 생
> 명으로 하고 있다. 일심은 근원, 즉 체(體)이자, 동시에 형상, 즉 상(相)이
> 며, 중생심, 즉 용(用)이다. 보이지 않고 말로서 형용할 수 없으며, 얼핏
> 보아서는 없는 것 같고 세상의 인간관계에 의해 변천하는 그러한 식으로
> 존재하지는 않지만, 그렇다고 비존재 또는 허무가 아닌, 그러면서도 불가
> 사의한 업용을 가진 통찰과 조건, 그리고 생성과 제도의 본체인 일심이 있
> 다. 그것을 아버지라고 말한 것이다. 그 본체로서의 일심이 육화된 인간의
> 전형을 아들이라고 불러 본 것이다.[14]

불교는 근원을 체(體)라고 부르며, 그 근원에 의거하여 생겨나는 모
습을 상(相)이라고 하고, 그로 인한 작용을 용(用)이라고 한다. 현상세
계의 만물은 체가 드러난 모습인 상이고 용이다. 그렇게 상과 용은 그
근거인 체에 기반을 둔 것이다. 바로 이 체가 다양한 각각의 상과 용의
공통적 근거로서 하나의 체, 하나의 마음, 일심이다.

이기영은 기독교가 아버지라고 부르는 하나님 또한 이와 같은 만물
의 체로서의 신이며, 예수는 바로 그 신이 육화되어 드러난 모습이기에
아들이라고 부르는 것이라고 설명한다. 즉 하나님은 법신(法身)에, 그
리스도는 화신(化身)에 해당한다. 석가모니는 그 본체는 법신이지만,
구체적 인물로 등장한 모습은 법신의 현현으로서의 화신이다. 따라서
불교의 법신인 일심은 기독교의 성부인 하나님과 비교되고, 법신의 현

---

14   이기영, 「불교의 현대적 의미」, 『한국불교연구』(『전집5』), 697쪽.

현으로서의 화신인 석가모니는 성부의 아들 성자인 예수와 비교된다. 다만 불교는 기독교와 달리 '중생즉부처'라는 관점에서 석가모니뿐 아니라 일체 중생을 모두 법신의 현현인 화신으로 본다.

상/용: 중생(석가모니): 화신   예수: 성자
  ↑   ↑   ↑   ↑   ↑
체: 일심: 법신   하나님: 성부

기독교에서는 하나님이 세상을 만든다고 말하고, 불교에서는 법신 내지 일심이 세상을 만든다고 말한다. 이기영은 전자가 창조라면 후자 또한 창조라고 말할 수 있다고 본다.

'창조'의 개념은 그것이 오로지 물질적 메커니즘의 바탕에서만 이야기되는 것이 아니라면 불교에서도 적용될 수 있다. 모든 불경 속에서 표명된 불교의 기초이론인 일체의 세속적 사물과 관념이 의식의 소산이라는 생각이 그 기초가 될 수 있다. '삼계허망유심조(三界虛妄唯心造)'란『화엄경』의 본지(本旨)는 물질계의 생성소멸의 메커니즘에 있어서나 정신적 인식의 문제로서나, 이 두 가지 면에 다 적용되는 것이다. 불교에 있어서 참된 의미의 '창조'는 무량한 공덕의 근원인 진여한 일심의, 인위적이 아닌 자연적인 대(大)능력의 작용, 바로 그것이다.[15]

기독교에서 하나님이 형상으로 규정될 수 없는 것처럼, 불교에서는 일심 내지 법신은 상으로 규정될 수 없음을 강조한다. 그것은 절대의 체로서 우리의 상대적인 개념적 규정성을 넘어선 것이기 때문이다.

---

15 이기영,「'동'과 '서'의 사상」,『사색인의 염주』(『전집12』), 127쪽.

법신이란 … 체로서의 아버지, 즉 일심이다. 그것은 언어도단의 저편에 있고, 도달할 수 있는 극 아닌 극(무한극, 파라미타)이며, 인과로 인하여 생멸하지 않고, 거래(去來)하지 않으며, 객체로서 일(一, 동일전체)이 아닐 뿐더러 이(異, 각개별이)가 아니며, 상태로서 상(常, 고정불변)한 것이 아닐 뿐더러 단(斷, 일체허무)한 것이 아닌, 따라서 세속의 인연은 공(空)하나 항상 무량한 공덕이 구족된 불공한 일심의 본체이다. 이것이 이른바 그리스도교의 하나님 아버지에 대비된다.[16]

이와 같이 이기영은 불교의 진여법신 내지 일심을 그것이 현상세계의 근원인 체이고, 현상세계를 형성하는 창조자이며, 우리의 언어적 분별을 넘어선 절대의 존재라는 의미에서 기독교의 하나님과 상통한다고 본다.

2) 차이점: 심과 님, 향내와 향외, 주체화와 객체화의 차이

이기영이 불교의 일심과 기독교의 하나님을 비교한다고 해서 그 둘을 완전히 동일시하고 있는 것은 아니다. 불교나 기독교가 현상세계의 근원으로서 절대적 일자를 생각하는 것은 같지만, 그 일자를 내 안에서 발견하는가 내 밖에서 발견하는가, 내 안의 보편적 마음으로 발견하는가 내 밖의 섬김의 대상으로 발견하는가, 한마디로 심인가 님인가, 한-마음인가 한-님인가에 있어 차이를 보이기 때문이다.

우리는 그리스도교의 하나님을 인도유럽어족 공유의 신화적 신을 연상케 하는 표현과 파악방법을 씀으로써 객관적 실재론이 나타날 우려가 있었음

---

16 이기영, 「현대인의 신: 불교는 무신론인가」, 『사색인의 염주』(『전집12』), 63쪽.

을 지적한 바 있지만, 고루한 그리스도인들은 아직도 하나님을 어느 하늘에 계신 수염 난 권위의 표상으로 이해하는 경향을 버리지 못하고 있는 듯하다. 그러나 그와 같은 하나님은 근래에 적절히 지적되듯이 이미 죽은 것이다. 아니 본래부터 없는 것이다. 그것은 마치 불교에서 서방에는 정토가 있고 거기에는 무량한 광명이요 생명이신 아미타불이 계시다고 믿는 신앙의 역우, 그것이 단지 하근기의 사람들에게 잠정적으로 허용된 교화방편의 의미밖에는 가지지 못하는 것과 다름없이 하나의 방편으로 그쳤어야 하는 것이었다. 그렇다고 불교나 그리스도교에서 타력신앙의 의미가 전연 성립될 지반이 없다고 말하고자 하는 것은 아니다. 우리가 말하고자 하는 뜻은 부처님이건 하나님이건 특정한 개념으로서나 형상으로서 또 하나의 객체로서 어느 특정한 공간과 시간에 위치한다고 보는 것은 잘못임을 말하려 하는 것뿐이다.[17]

인간은 일상적 삶의 과정에서는 과학성과 합리성에 따라 사유하지만, 인간 자체가 일상의 경험을 넘어서는 형이상학적 존재이기에, 내적·외적으로 가장 진지한 순간에는 종교적 차원의 물음을 던지며 우주와 생명의 근원에 대해 묻고 간구하기 마련이다. 그러므로 어떤 종교이든 진지한 종교인 한, 우주와 생명의 근원인 일자, 신, 영성 내지 신성이 그 핵심으로 등장하게 된다. 누구나 상대적 현상성을 넘어서는 절대, 이성적 사유의 규정성을 넘어서는 신비에의 예감을 갖기 때문이다. 이 신비를 자기 마음 내면의 신비로 여기는가, 아니면 자기 바깥의 외적인 신비로 여기는가가 종교의 차이를 만든다.

절대를 내적인 신비로 자각하는 불교는 수행과 깨달음을 통해 그 절

대의 근원을 자신 안에서 일체를 포괄하는 하나의 우주적 마음으로 발견하고자 하는 데 반해, 절대를 자기 바깥의 대상으로 받아들이는 기독교는 경외심과 두려움을 갖고 그 절대의 근원을 향해 나아간다. 한마디로 불교는 절대적 하나를 내면의 빛으로 발견하기에 그것을 마음이라고 부르고, 기독교는 그 절대적 하나를 자신 바깥의 외적 대상으로 받아들이기에 그것을 님이라고 부르는 것이다. 그러므로 불교에서 궁극의 존재는 한-마음인 일심이라고 불리고, 기독교에서 궁극의 존재는 한-님인 하나님이라고 불린다.

3) 동서사상 융합의 길

불교가 향내적으로 절대를 추구하고 기독교가 향외적으로 절대를 추구한다고 해서, 그 둘 간에 화해와 융합의 길이 전혀 없는 것은 아니다. 이기영은 내적 시선과 외적 시선이 각각 궁극으로 나아가면, 결국 그 둘은 서로 만나게 될 것이라고 기대한다. 절대적 하나는 내외와 주객의 분별을 넘어선 일자이기 때문이다.

불교가 이를테면 주관적으로 자기내면적 관조를 심화시켜, 마침내 그 구극을 드러내는 길을 갔다면, 그리스도교는 객관적으로 주어진 외부로부터의 계시에 순응하여 눈을 저 높고 먼 곳으로 돌려 향상의 길을 간 것이라고 할 수 있다. 위로 향하는 길이 철저하고, 또 밑으로 향하는 길이 철저하면 결국은 그 양자가 지향하는 상하가 없는 종극, 따라서 극 아닌 중, 현실의 완성을 달성할 수가 있게 된다고 하겠다.[18]

---

18   이기영, 「불교의 현대적 의미」, 『한국불교연구』(『전집5』), 699쪽.

내면으로의 길이나 외면으로의 길이 서로 통할 수 있지만, 그러자면 그 궁극의 일자가 진정한 보편적 절대자, 보편적 일자이어야 한다. 특수한 일자, 따라서 특별한 시공간에만 자신을 계시한 그런 존재라면, 서로 만날 수 있는 길이 차단되기 때문이다. 그러므로 이기영은 기독교가 예수 그리스도라는 개인에 묶인 교가 아닌 진정한 보편적 종교로 나아가고, 불교가 석가모니교가 아닌 보편적 각자(覺者), 부처를 지향하는 한, 그 두 길이 만날 수 있다고 본다.

기독교에는 예수 그리스도와 유리된 신을 생각하지 못하게 하는 지상명령이 있는 것이다. 그러나 불교에서는 기독교의 그 신에 해당하는 '일심지원(一心之源)'이 바로 불(佛)이기는 하지만, 그 '불'은 예수 그리스도와 같은 고유명사가 아니라 보통명사이다. 또 '일심'이 불가설, 불가사의한 본체라면, 고유명사인 석가모니불은 그 많은 화신의 가능성 중의 한 실례에 불과한 것으로 파악되고 있는 것이다.[19]

그리스도교에서 예수 그리스도의 위치는 너무나 절대적이므로 그 종교가 그리스도교라 불리는 것과는 달리, 불교는 결코 석가교가 될 수 없는 것이다. 만일 그리스도의 위치를 석가모니의 위치처럼 해석하는 길이 열린다면, 그리스도교는 차라리 '하나님의 교'라고 고쳐 불러야 할 것이다. 예수 그리스도를 절대 유일시하는 논리는 자연히 그리스도교 자체의 보편성을 송두리째 뒤흔드는 결과가 된다. 예수 그리스도를 독선적인 위치로 세우는 것은 결국 그 아버지 하나님을 편협하게 만드는 소치가 된다. 오늘 그리스도교회의 문제는 많은 다른 종교와의 만남에 있어서 이 문제를 공정

---

19 이기영, 「'동'과 '서'의 사상」, 『사색인의 염주』(『전집12』), 131쪽.

하고 솔직하게 해결하지 않고는 그 독재적 횡포와 위선에서 벗어나는 출구를 발견하기 어려울 것이다 … 예수 그리스도는 겸허하게 보신의 자리, 화신의 자리로 물러앉아야 한다. 그것이 바로 일심의 아름다운 모습이 되는 길이다.[20]

불교와 기독교가 화합할 수 있는 길은 불교의 일심과 기독교의 하나님이 불가설, 불가사의의 보편적 절대이되, 불교의 석가모니나 기독교의 예수는 그러한 절대가 인간의 모습으로 구체화된 보신 내지 화신으로 받아들여져야 하는 것이다.

화신(불): 석가모니 = 성자: 예수 **그리스도**
    ↑   ↑
법신(**불**): 일심 = 성부: 하나님(신)
  〈**불교**〉   〈**그리스도교**〉

4. 불교에서 공과 일심의 관계

불교의 핵심은 공이 아니라 일심이다. 불교의 궁극을 공으로 간주하면서 공과 구분되는 일심 내지 진여법신을 생각하지 않는다면, 이는 불교의 핵심을 놓치는 것이 된다. 불교는 단순히 이성적 사유의 한계로서의 공에 머무는 사유체계가 아니라, 수행으로써 그 공을 돌파하여 그 안에서 우주와 생명의 궁극 근원을 밝혀내는 종교이다. 그 궁극의 근원을 일심, 여래 또는 진여법신이라고 부른 것이다. 이 점을 간과하고 일심이나 여래를 공과 동일시하는 것에 대해『대승기신론』은 그것을 삿된

---

20 이기영, 「불교의 현대적 의미」, 『한국불교연구』(『전집5』), 700–701쪽.

집착(사집)이라고 비판한다.

[사집의] 첫째는 경전에서 '여래법신이 필경 적막하여 마치 허공과 같다'
고 한 말을 듣고, 그것이 집착을 타파하기 위한 것인 줄을 모르고 '허공이
곧 여래성이다'라고 말하는 것이다.[21]

여래의 법신을 허공과 같이 생각한다는 말은 중생심 안의 불생불멸
의 진여성 내지 여래성을 허공처럼 없는 것, 공허한 것으로 여긴다는
말이다. 바로 이런 생각에 입각해서 불교를 공에 머무는 허무주의, 일
체 존재의미와 가치를 부정하는 비관주의로 몰아가게 된다. 기신론은
이러한 사집에 대해 다음과 같은 대치의 길을 제시한다.

어떻게 다스리는가? 허공의 모습은 그 허망한 법이며 체가 없어 실이 아
니다. 색과 대비되기 때문에 있으며, 이 볼 수 있는 상이 마음으로 하여금
생멸하게 한다. 일체 색법이 본래 이 마음이기 때문에 실제로 바깥의 색은
없다. 만약 색이 없다면 허공의 모습도 없다. 이른바 일체 경계는 오직 마
음이 허망하게 일어나기 때문에 있다. 만약 마음이 허망한 움직임을 여의
면, 곧 일체 경계가 멸한다. 오직 하나의 진심이 두루하지 않는 곳이 없으
니, 이것이 여래의 광대한 성품의 지혜의 궁극적 의미를 뜻하는 것이지 허
공의 모습과 같은 것은 아니기 때문이다.[22]

허공은 우리가 가시적인 색과 대비해서 색 아닌 빈 공간으로 떠올린
상(相)이기에 색과 더불어 상대적인 것이다. 색이 마음의 경계로서 마

---

21   『대승기신론』 5권, 한자경, 『대승기신론 강해』(불광출판사, 2013), 293쪽.
22   『대승기신론』 5권, 한자경, 『대승기신론 강해』, 293쪽 이하.

음이 그린 상이듯이, 허공 또한 마음이 그린 상에 지나지 않으며, 마음
은 그 마음이 그린 허공의 상과는 구분된다. 그러므로 색과 공의 상대
성을 떠난 절대의 두루하는 마음, 하나의 진심, 여래심은 허공과 달리
불공의 실이다. 진여와 열반을 공이라고 말하는 것은 그것이 현상적인
상으로 채워지지 않는 근본바탕이라는 것을 말하는 것이지, 그냥 허무
하게 텅 비어 아무것도 없다는 것을 뜻하는 것이 아니다. 이처럼 여래
법신은 허공과 구분된다.[23]

그렇다면 그렇게 구분되는 여래법신과 허공은 서로 어떤 관계에 있
는가? 이에 대해 『능엄경』은 다음과 같이 말한다.

미망으로 인해 허공이 있고, 공에 의거하여 세계가 성립한다 … 허공이 대
각 중에 생겨나는 것이 마치 바다에 하나의 물거품이 일어나는 것과 같
다.[24]

허공은 마음이 무명으로 인해 움직여 허망한 현상세계를 그려 낼 때
그 세계를 그리기 위해 먼저 마련하는 빈 공간과도 같은 것이다. 마치
집을 짓기 위해 빈 땅을 마련해야 하듯, 세계를 만들기 위해 마음은 일
단 허공을 있게 하고 그 허공 안에 세계를 세운다.

---

23   이상 첫 번째 대치사집에 이어 두 번째도 마찬가지이다. "[사집의] 둘째는 경전에
서 '세간 제법은 필경 그 체가 공하다. 나아가 열반과 진여의 법도 필경 공하니 본래
스스로 공하여 일체 상을 여의었다' 라고 한 말을 듣고, 그것이 집착을 타파하기 위한
것인 줄을 모르고 '진여와 열반의 성이 오직 공일 뿐이다' 라고 여기는 것이다. 어떻게
대치해야 하는가? 진여법신은 그 자체가 불공이어서 무량한 성공덕을 구족하고 있음
을 밝혀야 한다."『대승기신론』 5권, 「대치사집」, 사집2.
24   『수능엄경』 6권, 「수도분」(『대정장』 19권, 130상), "迷妄有虛空, 依空立世界 …
空生大覺中, 如海一漚發."

현상세계 = 색
↑
허공 = 공
↑
일심

마음은 허공 자체가 아니라 허공을 있게 하는 신령한 앎이고 지이다. 그래서 원효는『대승기신론소』에서 일심을 논하면서 일이 무정의 허공과 달리 자기자각성을 가지기에 심이라고 한다는 것을 강조하였다.

무엇을 일심이라고 하는가? 염정의 모든 법은 그 본성이 둘이 없어 진망의 두 문이 다름이 있을 수 없기 때문에 일(一)이라고 이름하며, 이 둘이 없는 곳이 모든 법 중의 실체로서 허공과 달리 본성이 스스로를 신비스럽게 알기에 심(心)이라고 이름한다.[25]

그러나 이렇게 일심 내지 진여법신과 열반을 불공의 실로 인정한다면, 이것은 외도가 말하는 신(神)과 어떻게 다른가? 석가는 일체무상을 강조하였는데, 대승에서 다시 상락아정(常樂我淨)의 진여를 '불가사의한 상[常不思議]'이라고 설한다면, 그 대승의 상부사의는 외도가 설하는 '상부사의작자'(불가사의한 작자＝창조자＝신)와 무엇이 다른가? 『능가경』은 이 물음에 대해 대승이 논하는 절대(상)는 자심이 증득하는 진리인 데 반해, 외도의 상(常)은 무상의 반대개념으로 얻어진 상으로서 분별이고 언설일 뿐이라고 대답한다.

---

25   원효,『대승기신론소기회본』1권(『한국불교전서』1권, 741상).

(불교가 말하는) 상부사의는 모든 여래가 자심에서 증득한 성스러운 지혜로 행해지는 진리[自證聖智所行眞理]이니, 이런 까닭에 보살은 마땅히 수행(증득)하여야 한다. 외도가 말하는 상부사의는 무상(無常)이라는 이상(異相)을 인으로 해서 상(常)이라고 한 것이지, 자상(自相)을 인으로 한 상(常)이 아니다. 외도의 상부사의는 이루어진 법[所作法]의 유가 다하면 무로 돌아가고 무상이 다함을 보고서 비지(比知/추리)로서 상(常)이라고 한 것이다. 나도 역시 법의 유가 다하면 무로 돌아가고 무상이 다함을 보지만, 이로 인해서 상을 설하는 것은 아니다. 외도는 인상(因相)이 상부사의를 이룬다고 하지만 그 인상이 있지 않은 것이 토끼뿔과 같다. 외도의 상부사의는 오직 분별일 뿐이고 언설만 있을 뿐이다. 왜 그 인이 토끼뿔 같은가 하면, 자상인이 없기 때문이다. 나의 상부사의는 자증(自證)을 인상(因相)으로 삼는 것이지, 바깥 사물의 유가 이미 다해 무로 돌아감이나 무상을 인으로 삼는 것이 아니다.[26]

우리는 대개 절대를 상대적인 세계를 인식함으로써 그 상대의 반대 개념으로 비로소 얻어 내는 것이라고 생각한다. 절대를 그 자체로 증득하지 못한다고 여기는 것이다. 이 경우 절대는 그냥 분별이고 언설일 뿐이다. 이런저런 것들이 우리 사유 속에서 절대인 것처럼 상정되고 요청되고 시설될 뿐이다. 불교는 이것을 외도가 설정하는 절대 또는 상(常)이라고 말한다. 반면 불교가 말하는 절대는 마음이 수행을 통해 스스로 증득하게 되는 절대이다. 마음이 스스로 증득하고 계합하여 그 절대의 경지에 들어선다는 것을 의미한다. 그러니까 그런 절대의 마음을 진여, 여래장, 법신이라고 한다. 절대를 각자의 내면 안에서 발견하고

---

26   『능가경』 2권 「집일체법품」(『대정장』 16권, 597상).

증득하는 것만이 절대에 이르는 참된 길이라고 보는 것이다.

5. 일심 강조의 의미

불교의 핵심을 공으로 간주하는 것은 석가가 설한 일체 제법의 무상·고·무아성이 결국 공으로 귀결되기 때문이다. 공은 현상세계 존재에 대해 우리의 이성적 사유가 도달할 수 있는 마지막 귀결점이다. 이 세상 그 어느 것도, 하늘의 별들조차도 그 자체만으로 존재하는 절대적 존재, 자체 존재가 아니고 다른 것에 의거하여 존재하는 상대적 존재, 연기의 산물일 뿐이다. 그렇게 일체는 개별적 자기자성, 실체성이 없는 무자성의 존재이며, 따라서 공이다. 공은 상호연관관계 속의 개별사물들이 거기에서 왔다가 다시 그리로 침몰해 가는 텅 빔이며, 존재를 사유하는 우리의 유한한 이성이 그 앞에서 빛을 잃고 침묵하게 되는 심연이다. 일체 존재의 차이를 집어삼키고 모든 사유의 분별을 정지시키는 공. 그것은 인간 이성의 한계이고 철학의 한계이다.

  그리고 바로 그 자리에서 불교적 수행이 시작된다. 불교는 일체를 무화시키는 그 공에 뛰어들어 공을 앎으로써 사유의 한계 너머로 나아간다. 공을 아는 것은 공에 대해 이성적으로 사유하는 것이 아니라 스스로 공이 되는 것이다. 그리하여 공 안에 가려져 있던 삶의 수수께끼, 일체 존재의 근원과 우주와 생명의 신비, 태어나기 이전과 죽음 이후까지를 확연하게 아는 것이다. 보리수 아래에서 석가는 이러한 신적 지혜, 일체지를 얻었다. 그의 깨달음 중에는 천지를 창조한 범천은 존재하지 않는다는 것도 포함된다. 즉 우주를 창조한 자는 범천이 아니라, 범천까지도 그려 내는 일체 중생의 마음이라는 것을 알아낸 것이다. 우주와 생명의 근원을 신(神)이라고 한다면, 신은 중생 바깥에 '범천'이란 이름으로 따로 있는 것이 아니라 바로 일체 중생의 마음 안에 '자성청정심'으로 존재한다. 현상세계의 일체 제법보다 더 크고 더 깊어 일체를 자신 안에 포괄하는 이 하나의 마음을 그래서 '일심'이라고 부른다. 모든 수행자가 의거해야 할 마지막 보루로서 석가가 제시한 것이 바로 이 마음이다.

이렇게 보면 불교는 철학이면서 동시에 종교이고, 일체 존재와 사유의 한계로서의 공을 설하면서 동시에 그 한계 너머 일체 존재의 근원으로서의 일심을 설한다. 불교는 인간이 본성상 궁금해할 수밖에 없는 물음, 우주와 생명의 근원에 대한 형이상학적 물음에 대해 희론적 사변이 아닌 종교적 수행을 통한 깨달음의 길을 제시한 것이다.

반면 기독교에서 무 내지 공은 인간과 신 사이를 가로막는, 인간이 건널 수 없는 심연이다. 그들에게 신은 인간이 수행을 통해 그리로 나아갈 수 있는 그런 존재가 아니다. 신과 인간 사이에는 건널 수 없는 강, 무의 심연이 가로놓여 있으며, 그 무가 인간 안의 유한성이고 무성이며 인간의 원죄의 근거가 된다. 기독교에서는 인간이 신으로 직접 나아갈 수 없고, 그 무의 심연을 건너기 위해서는 제3의 매개자가 필요한데, 그 매개자가 바로 예수 그리스도이다.[27] 그러므로 기독교는 곧 그리스도교이다. 기독교는 모든 인간이 다 예수처럼 공을 통과하여 궁극의 진리를 깨달을 수 있다는 것, 모든 인간이 다 부처이고, 신은 바로 인간 마음 안의 신이라는 것을 생각하지 못한다. 그러므로 심연 너머에서 신이 인간을 향해 나타나는 계시신앙을 최고라고 생각한다.

---

27   예수는 그 강을 건넜고 따라서 자신 안의 신의 내재성을 말했지만, 기독교는 예수를 일반화하지 않고 특별한 존재로 신성화했다. 물론 서양에서 신비주의자들은 '예수가 신의 아들이라면 모든 인간이 다 신의 자녀이다'라고 하여 누구나 직접 신과 교통하는 신비체험이 가능하다고 주장하였지만, 결국 이들은 정통기독교에 의해 이단으로 몰렸던 것이다.

동서문화 교류에서 기독교는 이러한 관점에서 타종교를 바라보고, 그것도 선교를 목적으로 접근하므로 항상 타종교에 있어 신적인 요소, 종교적이고 형이상학적 요소를 제거하는 데 주력한다. 유학에서 우주의 근원으로서의 태극(太極) 내지 리(理)를 현상사물의 속성 정도로 해석한다거나 불교에서 진여나 법신을 도외시하고 불교를 공 내지 무의 사상으로 해석하는 것 등에는 그러한 선교전략이 숨어 있다. 동양사상 안에 담긴 영성(靈性)과 종교성을 배제하고 그것을 단순한 이성차원의 담론 또는 허무주의의 변론 정도로 만들어야 형이상학적 종교적 목마름을 채우기 위해 사람들이 기독교로 향할 것이기 때문이다. 다른 인간, 다른 문화 안에 담긴 영성과 종교성을 부정하는 것은 곧 그 사회의 역사성을 부정하는 것이다. 제국주의적 사고에 길들여진 서양은 그럴 수 있다. 어째서 동양 스스로 자신의 종교를 그렇게 해석한단 말인가? 이기영이 기독교의 하나님을 불교의 공이나 무가 아니라, 불교의 일심과 비교한 것의 의미는 이런 문맥에서 높이 평가될 수 있을 것이다.

대행스님의 한마음사상 III

1. 의식 너머의 마음

오늘날 우리는 인간을 물리적·심리적으로 서로 각각으로 분리된 별개의 존재라고 간주한다. 모두 각각 별개의 개체로 존재하며 그들 간의 상호관계는 오직 외적인 물리적 인과관계로서만 성립한다고 생각한다. 의식을 통해 비로소 외부세계를 인식하며, 외부세계에 영향을 미치는 것도 말이나 행동이라는 물리적 방식으로만 가능하다고 여긴다. 이처럼 세계 전체와 분리된 개별적 자아로서의 내가 갖는 마음을 불교는 '의식' 내지 '제6의식'이라고 부른다. 오늘날 우리는 제6의식이 우리의 마음활동의 전부라고 생각한다.

그러나 석가가 언급한 '자성청정심(自性淸淨心)'이나 대승이 논하는 '삼계유심(三界唯心)'의 심(心)은 우리가 흔히 마음과 동일시하는 그런 각자의 의식 내지 제6의식이 아니다. 불교는 우리에게 의식보다 더 심

392 제5부 심층마음을 강조하는 한국 현대불교

층의 마음이 존재하며, 의식도 결국 그 심층마음이 드러나는 한 양상일
뿐이라고 논한다. 그 심층마음을 일체 현상세계의 근원이 된다는 의미
에서 '아뢰야식'이라고 부르기도 하고, 현상적인 각자의 개체성을 넘
어 모두가 하나로 연결된 보편적 마음이라는 의미에서 '일심'이라고
부르기도 한다. 선불교가 논하는 '즉심시불(卽心是佛)'의 마음, 원효가
강조한 일심, 지눌이 강조한 진심은 모두 이 일심, 즉 한마음을 말하는
것이다.

　여기에서는 한마음이 어떤 마음을 의미하는지를 한마음선원 대행스
님(1927-2012)의 한마음사상을 통해 밝혀 보기로 한다. 그의 사상을
담은 대표서적은 『한마음요전』(이하 『요전』으로 약함)이며, 그 외에
『허공을 걷는 길』, 『죽어야 나를 보리라』, 『온 우주를 살리는 마음의 불
씨』 등 다수의 법문집이 나와 있다. 한마음선원은 안양에 본원을 두고
국내 전국에 15개의 지원과 브라질, 미국, 캐나다, 독일 등 해외에 10
개의 지원을 두고 있으며, 주로 마음공부와 생활 속의 참선수행을 실천
해 오고 있다. 한마음선원이 주로 실천수행에 치중하고 있으며, 대행스
님이 최근 작고한 관계로 그의 사상은 아직까지 활발한 논의대상으로
부각되지는 않았다. 2013년 『한마음과 대행선』의 책을 낸 이균희(혜
선)는 그의 책에서 대행에 대한 연구성과를 정리했는데, 한마음선원의
탑이나 문양 등에 대한 연구를 제외하고 한마음에 관한 연구로는 석사
논문 한 편, 본인의 박사논문 한 편이 전부이다.[1]

　여기에서는 『요전』을 중심으로 대행의 한마음사상을 철학적 관점에
서 분석해 보고자 한다. 『요전』에서는 제6의식 내지 현재의식보다 더

---

[1]　가온여울의 「한마음선원과 대행스님의 '주인공' 개념 연구」(2004년 서울대 석사학
위논문)와 이균희의 「한마음사상과 선수행체계 연구」(2005년 동국대 박사학위논문)
이 그것이다. 혜선, 『한마음과 대행선』(운주사, 2013), 120쪽 이하 참조.

깊은 심층에서 너와 나의 개체성을 뛰어넘는 하나의 마음, 한마음이 발견되며, 그것이 바로 우리 모두의 참나이고 우리 각자를 자신으로 살아가게 하는 주인공이라고 논한다. 심층에서 발견되는 전체로서의 한마음이 세계와 맺는 관계는 제6의식의 외적 관계와는 다르다. 이하에서는 『요전』에서 제시하는 한마음이 무엇인지, 그 한마음과 세계는 어떤 관계에 있는지, 나아가 한마음을 깨닫고 그 한마음을 실현하는 길은 무엇인지를 밝혀 보기로 한다.

2. 한마음이란 무엇인가?

1) 개체 내 심층마음

우리는 일상적으로 나를 남과 분리된 개별자아로 간주한다. 남과는 다른 시공간에 위치한 분리된 개별 신체 또는 남과는 구분되는 나로 의식되는 개별적 자기의식 또는 개별적 자기의지가 바로 나 자신이라고 여긴다. 반면 『요전』에서는 그것은 진정한 나가 아니라고 말한다.

> 육신이 나인가, 의식이 나의 주처인가, 의지가 나의 주처인가? 육신도 내가 아니고 의식도 내가 아니고 의지도 내가 아니다. 그러한 나는 비록 애지중지해 왔다 해도 다 비실재요 가화합이요 인연소산일 뿐이다. 그러므로 허망하다 함도 당연하다. 중생은 여태껏 그러한 나를 위해 살았고, 그러한 나가 나인 줄로 아는 그릇된 소견을 갖고 있었기에 말이다.[2]

참나가 육신이 아니라는 것은 참나는 감각인 전5식에서 찾을 수 없

---

2   대행스님, 『한마음요전』(한마음출판사, 2008), 332쪽.

고, 의식이 아니라는 것은 대상을 전제한 제6의식에서도 찾을 수 없으며, 의지도 아니라는 것은 제6의식의 의지처로서 작동하는 자아식인 제7말나식에서도 찾을 수 없다는 말이다. 육신이나 의식이나 의지는 참나가 드러나는 표면적 현상으로서 인연화합의 산물에 불과하고, 참나는 그런 현상의 근원으로서 그보다 더 깊이 존재한다. 현상 이면의 근원이 의미하는 바는 무엇인가?

존재하는 어떤 것에 대해 그 근원을 물을 때 우리는 흔히 그 근원을 그것 이전 내지 그것 바깥에서 구하는 경향이 있다. 이것은 x의 근원을 x 너머 y에서 구하는 '외향적 사유'이다. 이렇게 하면 이어서 다시 y의 근원을 묻게 되고, 그러면 다시 그 근원을 y 너머의 z에서 구하게 된다. 이렇게 해서 근원을 묻는 물음은 그대로 무한소급에 빠지고 만다. 그러나 근원의 물음이 무한소급에 빠진다는 것은 곧 x의 근원이 찾아지지 않았다는 것, 물음이 해결되지 않았다는 것을 의미한다. 따라서 무한소급을 끊기 위해 더 이상 그 너머로 소급할 수 없는 최초의 근원을 설정하게 된다. 이렇게 설정된 최초의 근원은 존재하는 일체의 바깥에 있는 것, 따라서 존재하는 일체와는 다른 것으로 간주된다. 우주를 창조한 범천(梵天) 내지 신(神)은 외향적 사유에 따라 설정된 태초존재, 절대타자이다.

반면 『요전』에서 존재하는 것의 근원을 찾는 방식은 이것과는 다르다. 『요전』에서는 x의 근원을 x 바깥이 아니라 x 안에서 찾는다. '외향적 사유'가 아닌 '내향적 사유'이다. 여기에서는 x의 근원으로 여겨지는 y가 x 바깥이 아니라 x 안에 있다. 나를 나이게끔 하는 나의 근원 내지 나의 본래면목은 현재의 나 바깥이 아니라 현재의 나 안에 있는 것이다.

전생이 현생이다. 현생은 전생과 더불어 지금 같이 살고 있다. 사람들은 '나오기 이전의 본래면목을 찾아라' 하니까 어제의 나를 더듬어 찾는데, 어제의 나는 이미 오늘의 나 속에 있으니 오직 오늘이 있을 뿐이다. 작년의 씨가 이미 화하여 오늘의 내 속에 올 씨로 있으니 어디 가서 씨를 찾을 것인가?[3]

현생이 전생을 포함하고 있다면 전생은 그 전생을 포함하고 그 전생은 다시 그 전생을 포함한다. 이와 같이 x 안에 그 근거인 y가 포함되고 y 안에 다시 그 근거인 z가 포함되면 내향적 사유에서도 무한소급이 일어나게 되는데, 내향적 사유에서 무한소급을 끊는 방식은 외향적 사유에서와는 다르다. 여기에서는 최초의 일자로서 절대타자를 설정하는 대신 시작과 끝이 하나로 맞물리는 원환(순환)이 제시된다.[4]

처음과 끝이 따로 없다. 시발점이 종점이고 종점이 시발점이다. 염주알을 돌릴 때 몇 번 굴리면 다시 제자리로 오듯이 처음과 끝은 둘이 아니다. 천부경 81자에선 처음에 일시무시일 했고 나중에 일종무종일 했다 … 오직 오늘만이 계속된다 … 순간이 곧 영원이다 … 모든 것이 바로 영원한 오늘일 뿐이다.[5]

하나가 시작해도 하나를 시작하게 하는 것이 따로 없고, 하나가 그쳐

---

3   대행스님, 『한마음요전』, 367쪽.
4   서양철학에서는 근원을 생각하는 방식을 1. 무한소급, 2. 최초를 설정하는 독단, 3. 순환, 세 가지로 들며, 셋 모두 논리적 하자가 있어 '트릴레마'가 된다고 주장한다. 여기에서는 순환을 표층-심층의 구도로 해석함으로써 논리적 하자가 아님을 밝히고자 한다.
5   대행스님, 『한마음요전』, 359쪽, 367쪽.

도 하나를 그치게 하는 것이 따로 없는 것은 시작과 끝이 맞물려서 하나의 원환을 그리기 때문이다. 내향적 사유에서 개체 안의 근원은 시작과 끝을 하나의 맞물린 원으로 간직한 전체이다. 이는 곧 현재 순간 안에 과거와 미래가 모두 포함되어 있음을 뜻한다. 일상의식에서 보면 과거·현재·미래는 계속 다른 모습으로 변화해 가는 개체의 현상적 질서이다. 반면 개체의 근거가 시작과 끝이 맞물린 전체로서 개체의 현재 안에 포함되어 있다는 것은 곧 개체가 단지 변화하는 현상에 그치지 않고 현상과는 다른 차원, 즉 현상보다 더 깊은 심층을 가진 존재라는 것을 말해 준다. 개체는 변화하는 현상에 그치지 않고 불변의 심층을 가진 존재이다. 심층은 표층의 과거·현재·미래의 변화를 모두 포함하고 있는 전체로서의 영원한 현재이다. 개체는 표층에서 과거·현재·미래의 시간변화를 겪지만, 심층에서는 삼세가 현재 안에 함께 포함되어 있는 영원한 현재를 산다.[6]

이와 같이 x의 근원을 x 자체에서 찾는다는 것은 곧 x를 겉으로 드러나는 표층현상 너머의 심층존재로 이해하는 것을 의미한다. 외향적 사유가 x를 현상적 존재로만 간주하는 '표층적 사유'라면, 내향적 사유는 x 안에서 그 심층근원을 발견하는 '심층적 사유'이다. 외향적 사유에서는 개체 너머에 존재한다고 여겨지는 개체의 근원이 내향적 사유에서는 바로 그 개체의 심층이 된다. 근원은 표층에서 보면 개체의

---

6   영원한 오늘은 과거와 미래를 배제한 현재가 아니라, 과거와 미래가 현재로서 함께하는 초시간성을 의미한다. 표층의 현재의식을 넘어서는 순간 심층의 영원한 현재가 드러난다. 급박하게 죽음에 직면한 순간, 수행으로 은산철벽이 무너지는 순간 등이 그런 순간일 것이다. 일상인의 꿈도 심층을 보여 주는 단서에 해당할 것이다. 이렇게 보면 유부(有部)의 과거·현재·미래 삼세실유설은 타당성을 갖는다. 다만 그것이 마음 바깥의 객관실유가 아니라 심층마음의 경계라는 것, 심층마음이 그렇게 삼세를 포괄하는 무한의 마음이라는 것은 유식(唯識)이 비로소 밝힌 것이다.

바깥이지만, 심층에서 보면 개체의 내면이다. 이처럼 표층의 현상성을 넘어선 심층의 내면이 개체의 '내적 초월성'을 이룬다.

『요전』에서는 이러한 내적 초월성을 '불성(佛性)'이라고 부른다. 불성은 일체 우주만물의 근원이면서 바로 지금 여기 각 개체 안에 살아 있는 근원이다. 근원으로서의 불성은 개체 안에 있되, 개체의 생멸하는 현상성을 넘어선 내적 초월성이다.

> 불성은 천지가 생기기 전에도 있었고, 설사 우주가 무너지고 허공이 없어지는 한이 있더라도 사라지거나 죽어질 수 없다 … 불성이라는 것은 나의 근본생명, 영원한 생명, 이 우주 전체를 싸고 있는 근본처를 말한다 … 불성이란 우주를 감싸고 있는 대원리이다. 이 우주 삼라만상에 불성으로부터 비롯되지 않은 것이 없다. 불성은 무시이래로 있어 왔고 지금도 있으며 영원토록 있을 것이다. 불성은 진리요 영원이요 모든 것이다.[7]

나의 내적 근원이면서 현상세계 전체를 포함하는 불성은 과연 무엇인가? 나의 신체나 의식이나 의지보다 더 깊은 심층에 있으면서 과거·현재·미래 전체를 포괄하고 있는 것, 그것은 바로 마음이다. 내게 하나인 것, 무한히 커서 내가 결코 그 바깥으로 나가볼 수 없는 것, 그렇게 전체인 것, 그것이 바로 마음이기 때문이다. 『요전』에서는 현상세계 일체를 포함하는 이 무한의 근거를 무한히 큰 하나의 마음이란 의미에서 '한마음'이라고 부른다.

> 불성은 오직 하나라는 의미에서 한마음이요, 너무나 커서 한마음이요, 전

체라서 한마음이다. 일체 만물이 그로부터 비롯되니 한마음이다. 한마음은 누구의 것도 아니면서 모든 생명의 것이다. 일체 중생의 마음인 것이다 … 한마음은 바로 만물이 비롯된 근원이요 돌아갈 고향이다 … 천지의 근본이 마음이요, 태양의 근본이 마음이요, 인간이 일체 만법을 운영하고 행하는 것도 마음이 근본이다. 마음이야말로 선악을 초월해서 모든 것을 만드는 전지전능한 창조자이다.[8]

일체 존재의 근원인 한마음은 현상세계 만물의 근원으로서 그 자체는 현상적인 것이 아니다. 현상적 일체가 지수화풍의 사대를 바탕으로 존재하는 색(色)인 물리적 존재라면, 그 심층의 내적 근원은 색이 아닌 심(心)이다. 각 개체의 심층에 현상적 변화성과 생멸성을 넘어선 불생불멸의 한마음이 있다. 『요전』에서는 우리의 의식과 육신이 모두 영원한 생명인 한마음에 기반을 두고 비로소 생명체로서 존재하는 것이라고 논한다. 이 심층의 한마음을 "마음 내기 이전의 마음"[9]이라고 한다. 내어진 마음이 일상의 제6의식이라면, 이 마음(의식) 내기 이전의 마음은 바로 근본마음인 한마음이다.

2) 주인공(主人空)으로서의 보편적 마음 : 무아의 완성

각 개체가 자체 안에 자신의 근원으로서 불생불멸의 영원한 생명을 가진다는 것은 곧 각 개체가 자기자성을 가진다는 것, 따라서 공(空) 내지 무아(無我)가 아니라는 것을 말하는 것은 아닌가? 이것은 불성과 법신(法身)을 설하는 대승불교에 대해 흔히 제기되는 문제이다.

그러나 일반 대승불교와 마찬가지로 『요전』에서 주장하는 불성 내지

---

8   대행스님, 『한마음요전』, 312쪽, 314쪽, 369쪽.
9   대행스님, 『죽어야 나를 보리라』(한마음출판사, 2011), 54쪽.

한마음은 개체마다 서로 다른 개별적인 것, 남과 구분되는 나만의 개별적 실체, 나만의 자기자성이 아니다. 불성은 오히려 개별적 자아가 자기자성이 없는 무자성의 공으로, 무아로 밝혀질 때 비로소 드러나는 보편적 마음이다. 그러므로 불성사상은 개별적 자아의 공성을 주장하는 무아사상과 다르지 않다. 내 안에서 한마음을 발견하기 위해서는 내가 나라고 여기는 나의 무자성성 내지 공성을 통감해야 한다. 그래야 표층 자아를 통과해서 심층의 한마음에 이를 수 있다. 따라서 『요전』에서는 한마음사상이 무아와 모순되는 것이 아니며, 진정한 무아는 오히려 한마음을 통해 완성된다고 논한다.[10]

> 중생으로서의 나[我]가 부정된 그 지점에 중생의 나가 아닌 영원한 그 무엇이 있다 … 참 자기를 모르고서는 참된 무아가 실현될 수 없다.[11]

불성 내지 한마음이 무아를 완성할 수 있는 것은 그것이 개별적 특성을 여읜 보편적 심성이기 때문이다. 불성은 모든 중생의 본성이고, 한마음은 일체 중생의 본심이다. 『요전』에서는 불성과 한마음의 보편성을 강조한다.

---

10   참나인 한마음에 대한 생각 없이 무아를 주장하면 단견 내지 악취공에 빠지기 쉽다. 『요전』에서는 무아로서 극복되어야 할 개별자아와 참나로서 찾아야 할 한마음을 구분해서 각각 영혼과 불성으로 부른다. 영 내지 영혼은 '중생으로서의 나', 내가 나라고 생각하는 개별자아, 개별적 사유주체에 해당하고, 불성은 개별적 나의 심층이되 그 심층에서 남과 하나로 통하는 보편적 마음을 뜻한다. 영은 생각 차원의 나, 의식의 나이고, 불성 내지 한마음은 생각 이전의 나, 생각 이전의 마음이다. "불성은 영과 다르다. 영은 보이지 않는 모습을 말하는 것이며 모습 없는 마음을 말하는 것이다. 영혼은 각자 생각 내는 그릇에 따라 좌우된다. 그러나 불성은 더함도 덜함도 없이 움직이지 않으면서도 돌아간다." 대행스님, 『한마음요전』, 311쪽.
11   대행스님, 『한마음요전』, 335쪽, 328쪽.

불성은 개별적인 것이 아니라 일체의 근본이다 … 한마음은 누구의 것도
아니면서 모든 생명의 것이다. 일체 중생의 마음인 것이다.[12]

한마음은 각각의 개인에 국한된 개별적인 사적 마음이 아니라 온 우
주와 연관된 하나의 마음이다. 그래서 "우주의 근본이 인간 마음의 근
본에 직결되어 있다"[13]고 강조한다. 그러나 불성 내지 한마음이 심층에
서 일체를 하나로 연결 짓는 보편적 마음이라고 해서 개별적 나를 떠나
있는 것은 아니다. 심층은 나의 표층으로 표출되는 나의 심층이며, 이
심층이 표층의 나를 이끌어 가는 당사자이기 때문이다. 『요전』에서는
심층 한마음을 개별적 나를 이끌어 가는 주인이란 의미에서 '주인공'
이라고 부른다. 나의 심층으로서 나의 주인공이되, 그 심층의 한마음이
표층처럼 나와 너로 구분되는 것이 아니라, 나와 너 및 일체를 모두 포
괄하는 무한의 마음, 전체의 마음이라는 것이다. 개별적 나의 심층에
개체적 한계성을 넘어선 보편의 마음, 우주 전체를 생성하는 무한의 에
너지, 일체 생명의 근원이 내재해 있다는 말이다.

주인공이란 생각나기 이전의 마음 중심, 바로 나의 기둥이라 할 수 있다.
그러나 개별적인 기둥이 아니라 전체적인 기둥이다 … 주인공은 나의 근
원이지만 동시에 모든 것의 근원이다. 주인공은 나의 주인이자 모두의 주
인이요 삼계의 주인이다.[14]

주인공은 개체로서의 나의 삶을 이끌어 가는 당사자이고 주인이다.

12   대행스님, 『한마음요전』, 312쪽.
13   대행스님, 『죽어야 나를 보리라』, 62쪽.
14   대행스님, 『한마음요전』, 316쪽, 325쪽.

그러나 그 주인은 나의 개체로서의 한계를 넘어선 심층의 한마음이므로 표층적 현상에 머물러 있는 개별적 사적 의식을 넘어선 것이다. 나의 주인은 표층적인 의식적 분별을 떠나 있는 마음, 텅 빈 마음, 공(空)의 마음이다. 『요전』에서는 이 점을 강조하기 위해 개체의 주인인 주인공은 바로 '주인'에 빌 공(空)자를 더한 '주인공(主人空)'이라고 표현한다.

'주' 한 것은 근본자리를 말하고, '공' 한 것은 고정됨이 없이 돌아가는 것을 말한다 … 왜 주인공이냐? 나의 참 주인이니까 주인공이요, 또 텅 비었기에 '빌 공 자' 주인공이다.[15]

한마음은 개체의 주인공으로서 개체의 삶을 이끌어 간다. 그러나 그 주인공 자체는 현상적 사물과 같이 생멸변화하는 것이 아니라, 불생불멸 부증불감의 존재이다. 불생불멸의 생명으로서 일체 현상세계, 우주 만물의 근원이 되는 것이다. 『요전』에서는 우리 각각의 개체 안에 그렇게 불생불멸의 불성, 한마음, 주인공이 참나로 존재한다는 것을 강조한다.

바로 참된 나의 주인공, 한 번도 나지 않았으므로 아예 죽을 바가 없는 무량겁의 나, 더러움에도 아예 물들 줄 모르고, 괴로움이란 것으로부터도 홀연히 초월하여 불생불멸, 부증불감, 불구부정의 지고지락한 나가 있는 것이다.[16]

---

15   대행스님, 『한마음요전』, 325쪽.
16   대행스님, 『한마음요전』, 335쪽.

나의 심층마음은 불생불멸의 한마음, 너와 구분되지 않는 보편심으로서 일체 존재의 근거가 된다. 그러나 개체의 나 안에 어떻게 보편의 마음이 자리하게 된 것일까? 보편의 마음으로부터 어떻게 현상적 차별성이 생겨나게 된 것일까? 심층마음과 현상세계는 서로 어떤 관계에 있는가?

3. 한마음과 세계의 관계

1) 한마음에서 비롯되는 육신: 유근신

『요전』에 따르면 일체 만물은 한마음으로부터 형성된다. 한마음이 중생의 근본생명으로서 각 개체를 형성하고 그렇게 함으로써 개체들의 총체로서의 세계를 형성한다. 한마음인 생명의 불씨로부터 처음 만들어지는 것은 개체의 육신이다. 『요전』에서는 한마음인 주인공이 지수화풍을 화합하여 육신을 만든다고 말한다.

지수화풍 사대를 모아 내 육신을 만든 그것이 바로 주인공의 신통 묘용이다. 육신이란 주인공의 시자요 아들이다.[17]

육신이 주인공의 아들이라는 것은 한마음과 육신의 관계가 생명과 그 생명의 발현이라는 말이다. 『요전』에서는 한마음으로부터 육신이 형성되는 방식을 씨앗에서 열매가 생겨나는 방식, 생명의 자기발현과정으로 이해한다. 씨앗에서 생명체의 육신이 형성된다는 것은 오늘날 우리가 갖고 있는 인간이해, 즉 수정란으로부터 개체 신체가 형성된다

---

17   대행스님, 『한마음요전』, 340쪽.

고 보는 것과 유사해 보인다. 그러나『요전』에서 대변하는 불교의 인간
관은 실은 이와 다르다. 생명의 근원에 해당하는 생명의 씨앗은 부모로
부터의 수정란이 아니라, 수정란과 독립적으로 존재하다가 인연을 좇
아 수정란에 들어가는 생명의 불씨, 자신의 주인공이기 때문이다. 우리
는 흔히 인간존재를 물리적인 정자와 난자의 합에서 비롯된다고 여기
고, 그 물리적 육신으로부터 의식활동이 일어난다고 간주하지만 불교
는 그렇지 않은 것이다.

> 한 생명이 세상에 출현하기 위해서는 부모의 정자와 난자가 합쳐진 때에
> 영원한 자기의 불씨가 깊이 들어야 한다 … 한 생명의 탄생은 아버지의 뼈
> 를 빌고 어머니의 살을 빌어 거기에다 자기의 억겁을 거쳐 온 마음과 생명
> 이 계합되는 것이라 말할 수 있다.[18]

『요전』에서는 생명체가 성립하기 위해서는 육신과 의식과 영원한
생명의 불씨라는 세 가지가 화합해야 한다고 논한다.[19] 영원한 생명의
불씨가 바로 개체의 심층마음을 이루는 불생불멸의 불성, 한마음 내지
주인공이다. 우리는 흔히 이 세 번째 영원한 생명인 한마음을 배제하
고서 자신을 이해한다. 그래서 분별적 사유인 의식이 오로지 육신에
의거해서 일어나는 것인 줄로만 안다. 반면『요전』에서는 개체의 육신

---

18 대행스님,『한마음요전』, 345쪽.
19 이 세 가지의 화합을『요전』에서는 '삼합'이라고 부른다. "사람 하나 태어나자면
삼합이 이뤄져야 한다 … 내 몸과 마음 내는 것과 마음 내기 이전이 삼합이 되어 공전
하기에 모두 한마음으로 돌아간다고 하는 것이다."(대행스님,『한마음요전』, 345–346
쪽) 여기서 몸은 육신이고, 마음 내는 것은 의식(현재의식)이며, 마음 내기 이전의 것
이 바로 불성 내지 한마음이다. 생명체가 되기 위해 한마음이 함께해야 하기에 일체가
모두 한마음으로 돌아간다고 말할 수 있다는 것이다.

을 이루는 생명의 씨앗은 수정란이 아니라, '억겁을 거쳐 온 마음과 생명'이라고 말한다. 그것은 바로 개체의 심층마음인 한마음 내지 주인공이다.

> 수억겁 전부터 우리는 모습을 이렇게 바꾸고 저렇게 바꾸고 여기로 왔다가 저기로 갔다가 하면서 오늘에 이르렀는데, 나를 끌고 온 주처는 과연 누구인가? 다름 아닌 주인공이다 … 나를 형성시킨 것도 주인공이고 이끌고 가는 것도 주인공이다. 수억겁 진화의 길을 끌고 온 근본이 주인공이다. 지금 자기 육신을 끌고 가는 것도 주인공이다. 인간의 뿌리는 체가 없어 보이지 않으나 마음 내고 말하고 보고 듣고 걷는 일체의 행동을 하게 하는 것도 주인공이다.[20]

나의 주인공이 나를 수억겁 진화의 길을 끌고 와서 오늘에 이르렀다는 것이다. 주인공에 의해 이끌려 수억겁을 거쳐 오늘에 이른 나의 육신에 대해 『요전』에서는 이렇게 말한다.

> 사람의 몸뚱이 하나에 수많은 중생이 우글우글 공생하고 있으니, 이 몸은 겉으로 보아 하나의 중생 같을지라도 실은 수많은 중생의 국토인 것이다. 그리고 그 중생들은 억겁을 거쳐 온 의식으로 뭉쳐서 몸을 집 삼아 돌아가고 있다. 그러므로 이 한 몸 깨달으면 육신 속의 수십억 중생이 함께 제도되며, 그 중생이 그대로 호법신장도 되고 금강역사도 된다.[21]

나의 신체 안에 수십억 중생이 우글거린다는 것 그리고 그 수십억

---

20   대행스님, 『한마음요전』, 321쪽.
21   대행스님, 『한마음요전』, 342쪽.

중생이 함께 합해서 나의 삶을 유지시켜 준다는 것은 오늘날 우리가 이해하는 신체이해와 크게 다르지 않은 것 같다. 오늘날 우리는 나의 신체를 구성하는 수억의 세포가 모두 각각 살아 있는 세포이며, 그 세포들의 삶이 합해서 나의 신체가 살아 있는 몸으로 유지된다는 것을 알고 있다.

그러나 『요전』에서 말하는 육신 안의 수억 생명체가 과연 육신 내 세포를 말하는 것일까? 오늘날 우리가 이해하는 육신 속 생명체의 생명은 육신을 이루는 세포들이 갖는 생명이며, 그것은 수정란이 분화하면서 생겨난 부산물에 불과하다. 현대의 인간관에 따르면 나의 생명 근원은 부모의 수정란일 뿐 그 수정란에 들어온 주인공이 아니기 때문이다. 현대과학에서는 눈에 보이는 가시적인 표층현상 너머 비가시적 심층은 배제된다.

반면 『요전』에서는 나의 육신이 단지 수정란의 산물이 아니라 그 안에 들어온 주인공의 생명의 표현이듯이, 나의 육신 안에 함께 머무는 수억의 생명체 또한 단지 수정란의 부산물이 아니라 그 주인공 안에 담겨 있는 생명의 표현으로 이해한다. 주인공이 수억겁 진화를 거듭하는 동안 거쳐 왔던 온갖 생명체의 기운을 함께 가지고 와서 그 생명체들이 나의 육신 안에 함께 기거한다고 보는 것이다.[22]

이것은 불교가 개체의 생명을 수정란에 들어온 아뢰야식으로 설명하

[22] 『한마음요전』342쪽에서는 이 현상을 이렇게 설명한다. "수억의 정자 중에 선택된 하나가 난자와 합쳐질 때에 나머지 5억 마리에 잠재해 있던 심성은 그 하나에 모두 포함된다. 그렇게 해서 육신의 구석구석 소임을 맡아 가지고 제각기 살면서 그 능력으로 나를 움직이게 하니 참으로 묘용이 아닐 수 없다." 수정란에 식(중음신)이 들어올 때 그 식 안의 수억 생명이 함께 들어온다는 것은 말이 되지만, 그 수억 생명을 수정되는 정자 주위의 다른 정자들이라고 하는 것은 꽤 의문스럽다. 그럴 경우 중음신은 곧 수정되는 정자와 동일시될 것이고, 그렇다면 수정란 이외의 '영원한 불씨'를 말할 수 없을 것이기 때문이다.

는 것과 일치한다. 불교에서 아뢰야식은 현재의식인 제6의식이나 의지
적 자의식인 제7말나식보다 더 근원적인 제8식이며, 표층의 현재의식
에 드러나지 않는 심층마음이다. 아뢰야식은 개체가 수억겁의 윤회를
거듭하면서 지은 업(業)에 의해 남겨진 업력(業力) 내지 종자(種子)의
총체이며, 결국 수억겁 역사의 기록을 담고 있는 에너지 파장 내지 정
보망이라고 할 수 있다. 아뢰야식 안에는 수억겁 윤회를 거치는 동안의
일체 정보가 모두 담겨 있다. 윤회과정에서 내가 물고기였고 나비였고
학이었고 개였으면 지금 내가 표층의 현재의식에서 인간의 모습으로
존재한다 해도 심층에서 나는 단지 인간인 것만이 아니라 동시에 물고
기이고 나비이며 학이고 개이다. 표층의 과거·현재·미래가 심층에서
는 영원한 현재로 존재하기 때문이다. 표층의 현재의식에 포착되지 않
는 무수한 생명체가 심층마음 안에 에너지 파동으로 존재한다. 내 몸에
기거하는 무수한 생명체는 바로 이들인 것이다. 주인공이 무시이래의
존재이기에 윤회는 무시이래로 반복되었으며, 따라서 내 안에는 무한
한 생명체가 함께 존재한다.

　　내 안에 무한한 생명체가 있고 네 안에도 무한한 생명체가 있다면,
무한은 무한을 포함하므로 결국 내 안의 생명체는 너 안의 생명체와 서
로 다르지 않다. 따라서 심층 아뢰야식에서는 모든 생명체가 서로 다르
지 않은 것이다. 한마음이 서로 다른 개체의 주인공이되 심층에서 서로
다르지 않은 하나의 보편적 마음이라는 것은 곧 그 주인공이 이끌어 오
는 무한한 생명체가 너와 나에게 서로 다르지 않다는 것을 말한다. 너
와 나는 표층에서는 서로 다른 개체, 서로 다른 입자로 존재하지만, 심
층에서는 서로 분리되지 않은 채 하나로 공명하는 에너지 파동으로 존
재한다.

　　『요전』에서는 수억겁의 윤회를 '진화'라고 말한다. 불교의 윤회를

『요전』에서 진화로 설명한 것은 윤회론이 진화론과 상통하는 면이 있기 때문이다. 생명체의 구분이 처음부터 절대불변의 것으로 확정되어 있는 것이 아니라 시간흐름 속에서 변화하고 유동한다는 것, 개체의 자기자성이 없듯이 생명체의 종류에도 확고부동의 한계가 있지 않다는 것 등이 그것이다. 그래서 『요전』에서는 아뢰야식이 그 안에 쌓인 종자의 정보에 따라 다른 모습으로 변화해 가는 것을 "유전자가 자꾸 변전하니 나투어 돌아간다"[23]라고 하여 식(識)의 변천과 정보의 축적을 '유전자'로 설명한다.

그렇지만 『요전』의 생명이해는 진화설과 근본적으로 다르다. 진화설은 개체에서 변화된 결과로서의 현재적 양상 내지 현재의식만을 실재로 간주할 뿐, 시간지평을 뛰어넘는 개체의 심층을 인정하지 않는다. 반면 『요전』에서는 진화를 말하되 그것은 진화결과로서의 현재적 양상을 말하기 위해서가 아니라, 진화의 길을 이끌고 가는 심층의 주인공을 드러내기 위해서이다. 『요전』에서는 변화해 가는 유전자가 심층의 주인공, 한마음, 불성에 근거한 것임을 강조한다.

> (불성은) 분명코 있기는 있는데 보이지 않는다. 그러나 거기서 조금 빠져 나온 것을 이름하여 유전자라 할 수 있다. 이 유전자가 자꾸 변전하니 나투어 돌아간다. 만법이 불성으로부터 벌어진 것이다. 불성은 유전자 그 이전이다. 불성은 마음 내기 이전의 마음이다.[24]

『요전』에서는 현재적 양상으로 드러나는 유전자는 불성으로부터 나온다는 것, 유전자의 변화 이면에는 불생불멸의 불성이 존재한다는 것

23　대행스님, 『한마음요전』, 310쪽.
24　대행스님, 『한마음요전』, 310쪽.

을 강조한다. 『요전』에서는 표층현상에만 주목하는 진화론과 달리 심층을 보다 더 근본적 실재로 간주한다. 심층에서 보면 드러난 표층의 현재양상이나 드러나지 않은 심층의 과거양상이 근본적으로 대등하다. 일체가 에너지 파장으로 함께 존재하기 때문이다. 그러므로 표층의 인간 안에서 무수한 다른 생명체를 발견할 수 있는 것이다. 표층의 양상은 심층의 주인공이 현상적으로 드러나는 한순간의 양상에 지나지 않는다. 현재의 표면적 양상으로서의 육신, 인간으로서의 나는 심층의 근본생명이 잠시 걸친 한순간의 의상에 불과하다. 그러므로 『요전』은 현재의 육신을 꿈과 같다고 말한다.

> 이 육신도 실체가 아니다. 꿈속에서 내가 여러 가지로 행을 할 때 그 꿈속의 나가 실체가 아닌 것처럼, 나의 육신도 알고 보면 실체가 아니다. 꿈속의 허상과 다르지 않다.[25]

육신을 보되 표면적 현재의식에 드러난 현재적 양상만을 보지 않고 심층마음의 눈으로 육신 안에 깃든 일체 생명체를 발견하면, 그 육신을 통해 우주공간 내 일체의 생명체와 하나로 연결되어 있음을 발견하게 된다.

2) 육신과 연결된 국토: 기세간

『요전』에 따르면 내 몸의 생명체가 공식·공생하는 하나의 공동체를 이루듯, 지구 안의 모든 생명체 또한 공식·공생하며 하나로 존재한다.

---

25   대행스님, 『한마음요전』, 338쪽.

지금 이 지구 안에 별의별 짐승들이 많듯이 내 몸속에도 별의별 생명체들이 그득하다. 그러기에 자기 몸이면서도 '나의 것', '내 몸'이 아니라 공동체인 것이다 … 내 몸이 뭇 중생들의 주둔지이듯 현상계도 그와 같이 공체로서 공심, 공용, 공식, 공생하고 있으니, 벌레 한 마리, 풀 한 포기를 보더라도 남이 아니라 바로 '나 아닌 게 없다'라고 생각해야 한다.[26]

나의 육신의 수억 생명체가 하나의 공동체를 이루는 것은 그들이 모두 한마음 안에 포함되기 때문이다. 그런데 나의 한마음은 보편적 마음이며 보편적 생명으로서 너의 한마음과 다르지 않다. 결국 각자 안의 한마음은 곧 현상세계 전체인 삼천대천세계를 형성하는 우주적 한마음이다. "우주 천하에 직결되어 있는 근본이 모두 사람의 마음에 직결돼 있는 것"[27]이다. 육신 안 생명체는 그대로 국토의 생명체이며, 육신 안의 주인공이 그대로 국토의 주인공인 셈이다.

본래의 나, 참나는 내 육신을 형성시켜 놓고 깊숙이 있으면서 삼천대천세계와 상응하며 진리로서 회전하고 있다 … 마음은 중생계인 이 육신, 즉 수없이 많은 생명과 오대양 육대주를 가지고 있는 그 세계를 형성하고 주재하는 주인이다.[28]

이런 의미에서 『요전』에서는 일체 중생의 주인공인 한마음이 하나라는 것, 생명은 하나라는 것을 강조한다.[29] 표층에서 보면 각자의 상이한

---

26   대행스님, 『한마음요전』, 342쪽, 343-344쪽.
27   대행스님, 『일체를 용광로에 넣어라』(한마음출판사, 2011), 92쪽.
28   대행스님, 『한마음요전』, 340쪽, 382쪽.
29   "이 세상 모든 생명의 마음은 하나이다. 모든 생명끼리는 사실 너와 내가 없다. 본래로 생명은 하나이다. 본래 생명은 부처이다. 그러므로 본래 생명의 마음을 일컬어

육신으로 드러나지만 심층의 한마음은 둘이 아니며, 바로 그 한마음이
일체 현상세계를 형성하는 근원이다. 한마음은 각각의 중생의 주인공
이며 동시에 우주만물의 주인공이다. "한마음의 한 점은 바로 우주의
근본이며, 태양의 근본이며, 바로 천지의 근본"[30]이다.『요전』에서는 주
인공의 생명의 힘은 하나라는 것, 나의 생명은 바로 이 근원생명과 하
나로 연결되어 있음을 강조한다.

> 우주 전체가 생명의 근본마음, 인간의 근본마음에 직결되어 있고 세상살
> 이 돌아가는 이 자체가 내 근본에 가설되어 있다. 우주 삼천대천세계가 그
> 냥 하나로 통해 있다는 말이다. 벽도 없고 보꾹도 없으니 일체 제불의 마
> 음이 곧 내 한마음이고, 일체 제불의 법이 곧 내 한마음의 법이며 생활인
> 것이다. 이 전구 저 전구에 들어오는 전기가 다 똑같듯이 만물은 다 한마
> 음에 하나로 가설되어 있는 것이다 … 발전소에서 내 집 전등에 이르도록
> 전선을 가설해 놓고서 스위치를 올리자 불이 들어오듯이 나의 마음은 한
> 마음과 연결되어 있어 그 근본이 다르지 않으니 나의 근본이 곧 만법의 근
> 본이라, 이름하여 주인공이라고 한다 … 항상 안으로 불이 켜져 있기 때문
> 에 켜졌다 꺼졌다 하는 말조차 붙지를 않는다.[31]

우주를 일으키는 한마음이 내 육신 속의 한마음과 둘이 아니라는 것
이다. 우주창조의 힘이 생명의 힘으로 각 생명체 안에서 작용한다. 이
전구와 저 전구에 빛을 내는 전기는 같은 하나이듯이 드러나는 현상의

한마음이라고 한다. 생명체들이 제각기 육신을 갖고는 있으나 본래 둘이 아닌 것이
다." 대행스님,『한마음요전』, 314-315쪽.
30   대행스님,『한마음의 위력』(한마음출판사, 2014), 34쪽.
31   대행스님,『한마음요전』, 315쪽, 316쪽, 317쪽.

본질은 하나이다. 일체 개별자는 모두 심층의 한마음에 연결되어 있다. 우리가 스위치를 켰다 껐다 하는 것이 아니다. *끄면 죽는 것이기 때문*이다. 살아 있다는 것은 늘 연결되어 있다는 것이다. 나를 살아 있게 하는 근원은 바로 나의 내면에 살아 있는 생명의 마음이며, 이 생명의 마음이 한마음이다.

『요전』에서는 이 한마음 안에 우리가 미처 알지 못하는 무한한 에너지가 간직되어 있음을 강조한다.[32] 우리를 살게 하는 근원적 힘이 바로 한마음이고 주인공이며, 이는 곧 한마음 안에서 나와 연결된 모든 생명체가 결국 나를 살아가게 하는 힘이라는 것을 뜻한다. 일체는 한마음으로 묶여 있는 하나이다.

주인공! 하면 거기엔 지렁이의 생명도 포함되고 올챙이의 생명도 포함된다. 일체의 생명이 다 포섭된다. 물의 생명도 포섭되고 불의 생명도 포섭되고 돌의 생명, 흙의 생명도 다 포섭된다. 주인공은 일체 만물 만법의 원소이며 핵이며 에너지이다 … 주인공은 우주 전체, 태양계의 혹성들과도 마음이 직결되어 있다. 그러므로 수억겁을 거쳐 물질적으로 되나오고 또 되나오며 인간으로 진화하면서 살아온 습성도 거기서만 해결할 수 있다. 주인공은 마치 업의 용광로와 같다."[33]

한마음 안에서 우주만물은 하나로 연결되어 있다. 우주 전체가 하나

32   "모든 사생의 일체, 만물만생의 근본이 하나로 뭉쳐서 시공 없이 돌아가는 그 자체를 한마음이라 하니, 내 한마음 주인공은 전체로 가설된 자가발전소와 같아 무한량의 에너지가 주어져 있다. 그 에너지야말로 내 몸이 아프면 의사가 되어 주기도 하고 약사 보살이 되기도 하며 지장 보살이 되어 내 명을 이었다 붙였다 할 수 있다." 대행스님, 『한마음요전』, 322쪽.
33   대행스님, 『한마음요전』, 318쪽, 322–323쪽.

의 인드라망으로 연결되어 있으며, 그 어떤 생명체도 전체 우주연결망에서 벗어나 있지 않다. 일체 존재가 표층에서는 각각 별개의 존재이지만, 심층에서는 하나로 연결된 존재인 것이다. 이 전체 연결망을 자각하고, 알고 움직일 수 있는 것이 바로 주인공, 한마음이다.

> 사생이 둘 아니게 통신이 되고 안팎으로 법망이 쳐져 있으며 허공에도 길이 있고 우주 전체에 생명들이 꽉찼다고 하는 것이다 … 눈 한 번 깜짝하는 사이, 빛보다 더 빠르게 우주천지 어디든지 연결되어 비춰 볼 수 있는 신통 묘용의 한마음 주인공이야말로 바로 나의 진면목인 것을 알아야 한다.[34]

일체가 하나의 생명, 하나의 에너지로 연결되어 있으므로 그 마음에 막힘이 없다면 일체 존재의 실상을 여여하게 알 수 있을 것이다. 그래서 부처는 과거와 미래에 제한받지 않고 자타분별을 넘어서서 모든 것을 알고 변화시킬 수 있는 신통력을 갖는다. 그렇다면 주인공의 힘은 무엇일까?

3) 주인공의 작용력

주인공은 개별자 안의 심층 보편자, 공통의 생명이고 전체 에너지이다. 심층에서는 일체가 하나의 연결망으로 되어 있으며, 이 망을 따라 변화가 가능하다. 업의 총체를 관장하는 자가 주인공이며, 주인공은 그 안에 쌓여 있는 업을 녹일 수 있다.

---

34   대행스님, 『한마음요전』, 351쪽, 334쪽.

주인공은 마치 업의 용광로와 같다. 한마음 주인공만이 나를 이끌어 줄 수 있고 과거의 업을 녹여 줄 수 있고, 위로는 부모 조상의 묵은 빚을 갚아 줄 수 있고 아래로는 자녀들에게 햇빛을 비춰 줄 수 있다. 주인공만이 그런 능력을 줄 수 있다 … 주인공은 거대한 용광로이다. 이 보이는 세계와 더불어 함께하는 일체 제불의 보이지 않는 절실한 대원력이 언제나 함께하는 용광로이다. 그러한 용광로가 내 속에 있다. 어떤 쇠든지 용광로에 들어가면 다 녹아내리듯 그 어떤 눈물도 자비로 화하고, 그 어떤 아픔도 감사의 연으로 되살아나게 하는 용광로가 있다. 나를 고통스럽게 하는 어떤 업도, 어떤 환난도 그 앞에서는 한 점 눈송이일 뿐이니 주인공은 누구에게나 있는 마음의 신묘한 비밀이요 모든 생명이 갖고 있는 불성으로서의 불가사의한 힘이다 … 주인공은 무한량의 에너지, 무한량의 능력일 뿐 쓰고 안 쓰고 하는 것은 중생의 마음이 하기 나름이다.[35]

업으로 인해 생긴 고통을 벗어나기 위해서는 자신 안의 주인공을 자각하고 거기에 머물러야 한다. 그래야 그 주인공의 힘을 쓸 수 있기 때문이다. 그런데 우리는 일상적으로 표층의식만 알고 심층마음을 모른다. 한마음을 자각하여 알지 못하는 것이다. 수행은 표층의식의 분별성을 넘어서 심층의 하나됨을 아는 것이다. 『요전』에서는 심층을 알아서 표층과 심층을 하나의 세계로 통합해서 이해해야 한다는 것을 강조한다. 표층에만 머물러 심층을 배제하면, 차이는 알되 같음은 모르고, 유는 알되 무는 모르며, 삶은 알되 죽음은 모르고 사는 것이다. 이 둘을 자유자재로 살 수 있어야 함을 강조한다.

---

35 대행스님, 『한마음요전』, 323쪽.

사람들은 앞면에 글씨 써 있는 것만 알고 뒷면의 백지는 모르니 한 종이인
데도 뒤집어 쓸 줄 모른다 … 산 사람과 영계의 문제도 그렇게 종이의 앞
뒤처럼 되어 있다고 할 수 있다 … 현실에서 보아도 무의 세계, 유의 세계
가 따로 있는 게 아니다. 유에서 무로 갈 때, 무에서 유로 올 때가 한 찰나
이다. 사람들은 모두 이 한 찰나의 교차로에 막혀 있다. 그러므로 이 교차
로의 막을 타파해야 하는데 이 막을 타파하려면 유나 무나, 긍정이나 부정
이나 이 양쪽을 다 거머쥐고 돌려 둘 아닌 줄 알아야 한다.[36]

우리는 과연 어떻게 종이의 앞뒤를 뒤집어 볼 수 있을까? 어떻게 해
야 의식표층을 뛰어넘어 심층마음에 이를 수 있는가? 한마음을 알고
실현하기 위해 어떻게 수행해야 하는가?

4. 한마음의 자각과 실현

1) 견성(見性): 참나의 발견, 주인공에게 맡기기

지금까지 논한 것은 우리의 심층마음은 전 우주와 하나로 통하는 한
마음인데, 우리가 그것을 나의 마음으로 자각하지 못하고 표층의 개별
적 현재의식에 막혀 있다는 것이다. 『요전』에서는 이를 두 마음으로 설
명한다.

마음속에 마음이 있다. 본래로 청정하여 물들지 않고 여여한 근본의 마음
이 있는가 하면, 그러한 것이 있는 줄조차 모르고 생멸하는 번뇌망상을 나
의 마음인 줄로 알아 생사윤회의 근본인이 되는 그런 마음이 있다.[37]

36 대행스님, 『한마음요전』, 354쪽, 357쪽.
37 대행스님, 『한마음요전』, 387쪽.

전체의 한마음을 알지 못한 채 그 안에서 자타분별하여 일으킨 현재
의식이 번뇌망상을 낳고 관념의 벽을 세워, 결국 스스로 그 벽에 갇혀
서 살고 마는 것이 우리의 현실이다. 『요전』에서는 이것을 인간이 "따
로따로 가르기를 일삼아 … 한정된 자기에 속박되어 있는 것"[38]이라고
진단한다. 일체 생명체와 하나로 공명하는 자신의 심층마음을 스스로
가로막은 것이다.

언제부터인가 중생들은 꿈같이 뒤집힌 생각을 내게 되었다. 그것이 어둠
이 되어서 본래부터 밝고 맑았던 한마음을 가리게 되었다. 그것은 마치 밝
은 태양과 맑은 하늘이 구름에 가려 보이지 않게 된 것과 같다. 그리하여
중생은 태양이 없는 줄로 알아 태양을 잊었고, 하늘이 어둠으로 덮인 줄
알아 맑은 하늘을 잊었다. 그러므로 중생이 돌아가야 할 곳은 본래로 부처
였던 그 성품, 그 태양과 하늘이다. 지금의 내 생각과 육신은 본래의 나에
게 일어난 한 점 먹장구름인 것이다 … 원래 참나인 주인공의 성품은 영원
히 밝고 청정하여 걸림이 없음에도 다만 중생심, 번뇌심, 삼독심 등의 망
념으로 말미암아 가리워져 있으니, 마치 맑고 밝은 하늘이 구름에 덮인 것
과 같다 … 거짓나가 주인공 앞을 막아서 있다. 흔히 세상 사람들은 자신
을 믿는다 하면서 참다운 자기가 아닌 중생심, 이기심, 자만심에 빠진 자
기를 믿고 있으니 참나가 드러나지 않는 것이다. 거짓나를 비켜나게 해야
참나인 주인공이 드러난다.[39]

거짓나를 참나로 잘못 알고 집착하니까 삶의 고통이 그치지 않는다.
내가 나라고 생각하는 그 나가 한마음이 아니라 한마음을 가리는 거짓

38 대행스님, 『한마음요전』, 324쪽.
39 대행스님, 『한마음요전』, 337-338쪽.

된 분별의식이라는 것이 문제이다.

> 육신과 마찬가지로 나의 의식이라는 것도 나의 진정한 주인은 아님을 알
> 수 있다. 그것은 진정한 나의 실체가 아니라 만들어진 환상일 뿐이다. 그
> 런데도 중생은 그러한 나를 참나로 알아 거기에 깊고 진한 집착을 두어 그
> 나를 중심으로 모든 언행을 짓고 있다. 가화합에 불과한 것을 중심에 두니
> 자연히 고가 따르게 되는 것이다.[40]

그렇다면 표층의 거짓나에 이끌리지 않고 심층의 나를 참 자기로 알
아차리는 것, 무한의 한마음을 자신의 주인공으로 알고 살아가는 것,
이것은 과연 어떻게 가능한가? 어떻게 해야 나는 내 의식이 만든 벽을
제거할 수 있는가? 『요전』에서는 현상을 현상으로 주목하는 것이 필요
하다고 말한다.

> 나의 육신은 마치 내가 헌 옷을 새 옷으로 갈아입듯이 영원치 않아 무상하
> 다는 것을 지켜보라. 나의 의식 또한 그러하다는 것을 지켜보라 … 헌옷을
> 벗고 새 옷을 갈아입는 주재자, 참 자기가 있다.[41]

색이 무상하고 공이고 고라는 것을 관하라는 것이다. 의식은 수·
상·행·식을 말한다. 수도 무상하고 공이고 고라는 것, 상·행·식도 그
러하다는 것을 관해야 한다. 이것은 초기불교 『잡아함경』에서부터 강
조한 것이다. 관하다 보면 자신을 관하는 자로서 의식하게 되고, 결국
관하는 자신을 관해지는 것과 구분 짓게 된다. 이것은 곧 내가 나로 알

---

40   대행스님, 『한마음요전』, 336쪽.
41   대행스님, 『한마음요전』, 332쪽.

고 집착하던 것들로부터 벗어나는 탈동일시를 의미한다. 현상을 있는 그대로 관함으로써 그 현상에의 매임으로부터, 자신과의 동일시로부터 벗어나는 것이다.

그와 동시에 나의 일체 삶의 행위가 모두 나의 심층마음, 한마음, 주인공에 의해서 행해지고 있음을 깨닫는 것이 중요하다. 내 의식이 하는 것이 아니라 의식보다 더 심층의 마음활동에 의해 이끌리고 있음을 아는 것이다. 그런 면에서 표층의식에 의해 이끌리는 나의 삶은 꼭두각시 같다. 이 표층의식의 주인이 밖에 있지 않고 내 안에 있다는 것, 나의 주인공이라는 것을 깨달아야 한다.

그러나 주인공이 되는 것은 나의 표층의식으로 주인공에 대해 생각하여 주인공을 불러오거나 주인공을 개념적으로 세우는 것이 아니다. 이것은 다시 표층의식을 주로 삼는 것이 된다. 주인공은 오히려 표층의식의 벽을 허물고 구름을 걷어 냄으로써 얻어진다. 표층 현재의식의 벽을 허물면 주인공은 스스로 드러난다. 그러므로 『요전』에서는 나의 의식으로 무엇을 하려고 하지 말고 끊임없이 일체를 주인공에게 맡기라고 말한다. 자신의 주인공을 믿고, 그 주인공에게 일체를 맡기는 것이 스스로 주인공에게 나아가는 길인 것이다. 자신이 스스로 주인공인 한마음이 되기까지 일체를 주인공에게 맡기라는 것이다.

자신의 본래 모습인 주인공을 철저히 믿어라. 절실한 마음으로 주인공을 믿고 거기에 모든 경계를 되돌려 놓아라 … 문이 열려질 때까지는 주인공을 잡고 가라. 주인공은 대문 빗장이다 … 맡기면 된다. 몸이 아프든 가환이 닥치든 "아, 이것도 당신! 당신이 하는 것이니 당신이 알아서 하라!"고 턱 맡기고 무겁게 믿고 지켜보라. 맡기면 된다. 설사 해결이 안 되었다 해도 절대로 물러서지 말라. 물러서면 안 된다.[42]

일체를 주인공에게 맡기는 의미 그리고 맡김을 통해 깨달음이 성취되는 과정을『요전』에서는 다음과 같이 설명한다.

> 모든 것을 맡겨 놓을 수만 있다면, 두뇌를 통해서 사대(四大)로 통신이 되는데 한 생각이 수십만의 입자가 되어 작용을 한다. 그렇게 무심과 유심이 작용을 해야만 불이 들어올 수 있다 … 생활의 모든 것을 자기 뿌리에다 일임하라. 놓아라. 먹는 것 굶는 것, 잘사는 것 못사는 것, 할 수 있는 것 할 수 없는 것, 되는 것 안 되는 것 등 그 모두를 뿌리가 하는 것이니 뿌리에다 맡겨라. 그렇게 하지를 못한다면 잠재해 있는 실상의 본래면목을 믿지 못하는 것이니, 믿지 못하면 도와는 거리가 멀다. 믿음이야말로 도의 근원이다. 이 공부의 핵심은 오직 '한마음'을 굳게 믿고 그 자리에 일체 경계를 놓아 나가는 것이다 … 주인공이 나의 근본임을 진실하게 믿고 관할 때에 모든 걸 주인공 자리에 놓을 수 있게 된다.[43]

주인공을 믿고 주인공에게 맡긴다는 것은 바로 진정한 나 자신에게 귀의하고 나 자신을 회복하는 것이 된다.

2) 성불(成佛): 불이의 깨달음, 자비의 실천

주인공에게 믿고 맡김의 결과는 스스로 주인공이 되는 것이다. 『요전』에서는 이렇게 설명한다.

> 우리 자신이 본래부처라는 것, 그러므로 물들지 않는다는 것을 굳게 굳게 믿는 것이 중요하다. 그 믿음의 크기만큼 본래부처로서의 광명이 우리의

42   대행스님,『한마음요전』, 456쪽, 465쪽, 469쪽.
43   대행스님,『한마음요전』, 472쪽.

내부에서 뿜어져 나오게 된다 … 주인공에게 믿고 맡길 때 주인공의 응답
이 온다. 뒷전에 물러앉아 있던 주인공이 전면으로 나서게 된다. 주인공은
결코 믿음을 저버리는 일이 없다.[44]

일체를 주인공에게 믿고 맡길 뿐 의식 차원에서의 주객분별, 자타분
별을 일으키지 않는 것이 중요한다. 마음의 눈을 현상계 표층에만 두고
일체를 둘로 분별할 것이 아니라, 근본바탕에다 두고 일체가 하나라는
것을 알아야 하기 때문이다. 분별심으로 무분별의 한마음에 이를 수는
없다.

나누고 나누는 데서 한마음을 구하지 말라. 모든 것을 포용하는 데서 우리
는 한마음에 다가가게 된다 … 일체 대상을 내 몸과 같이 보는 게 불심이
다.[45]

이것이 한마음이 되는 것이고, 모두를 사랑하게 되는 것이다. 이 세
계 전체가 마음의 발현이다. 개별적 벽을 허물고 보면 일체 인드라망이
드러나고 그 바탕이 보인다. 그려진 그림 전체를 보게 되면 그 바탕을
보게 된다. 한마음이 되는 것은 우주만물 일체와 하나로 호응할 수 있
는 것을 말한다. 『요전』에서는 "일체 만물의 근원을 알면 마음으로 상
응하고 감응할 수 있다"[46]고 하며, 이것은 생명체뿐 아니라 무기물에
대해서도 그렇다고 말한다. 기계를 사용할 때도 기계와 한마음이 되어
야 한다. 물질이 움직이게 되는 것도 마음이 거기에 종합하기에 가능한

44　대행스님, 『한마음요전』, 469쪽.
45　대행스님, 『한마음요전』, 313쪽, 352쪽.
46　대행스님, 『한마음요전』, 378쪽.

것이다. 한마음이 되면 새가 날고 꽃이 피는 것도 나와 분리되지 않은 한마음의 활동임을 보게 된다. 한마음을 알고 한마음이 되면 자연 전체와 하나가 되어 자유자재한 삶을 살게 된다.

한마음으로 하나가 돼서 표층의식과는 다른 방식으로 서로 소통하게 되는 것을 『요전』에서는 '심성통신(心性通信)'이라고 부른다. 주인공에게 맡기면서 마음을 비워 나가다가 어느날 스스로 주인공이 되는 순간, 우리는 누구나 표층의식에서와 같은 눈과 귀를 통한 소통이 아니라 아무런 매개 없이 심층마음에서 서로 직접 소통하게 되는 그런 심성통신의 경지에 이르게 된다고 한다. 이것은 말나식의 아집·법집이 모두 멸한 보살8지 이상의 경지가 아닐까 생각된다.

5. 한마음 공동체를 지향하며

나의 참나를 한마음으로 알아차리는 것이 갖는 의미는 무엇일까? 『요전』에서는 이렇게 말한다.

우리는 우리 자신이 무엇인지를 알지 못한다. 무엇인지를 알지 못하므로 무엇을 근거로 해서 살아가야 하며, 왜 살아가야 하는지를 알지 못한다. 불법은 우리에게 '나는 누구인가'를, '인생이란 무엇인가'를 가르쳐 준다.[47]

우리는 대개 삶의 근거도 모르고 삶의 목적도 모르는 채 그 시대의 사조에 따라 생각하며 살아간다. 우리의 현대사조는 개인주의이고 유물론(물리주의)이다. 심층의 보편적 마음, 한마음을 알지 못하기 때문

---

47   대행스님, 『한마음요전』, 300쪽.

이다. 학교에서 배우는 것은 자비와 인(仁)의 정신이 아니라 이기적 계산과 비교이며, 사회에서 요구되는 것도 배려와 협동보다는 경쟁과 투쟁정신이다. 이 시대정신에 휩싸여 한마음을 잊고 살아가는 우리를 향해 대행스님은 자신의 원(願)을 "전 세계의 잠자고 있는 모든 사람을 깨우고, 갇혀 있는 사람들의 문을 열어 주고, 그렇게 해서 모두가 한마음으로 이어져 보살의 행을 하는 일꾼이 되기를 바라는 것"[48]으로 표현하였다.

한마음을 알아 내가 누구이고 인생이 무엇인지를 알게 된다면, 우리는 과연 무엇을 위해 어떤 행을 하며 살게 될까? 선각자 김구선생의 말처럼 우리는 우리나라가 이 세상에서 가장 부강한 나라가 아니라 가장 아름다운 나라가 되기를 바랄 것이다. 인의와 자비와 사랑이 넘치는 나라! 온 국민 그리고 온 인류가 모두 다 함께 평등하고 평화로운 삶을 유지할 수 있는 그런 사상을 낳고, 그 사상을 한국에서 실현해 보며, 그 아름다움이 한국에서 시작해서 전 인류로 뻗어 나가게 되기를 원할 것이다. 한마음사상은 바로 그러한 진정 아름답고 평화로운 인류공동체를 위한 사상이 되지 않을까 생각한다.

---

48   대행스님, 『한마음 한뜻이 되어』(한마음출판사, 2014), 26쪽.

수불스님의 간화선수행

1. 누구에게나 열려 있는 간화선 집중수행

간화선은 선사들의 선문답 중 정형화된 공안 하나를 화두(話頭)로 삼아 의심을 일으킨 후, 철두철미 그 화두를 참구함으로써 자신의 본래면목을 깨닫는 수행법이다. 예를 들어 "개에게도 불성이 있는가?"라는 질문의 답변인 "무(無)", "부처가 무엇인가?"라는 질문의 답변인 "마른 똥막대기" 또는 "부모가 나를 낳기 전의 본래면목"이나 "송장을 끌고 다니는 놈" 등을 화두로 삼아 참구하는 것이다.

화두를 참구한다는 것은 화두에 대해 개념적으로 사량분별한다거나 또는 자유연상이나 상상을 하는 것이 아니다. 오로지 화두가 불러일으킨 의심과 갑갑함에만 집중함으로써 그 의심이 사고 차원을 넘어선 의정(疑情)이 되고, 다시 그 의정이 뭉쳐 온몸을 압박하는 의단(疑團)이 되게 하는 것이 화두참구의 과정이다. 이렇게 형성된 의단은 숨이 막히도록 온몸을 옥죄는 은산철벽(銀山鐵壁)이 되어 수행자를 압박해 오지만, 그럼에도 불구하고 수행자는 그 철벽을 뚫고 나갈 기세로 온 힘을 다해 화두에 집중해야 한다. 그렇게 긴장과 고통이 가중되다 보면 그 극점에서 드디어 철벽이 무너지고 의단이 해체되는 순간이 오는데, 이 것이 바로 화두타파의 순간이다. 이때 몸은 새털처럼 가벼워지고 마음은 일체 장애를 넘어 우주와 하나가 된 듯한 자유와 환희를 맛보게 되는데, 이 체험을 자신의 본래면목을 깨닫는 '견성(見性)' 또는 '돈오(頓悟)'라고 한다.

　이러한 간화선수행은 『전심법요』나 『선요』 등 옛 중국 선사들의 기록이나 수세기 동안 사자전승으로 선맥을 이어온 한국 고승들의 이야기 속에만 등장하는 것이 아니다. 바로 오늘날 그것도 선방의 선사가 아닌 마을의 재가자들도 간화선을 수행하면서 이와 유사한 과정을 거쳐 돈오에 이르는 체험을 하고 있으니, 바로 안국선원 선원장 수불스님이 지도하는 간화선 집중수행이 그것이다. 한국의 심리학자들은 현재 한국에서 행해지고 있는 이러한 간화선 집중수행의 사례를 바탕으로 간화선체험에 대한 질적 분석의 연구결과를 발표한 바 있다.[1] 여기에서는 그 연구에 사용된 자료 및 개인적 경험 그리고 간화선에 대한 수불스님의 설명을 토대로 간화선수행의 의미와 방식 그리고 그러한 간화선체험이 가능한 근거를 밝혀 보고자 한다.[2]

1　성승연, 박성현, 「간화선 집중수행 체험의 질적 분석」, 한국상담심리학회 편, 『한국심리학회지: 상담 및 심리치료』 제23권 제2호, 2011년 5월.
2　본래 간화선은 이론탐구가 아닌 실참을 지향하므로 학적인 사려분별작용에 대해 비판적이다. 그러나 그것은 수행자가 간화선을 실참하는 순간에 사려분별작용을 일으켜서는 안 된다는 말이지, 간화선수행과정과 깨달음에 대한 반성적 고찰 내지 이론적 탐구가 불가능하다거나 불필요하다는 말은 아니다. 그 원리나 가능근거에 대한 이론적 뒷받침 없이는 어떤 방법도 보편적 수행법으로 확립되거나 유지되기 힘들 것이다. 이 점에서 간화선은 앞으로 더 많이 이론적으로 탐구되고 방법론적으로 체계화될 필

2. 간화선에서의 선지식(善知識)의 역할

간화선은 모든 중생 안에 불성이 있고 모든 중생이 이미 부처라는 믿음에 바탕을 두고 화두참구를 통해 마음의 본래자리에 계합하려는 것이다. 텅 빈 마음으로 눈을 떠 자신의 그러한 본래면목을 깨닫는 것을 돈오라고 한다. 그런데 이러한 간화선수행의 전체 공부과정에서 없어서는 안 되는 것이 바로 공부를 이끌어 줄 스승인 선지식의 존재이다. 선지식은 공부하려는 자에게 화두를 제시하여 의심을 걸어 주고, 그의 화두참구가 제대로 진행되고 있는지를 살펴봐 주고 독려해 주며 공부를 제대로 마쳤는지도 점검해 준다.

공부인이 선지식으로부터 화두를 제시받아 정진에 나아가면 필연적으로 칠통, 즉 무명업식과 만나게 되는데, 그것은 칠흑처럼 어둡고 안개처럼 막막하다. 그 짙은 어둠 속에서 많은 경계에 부딪치면, 자칫 두려움이 몰려오고 겁이 나서 화두를 놓고 물러나기 쉽다. 이때 선지식은 옆에서 호법을 서 주면서 공부인이 물러섬 없이 전진하여 정신적인 벽을 무너뜨릴 수 있도록 믿음과 용기를 북돋아 주는 역할을 하는 것이다. 결국 올바른 선지식만 만나면, 이 공부의 반은 성취된 것과 다름없다. 간화선수행의 승패는 전적으로 선지식의 지도에 달려 있다고 해도 과언이 아닌 것이다.[3]

간화선의 화두참구가 지향하는 것은 자신의 본래면목을 깨닫는 것,

요가 있다고 본다.
3   수불스님, 「현대 명상문화와 한국 선의 과제」, 대한불교조계종 승가교육진흥위원회 편, 『한국불교중흥을 위한 대토론회』, 2011년 9월, 14쪽.

즉 무명의 꿈으로부터 깨어나는 것이다. 오직 깨어 있는 자만이 다른 사람을 깨울 수 있다. 그렇게 깨어 있는 자가 바로 선지식이다. 마음의 빈 바탕을 아는 자, 진여법신을 증득한 자이다. 선지식은 아직 꿈속을 헤매며 괴로워하는 공부인을 위해 그의 꿈속에 들어와 그를 깨워 준다. 깨어 있으면서 다른 중생을 위해 다시 꿈의 세계로 들어오기에 보살의 자비행이다. 선지식은 꿈속에서 공부인이 걸린 의심의 갈고리가 마음 바닥(바닥 없는 바닥)에 제대로 걸렸는지, 아니면 중간 장벽 어딘가에 걸려 경계에 사로잡혀 있는 것은 아닌지, 그것을 검토해 준다. 공부인이 마음의 텅 빈 상태에 이르도록 그 과정을 지켜봐 주는 것이다. 그리고 빈 마음이 되어 화두타파를 경험할 때, 공부인이 제대로 일을 마친 것인지, 화두타파가 제대로 된 것인지를 점검해 준다. 제대로 꿈에서 깨어난 것인지, 아니면 꿈속에서 꿈을 깨는 꿈을 꾸는 것은 아닌지를 분간해 주는 것이다. 깨어 있는 자라야 다른 사람이 실제로 깨어났는지 아니면 단지 깨는 꿈을 꾸는지를 분간할 수 있다. 선지식은 공부인의 언행뿐 아니라 그의 표정이나 눈빛 등 전체적 기운을 통해 그가 아직 잠자고 있는지 깨어났는지를 판단한다.

공부하는 자는 처음부터 선지식을 통해 화두에 걸려 의심을 갖게 된다. 화두에 걸린다는 것은 선지식을 통해 자신의 마음속 진여의 시선에 붙잡히고 진여의 향기를 맡게 된다는 말이다. 빈 마음 바닥에 이르기까지, 꿈에서 깨어나기까지 허공중에 부유하면서 그가 의지할 사람은 오직 선지식뿐이다. 손에 잡히고 마음에 와 닿는 어떤 뗏목에도 매달리지 않고 오로지 아무 맛도 없고 아무 재미도 없는 화두 하나, 의심 하나만을 끝까지 좇을 수 있는 것은 오직 그의 곁에 그를 지켜보는 선지식이 있기 때문이다. 누구나 불성이 있으므로 수행하고자 진지하게 마음만 먹는다면, 내인(內因)은 갖추어진 셈이다. 문제는 외연(外緣)이다. 결국 간화선을 해내는가 못 해내는가는 눈 밝은 선지식을 만나는가 아닌가에 달린 것이다.[4] 간화선은 눈 밝은 선지식이 공부인에게 화두를 걸어 의심을 일으켜 주면, 공부인이 그 화두의심에만 집중함으로써 표층의식의 사려분별적 차원을 넘어 무변(無邊)의 심층마음으로 나아가 돈오에 이르는 수행법이라고 할 수 있다.

> 간화선은 눈 밝은 선지식이 믿음을 낸 이로 하여금 화두참구를 통해 참의심을 불러일으켜 돈오하게 하는 수행법이다.[5]

수불스님은 출가자 재가자 구분 없이 수십 명을 한 공간에 앉혀 놓고 7박8일이라는 짧은 기간 동안 간화선을 집중적으로 닦게 한다. 제대로 화두가 걸릴 경우, 화두가 일으킨 의심이 의정이 되고 의단이 되어 은산철벽과 대결하다가 화두타파에 이르기까지의 기간에 대해 고봉은 이렇게 말한다.

> 긴 기한은 90일이고 짧은 기한은 7일이다. 거친 것 중에 미세한 것이 있고, 미세한 것 중에 조밀한 것이 있다. 아주 조밀하면 사이가 없어 가는 티끌도 세울 수 없다. 바로 이때가 은산철벽이다. 나아가자니 문이 없고 물러나면 잃어버린다. 마치 만길 깊은 구덩이에 떨어져 사면이 절벽과 가시밭이어도 용맹한 영웅이라면 곧 몸을 돌려 뛰어나오는 것과 같다. 만일 한 생각이라도 머뭇거리면 부처님이라도 그대를 구할 수 없을 것이다. 이것

---

4 대개 간화선수행의 조건으로 세 가지 마음을 든다. 첫째는 의정과 의단으로 발전해 나갈 대의심, 둘째는 남들은 다 하는데 왜 나는 못 하는가라는 대분심, 그리고 마지막으로 누구나 본래부처임을 믿는 대신심이 그것이다.
5 수불스님, 「간화선의 실체와 세계화」, 동국대학교 불교학술원 편, 『간화선, 그 원리와 구조: 제2회 간화선국제학술대회 자료집』 제1권, 2011년 8월, 30쪽.

이 최상의 현묘한 문이다.[6]

화두의심을 붙잡고 의단으로 밀고 나가면 빠르면 7일 안에도 그 은
산철벽을 통과하여 텅 빈 마음자리에 이를 수 있다는 것이다. 문제는
화두에 걸려 의심을 제대로 일으키는 것이다.

3. 화두참구 과정: 간화선체험

1) 의심하기: 사유의 끝으로 나아가기

7박8일간의 간화선 집중수행에서 수불스님이 던져 주는 화두는 하
나다. 손가락을 튕기면서 '무엇이 나로 하여금 손가락을 튕기게 하는
가?'를 묻는데, 화두는 바로 그 물음을 통해 일어나는 의심이다. 이 의
심이 공부인을 마음 본래자리로 이끌어 가는 방편이 된다. 화두를 든다
는 것은 머리가 아닌 온몸으로 그 답을 찾는 것이며, 답을 찾지 못함에
서 오는 갑갑함에 더욱 집중하는 것이다.

(간화선의) 핵심적 방법은 단번에 의심하지 않을 수 없도록 활구화두를
들도록 해서, 답만 찾도록 집중시키는 데 있다. 수행자가 혼자서 화두를
들 때 활구의심으로 나아가지 못하는 가장 큰 이유는 답은 찾지 않고 문제
만을 외우고 있기 때문이다.[7]

---

6   고봉 원묘(高峰 原妙), 『선요(禪要)』, 「결제시중(結制示衆)」(『만속장(卍續藏)』70권,
705상), "大限九旬, 小限七日. 麤中有細, 細中有密, 密密無間, 纖塵不立. 正恁麼時銀
山鐵壁. 進則無門, 退之則失. 如墮萬丈深坑, 四面懸崖荊棘, 切須猛烈英雄, 直要翻身
跳出. 若還一念遲疑, 佛亦救你不得. 此是最上玄門."
7   수불스님, 「간화선수행의 대중화」, 동국대학교 불교학술원 편, 『간화선, 세계를 비
추다: 제1회 간화선국제학술대회 자료집』제2권, 2010년 8월, 16쪽.

마음에 의심이 일어나고 의심으로 인한 답답함이 차오르면 화두에 제대로 걸린 것이다. 이때 답만 찾지 문제를 외우지 말라는 것은 화두가 던지는 물음을 머리로 반복하여 생각하지 말고 온몸으로 의심에만 집중하라는 것이다. 화두를 머리 아닌 온몸으로 들라고 하는 것은 화두의 답을 의식 차원에서 생각을 통해 알아내려고 하지 말라는 것이다. 화두로 주어진 개념이나 명제에 대해 사유와 분별로써 그 의미를 밝히는 것은 간화선이 아니다.

이 법은 사량분별로 알 수 있는 것이 아니다.[8]

간화선은 화두에 대해 생각하거나 판단하지 말고, 오직 의심을 일으키라고 말한다. 화두를 통해 의심을 일으키라는 것은 사유로써 사유의 끝까지 나아가서 사유의 한계를 확인하라는 말이다. 화두는 일체 사유가 좌초되는 사유의 한계를 지시하는 단어이다. 사유가 끝나는 한계지점에서 개념은 그 역할을 다하고 의미를 잃게 된다. 그러므로 간화선에서는 화두가 "아무 의미도 맛도 없는 말"이어야 함을 강조한다. 개념이 의미를 잃고 의심만이 남겨질 때 화두가 사구(死句)가 아니라 활구(活句)가 된다. 화두가 불러일으키는 의심은 어떤 의심인가? 불심을 깨닫고자 마음을 구하는 총명한 여거인에 대해 대혜는 이렇게 말한다.

어느 날 시험 삼아 그에게 물었다. '자네가 공(空)에 떨어짐을 두려워하니, 능히 두려워함을 아는 자는 공인가, 공이 아닌가? 대답해 보게.' 그는 우두커니 생각하면서 계교하여 응답하려 하였다. 그때 문득 한번 '할!'을

---

8 『선요』, 「시선인(示禪人)」(『만속장』70권, 685상), "此法非思量分別之所能解."

하자, 지금까지도 망연자실하여 시종을 알지 못하고 있다.[9]

공에 떨어짐을 두려워하는데, 그 두려워함을 아는 마음은 공인가, 아닌가? 혜가에게 깨달음을 안겨 준 물음도 이런 식의 물음이었다. 불안한 마음을 아는 마음은 불안한가, 아닌가? '일체가 무상하다'는 것을 아는 마음은 무상한가, 아닌가? '나는 거짓말쟁이다'라고 말하는 나는 거짓말쟁이인가, 아닌가? 이런 물음은 우리의 사유를 역설로 몰고 감으로써 우리를 사유의 한계, 논리의 한계에 맞닥뜨리게 한다. 만약 내가 거짓말쟁이라면, '나는 거짓말쟁이다'는 참이며, 따라서 참인 명제를 말한 나는 거짓말쟁이가 아니다. 반대로 만약 내가 거짓말쟁이가 아니라면, '나는 거짓말쟁이다'는 거짓이며, 따라서 거짓명제를 말한 나는 거짓말쟁이다. 이와 같이 사유가 역설에 부딪치면, 우리는 그 사유 안에 편안히 머무르지 못하고 사유 바깥으로 튕겨 나가게 된다.

화두가 불러일으키는 의심은 바로 이렇게 우리를 사유의 끝, 사유의 한계로 몰고 가는 의심, 우리를 역설로 몰아넣는 의심이다. 이러한 의심은 다시 사유로써 해결될 수 있는 것이 아니다. 만법이 하나로 귀결되는데 그 하나가 어디로 가는지는 사유를 좇아서는 답을 얻을 수가 없다. 그 하나는 사유의 출발점이지, 사유의 귀결점 내지 사유의 대상이 아니기 때문이다. 사유의 출발지점, 염(念)이 일어나는 출발점이 마음인데, 그 마음을 다시 개념에 따라 사유로 붙잡으면, 그렇게 붙잡힌 마음은 마음 자체가 아니라 이미 대상화된 마음일 뿐이다. 간화선이 증득하고자 하는 마음은 대상화될 수 없는 마음, 아무것도 잡힐 것이 없는

---

9   대혜 종고, 『서장(書狀)』, 「답증시랑(答曾侍郞)」(『대정장』 47권, 917하), "某嘗問之日, 公怕落空, 能知怕者是空耶, 不空耶? 試道看. 渠佇思, 欲計較祇對. 當時便與一喝, 至今茫然, 討巴鼻不着."

마음, 텅 빈 마음이다. 그 마음을 개념적 사유로써 대상화하여 파악하면, 그렇게 파악된 마음은 마음 자체가 아니라 단지 마음의 자취, 마음의 그림자, 환영일 뿐이다.

자기 마음으로 자기 마음을 취하면 환(幻) 아닌 것이 환이 된다.[10]

마음을 가지고 다시 마음을 구해서는 안 되니, 천만겁을 지내도 끝내 마음을 얻을 날이 없을 것이다.[11]

이처럼 간화선이 지향하는 것은 마음의 자취인 환영을 좇지 않고 마음의 빈자리로 나아가는 것, 빈 마음을 유지하는 것, 그렇게 본심 내지 일심과 계합하는 것이지, 본심 내지 일심에 대해 개념적으로 사유하는 것이 아니다.[12] 사유의 한계선상에서 다시 사유세계로 끌려 들어가지 않기 위해 수행자는 끝까지 화두를 붙잡고 의심을 놓지 말아야 한다.

2) 의단의 형성 : 사유의 끝에서 은산철벽과 부딪치기

사유의 한계에서 의심을 붙잡고 의심에만 머무르면서 다시 표층의 의식세계, 사유세계로 되돌아가지 않는 것은 쉬운 일이 아니다. 그것은

---

10 『수능엄경』 5권(『대정장』 19권, 124하), "自心取自心, 非幻成幻法."
11 『진심법요』(『대정장』 48권, 380하), "不可將心更求於心, 歷千萬劫終無得日."
12 일심을 단지 사유하는 것이 아니라 스스로 증득하기 위해서는 개념적 사유에 사로잡혀 있어서는 안 된다. 간화선은 심층마음에 대해 생각하는 것[解悟]을 심층마음의 증득(證悟)으로 착각해서는 안 된다는 것을 거듭 강조한다. 계속 생각으로 깨달아 알려고 하는 것을 간화선 제일의 병인 지해(知解)의 병으로 간주한다. 대혜는 이렇게 경고한다. "이것은 모두 '깨달아 증득함을 구하는 마음'을 갑자기 앞에다 놓음으로써 스스로 장애와 어려움을 만드는 것이지 다른 일이 막는 것이 아니다[此皆以求悟證之心在前頓放, 自作障難, 非干別事]." 『서장』 「답증시랑」(『대정장』 47권, 917하).

나의 지난 삶의 역사, 나의 업의 축적된 결과물, 나의 기질과 습관에 반하는 것이기 때문이다. 평상시 나는 세계 전체를 보는 심층마음으로 존재하면서도 무명으로 인해 그것을 알지 못하고 그 마음에 보여지는 세계를 표층의식의 방식으로 항상 나와 나 아닌 것, 주와 객으로 분리하고 분별하며 산다. 의식에 드러나는 전체 중에서 나의 신체와 결합된 나의 느낌과 감정 그리고 나의 사고만을 나로 여기고 나머지 일체는 내 마음 바깥의 것, 나와 무관한 것으로 여긴다. 이처럼 안팎을 구분하여 전체로부터 분리된 나의 내적 세계를 쌓아 가는 것이 바로 나의 업의 결과물, 업이 쌓아 가는 자아의 벽이다. 그것이 나로 하여금 나의 의식(각성)을 주객분별의 표층 제6의식에 머물게 하고, 주객무분별의 전체로서의 심층마음을 잊게 만든다.

그러므로 표층의식의 한계 너머 심층마음으로 나아가고자 하면, 거쳐야 할 벽이 바로 나의 업의 장벽인 업장(業障)이다. 개념적 사고로 견고해진 나의 사유체계, 그리고 감정적으로 굳어진 나의 감정체계가 전체 세계로부터 나를 분리하는 나의 성곽(城郭)이 되어 나를 그 안에 가두어 거기 머물게 한다. 그것은 나를 전체로부터 분리하는 벽이며, 내게 주어지는 일체를 고와 락, 호와 오, 애와 증, 시와 비로 분별하게 하는 벽이다. 평상시에는 그 성벽 안에서 그 분별기준에 따라 일체를 분별하는 표층분별심으로 살아가므로 장벽이 장벽으로 느껴지지 않는다. 장벽은 그 밖을 바라보고 그 밖으로 나아가려고 할 때, 표층에서 심층으로 나아가려고 할 때, 그때 비로소 나의 출입을 가로막는 장벽으로 등장하며 장벽으로 의식된다. 화두의심에 싸여 몇 날 며칠을 바른 자세로 앉아 있다 보면, 화두로 인해 생겨난 풀리지 않는 의심과 갑갑함은 서서히 나의 온몸을 조여 오면서 나를 더욱 숨 막히게 하는 장벽이 된다.

집중하면 할수록, 공부를 방해하는 모습들이 나타나게 된다. 그렇지만 어떤 방해가 일어나더라도 그것을 이기는 방법은 오직 화두에만 집중하는 수밖에 다른 도리가 없다. 만일 화두에 집중하지 않고 방해받는 것을 없애고 공부하려고 하면 방해는 없어지지 않는다.[13]

화두의심에 집중하면 할수록 더욱더 공부를 방해하는 모습들이 나타나고 그것이 장벽을 이룬다. 표층의 분별의식으로부터 심층의 텅 빈 마음으로 나아가자면 그 사이 장벽을 통과해야 하기 때문이다. 의심이 개념적 사유 너머로 나아가 감정으로 체화되면 그것을 '의정(疑情)'이라고 하고, 그 의심이 무르익어 오로지 의심만이 홀로 독로하면 그것을 '의단(疑團)'이라고 한다. 화두의심이 똘똘 뭉쳐 내가 의심덩어리가 되는 것이다. 이 의심덩어리가 의식세계의 벽을 돌파하고자 벽과 부딪쳐 씨름할 때, 그 벽을 '은산철벽(銀山鐵壁)'이라고 한다. 나는 마치 새장 밖으로 나아가고자 머리를 부딪치는 새처럼, 양식을 구해 무쇠황소를 찔러 대는 모기처럼, 본래자리로 되돌아가고자 폭포를 역류하는 연어처럼, 살아남기 위해 적진을 통과하고자 칼을 휘두르는 무사처럼, 그렇게 의식세계 바깥을 향해, 나의 본래자리를 향해, 심층마음을 향해, 일심을 향해 돌진하게 된다. 이것이 화두참구이다. 사유가 멎고 오로지 의심과 의정으로 뭉친 의단이 되어, 은산철벽과 싸워 나의 본래자리인 빈 마음으로 돌아가고자 하는 것이다.

3) 화두타파의 순간 : 빈 마음의 회복

화두의심은 표층의 분별의식에 사로잡혀 있는 사람으로 하여금 사유

---

13   수불스님, 「간화선수행의 대중화」, 19쪽.

의 끝으로 나아가 의식의 한계를 장벽으로 실감하게 하며, 그 장벽을 통과하기 위해 생사를 걸고 온몸으로 전력투구하게 한다. 화두의심에의 집중을 끝까지 밀고 나가다 보면 어느 순간 나를 가둬 두는 장벽의 틈새로 빈 마음에서부터 새어 들어오는 빛을 보게 된다. 이때 마지막 온힘을 다해 화두집중에 박차를 가하다 보면, 불현듯 나를 죄어 오던 은산철벽이 갑자기 무너져 내리고 나는 마치 꿈에서 깨어나듯 장벽 바깥에 서게 된다. 업장으로 뭉친 은산철벽이 무너진다는 것은 곧 업장으로 가려지고 무명으로 어두워진 표층의식의 한계를 뚫고 심층 빈 마음, 일심으로 나아가는 것을 말한다. 나와 세계를 가르는 장벽이 없는 무변의 마음이 곧 일심이다. 장벽을 벗어나는 순간, 일심이 되는 순간, 화두 타파의 순간을 견성(見性) 내지 돈오(頓悟)라고 한다.[14]

> 화두기운 따라서 목과 명치가 꽉 막혀 숨도 쉬기 어려운 지경이 될 수도 있다. 이러할 때 아무리 힘들어도 참고 견뎌 내야 한다. 이렇듯 온몸이 타성일편(打成一片)이 되어 의단이 독로(獨露)하게 되면, 곧 시절인연 따라서 안목이 열리게 된다.[15]

이처럼 은산철벽으로 인한 심신의 고통이 끝없이 가중되더라도 오로지 화두의심에만 집중하여 철벽을 폭파시킬 기세로 끝까지 밀고 나가면, 어느 순간 드디어 철벽이 무너진다. 과거의 업장이 무너져 내리는 그 마지막 순간에 일어나는 현상 또한 다양하다. 몸에 심한 진동을 일으키는 사람도 있고, 쩌렁쩌렁 고함을 지르는 사람도 있고, 대성통곡을

---

14   물론 여기서 말하는 돈오는 일체 장애가 극복된 '구경각의 돈오'가 아니고, '초견성의 돈오'이다.

15   수불스님, 「간화선수행의 대중화」, 19-20쪽.

하는 사람도 있다. 이런 절정의 체험을 거치고 나면 앞서의 모든 억압
이 단박에 해체되고 그간의 고통이 거짓말처럼 사라지는데, 이것을 '화
두타파(話頭打破)'라고 한다. 화두타파의 순간은 나를 옥죄던 억압이 풀
리고 의심이 사라져 날듯이 가볍고 자유로운 마음상태로 묘사된다.

> 의단이 독로되어 안팎이 한 덩어리가 되면, 곧 시절인연 따라 마른하늘에
> 벼락 치듯, 매미 허물 벗듯, 무거운 짐을 내려놓듯, 통쾌하고 시원하며 가
> 벼운 것이, 마치 나무통을 맨 테가 팍하고 터지는 것처럼 문득 의단을 타
> 파하게 될 것이다 … 대사를 마치고 난 뒤에는 이 일단의 일을 알 수가 없
> 어 그렇게 갑갑하던 마음이 순식간에 텅 비게 된다. 온 몸과 마음이 새의
> 깃털보다 가볍고, 앞뒤가 탁 트인 것이 끝 간 데가 없이 시원하고, 평생 짊
> 어지고 다니던 짐을 일거에 내려놓아 홀가분해진다.[16]

이와 같이 화두가 타파되고 나면, 그때 온몸은 깃털처럼 가벼워지고
마음은 끝없는 환희에 젖는다. 사람들은 너 나 할 것 없이 모두 일체의
분별을 뛰어넘어 온 우주와 하나 된 듯한 일체감과 평온함을 느끼면서
행복해한다. '나는 나다'라는 자아식(말나식)의 장벽을 뚫고, 의근이
건립한 두뇌신경회로를 벗어나, 장벽과 장애 없는 빈 공간, 그 텅 빈 심
층마음으로 내려가면 우리가 본래 일체의 분별을 넘어선 하나의 마음,
일심이고 진여라는 것을 알게 된다.

간화선은 본래 완벽하게 드러나 있는 중도실상을 등지고 있는 모든 이들
에게 반야지혜와 무명업식이 본래 없음을 밝힘으로써 단도직입으로 진리

---

16   수불스님, 「간화선수행의 대중화」, 20쪽.

당처의 핵심오의를 드러내는 것이다.[17]

그래서 간화선체험 마지막 단계에서는 누구나 넘치는 기쁨에 환희의 미소를 짓거나 큰 소리로 웃거나 흥에 취해 춤을 추기도 한다. 이런 환희심은 어디에서 오는 것인가? 수불스님 간화선 집중수행에 대한 최근의 연구는 간화선체험의 의미를 이렇게 설명한다.

> 간화선은 무의식의 의식화를 넘어 무의식의 밑바닥에 있는 근본의 마음을 의식화한다. 인지적 재구조화를 넘어 인지적 탈구조화 혹은 인식틀의 해체를 목표로 한다. 긍정적 자기개념을 넘어 자기와의 탈동일시를 추구하며, 타자와의 연결성을 넘어 모든 존재의 합일성을 체험하게 한다.[18]

간화선체험에서 오는 환희심은 의식이 의근의 매임으로부터 풀려나는 데서 오는 해방감이며, 그렇게 개체적 경계에서 풀려난 의식이 심층의 한마음과 하나 되고 따라서 다른 일체 존재와도 하나 되는 데서 오는 기쁨이라고 할 수 있다.

4. 간화선체험 이후: 각찰(覺察)과 방하착(放下著)

화두타파의 순간 은산철벽이 무너지고 자아의 벽이 사라지면, 수행자들은 너 나 할 것 없이 누구나 모두 온 우주와 하나 된 듯한 환희심과 자비심에 빠져든다. 은산철벽이 나와 너, 나와 세계를 분리하고 갈라놓는 고립의 벽, 아집의 벽이므로, 그 벽을 넘어서는 순간 그 안에서 모두

---

17   수불스님, 「현대 명상문화와 한국 선의 과제」, 12-13쪽.
18   성승연, 박성현, 「간화선 집중수행 체험의 질적 분석」, 353-354쪽.

함께 공명하는 심층마음의 기운을 직접 느끼기 때문이다. 그러므로 화두타파 이후 사람들이 보이는 가장 큰 변화는 타인과의 관계가 보다 편안하고 개방적이며 안정적으로 바뀐다는 것이다.

그러나 내가 은산철벽 내지 습으로 인한 장애의 벽을 통과하여 아공법공을 깨달았다고 해서, 그로 인해 지난 업의 세력이 한순간에 다 사라지는 것은 아니다. 은산철벽을 통과하는 것은 마치 전철문을 밀치고 전철 바깥으로 나가는 것과 같다. 내가 전철 문을 빠져나와도 전철은 여전히 철로 위를 달리듯이, 나의 몸, 나의 두뇌신경회로는 그대로 남아 있고, 그렇게 나의 업과 습 또한 그대로 남아 있다. 간화선을 통해 얻은 것은 견처(見處)의 변화일 뿐이다. 그 시선이 더 이상 전철 안에 갇혀 전철회로를 따라 요동하는 것이 아니라, 회로 바깥에서 회로 전체를 관망할 수 있는 힘을 얻는 것이다. 회로(근) 안에 갇혀 세계(경)를 바라보는 앎이 식(識)이라면, 회로(근) 바깥으로 나와서 세계(경)로부터도 자유로워진 앎이 지(智)이다. 근에 갇혀 경을 바라보면 경이 식 바깥의 실유로 보이지만, 견처가 바뀌어 근으로부터 자유롭게 경을 바라보면 경은 식이 그린 영상이라는 것, 가유(假有)라는 것을 알게 된다. 그렇게 해서 간화선을 마친 자는 속제(俗諦)와 진제(眞諦)를 자유롭게 오갈 수 있는 눈, '중도(中道)의 견처'를 얻게 된다.

그러나 마음이 표층의 분별적 의식을 넘어 심층의 빈 마음으로 돌아간다는 것은 마냥 편안하기만 한 것은 아니다. 이전에는 자아식의 장벽에 가려 보이지 않던 것들, 의식되지 않던 소위 '무의식'의 것들이 보이기 때문이다. 그것은 과거에 내가 덮어놓았던 기억, 억압해 놓았던 트라우마일 수도 있고, 전생에 내가 범했거나 겪었던 업의 흔적들일 수도 있다. 이처럼 의근의 매임으로부터 풀려나와 심층 아뢰야식으로 들어가면 그 안에서 개인 무의식의 영역을 발견하게 된다. 나아가 아뢰야식은 인간 공통의 기세간을 형성하는 식이기에 인간 모두가 공유하고 또 서로 공명하는 하나의 식이며, 따라서 개인 무의식의 범위로 제한되지 않고 나와 너의 구분 없이 서로가 공명하는 인간 공통의 무의식이기도 하다. 그러므로 심층 아뢰야식에서 눈 뜬 사람은 거기에서 느껴지는 공명의 힘을 통해 다른 사람의 마음을 직접 느낄 수도 있고 또 다른 사람의 과거나 미래를 볼 수도 있을 것이다. 수행에서 보게 되는 모든 영상은 모두 마음이 만든 것이다. 인간의 기세간이 심층 아뢰야식이 만든 세계이듯, 육도윤회의 세계 또한 그 심층 아뢰야식이 만든 세계이다. 그러므로 선지식은 간화선수행 중에 떠오르는 어떠한 영상에도 끌려다녀서는 안 된다고 말한다.

결국 간화선체험으로 법계에 눈 뜬 이후 수행자가 해야 할 것은 중도 견처를 유지하면서 마음이 깨어 있되 마음에 올라오는 모든 것을 그냥 있는 그대로 바라보는 일, 즉 깨어서 관찰하는 '각찰(覺察)'이다. 각찰하되 일체가 마음이 그린 영상이며 인연 따라 올라왔다 물거품처럼 사라지는 공이고 환이라는 것을 알아, 애증의 감정으로 집착하지 않고 마음을 비우는 것이다. 따라서 수불스님은 7박8일의 간화선 공부를 마친 사람에게, 뭔가를 이루었다는 생각, 돈오로써 깨달음을 얻었다는 상을 절대 내지 말고, 오로지 '각찰'과 '방하착(放下著)'할 것을 권고한다.

5. 한국불교의 미래를 열어 갈 간화선

우리나라 불교는 본래 통불교적 성격을 띠어 중관·유식·화엄·천태·선 등 여러 관점을 두루 수용하고 수행에서도 지관·염불·독송·간경·기도 등을 모두 포용하고 있지만, 그래도 고려 중기 지눌과 혜심 이후 간화선을 대표적 수행으로 꼽고 있다. 간화선은 여타 수행과 달리 최상근기의 수행자에게 적합한 수행법으로 간주되며, 흔히 전생에서든 현생에서든 다년간 마음공부를 한 자라야 성취할 수 있는 수행법으로 여겨진다.

현재 간화선을 정통수행법으로 삼고 있는 대한불교조계종에서는 중국이나 일본과 달리 오직 한국에만 간화선수행 전통이 살아남아 있음을 강조하며, 그 예로서 한국 선방에서 실시되고 있는 하안거와 동안거 및 안거시의 가행정진과 용맹정진 그리고 장좌불와와 무문관 수행 등을 제시한다.[19] 그러나 이것은 곧 온종일 참선하고 해마다 하안거 동안거를 반복하며 장좌불와나 무문관 수행까지 할 수 있는 출가수행자가 아니라면, 간화선을 닦기가 힘들다는 것을 말해 줄 뿐이다. 나아가 출가승 중에서도 오직 최상근기자만이 돈오를 이루어 선지식으로부터 인가받아 사자전승으로 선맥을 이어온 것이 한국조계종의 역사라고 생각하면, 우리 범부에게 간화선은 이생에서는 감히 넘보기 힘든 수행법처럼 비춰진다.

그러나 간화선이 모든 중생을 남김없이 해탈반야로 싣고 가려는 큰 수레의 수행법이고, 대승은 누구에게나 불성이 있으며 중생과 부처가 둘이 아니라고 주장하는데, 어찌 그런 대승수행법인 간화선이 최상근기의 몇몇 출가승에게만 효력 있는 것일 수 있겠는가? 간화선이 정말 일반대중이 범접하지 못할 소수만의 수행법이었다면, 그것이 어떻게 과거 천 년 넘게 한국에서 그 명맥을 유지해 올 수 있었겠는가? 더구나 간화선이 일반인의 삶 속에서 소통불가능하고 실현불가능한 수행법으로 남는다면, 그것이 어떻게 한국불교의 미래를 이끌어 갈 수 있겠는가?

---

19 대한불교조계종 불학연구소 편, 『간화선: 조계종 수행의 길』(조계종출판사, 2010), 45쪽 이하 참조.

간화선이 진정 한국불교의 역사성을 담지하고 한국의 미래를 책임질 활발발한 수행법이라면, 그것은 소수 최상근기 선승만이 아닌 일반 대중 누구에게나 열려 있는 보편적 수행법이어야 할 것이다. 만약 간화선이 단지 선어록이나 선사들의 기억 속에만 남아 있을 뿐이라면, 그 얼마나 애통할 일이겠는가? 그런데 그렇지 않다. 간화선은 현대 한국에서, 이 도시 한복판에서, 그것도 시장 바닥을 오가는 이름 없는 선남선녀들 사이에서 활발발하게 실행되고 있다. 이 얼마나 다행스러운 일인가!

인간의 마음이 무엇인지, 나는 그것을 알고 싶다. 내가 마음을 가진 사람으로 살고 있는데, 늘 마음을 쓰면서 살고 있는데, 그 마음을 내가 모른다고 생각하면, 마음이 너무나 아득해진다. 내 마음인데, 어찌 내가 나를 모를 수 있단 말인가? 내가 내 마음을 모른다면, 나는 나도 모르는 그 무엇에 이끌려 산다는 말이 되지 않는가? 나는 결국 꼭두각시라는 말이 되지 않는가? 그런 삶이 무슨 의미가 있겠는가?

내가 마음을 알고자 하는 것은 결국 나를 알고 싶기 때문이다. 나를 알기 위해서는 사회와 자연, 사물과 법칙을 두루 다 아는 것도 필요하겠지만, 나는 마지막 답은 결국 마음에 있다고 생각한다. 세상만사와 우주만물을 다 안다고 해도 그렇게 알고 있는 그 마음을 알지 못한다면 그 모든 앎이 어찌 부유하는 상념 이상일 수 있겠는가? 가까이 감각되고 지각되는 사물들뿐 아니라 저 멀리 바라보이는 밤하늘 별들까지도 그렇게 보고 듣는 마음을 떠나 있는 것이 아니라는 것, 눈에 보이는 현

재의 현상세계뿐 아니라 보이지 않는 과거와 미래, 생전과 사후, 천계
와 지옥, 영혼과 신(神)까지도 그 모든 것이 마음을 벗어나지 않는다는
것, 그렇게 마음이 일체를 포괄하는 전체라는 것, 마음이 일체의 근원
이라는 것, 나는 이것을 언제 어디에서 알게 되었는지 모르지만, 이 확
신에서 흔들려 본 적이 없다. 의심이나 부정을 해도 결국 마음 안의 일
이니, 마음은 곧 무외(無外)의 마음이다. 따라서 마음의 바깥 또는 마음
의 시작이나 끝을 설명하려는 모든 논의는 내게 자기부정의 역설을 담
은 궤변으로만 보일 뿐이다.

마음은 그냥 추상적 이름 내지 기능일 뿐이지 실재하는 체가 없다는
설, 물리적 사물만이 유일한 실재이고 마음은 물리적 두뇌신경세포의
활성화가 일으킨 부수(창발) 현상 내지 그림자에 불과하다는 설, 마음
을 알고자 하면 뇌과학을 알아야 한다는 설, 나는 이런 설들을 믿지 않
는다. 나는 마음이 다른 어떤 것으로도 환원될 수 없는 궁극의 것이라
고 믿기 때문이다. 사라진 사람에 대해서는 눈밭에 남겨진 발자국을 좇
아 그의 행적을 알아낼 수 있고, 자취를 감춘 고생동물에 대해서는 땅
속에서 발굴한 화석을 통해 그의 삶을 추적해 볼 수 있을 것이다. 그러
나 누가 발자국을 그 사람이라고 하고, 화석을 그 생명체라고 하겠는
가? 살아 있는 사람을 앞에 두고 어찌 그 발자취를 좇아 그를 규정하려
한단 말인가? 일체의 가시적 현상은 비가시적 마음이 남겨 놓은 흔적
에 불과하다. 보는 마음을 어떻게 보여진 뇌로써 밝힐 수 있겠는가? 마
음을 뇌로 설명함은 사람을 발자국으로, 생명체를 화석으로 간주하는
것과 같다.

마음이 활동하고 그 활동을 통해 몸이 움직인다. 마음이 뇌신경을 움
직이지, 뇌신경이 마음을 일으키는 것이 아니다. 자판을 두드릴 때 '손
가락을 움직이려는 마음' a와 '손가락의 움직임' b의 관계를 보면 분명

a로 인해 b가 있다. 그 사이에 '손가락을 움직이게 하는 뇌신경세포의 활성화' c를 고려하면, a로 인해 c가 있고 그로 인해 b가 있는 것이므로, 결국 마음이 뇌신경세포를 활성화시킨 것이지 그 반대가 아니다.

손가락의 움직임 b

↑

b를 일으키는 신경세포의 활성화 c

↑

손가락을 움직이려는 마음 a

　그런데 뇌물리주의자들은 '물리적 인과폐쇄성'에 입각해서 마음의 영향력을 받아들이지 않는다. 그들은 마음현상을 뇌신경세포의 활성화로 인해 일어나는 부수(창발) 현상으로 간주한다. a는 그런 마음을 부수현상으로 갖는 뇌신경세포의 활성화 d 이외의 다른 것이 아니라는 것이다. 실제로 존재하는 것은 뇌신경세포의 활성화 d일 뿐이고, 심리현상 a는 있는 것 같지만 실제적 작용력이 없는 그림자와 같은 것으로 간주된다.

손가락의 움직임 b

↑

b를 일으키는 신경세포의 활성화 c

↑

신경세포의 활성화 d = 손가락을 움직이려는 마음 a

　마음에 의해 뇌신경이 활동하는 것이 아니라면, 내 뇌신경이 도대체 무엇에 의해 움직인단 말인가? 뇌과학은 외부로부터의 물리적 자극과 뇌신경세포망의 자체반응이라고 설명한다. 이렇게 해서 마음은 존재의 영역 뒷전으로 물러나고 마음을 알기 위해서는 뇌를 알아야 하는 것이 된다. 그러나 손가락의 움직임b가 일어날 때 a는 내가 직접 아는 것이고 d는 내가 알지 못하는 것이다. 그런데도 사람들은 b의 근거를 a 아닌 d라고 설명한다. 수의근인 내 손가락이 나도 모르게 움직인다는 것이 말이 되는가? 그럼에도 사람들은 b의 근거를 왜 a가 아닌 d로 여기는 것일까?

1990년 리촐라티가 원숭이의 전두엽에서 특수하게 작동하는 신경세포를 발견하였다. 남이 땅콩을 집는 것을 보기만 해도 내가 땅콩을 집을 때와 동일하게 활성화되는 신경세포 소위 거울신경을 발견한 것이다. 사람들은 거울신경의 발견으로 드디어 공감능력이 과학적으로 증명되었다고 떠들썩했다. 1976년 도킨스의 『이기적 유전자』 이후 생명체가 단지 이기적인 줄 알았는데, 그렇지 않고 남과 나를 동일하게 느끼는 공감능력이 있음을 새롭게 증명했다고 여긴 것이다. 그러나 정말 그런가? 우리는 우리에게 공감능력이 있음을 우리 자신의 공감의 마음을 통해 이미 오래전부터 알고 있다. 내가 누군가와 공감한다는 사실은 내가 내 마음으로 직접 아는 것이다. 그런데 어째서 우리는 마음의 자기증명인 자증(自證)을 무시하고 다른 것을 통한 증명인 타증(他證)에 매달리는 것일까? 왜 우리는 '명상이 마음을 편안하게 한다'를 증명하기 위해 '편안한 마음'의 자증보다는 뇌파나 심박수나 혈압 등 타증에 주력하는 것일까?

우리는 우리의 마음을 직접 알고 있으면서도 우리가 모르고 있다고 생각한다. 물질을 알고 뇌를 알아야 마음을 제대로 아는 것이라는 말에 혹하기 때문이다. 신(神)을 알아야 인간을 제대로 아는 것이라는 서양 중세신학의 주장과 물질 내지 뇌를 알아야 인간을 제대로 아는 것이라는 현대과학의 주장은 상통하는 데가 있다. 나로 하여금 나 자신의 마

음을 알지 못하게 만들고 믿지 못하게 만드는 것이다. 그러나 내가 나
자신이 직접 아는 내 마음을 치워 버리면, 내가 나에 대해 알 수 있는
것은 아무것도 없다. 결국 나는 나를 알기 위해 신학자나 과학자의 말
을 듣게 되고, 나를 믿는 것이 아니라 그들을 믿게 된다. 마음을 잃어버
리는 것은 결국 나를 잃어버리는 것이다. 마음을 배제하는 현대과학은
나를 알아가는 학이 아니라 나를 망각하게 하는 학, 인간을 마음 없는
괴물 또는 마음 없는 허수아비로 만들어 가는 학이다. 나는 마음을 지
키는 것이 인권을 지키는 것이라고 생각한다.

　나는 마음이 우리가 생각하는 것보다 훨씬 더 깊고 근원적이라는
것, 우리의 일상적 자기의식인 표층의식이 우리 마음의 전부가 아니라
는 것, 우리 안에 무한히 깊은 심층마음이 작동하고 있으며 누구나 그
것을 스스로 자각하고 있다는 것을 논하고자 했다. 나는 이러한 심층
마음의 자각성이 바로 불교가 말하는 본각(本覺)이자 성자신해 공적영
지이고, 성리학이 말하는 허령불매의 미발지각(未發知覺)이며, 양명학
이 말하는 양지(良知)라고 생각한다. 불교든 유교든 동양사상은 항상
의식보다 더 깊이에서 작동하는 이 심층마음의 활동 및 그 자기자각성
을 강조해 왔다고 생각한다. 그것이 바로 인간의 자율성과 자유를 뜻하
기 때문이다.

　인간의 마음을 표층의식보다 더 깊은 심층마음으로 밝혀내는 것은
나의 자율성과 자유, 나의 인권을 지키는 것이면서, 동시에 동양철학의
심오한 깊이를 밝혀 동양인으로서 우리 정신의 역사성을 바르게 지켜
내는 것이라고 생각한다.

1. 원전류

『잡아함경』, 구나발타 역, 『대정장』 2권.

『금강반야바라밀경』, 구마라즙 역, 『대정장』 8권.

『입능가경』, 보리유지 역, 『대정장』 16권.

『수능엄경』, 반라밀제 역, 『대정장』 19권.

『해심밀경』, 현장 역, 『대정장』 30권.

용수, 『중론』, 구마라즙 역, 『대정장』 30권.

세친, 『유식30송』, 현장 역, 『대정장』 31권.

호법 등, 『성유식론』, 현장 역, 『대정장』 31권.

마명, 『대승기신론』, 진제 역, 『대정장』 32권.

규기, 『성유식론술기』, 『대정장』 43권.

대혜 종고, 『서장』, 『대정장』 47권.

영가 현각, 『선종영가집』, 『대정장』 48권.

황벽 희운, 『전심법요』, 『대정장』 48권.

고봉 원묘, 『선요』, 『만속장』 70권.

원측, 『해심밀경소』, 『한국불교전서』 1권.

지눌, 『목우자수심결』, 『한국불교전서』 4권.

2. 저서류

김동화, 『불교교리발달사』, 뇌허불교학술원, 2001(『뇌허 김동화 전집 2』).

＿＿＿, 『불교유심사상의 발달』, 뇌허불교학술원, 2001(『뇌허 김동화 전집 7』).

＿＿＿, 『삼국시대의 불교사상, 한국불교사상의 좌표』, 뇌허불교학술원, 2001(『뇌허
　　　김동화 전집 11』).

＿＿＿, 『불교 소논문 · 논설』, 뇌허불교학술원, 2001(『뇌허 김동화 전집 13』).

김상일, 『원효의 판비량론 비교 연구: 원효의 논리로 본 칸트의 이율배반론』, 지식산
　　　업사, 2004.

김용태, 『조선후기 불교사 연구: 임제법통과 교학전통』, 신구문화사, 2010.

김종욱, 『용수와 칸트』, 운주사, 2002.

김진, 『칸트와 불교』, 철학과현실사, 2000.

니시다 기타로, 『선(善)의 연구』, 서석연 역, 범우사, 2001.

니시타니 게이치, 『종교란 무엇인가: 종교와 절대무』, 정병조 역, 대원정사, 1993.

대한불교조계종 불학연구소 편, 『간화선: 조계종 수행의 길』, 조계종출판사, 2010.

대행, 『한마음요전』, 한마음출판사, 2008.

＿＿＿, 『한마음의 위력』, 한마음출판사, 2014.

＿＿＿, 『죽어야 나를 보리라』, 한마음출판사, 2011.

릴리어스 호톤 언더우드, 『언더우드 부인의 조선 견문록』, 김철 역, 이숲, 2008.

목정배, 「김동화의 불교철학 탐구」, 『해방 50년의 한국철학』, 철학과현실사, 1996.

베버, 『힌두교와 불교』, 홍윤기 역, 한국신학연구소, 1987.

비트겐슈타인, 『논리철학논고』.

신규탁, 『한국 근현대 불교사상탐구』, 새문사, 2012.

이기영, 『사색인의 염주』, 한국불교연구원, 1999(『불연 이기영 전집 12』).

_____, 『한국불교연구』, 한국불교연구원, 2006(『불연 이기영 전집 5』).

이만, 『한국유식사상사』, 장경각, 2000.

제선, 『뇌허의 불교사상 연구』, 민족사, 2007.

칸트, 『순수이성비판』, 백종현 역, 아카넷, 2006.

한스 발덴펠스, 『불교의 공과 하나님: 불교와 기독교의 진정한 만남을 위하여』, 김승
    철 역, 대원정사, 1993.

3. 논문류

권석만, 「위빠사나 명상의 심리치유적 기능」, 불교와심리연구원 편, 『불교와 심리』
    창간호, 2006.

권오민, 「뇌허 김동화의 불교학 관」, 한국불교사연구소 편, 『문학-사학-철학』 13호,
    2008.

김영태, 「뇌허 김동화선생의 저술세계」, 동국대학교 불교문화연구원 편, 『불교문화
    연구』 2권, 2001.

김재성, 「순관에 대하여: 남방상좌불교 수행론의 일고찰」, 불교학연구회 편, 『불교학
    연구』 4호, 2002.

김준호, 「초기불전에 나타난 지관개념」, 한국선학회 편, 『한국선학』 제1호, 2000.

남무희, 「원측의 화쟁적 유식사상」, 동국대 불교문화연구원 편, 『불교학보』 제47집,
    2007.

백진순, 「'몸'의 밀의·불가지성에 대한 법상종의 해석: 원측과 규기의 해석을 중심
    으로」, 한국철학회 편, 『철학』 제96집, 2008.

성승연·박성현, 「간화선 집중수행 체험의 질적 분석」, 한국상담심리학회 편, 『한국

심리학회지: 상담 및 심리치료』제23권 제2호, 2011. 5.

수불,「간화선수행의 대중화」, 동국대학교 불교학술원 편, 『간화선, 세계를 비추다:
　　제1회 간화선국제학술대회 자료집』제2권, 2010. 8.

_____,「간화선의 실체와 세계화」, 동국대학교 불교학술원 편, 『간화선, 그 원리와
　　구조: 제2회 간화선국제학술대회 자료집』제1권, 2011. 8.

_____,「현대 명상문화와 한국 선의 과제」, 대한불교조계종 승가교육진흥위원회 편,
　　『한국불교중흥을 위한 대토론회』, 2011. 9.

안양규,「사고의 역기능과 그 해결: 붓다의 가르침과 아론 벡의 인지치료를 중심으
　　로」, 보조사상연구원, 『보조사상』28권, 2007.

이동희,「근대 독일 철학자의 대립적 불교 이해와 수용」, 한국헤겔학회 편, 『헤겔연
　　구』29호, 2011.

임승택,「선정(jhāna)의 문제에 관한 고찰: Nikāya에 나타나는 사마타와 위빠싸나
　　의 관계를 중심으로」, 불교학연구회 편, 『불교학연구』5호, 2002.

정영근,「원측의 유식철학: 신·구 유식의 비판적 종합」, 서울대 박사학위 논문, 1994.

정준영,「『대념처경』에서 보이는 수념처의 실천과 이해」, 불교학연구회 편, 『불교학
　　연구』7호, 2003.

_____,「상수멸정의 성취에 관한 일고찰: 니까야(Nikāya)를 중심으로」, 불교학연
　　구회 편, 『불교학연구』9호, 2004.

_____,「사마타(지)와 위빠사나(관)의 의미와 쓰임에 대한 일고찰」, 불교학연구회
　　편, 『불교학연구』12호, 2005.

_____,「인간의 성향에 따른 수행방법에 대한 연구: 주석문헌을 중심으로」, 불교와
　　심리연구원 편, 『불교와 심리』창간호, 2006.

조준호,「초기불교에 있어 지·관의 문제」, 한국선학회 편, 『한국선학』제1호, 2000.

_____,「첫 번째 선정(初禪)의 의의와 위상에 대한 고찰」, 불교학연구회 편, 『불교학
　　연구』6호, 2003.

_____, 「vitakka(尋) 개념의 수행론적 의의에 대한 고찰」, 불교학연구회 편, 『불교학연구』 12호, 2005.

최훈동, 「지관의 심리치료적 의미 고찰」, 불교와심리연구원 편, 『불교와 심리』 창간호, 2006.

황순일, 「멸진정과 두 가지 열반 이론」, 불교학연구회 편, 『불교학연구』 11호, 2005.

※ 출처

제2부. 심층마음의 해명: 동서철학의 비교

I. 심층마음의 발견: 여래장사상과 독일관념론 비교

「'절대의 마음'에 대한 동서사유의 비교: 유식과 여래장사상 그리고 칸트와 독일
관념론을 중심으로」, 불교학연구회 편, 『불교학연구』 제30권, 2011. 10.

II. 심층마음에 대한 사유: 동서 사유방식의 차이

「마음의 존재와 그 자각: 동서철학 비교의 지평에서 '전체로서의 마음'을 생각하
기」, 한국철학회 편, 『철학』 제103집, 2010. 5.

III. 심층마음에서 본 경험세계의 가상성: 세친과 칸트의 비교

「경험세계의 가상성: 세친과 칸트의 비교」, 한국칸트학회 편, 『칸트연구』 제23
집, 2009. 6.

IV. 심층마음의 자기자각성: 원측과 칸트의 비교

「눈이 눈을 볼 수 있는가?: 원측의 유식과 칸트의 초월적 관념론 비교」, 동국대학
교 불교문화연구원 편, 『불교학보』 제62집, 2012. 8.

제3부. 심층마음 해명의 현대적 의의: 현대의 표층적 세계관 비판

II. 입자와 에너지: 현대의 인과론 비판

「불교의 연기론에 담긴 '표층-심층 존재론' 해명」, 고등과학원 초학제연구총서,
『분류와 합류: 새로운 지식과 방법의 모색』, 2014. 1.

제4부. 표층과 심층 사이: 장애와 장애 극복의 길

I. 마음의 장애와 고통

「편집자서문: 고통은 어디에서 오는가?」, 밝은사람들 총서8, 『괴로움, 어디서 오
는가』, 운주사, 2013. 12.

II. 궁극에 대한 믿음

「편집자서문: 믿음에 대하여」, 밝은사람들 총서7, 『믿음, 디딤돌인가 걸림돌인 가』, 운주사, 2012. 10.

III. 심층으로 나아가는 깨달음의 길

「편집자서문: 우리는 왜 깨달음을 구하는가?」, 밝은사람들 총서9, 『깨달음, 궁극 인가 과정인가』, 운주사, 2014. 11.

IV. 심층마음을 실현하는 자비의 길

「편집자서문: 자비의 자각과 실현」, 밝은사람들 총서10, 『자비, 깨달음의 씨앗인 가 열매인가』, 운주사, 2015. 11.

제5부. 심층마음을 강조하는 한국 현대불교

I. 김동화가 본 한국불교의 정체성: 일심의 회통

「김동화가 본 한국불교의 정체성: 일심의 회통」, 동국대학교 한국불교사연구소 편, 『한국불교사연구』 제3권, 2013. 8.

II. 이기영이 강조하는 불교의 핵심: 일심

「이기영의 동서사유 비교 고찰: 불교의 '한-마음'(일심)과 기독교의 '한-님'(하 나님)의 비교」, 한국불교연구원 편, 『불교연구』 제36집, 2012. 2.

III. 대행스님의 한마음사상

「한마음이란 무엇인가?: 한마음선원 대행스님의 『한마음요전』을 중심으로」, 한 국선학회 편, 『선학』 제44집, 2016. 8.

IV. 수불스님의 간화선수행

「간화선의 철학적 이해」, 한국선학회 편, 『한국선학』 제36호, 2013. 11.